Petra Johann

Der Preis für kein Kind

edition winterwork

Bibliografische Informationen der Deutschen Nationalbibliothek:
Die Deutsche Nationalbibliothek verzeichnet diese Publikation in
der Deutschen Nationalbibliographie. Detaillierte bibliographische
Daten im Internet über http://www.d-nb.de abrufbar.

Nachdruck oder Vervielfältigung nur mit Genehmigung des Verlages gestattet. Verwendung oder Verbreitung durch unautorisierte Dritte in allen gedruckten, audiovisuellen und akustischen Medien ist untersagt. Die Textrechte verbleiben beim Autor, dessen Einverständnis zur Veröffentlichung hier vorliegt. Für Satz- und Druckfehler keine Haftung.

Impressum

Petra Johann, »Der Preis für kein Kind«
www.petrajohann.de
www.edition-winterwork.de
© 2011 edition winterwork
Alle Rechte vorbehalten.
Satz: Petra Johann
Umschlag: Petra Johann
Druck und Bindung: winterwork Borsdorf

ISBN 978-3-943048-06-3

Der Preis für kein Kind

Petra Johann

Kriminalroman

Für Burkhard,

ohne den ich nie die erste Zeile geschrieben hätte,
geschweige denn die letzte

Aus dem *Kreisanzeiger* vom 22. Juni 2011:

Brutaler Mord im Dobel – Polizei bittet um Mithilfe

Ammerbach. Die Frauenleiche, die vor zwei Tagen in einem Weiher im Dobel, einem Waldgebiet im Norden Ammerbachs, gefunden wurde, ist identifiziert: Wie ein Polizeisprecher gestern auf einer Pressekonferenz bekannt gab, handelt es sich um die 40-jährige Lehrerin Christine Lenz aus Ammerbach.

Die Polizei geht von einem Verbrechen aus. Laut Obduktionsbefund wurde das Opfer durch mehrere Schläge auf den Hinterkopf brutal getötet und anschließend im Weiher versenkt. Zum genauen Todeszeitpunkt wollte sich der Polizeisprecher aus ermittlungstaktischen Gründen nicht äußern, bestätigte jedoch, dass Frau Lenz zuletzt am Freitag, den 17. Juni, mittags im Geschwister-Scholl-Gymnasium in Ammerbach gesehen wurde. Da die Schule in unmittelbarer Nähe des Dobels liegt, bittet die Polizei alle Personen, die das Opfer nach Freitagmittag gesehen oder in der Nähe der Schule etwas Verdächtiges bemerkt haben, um Mithilfe. Hinweise nimmt jede Polizeidienststelle entgegen.

Montag, 27. Juni

1

Das Foto von Christine Lenz prangte auf der Titelseite der Lokalzeitung, dennoch war es Zufall, dass Johanna Bischoff es sah. Es war Zufall, dass die Ampel hinter dem Ammerbacher Ortsschild in dem Moment auf Rot sprang, Zufall, dass Johannas Cabrio neben dem Kiosk zum Stehen kam, und Zufall, dass sie der Zeitung in dem Drehständer überhaupt Beachtung schenkte. Einen kurzen Blick zunächst nur, doch dieser genügte. Johanna erkannte die Frau auf dem Farbfoto sofort. Es war die Unbekannte, die sie vor zehn Tagen angesprochen und die ihr dieses überaus merkwürdige Angebot gemacht hatte. Über den leeren Beifahrersitz und den Bürgersteig hinweg erkannte Johanna ihre Augen, diese großen, grauen Augen, die sie aus dem Zeitungsfoto genauso vorwurfsvoll anzustarren schienen, wie sie es in der Realität getan hatten.

Jemand hupte. Johanna zuckte zusammen und fuhr los. Jedoch nur ein paar Meter, dann parkte sie den Wagen am Straßenrand und lief zurück, um die Zeitung zu kaufen. Es war eine bereits fünf Tage alte Ausgabe des wöchentlich erscheinenden *Kreisanzeigers*. Erst neugierig, dann zunehmend beunruhigt las Johanna den Artikel. Der 17. Juni? Das war doch der Tag, an dem sie der Frau begegnet war. Allerdings nicht hier in Ammerbach, sondern in München, auf dem Alten Südfriedhof.

Auf einem Friedhof – ausgerechnet. Ausgerechnet zwischen alten Gräbern und Gedenktafeln für die Toten hatte die Fremde sie angesprochen, um mit ihr über den Beginn eines neuen Lebens zu verhandeln. Dabei war es ebenfalls Zufall, dass Johanna überhaupt dort gewesen war. Es hatte – wie so vieles in letzter Zeit – mit einer Auseinandersetzung mit Rainer begonnen ...

*

»Aber Joe, du kannst nicht schon gehen. Du musst dabei sein.« Der Seniorpartner von *S&W Consult* hielt mit seinem in Boss gewandeten Körper die Aufzugtür offen und schaute sie so flehentlich an, dass es das Herz der Eiskönigin zum Schmelzen gebracht hätte. Aber Johanna hatte die schauspielerischen Talente ihres Chefs schon zu oft bewundern dürfen, um beeindruckt zu sein.

»Die Antwort ist Nein. Und jetzt geh endlich aus der Tür. Ich muss los.«

Rainer ignorierte das, wie er alles zu ignorieren pflegte, was ihm nicht passte. »Das Meeting ist wichtig. Nach diesem Kunden angele ich schon seit Monaten. Wenn dieser Fisch anbeißt, dann bedeutet das Arbeit für mehr als fünf Leute hier im Haus.«

»Dann nimm einen dieser fünf als Wurm mit.«

»Haha, sehr witzig!« Seine Stimme bekam einen schmeichlerischen Unterton. »Bitte, Joe. Es geht um die Entwicklung einer Software zur Personaleinsatzplanung in einem ihrer Werke. Niemand versteht mehr davon als du. Und Sie wollen dich! Der alte Grothstück hat ihnen von dir vorgeschwärmt und sie haben dem Meeting überhaupt nur zugestimmt, weil ich ihnen in Aussicht gestellt habe, dass du das Projekt leiten wirst. Wenn du nicht kommst, was soll ich ihnen denn dann erzählen?«

»Wie wäre es mit der Wahrheit? Dass ich *S&W* Ende nächster Woche verlassen werde.«

Doch Rainer grinste bloß. »Wirst du nicht, Joe. Ich habe mit Mick gesprochen. Er ist einverstanden, dein Gehalt um«, er schaute sich kurz im Empfangsraum der Unternehmensberatung um und senkte dann seine Stimme, »um 15 Prozent zu erhöhen. Und auch die Sache mit dem halben Jahr in München geht klar. Aber darüber können wir später reden, der Kunde wird gleich kommen. Und behaupte nicht wieder, du hättest etwas vor, weil ich dir das sowieso nicht abnehme. Du hast nie etwas vor.«

Sein Grinsen war jetzt so breit, dass Johanna es ihm am liebsten aus dem Gesicht geschlagen hätte. Aber sie wollte nicht zweimal innerhalb einer Woche die Beherrschung verlieren, daher erwiderte sie zuckersüß: »Du täuschst dich, mein Lieber, und das gleich in doppelter Hinsicht: Erstens: Ich würde noch nicht einmal hierbleiben, wenn ihr mein Gehalt verdoppeltet. Und zweitens: Ich habe tatsächlich eine Verabredung – ein Vorstellungsgespräch bei *Fish & Partner*.«

Der Name des erbittertsten Konkurrenten von *S&W Consult* schaffte, was Johanna in den letzten zehn Minuten vergeblich versucht hatte: Rainer machte vor Schreck einen Schritt zurück, die Aufzugtüren schlossen sich und voller Genugtuung über ihren gelungenen Abgang fuhr Johanna ins Erdgeschoss hinunter.

Doch das Gefühl der Zufriedenheit hielt nicht lange an.

Als Johanna durch das Glasportal in die Frühsommerhitze hinaustrat, nagten bereits wieder die Zweifel an ihr, die sie seit ihrer Kündigung verfolgten. Sie fragte sich, was sie tun sollte – in den nächsten Monaten, Wochen und auch heute Abend. Denn natürlich hatte Rainer recht. Sie hatte keine Verabredung, keine berufliche (*Fish & Partner*? Da käme sie ja vom Regen in die Traufe!) und schon gar keine private.

Sie beschloss, spazieren zu gehen, und ging los, ohne Richtung, ohne Ziel, quer durch die quirlige Münchener Innenstadt. Eine Weile ließ sie sich vom Strom der Menschen treiben, bis er sie schließlich in der Nähe des Sendlinger Tors am schwarzen schmiedeeisernen Tor des Alten Südfriedhofs vorbeispülte. Einem Impuls gehorchend trat sie hindurch – und hatte sofort das Gefühl, in eine andere Welt einzutauchen.

Der Friedhof war schon mehrere Jahrhunderte alt und wurde seit Jahrzehnten nicht mehr benutzt, sodass er eher einem verwilderten Park glich. Die Hektik und der Lärm der Innenstadt waren hier zwischen den hohen Ziegelsteinmauern nur wie ein fernes Echo zu spüren, selbst die Zeit schien langsamer zu verstreichen. Während Johanna an verwitternden Grabsäulen vorbeischlenderte, die aus grünen Wogen von Farnen und Gräsern ragten, passte sie unbewusst ihr Tempo an, wurde langsamer und langsamer, bis sie schließlich vor einem imposanten Grabmal mit einer überlebensgroßen, steinernen Frauenfigur stehen blieb. Die Figur – Maria? – trug weite, wallende Gewänder. Sie stand schützend über das Grab gebeugt, das unter großen Büscheln von Farnwedeln verschwunden war. Johanna bewunderte den anmutigen Gesichtsausdruck der Skulptur und die fein gearbeiteten Details. Ihre linke Hand war halb geöffnet und jemand hatte sich die Mühe gemacht, eine wunderschöne, blutrote Rose in einem dünnen, mit Wasser gefüllten Plastikröhrchen zwischen die steinernen Finger zu klemmen. Johanna fragte sich, wie derjenige es geschafft hatte, denn die Figur ragte weit über Kopfhöhe aus dem üppigen Grün. War er vielleicht – wenig pietätvoll – am Stein hochgeklettert?

Wie auch immer, er hatte sich die Mühe gemacht, hatte sich die Zeit genommen für diese zugleich rührende und sinnlose Geste. Johanna konnte sich nicht daran erinnern, wann sie sich das letzte Mal für etwas Zeit genommen hatte, das nicht in Großbuchstaben den Aufdruck ARBEIT trug.

»Verdammt!«

»Ich hoffe, das gilt nicht mir.«

Erst als sie die Stimme hörte, merkte Johanna, dass sie ihre Gedanken laut ausgesprochen hatte. Sie drehte sich um. Ein paar Schritte schräg hinter ihr stand eine Frau und lächelte sie an.

Johanna lächelte automatisch zurück. »Nein, natürlich

nicht.« Und da es von ihr erwartet zu werden schien, fügte sie hinzu: »Ich habe die Zeit verdammt.«

Die Fremde trat näher. »Die Zeit?«

»Nun ja, eher die Tatsache, dass ich sie so schlecht nutze.«

Johanna schaute wieder zu der Rose, die sich blutrot von dem grün-grauen Hintergrund abhob. Die Fremde folgte ihrem Blick, dann ließ sie ihren Blick über die Gräber schweifen und nickte schließlich.

»Ja, das kann ich verstehen«, sagte sie zu Johannas Überraschung. »Auf Friedhöfen kommen einem schnell solche Gedanken. Man wird an die eigene Sterblichkeit erinnert und daran, dass man nicht unendlich viel Zeit hat, die Dinge zu tun, die einem wichtig sind, oder die Erfahrungen zu machen, die man nicht missen möchte, oder«, fügte sie nachdenklich hinzu, »die Ziele zu erreichen, die man sich gesteckt hat.«

Es war, als hörte Johanna das Echo ihrer eigenen Gedanken. Nur, dass sie schon lange nicht mehr wusste, was ihre Ziele waren. »Ich frage mich, ob die Toten, die hier ruhen, ihre Zeit genutzt haben«, murmelte sie, »ob sie ihre Chancen ergriffen haben.« Natürlich interessierte es sie nicht wirklich, es interessierte sie vielmehr, ob sie selbst ihre Chancen ergriffen hatte, ob sie selbst in ihrem Leben die richtigen Abzweigungen genommen hatte. Im Moment bezweifelte sie es.

Die Fremde schien zu spüren, was in Johanna vorging, denn sie sagte: »Es gibt Chancen im Leben, die darf man nicht vertun.« Sie kam während dieser Worte noch näher und schaute ernst zu Johanna auf.

Johanna betrachtete die Fremde zum ersten Mal genauer und war überrascht. Die Frau trug ein geblümtes Sommerkleid und eine weiße Strickjacke und obwohl dies im Moment modern war, wirkte es an ihr altmodisch. Sie sah eher aus wie eine schüchterne Quäkerfrau als wie jemand, der andere Leute im Park ansprach und über das Leben philosophierte. Und noch etwas fiel Johanna auf: Die Fremde war nervös. An ihrer Stimme hatte sie es nicht gehört, aber an ihrer angespannten Haltung konnte sie es deutlich sehen.

Und die nächsten Worte bestätigten Johannas Beobachtung, denn die Frau sagte: »Ich bin froh, dass Sie das Thema angesprochen haben, das mit den Chancen, meine ich, denn dann werden Sie mich bestimmt verstehen.« Sie trat noch näher. »Ich stehe selbst am Scheideweg. Ich weiß, in welche Richtung ich gehen möchte, aber ich schaffe es nicht allein. Ich brauche Ihre Hilfe.«

Die Frau stand jetzt so dicht vor Johanna, dass diese den Impuls unterdrücken musste, einen Schritt zurückzuweichen. Halb überrascht, halb irritiert musterte sie die andere. »Sie brauchen meine Hilfe?«

»Ja, ich habe Sie gesucht, um Ihnen einen Vorschlag zu machen. Würden Sie ...« Sie holte einmal tief Luft. »Möchten Sie mein Kind austragen?«

2

»Und du glaubst wirklich, dass es die Frisse war?« Herbert Schulz, seines Zeichens Leiter des Mordkommissariats, fragte es zum dritten Mal. Er lehnte am Fensterbrett in seinem Büro, schaute jedoch nicht hinaus, sondern zu Hauptkommissar Hans Grabmeier hinüber, der aus einem der Stühle am Konferenztisch quoll. In seinem grauen Anzug wirkte Grabmeier ein bisschen wie ein gestrandeter Wal, doch Schulz wusste, dass dieser Eindruck von Lethargie täuschte.

»Ja«, erwiderte Grabmeier ebenfalls zum dritten Mal.

Schulz stöhnte innerlich, aber was hatte er erwartet? Hans Grabmeier gehörte nicht zu den Leuten, die ihre Meinung änderten, nur weil sie mehrfach infrage gestellt wurde. Aber ausgerechnet Dr. Euphemia Frisse ...

Er schüttelte den Kopf. »Das kann nicht sein.«

Grabmeier hob seine mächtigen Schultern und ließ sie wieder fallen. »Ich sehe keine andere Möglichkeit.«

»Aber es muss doch noch jemanden geben, der ein Motiv hatte. Was ist mit dem persönlichen Umfeld von Christine Lenz? Mit ihren Verwandten, Freunden, Bekannten? Gibt es da wirklich niemanden, der infrage kommt?«

Grabmeier schüttelte seinen Kopf. »Die Lenz hatte keine Verwandten außer dem Ehemann und dem Stiefsohn und beide haben ein Alibi. Der Stiefsohn lebt in den USA und der Ehemann ... Na ja, du weißt ja selbst, was mit dem ist. Und ihr Freundes- und Bekanntenkreis war ebenfalls ziemlich überschaubar. Die Einzige, mit der wir noch nicht gesprochen haben, ist eine Freundin namens Tanja Rupp. Die ist zurzeit im Urlaub, Mallorca.«

Schulz gab nicht auf. »Was ist mit ihren Schülern? Heutzutage werden doch ständig Lehrer von ehemaligen Schülern angegriffen, die sich wegen irgendetwas rächen wollen. Da muss es doch zig Möglichkeiten geben.«

»Das haben wir als Erstes ausgeschlossen. Wir haben mit dem Direktor gesprochen: Christine Lenz hat in den sechs Jahren, in denen sie am Geschwister-Scholl-Gymnasium unterrichtete, nicht einen einzigen Verweis erteilt. Konflikte zwischen ihr und ihren Schülern scheinen meistens zugunsten der Schüler ausgegangen zu sein – hauptsächlich deswegen, weil die Schüler sie nicht sehr ernst nahmen. Sie scheint nicht viel Autorität besessen zu haben.«

»Was ist mit schlechten Noten?«

»Ebenfalls Fehlanzeige. Sie hat nur einmal einem Schüler eine Fünf im Zeugnis gegeben. Einem Schüler zudem, der wegen zweier Sechsen in Mathe und Physik ohnehin nicht versetzt worden wäre.«

»Und?«, fragte Schulz hoffnungsvoll.

Doch Grabmeier erstickte die Hoffnung sofort im Keim. »Er hat ein erstklassiges Alibi. Er stand vor Tausenden kreischender Fans auf einer Bühne am Ostseestrand. Nach seinem Rauswurf aus der Schule hat er irgend so eine Castingshow gewonnen und ist jetzt Popstar.« Er räusperte sich. »Du greifst nach Strohhalmen, Herbert. Natürlich können wir nicht ausschließen, dass Christine Lenz nach ihrem Streit mit der Frisse allein in den Wald, diesen Dobel, ging; wo sie dann einen Fremden traf, der sie tötete. Aber wieso hätte er das tun sollen? Sie wurde nicht missbraucht, sie wurde nicht beraubt ...«

»Ihre Handtasche ist weg.«

»Aber ihre Perlenkette und ihr goldener Ehering sind noch da. Und ein Raubmörder hätte sich wohl kaum die Mühe gemacht, die Leiche fünfzig Meter durch den Wald zu schleppen, um sie in dem Weiher zu verstecken.«

»Könnte sie nicht einfach mit einem Fremden in Streit geraten sein?«

»So konfliktscheu, wie sie war? Nein, sie hatte nur mit einer Person Streit, mit der Person, die sie getötet hat. Mit

Dr. Euphemia Frisse. Was stört dich so an ihr? Sag nicht, du hast Angst vor ein paar weltfremden Weihrauchschwenkern.«

Schulz zuckte zusammen. Wenn es bloß Weihrauchschwenker wären! Er drehte sich um und schaute aus dem Fenster. Die Polizeidirektion lag am Rande der Kreisstadt, doch heute vermochte der Anblick der sanft gewellten Felder und sonnenbeschienenen Golfplätze des Voralpenlandes ihn nicht aufzuheitern.

»Weißt du, was Euphemia bedeutet?«, fragte er, mit dem Rücken zu Grabmeier gewandt. »Frau von gutem Ruf.«

Er hatte es einmal in einem Zeitungsartikel gelesen. Es standen oft Artikel über Dr. Frisse in der Lokalzeitung, denn der Landkreis im Osten Münchens war arm an Prominenten und die Lokalpatrioten sonnten sich gern im Glanz einer Frau, die in ganz Bayern bekannt – manche sagten: berüchtigt – war.

»Den guten Ruf wird sie verlieren, wenn herauskommt, dass sie eine Mörderin ist.«

Schulz drehte sich um. »Aber wann wird das sein? Bis jetzt haben wir nur Indizien.«

»Nur Indizien? Jetzt hör aber auf, Herbert. Die Frisse hat die Lenz als Letzte gesehen, sie hat sich mit ihr gestritten, sie hat uns mehrfach angelogen. Was willst du denn noch? Einen Augenzeugen?«

Ja, dachte Schulz. Und bei einer Verdächtigen wie Dr. Euphemia Frisse sollte dieser Zeuge am besten gleich der Papst selbst sein. Aber natürlich war das utopisch und natürlich hatte Grabmeier recht. »Hast du schon eine Idee, worum es bei dem Streit wirklich ging?«

»Nein. Aber wir können beweisen, dass die Version der Frisse von vorn bis hinten erlogen ist. Ich habe Becker darauf angesetzt, mehr über das Verhältnis zwischen den beiden Frauen herauszufinden.«

Schulz dachte an den neuen Oberkommissar, der vor wenigen Wochen aus München hierher aufs Land gewechselt war. Erleichterung breitete sich in ihm aus. Grabmeier war ein leidenschaftlicher Polizist, aber er hatte keinerlei politisches Gespür. Wie einem Nashorn, das die Ameisen unter seinen Hufen nicht spürt, war es ihm egal, wem er bei seinen Ermittlungen die Zehen zerquetschte. Aber Lutz Becker war ein Mann auf dem Weg nach oben.

»Oh gut. Ich bin sicher, er wird diskret vorgehen. Ich möchte nicht, dass die Presse von einem möglichen Verdacht gegen Dr. Frisse erfährt, bevor wir nicht Beweise haben.«

Grabmeier zuckte seine mächtigen Achseln. »Natürlich. Aber es war die Frisse, das sagt mir mein Instinkt.«

In diesem Moment klopfte es, und eine junge Polizistin steckte ihren Kopf durch die Bürotür herein: »Dr. Frisse ist jetzt da.«

Grabmeier erhob sich sofort und erstaunlich schnell für einen Mann, der solche Massen in Bewegung setzen musste. »Setzen Sie sie in Vernehmungsraum 1. Und sagen Sie Oberkommissar Becker Bescheid.«

Der Kopf verschwand.

»Ich nehme an, du brauchst mich nicht mehr?« Grabmeier war schon auf dem Weg zur Tür.

»Nein. Aber tu mir einen Gefallen und tritt Dr. Frisse nicht auf zu viele Zehen.«

»Natürlich.« Es klang nicht überzeugend, doch bevor Schulz etwas erwidern konnte, war Grabmeier verschwunden.

*

Wenn Dr. Euphemia Frisse sich in einem Raum aufhielt, dann wirkte dieser Raum überfüllt – unabhängig von seiner Größe und unabhängig davon, wie viele Leute schon darin waren. So empfand es zumindest Oberkommissar Lutz Becker, der mit ihr in Vernehmungsraum 1 auf das Eintreffen von Hauptkommissar Grabmeier wartete. Dies lag weniger an Euphemia Frisses Größe von über einem Meter und achtzig oder an ihrer kräftigen Statur, sondern an ihrer Autorität, die man genauso wenig ignorieren konnte wie ein Gewitter, das sich über einem zusammenbraute, oder wie einen Felsbrocken, der einem in den Weg gerollt war. Sie erinnerte Becker an die Direktorin seiner Grundschule, die die Fähigkeit besessen hatte, nur durch das Heben ihrer Augenbrauen eine Klasse Sechsjähriger in kleine Statuen zu verwandeln, die in vorbildlicher Haltung hinter ihren Pulten verharrten.

Im Gegensatz dazu beschränkte sich Dr. Frisse allerdings nicht auf ihre Mimik. Ihre Waffe war ihre Stimme und diese Stimme war der bayrischen Öffentlichkeit seit Jahren bekannt. Sie erscholl regelmäßig auf Podiumsdiskussionen, im Fernsehen und im Radio, wo ihre Besitzerin ihre Meinung zu allen Themen aus den Bereichen Familienpolitik und Erziehung kundtat und gegen alles wetterte, was zwar mit Sex, nichts aber mit der Missionarsstellung zwischen Eheleuten zum Zwecke der Fortpflanzung zu tun hatte. Dr. Euphemia Frisse war nicht nur Lehrerin für Deutsch und katholische Religion am selben Gymnasium, an dem Christine Lenz unterrichtet hatte, sondern auch eine bekannte Abtreibungsgegnerin und habilitierte Theologin, die keine Gelegenheit ausließ, die Rückkehr zu einer strikteren Sexualmoral zu fordern.

Und das war die Frau, die von Hauptkommissar Hans Grabmeier, der in diesem Moment den Raum betrat, verdächtigt wurde, das fünfte Gebot gebrochen zu haben.

Becker war überzeugt, dass sein Kollege sich irrte.

*

Wenige Minuten später lehnte Lutz Becker sich auf seinem harten Metallstuhl zurück. Er hatte die Formalitäten erledigt, jetzt würde Hans Grabmeier die Vernehmung leiten. Becker war froh darüber, denn er hielt diese Vernehmung für einen weiteren Fehler des SOKO-Leiters.

»Wir werden sie unter Druck setzen«, hatte Grabmeier morgens gesagt.

»Wir haben nichts, womit wir sie unter Druck setzen können«, hatte Becker erwidert, und er musste es wissen, denn es war seine Aufgabe, die Theologin zu durchleuchten. Bisher hatte er nur einen winzigen Fleck auf ihrer blütenweißen Weste entdeckt. Einen Fleck zudem, der sicherlich nichts mit dem Tod von Christine Lenz zu tun hatte. Doch Grabmeier hatte seine Warnung ignoriert, wie er alle Beiträge Beckers der vergangenen zwei Wochen ignoriert hatte.

»Frau Dr. Frisse«, begann er jetzt, »wir möchten noch einmal Ihre Aussage zu den Ereignissen am Mittag des 17. Juni durchgehen, des Tages, an dem Ihre Kollegin Christine Lenz getötet wurde.«

»Das wäre dann das dritte Mal«, erwiderte die Theologin mit ihrer tiefen Stimme, mit der sie den Bass eines jeden Männerchores hätte unterstützen können. »Ich hoffe, dass diese Wiederholungen einem anderen Zweck dienen als dem, mir meine Zeit zu stehlen.«

»Natürlich. Es gibt da noch einige Unklarheiten.«

»Tatsächlich? Da bin ich ja gespannt. Im Allgemeinen pflege ich mich so klar auszudrücken, dass selbst Fünftklässler mir mühelos folgen können.«

Becker sah, wie sich Grabmeiers buschige Augenbrauen einander näherten, doch der Hauptkommissar ging auf die Spitze nicht ein. »Kommen wir zum 17. Juni. An diesem Tag haben Sie bis vierzehn Uhr in der Klasse 8a Deutsch unterrichtet, während Frau Lenz nebenan die 9b unterrichtete. Es war die letzte Schulstunde des Tages. Nach dieser Stunde gingen Sie hinüber in das Klassenzimmer von Frau Lenz. Richtig?«

Dr. Frisse bejahte und Grabmeier fuhr fort: »Sie haben

ausgesagt, dass Sie zu Frau Lenz gingen, um sich zu beschweren. Nach Ihrer Aussage war es im Klassenzimmer Ihrer Kollegin wiederholt so laut geworden, dass Sie sich nebenan gestört fühlten. Richtig?«

»Haben Sie schon einmal versucht, dreißig 14-Jährigen die Feinheiten des deutschen Konjunktivs beizubringen? Das wird nicht dadurch erleichtert, dass alle fünf Minuten Geräusche aus dem Nachbarzimmer dringen, als würden dort die Kinder über Tische und Bänke toben. Selbstverständlich habe ich mich bei Frau Lenz beschwert. Darüber hinaus wollte ich mich auch bei Dr. Strobel beschweren.«

»Ach ja, der Direktor des Gymnasiums. Wir haben mit ihm gesprochen. Er hat ausgesagt, dass Sie sich bereits früher wiederholt über Frau Lenz beschwert haben, jedoch nicht am Freitag, den 17. Juni.«

»Kein Wunder«, erwiderte Dr. Frisse. »Dr. Strobel war bereits gegangen.«

»Und was geschah am folgenden Montag?«, fragte Grabmeier. »Warum haben Sie sich da nicht beschwert?«

»Am Montag? Es wäre wohl kaum passend gewesen, mich über eine Kollegin zu beschweren, die vermisst wurde.«

»Sehr zurückhaltend von Ihnen. Allerdings hat Dr. Strobel Frau Lenz erst am Dienstagmittag als vermisst gemeldet.«

»Na und? Frau Lenz fehlte bereits am Montag in der ersten Stunde, solche Informationen machen im Kollegium schnell die Runde.«

»Und im Gegensatz zu Dr. Strobel, der zunächst davon ausging, dass Frau Lenz vielleicht nur erkrankt war, und versuchte, sie telefonisch zu erreichen, nahmen Sie gleich das Schlimmste an?«

Grabmeiers ungläubiger Ton ließ Dr. Frisse unbeeindruckt. »Natürlich nicht, trotzdem schien es mir nicht passend.«

»Ah ja.«

Grabmeier ließ die Worte einen Augenblick in der Luft hängen, doch die Lehrerin reagierte nicht. Becker hätte es ihm vorher sagen können. Euphemia Frisse war von einer bemerkenswerten Gelassenheit. Durch unzählige Podiumsdiskussionen schlachterprobt, ließ sie sich nicht so einfach unter Druck setzen. Aber genau das wollte Grabmeier. Becker fragte sich besorgt, wie weit der Hauptkommissar gehen würde.

Zunächst hielt er sich noch zurück. »Wie reagierte Frau Lenz auf Ihre Vorhaltungen?«

»Sie bat mich, nicht zu Dr. Strobel zu gehen. Sie behauptete, sie habe derzeit persönliche Probleme und dass sich die Situation bald bessern werde.«

Die Information war neu. Becker beugte sich interessiert vor. »Persönliche Probleme? Wissen Sie, was sie damit meinte?«

Dr. Frisse zögerte, dann schüttelte sie den Kopf.

»Sind Sie sicher?«, hakte Becker nach.

»Ich vermute, dass sie sich Sorgen um ihren Mann machte.«

»Aber Sie haben nicht nachgefragt? Warum nicht? War es Ihnen egal, wie Ihre Kollegin sich fühlte?«

Grabmeier hatte die Frage gestellt. Die Theologin sah ihn verärgert an. »Das Verhältnis zwischen Frau Lenz und mir war nicht derart, dass sie mit mir über persönliche Angelegenheiten gesprochen hätte. Zumal ich nicht wüsste, was diese mit der mangelnden Disziplin in ihrer Klasse zu tun gehabt haben sollten. Hauptkommissar Grabmeier, das hatten wir doch alles schon. Wollen Sie mir nicht endlich sagen, was das für Unklarheiten sind, deretwegen ich hier bin?«

»Dazu komme ich gleich. Bis wann etwa dauerte Ihre Auseinandersetzung mit Frau Lenz?«

»Bis zwanzig nach zwei, wie Sie sehr wohl wissen. Anschließend bin ich direkt nach Hause gegangen und um halb vier habe ich Pfarrer Junghans aufgesucht, um mit ihm über die Sommerferienbetreuung für die behinderten Kinder unserer Gemeinde zu sprechen. Wie Ihnen Pfarrer Junghans zweifellos bestätigt haben wird.«

»Nur leider konnte weder er noch jemand anders bestätigen, was Sie in der Stunde getan haben, die auf den Streit folgte. Niemand konnte bestätigen, dass Sie nach dem Gespräch wirklich nach Hause gegangen sind. Außerdem liegt Ihr Haus direkt neben der Schule, in einer einsamen Seitenstraße, nicht weit von dem Teich entfernt, in dem die Leiche gefunden wurde.«

»Ich würde eine Straße, die um die Mittagszeit von mehreren hundert Schülern bevölkert wird, kaum als einsam bezeichnen.«

Grabmeier hob die Schultern und ließ sie wieder fallen. »Ihr Gespräch mit Frau Lenz dauerte bis zwanzig nach zwei, da waren alle Schüler bereits weg. Zumindest hat sich keiner gemeldet, der Sie oder Frau Lenz gesehen hat – ob allein oder zusammen. Tatsächlich haben wir überhaupt niemanden gefunden, der Frau Lenz nach zwanzig nach zwei noch gesehen hat – obwohl Ammerbach ein kleiner Ort ist und sie als Lehrerin dort jedem bekannt war. Stattdessen haben wir ihre Leiche gefunden, ganz in der Nähe des Ortes, an dem Sie sich gestritten haben. Haben Sie dafür vielleicht eine Erklärung?«

»Ich denke doch, dass es Ihre Aufgabe ist, nach Erklärungen zu suchen.«

»Nun denn.« Grabmeier, der bis jetzt gerade auf seinem Stuhl gesessen hatte, beugte sich vor und senkte ein wenig den Kopf. »Ich habe in der Tat eine Erklärung«, sagte er. »Ich glaube, dass Frau Lenz nach ihrem Gespräch mit Ihnen nicht mehr gesehen wurde, weil sie nicht mehr lebte.«

Eine steile Falte erschien auf Dr. Frisses Stirn. »Das ist lächerlich.«

Grabmeier ignorierte den Einwand. »Ich glaube, dass Sie beide gemeinsam die Schule verließen und dass dann Ihr Streit eskalierte. Ich glaube, dass Frau Lenz versuchte, vor

Ihnen zu fliehen, und dabei hinfiel, wie die Schürfwunden an ihren Knien beweisen. Dann nahmen Sie einen Stein und schlugen dreimal auf ihren Kopf ein, wie die Verletzungen an der Leiche beweisen. Und schließlich versteckten Sie die Tote in dem nahe gelegenen Weiher.«

Becker hätte bei diesen Worten am liebsten gestöhnt. Er hatte befürchtet, dass Grabmeier Euphemia Frisse direkt beschuldigen würde, wie sonst hätte dieser den Druck ausüben sollen, von dem er morgens gesprochen hatte? Trotzdem hielt er es für einen Fehler. Sie hatten nichts in der Hand, doch nun würde Euphemia Frisse offiziell als Verdächtige gelten und Grabmeier sie auf ihre Rechte hinweisen müssen. Doch bevor der Hauptkommissar dies tun konnte, fragte Dr. Frisse mit immer noch gelassener Stimme:

»Hauptkommissar Grabmeier, wollen Sie mir wirklich unterstellen, dass ich im Streit eine Kollegin getötet habe, nur weil ich mich durch den Lärm in ihrer Klasse belästigt fühlte?«

»Oh, keineswegs. Die Frage ist allerdings, worum ging der Streit wirklich? Wir haben eine weitere Kollegin von Ihnen befragt: Frau Lisa Wohlfahrt. Sie hat an dem fraglichen Freitagmittag im Klassenzimmer auf der anderen Seite von Frau Lenz unterrichtet und im Gegensatz zu Ihnen keinen Lärm aus der 9b gehört!«

Die letzten Worte stieß Grabmeier beinahe triumphierend hervor. Becker war klar, dass jetzt nach Ansicht seines Chefs der Höhepunkt der Vernehmung gekommen war. Genauso klar war allerdings, dass Dr. Frisse gar nicht daran dachte, sich ans Drehbuch zu halten. Welche Reaktion Grabmeier auch erwartet hatte, er bekam sie nicht. Euphemia Frisse schaute lediglich etwas erstaunt drein und bevor sie etwas erwidern konnte, wurde die Tür zum Vernehmungsraum geöffnet und ein uniformierter Polizist kam herein. Becker wusste, dass etwas Wichtiges geschehen sein musste, wenn der Mann es wagte, mitten in die Vernehmung zu platzen.

Der Polizist ging direkt zu Grabmeier, der ihn mit einem wütenden Blick bedachte, und flüsterte ihm etwas zu, doch Beckers ausgezeichnete Ohren verstanden die Worte trotzdem:

»Da ist eine Frau am Empfang, die behauptet, Christine Lenz am Nachmittag des 17. Juni in München gesehen zu haben.«

3

»Sie wollte Sie als Leihmutter engagieren?«

Die Ungläubigkeit in der Stimme Hauptkommissar Grabmeiers schwappte Johanna entgegen wie eine Welle. Sie nahm es ihm nicht übel, sie hatte es ja selbst kaum glauben können, als Christine Lenz mit ihrem Anliegen herausgerückt war. Doch in der Stimme des Hauptkommissars schwang noch mehr mit, eine latente Aggressivität, die Johanna sich nicht erklären konnte und die sie irritierte.

»Ja«, bestätigte sie daher kurz.

Grabmeier, der bisher zurückgelehnt auf seinem Bürostuhl gesessen hatte, beugte sich vor und stützte seine feisten Ellbogen auf den Schreibtisch. Er öffnete den Mund, um etwas zu sagen – oder nur um die Zähne zu fletschen? –, dann schloss er ihn wieder und warf einen Blick zum Fenster. Dort saß ein zweiter Polizist, der Johanna sofort sympathisch gewesen war. Er hatte sich ihr zu Beginn der Besprechung als Oberkommissar Lutz Becker vorgestellt und seitdem nichts mehr gesagt, sondern ihre Aussagen in einem Laptop mitprotokolliert. Zumindest vermutete Johanna, dass er dort nicht seine digitale Einkaufsliste tippte und dass er auch nicht nur zur Dekoration diente, wozu er zweifellos geeigneter gewesen wäre als sein fetter Kollege.

Doch jetzt sagte Becker: »Sie sind also dem Opfer, Christine Lenz, am 17. Juni nach sechs Uhr abends auf dem Alten Südfriedhof in München begegnet. Sie kannten die Frau bis dahin nicht und hatten sie auch noch nie gesehen. Trotzdem hat Frau Lenz Sie angesprochen und Sie in ein Gespräch verwickelt und Sie dann gefragt, ob Sie ihr Kind austragen würden.« Er warf Johanna einen durchdringenden Blick zu. »Richtig?«

Sie nickte. »Ich weiß, dass es verrückt klingt, aber so war es. Und ich bin mir sicher, dass es die Frau auf den Fotos war«, ergänzte sie mit einer kleinen Kopfbewegung zu den Bildern, die inmitten des Chaos auf dem Schreibtisch des Hauptkommissars lagen, darunter auch das Foto aus der Zeitung.

Becker schwieg. Johanna konnte sehen, dass auch er Zweifel hatte, und einen Moment später fasste er diese in Worte: »Frau Bischoff, sind Sie sicher, dass ...«

» ... dass ich mir das nicht nur eingebildet habe? Ich versichere Ihnen, so überspannt bin ich nicht. Und ich erlaube mir auch keinen Scherz mit Ihnen.«

Langsam begann Johanna, sich zu ärgern. Sie war nicht den ganzen Weg hierher geeilt, nur damit die Polizei jetzt jedes ihrer Worte bezweifelte. Als ihr klar geworden war, dass sie – zumindest wenn der Zeitungsartikel im *Kreisanzeiger* in diesem Punkt noch aktuell war – die Letzte war, die Christine Lenz gesehen hatte, war sie sofort zu ihrem Wagen zurückgekehrt, hatte Mona angerufen, um anzukündigen, dass sie später kommen würde, und war dann hierher gefahren. Hier, das war die Kriminalpolizeiinspektion in der Kreisstadt des Landkreises, zu dem Ammerbach gehörte. Ammerbach selbst war viel zu klein, um eine eigene Polizeistation zu beherbergen.

Becker sagte beschwichtigend: »Natürlich nicht. Aber kann es nicht sein, dass Frau Lenz sich einen Scherz mit Ihnen erlaubt hat?«

»Nein, das habe ich zuerst auch gedacht. Doch es war ihr bitterernst.« *Sie sind meine letzte Hoffnung!* »Frau Lenz machte keinen Witz, sie war auch nicht betrunken oder verwirrt. Sie sagte, sie und ihr Mann wünschten sich sehnlichst ein Kind, könnten aber auf natürlichem Wege keins bekommen.«

»Und deshalb wollte sie ein Kind von Ihnen?«

Grabmeier hatte die Frage in neutralem Ton gestellt, doch Johanna war sich nicht sicher, ob sie nicht trotzdem sarkastisch gemeint war. »Natürlich nicht. Sie wollte, dass ich ihr

Kind *austrage*. Ein Kind von ihr und ihrem Mann, gezeugt in einer Petrischale aus einer ihrer Eizellen und dem Sperma ihres Mannes. Die beiden wären die genetischen Eltern gewesen.«

»Ah ja, der Ehemann von Frau Lenz. Er war nicht zufällig auch dabei?«

Johanna musterte Grabmeier irritiert. Was war das für eine seltsame Frage? Aus den Augenwinkeln bemerkte sie eine Bewegung und als sie zum Fenster schaute, sah sie, dass Oberkommissar Becker seinem Chef einen verwunderten Blick zuwarf.

»Nein, das hätte ich gesagt.«

»Hat Frau Lenz ihn sonst irgendwie erwähnt? Was sagte denn ihr Mann überhaupt zu ihren Plänen?«

Johanna dachte einen Moment nach. »Sie vermittelte den Eindruck, dass ihr Mann mit ihrem Plan, mich zu fragen, einverstanden sei.«

»Hat sie das explizit erwähnt?«

Sie schüttelte den Kopf und für eine Weile herrschte Schweigen. In die Stille drangen die betriebsamen Geräusche des Polizeialltags. Auf dem Gang klapperte eine Tür, jemand rief etwas Unverständliches.

Johanna dachte an den Nachmittag auf dem Südfriedhof zurück. Natürlich hatte sie zuerst vermutet, Christine Lenz wolle ihr einen Streich spielen. Sie war so überrumpelt gewesen, dass sie zunächst gar nichts antwortete und die andere nur fassungslos anstarrte. Dann beschlich sie der Verdacht, bei *Verstehen Sie Spaß?* oder in einer anderen idiotischen TV-Show gelandet zu sein. Sie schaute sich um auf der Suche nach versteckten Kameras. Es dauerte eine ganze Weile, bis sie erkannte, dass es der Frau bitterernst und dass dies keine spontane Idee war. Christine Lenz hatte den Überfall – als solchen empfand Johanna ihn – genau geplant und ihre Argumente genau zurechtgelegt. Und bevor Johanna irgendetwas erwidern konnte, hatte die andere begonnen, ihre Geschichte zu erzählen und diese Argumente abzuschießen.

Grabmeier riss Johanna aus ihren Gedanken. »Frau Bischoff, erwarten Sie wirklich, dass wir Ihnen das glauben? Dass wir Ihnen glauben, dass Sie auf einem Friedhof von einer wildfremden Frau angesprochen wurden, mit ihr eine Weile Smalltalk machten und dass diese Frau Sie dann ganz nebenbei fragte, ob Sie nicht für sie die Leihmutter spielen würden?«

»Nicht ganz.«

»Nicht ganz? Dann geben Sie also zu ...«

Johanna unterbrach ihn. »Christine Lenz hat mich nicht zufällig oder nebenbei gefragt. Sie hat gezielt mich angesprochen, um mich zu bitten, ihr Kind auszutragen.«

»Und wieso hätte Sie das tun sollen?«

Johanna seufzte innerlich. Es wäre ihr lieber gewesen, das, was sie als Nächstes sagen musste, für sich zu behalten. »Weil sie überzeugt war, ich würde ihr Angebot annehmen. Sehen Sie, sie hatte ein Gespräch belauscht.«

*

Das Gespräch hatte vor dreizehn Tagen stattgefunden, drei Tage vor der Begegnung auf dem Alten Südfriedhof.

Johanna hatte sich wieder einmal verspätet. Ein großer Teil des Biergartens *Zur Linde* lag bereits im Schatten seiner Namensgeberinnen, als sie endlich ankam, doch Mona Landauer hatte sich einen der wenigen Plätze ausgesucht, an dem sie von den letzten Sonnenstrahlen gewärmt wurde. Als Johanna zu ihr trat, wollte sie sich erheben, doch Johanna winkte ab. Stattdessen beugte sie sich über ihre Freundin und umarmte sie vorsichtig. Dann berührte sie kurz Monas Bauch.

»Du siehst fantastisch aus.«

Mona strahlte. Es war ein Leuchten, das tief aus ihrem

Innern zu kommen schien. Sie war im achten Monat mit Zwillingen schwanger und hätte jederzeit Modell stehen können für eine Skulptur mit dem Namen *Allerbester Hoffnung*. »Ich fühle mich auch fantastisch.« Sie musterte Johanna kritisch. »Du dich allerdings nicht, oder? Was ist passiert? Am Telefon sagtest du, du müsstest mir etwas erzählen.«

Johanna setzte sich. »Ich habe gekündigt.«

Mona verschüttete vor Schreck etwas Apfelschorle. »Nicht wahr! Du hast Rainer, dem alten Sklaventreiber, wirklich gesagt, dass du gehst?« Als Johanna nickte, klatschte sie in die Hände. »Wie wundervoll! Erzähl!«

»Viel gibt's da eigentlich nicht zu erzählen. Ich bin gestern aus Indien zurückgekommen ...«

»Wieso eigentlich erst gestern? Ich dachte, das Projekt dort sollte drei Wochen dauern, nicht sieben.«

»Tja, Rainer hatte sich mal wieder verschätzt. Und nicht nur in der Hinsicht. Als ich heute Morgen ins Büro kam, wartete er schon auf mich. Mit einem Flugticket nach China. Dabei hatten wir vor Indien ausgemacht, dass das meine letzte Auslandsreise für dieses Jahr sein sollte, dass ich mich für mindestens ein halbes Jahr bei 50-Wochen-Stunden in München entspannen dürfte. Und da wurde mir klar, dass es nie meiner Vorstellung von einem gelungenen Leben entsprochen hat, dieses Leben ausschließlich in fremden Büros und Konferenzräumen und Hotelzimmern zu verbringen.«

»Und dann hast du gekündigt, einfach so?«

Johanna lächelte. »Erst bin ich ausgeflippt.«

»Und du hast nicht vor, die Kündigung zurückzuziehen?«

Johanna schüttelte vehement den Kopf.

»Und ab wann hast du frei?«

»Schon in zwei Wochen, weil ich noch so viel Resturlaub habe.«

»Das müssen wir feiern.« Mona winkte die Kellnerin heran, um Prosecco zu bestellen. Die Kellnerin brachte das

Gewünschte, nicht ohne einen kritischen Blick auf Monas gewölbten Bauch zu werfen. Mona rollte mit den Augen, dann hob sie ihr Glas. »Auf deine Zukunft als freier Mensch!« Sie stieß mit Johanna an, trank jedoch nur wenige Schlucke. »Und was hast du jetzt vor?«

Johanna musste angesichts des Enthusiasmus ihrer Freundin lachen. »Hey, ein Schritt nach dem anderen. Meine Kündigung ist erst zehn Stunden her. Ich habe noch keine Pläne gemacht.«

»Ach, Pläne ...« Mona wedelte sie mit einer Handbewegung beiseite. »Was ist mit Träumen?«

»Träumen?«

»Ja. Du hast jetzt Zeit, du hast genug Geld, um einige Monate nicht zu arbeiten, was wolltest du schon immer mal tun?«

Johanna trank nachdenklich noch einen Schluck Prosecco, doch auf einmal schmeckte er fad. »Ich weiß es nicht«, sagte sie schließlich und fühlte sich dabei unzulänglich. Nein, sie hatte keine Träume. Wann hätte sie die entwickeln sollen? Sie war in den letzten Jahren so damit beschäftigt gewesen, der beruflichen Realität hinterherzulaufen, dass sie kaum Zeit für ihr Privatleben, geschweige denn zum Träumen gefunden hatte.

»Wie wäre es mit einer Weltreise?«

»Bloß keine Reisen. Lieber kaufe ich mir den gemütlichsten Liegestuhl, den ich finden kann, und verankere mich damit auf meinem Balkon.«

»Oh, da hätte ich eine bessere Idee. Komm doch zu uns. Wir haben zwei sehr bequeme Liegestühle und wenn meine beiden Schätzchen hier«, Mona schaute auf ihren Bauch hinunter, »weiterwachsen wie bisher, dann kann ich mich bald nicht mehr erheben. Es wäre wundervoll, mit dir den Sommer auf unserer Terrasse zu verbringen.«

Johanna war einen Augenblick verblüfft über das großzügige Angebot, doch dann fragte sie sich, wieso. Mona hatte schon immer einen ausgeprägten Nestbautrieb besessen und sie liebte nichts mehr, als ihre Familie und ihre Freunde um sich zu versammeln. Mit einem Mal beneidete Johanna ihre beste Freundin. Nicht um ihre Familie und nicht um die Geborgenheit ihres Zuhauses, sondern um ihre Gewissheit. Mona wusste genau – und hatte es schon immer gewusst –, was sie wollte: Kinder und einen Mann und noch mehr Kinder. Johanna schaute auf Monas immensen Babybauch und plötzlich beneidete sie sie auch darum. Er schien alles zu symbolisieren, was ihr in diesem Moment erstrebenswert erschien: einen Traum, ein Ziel und den Weg dorthin.

»Ich wäre auch gerne schwanger«, platzte sie heraus.

»Du?« Mona brach in lautes Lachen aus.

Zu ihrer eigenen Überraschung fühlte Johanna sich gekränkt, obwohl sie die Reaktion verstehen konnte. Sie selbst, schwanger? Was redete sie da? Und doch ... »Warum nicht? Wenn ich dich so anschaue, dann muss es ein tolles Gefühl sein.«

»Oh, das ist es – wenn man mal von Morgenübelkeit, Rückenschmerzen und Sodbrennen absieht. Und nicht nur, weil du zur Belohnung hinterher jahrelang Babygebrüll, stinkende Windeln und Schlafmangel ertragen darfst. Ich finde, eine Schwangerschaft an sich ist wundervoll. So wundervoll, dass ich es gar nicht beschreiben kann.« Sie versuchte es trotzdem. »Schwangersein ist das aufregendste Abenteuer, das man sich vorstellen kann. Man entdeckt seinen Körper ganz neu. Alle Sinne werden schärfer, die Wahrnehmung aller Dinge verändert sich. Es ist die intensivste Erfahrung, die man machen kann.«

»Woran liegt das?«

Mona dachte lange nach. »Vielleicht daran, dass es eine Erfahrung ist, die sich in uns abspielt. Sie kommt, außer am Anfang natürlich, ganz ohne äußere Einwirkungen aus. Und doch verändert sie deinen Körper viel stärker, als äußere Einflüsse es jemals könnten. Und du veränderst dich mit ihm.«

Johanna beobachtete halb amüsiert, halb neidisch, wie der Blick ihrer Freundin sich verklärte. »Was ist mit Macht?«

»Natürlich, das ist auch ein Teil der Faszination. Ein Lebewesen hängt von dir ab, du hast die Macht, es in deinem Körper wachsen und gedeihen zu lassen.«

Johanna nickte. Wachsen und Gedeihen, vielleicht war es das, wonach sie sich in diesem Moment sehnte. Eine Schwangerschaft hatte etwas Ursprüngliches, Natürliches, wofür man keinen Computer, keinen Laptop, keinen Blackberry brauchte. »Nun, vermutlich wäre eine Schwangerschaft ein lohnenderes Projekt als viele derer, die ich in den letzten Jahren durchgeführt habe.«

»Zumindest hättest du am Ende ein sehr, sehr konkretes Ergebnis. Das Ganze hat nur einen Haken ...«

Johanna griff nach dem fast vollen Proseccoglas ihrer Freundin und hob es wie zu einem Toast. »Genau: Ich will keine Kinder!«

*

»Und dieses Gespräch fand in einem Biergarten in Ammerbach statt?« Oberkommissar Becker hatte die Frage gestellt. Johanna hatte sich während ihres Berichts fast ausschließlich ihm zugewandt, da sie instinktiv gespürt hatte, dass er mehr Verständnis für ihre Geschichte zeigen würde.

»Ja. Meine Freundin hat dort ein Haus. Ich selbst lebe in München.«

»Und Frau Lenz hat ihr Gespräch belauscht?«

Johanna nickte. »Sie sagte, sie habe am Nebentisch gesessen.«

»Können Sie sich daran erinnern?«

»Nein. Aber das heißt nichts. Ich habe mich auf das Gespräch mit meiner Freundin konzentriert. Ich kriege selten mit, was an Nachbartischen passiert.«

»Aber Frau Lenz bekam mit, was an ihrem Nachbartisch gesagt wurde«, sagte Becker nachdenklich. »Sie hörte, wie Sie sich wünschten, schwanger zu sein.«

Johanna versuchte, das aufkeimende Schuldgefühl zu unterdrücken. »Ja«, gab sie zu. »Aber es war nur ein Witz, eine Spinnerei, eine fantastische Idee, die einen mal überkommt, aber die man nicht wirklich umsetzen möchte. Doch Christine Lenz hat das nicht verstanden. Sie dachte, es sei mir ernst. Sie glaubte wirklich ...« Sie schüttelte den Kopf, immer noch verwundert über das, was ihre harmlose Bemerkung ausgelöst hatte.

»Das heißt, Sie lehnten Frau Lenz' Angebot ab?«

»Natürlich.« Sie betrachtete Becker verblüfft. Hatte er wirklich gedacht, sie hätte das Angebot angenommen? Hatte er deswegen zunächst an ihrer Aussage gezweifelt? Doch sie fragte ihn nicht danach, sie war froh, dass wenigstens er ihr endlich zu glauben schien. Johanna schaute kurz zu Hauptkommissar Grabmeier hinüber, der sie mit abweisendem Blick musterte.

»Und wie hat Frau Lenz auf diese Ablehnung reagiert?«, erkundigte sich Oberkommissar Becker.

Ein leichter Schauer lief Johannas Rücken hinunter. »Sie wurde hysterisch. Sie begann, auf mich einzureden. Sie wollte mich unbedingt überreden, überzeugen. Sie sagte, ich sei ihre letzte Hoffnung ...«

»Wusste Frau Lenz, dass Leihmutterschaft in Deutschland verboten ist?«

»Ja. Sie schien erst zu denken, dass es das war, was mich abschreckte. Sie sagte, niemand würde es merken, wir müssten nur für die Geburt ins Ausland gehen, in die USA oder nach England.«

»Es klingt, als habe sie das genau geplant.«

Johanna nickte. Sie wusste, dass sie jetzt am entscheidenden Punkt des Gesprächs angelangt waren, und sie sah Becker an, dass er es auch wusste.

»Frau Bischoff, Sie sagen, Frau Lenz war Ihnen fremd. Können Sie mir erklären, wie es kam, dass sie Ihnen – ein paar Tage, nachdem sie zufällig Ihr Gespräch in einem Biergarten belauscht hatte – dreißig Kilometer von ebendiesem Biergarten entfernt auf einem Münchner Friedhof begegnete?«

»Ich kann es nicht. Sie sagte, es wäre ein Zufall.«

»Glaubten Sie ihr das?«

Johanna verneinte. Sie hatte sich über diesen Punkt viele Gedanken gemacht, aber es war einfach unwahrscheinlich. Christine Lenz' Vorgehen war zu gezielt gewesen. Sie hatte sich auf die Begegnung mit Johanna gründlich vorbereitet. »Christine Lenz hatte diese Begegnung geplant. Aber ich habe keine Ahnung, woher sie wusste, dass ich an dem Tag auf dem Südfriedhof sein würde.«

»Gehen Sie um diese Zeit häufig dort spazieren?«

»Nein, nie.«

»Sie sagen, Sie waren mit einer Freundin im Biergarten, einer Mona Landauer. Ist es möglich, dass diese Frau Lenz verraten hat, wo sie Sie finden kann?«

Johanna schüttelte den Kopf.

»Haben Sie sie danach gefragt?«

»Nein, aber ich habe ihr von der Begegnung erzählt. Mona hätte es mir gesagt, wenn sie einer Fremden Informationen über mich gegeben hätte.«

»Sind Sie da sicher?«, blaffte Grabmeier plötzlich. Er hatte den Dialog zuletzt schweigend verfolgt, sodass Johanna seine Anwesenheit fast vergessen hatte. Die Männer saßen so, dass sie sie nicht beide gleichzeitig im Blick haben konnte. Zum ersten Mal ging ihr auf, dass das vermutlich Absicht war, und sie fühlte sich in die Zange genommen.

»Natürlich«, versetzte sie ärgerlich. »Meine Freundin gibt wohl kaum wildfremden Menschen meine Adresse. Sie betreibt schließlich keine Leihmutteragentur.«

Grabmeier machte ein Gesicht, als fände er diesen Punkt

durchaus zweifelhaft. »War sonst jemand in dem Biergarten, der Frau Lenz Ihre Adresse hätte geben können? Jemand vom Personal oder einer von den Gästen?«

»Nein, niemand. Ich war erst zum dritten oder vierten Mal dort. Ich kenne überhaupt nur eine Handvoll Menschen in Ammerbach.« Paul, schoss es ihr durch den Kopf, aber sie schob den Gedanken sofort beiseite.

»Ah ja.« Mehr sagte Grabmeier nicht.

Johanna nutzte die Gelegenheit und fragte: »Gibt es denn schon etwas Neues? Haben Sie den Täter mittlerweile gefasst?«

»Nein.«

Sie hatte es befürchtet. »Und halten Sie es für möglich, dass der Mord an Frau Lenz mit meinem Gespräch mit ihr zusammenhängt?«

»Nein.«

Johanna hatte die Frage an Becker gerichtet, doch die Antwort kam von Grabmeier und so prompt, dass sie sich wunderte.

»Nein«, wiederholte der Hauptkommissar. »Frau Lenz wurde bestimmt nicht umgebracht, weil Sie ihr Baby nicht austragen wollten. Denn das würde ja voraussetzen, dass Ihre kleine Geschichte stimmt, und das, Frau Bischoff, kaufe ich Ihnen nicht ab.«

Es fühlte sich an wie ein Schlag in die Magengrube und Johanna schnappte unwillkürlich nach Luft. »Sie können meine Freundin fragen, wenn Sie mir nicht glauben.«

»Oh, es kann schon sein, dass dieses Biergartengespräch stattgefunden hat. Vermutlich ist es das Einzige, das an Ihrer Aussage stimmt. Und vielleicht ist Ihnen dadurch die Idee zu dieser kleinen, rührenden Szene mit Frau Lenz auf dem Friedhof gekommen. Doch der Rest Ihrer Aussage enthält so viele Widersprüche, dass es für mehrere Geschichten der Gebrüder Grimm reichen würde.«

Einen Moment lang starrte Johanna Grabmeier an. Dann

sprang sie mit einer heftigen Bewegung auf, überbrückte die drei Schritte zu seinem Schreibtisch und stützte sich mit den Händen darauf. »Und können Sie mir vielleicht sagen, wieso ich mir die Mühe gemacht haben sollte, extra hierher zu fahren, um Ihnen ein Märchen aufzutischen?«, zischte sie, über Grabmeier gebeugt.

Der ignorierte ihren Ausbruch. Er hob seinen Daumen. »Erstens: Wie Sie selbst gerade zugegeben haben, gibt es keine Möglichkeit, wie Christine Lenz Sie in München gefunden haben könnte. Nach Ihrer Aussage war es einerseits kein Zufallstreffen und andererseits kann niemand Frau Lenz Ihren Aufenthaltsort verraten haben. Zweitens ...«

Johanna unterbrach ihn. Sie hatte sich wieder aufgerichtet, weil sie ihre impulsive Reaktion sofort bereut hatte. »Sie können mir doch nicht vorwerfen, dass ich nicht weiß, wie sie mich gefunden hat. Es ist doch wohl Ihre Aufgabe, das herauszufinden. Vielleicht hat sie mich verfolgt, verzweifelt genug war sie ja.«

»War sie das? Da sind Sie die Einzige, die das behauptet. Wir ermitteln seit einer Woche in diesem Fall. Wir haben mehr als hundert Leute befragt, mit ihren Verwandten und Freunden gesprochen, und niemand hat auch nur am Rande erwähnt, dass Frau Lenz Kinder wollte oder dass sie erfolglos versuchte, eins zu bekommen.«

»Das ist ja wohl kaum etwas, das man jedem auf die Nase bindet«, erwiderte Johanna scharf.

»Richtig, jedem nicht. Aber Ihrer Theorie nach anscheinend einer Wildfremden auf einem Friedhof. Aber wir haben nicht nur mit Frau Lenz' Freunden gesprochen, wir waren auch in ihrem Haus. Und auch dort haben wir nicht den kleinsten Hinweis gefunden, der Ihre Aussage bestätigen würde. So viel zu zweitens.«

»Was ist mit ihrem Ehemann, warum fragen Sie nicht den?«

Zum ersten Mal seit Beginn des Gesprächs huschte so

etwas wie ein Lächeln über Grabmeiers Gesicht. »Ach ja richtig, der Ehemann. Und damit kommen wir zu drittens. Frau Bischoff, Sie behaupten, Frau Lenz habe gesagt, ihr Ehemann sei mit ihrem Plan, Sie als Leihmutter zu engagieren, einverstanden gewesen. Und das beinhaltet ja wohl, korrigieren Sie mich, wenn ich Unrecht habe, dass er seinen Samen spenden würde ...«

»... das hat sie angedeutet, ja. Und seinen Samen hätte sie zweifellos gebraucht ...«

Grabmeier fletschte die Zähne. »Und können Sie mir vielleicht erklären, Frau Bischoff, wie der Ehemann von Christine Lenz das hätte schaffen sollen? Der Mann liegt seit über zwei Monaten im Koma.«

4

Lutz Becker beobachtete Hauptkommissar Hans Grabmeier, der in seinem Büro auf und ab lief wie ein gereizter Bär, und fragte sich, wie um alles in der Welt Herbert Schulz auf den Gedanken gekommen war, er, Becker, könne etwas von diesem Mann lernen. Soweit er das sehen konnte, hatte Grabmeier ihm nur in einer Disziplin etwas voraus: Zeuginnen so heftig vor den Kopf zu stoßen, dass sie schließlich jede Kooperation verweigerten. Der Hauptkommissar hatte sich alle Mühe gegeben, Johanna Bischoff in Widersprüche zu verwickeln, doch diese war bei ihrer Aussage geblieben. Vor einigen Minuten war sie gegangen, und zwar stocksauer. Becker war überzeugt, dass ihre Wut nicht gespielt gewesen war, und das ließ ihn vermuten, dass Johanna Bischoff die Wahrheit gesagt hatte. Oder das, was sie für die Wahrheit hielt, denn ihre Aussage wies tatsächlich beträchtliche Ungereimtheiten auf. Noch mehr Ungereimtheiten glaubte Becker jedoch im Verhalten des Hauptkommissars zu entdecken.

In diesem Moment schaute Grabmeier in seine Richtung. »Was?«, blaffte er.

Becker fragte sich, warum der Mann so schlecht gelaunt war. Selbst wenn er davon überzeugt war, dass Johanna Bischoff die Unwahrheit gesagt hatte, war die Reaktion übertrieben. Zeugen logen, das kam vor und man durfte es als Polizist nicht persönlich nehmen. »Sind Sie nicht ein bisschen hart zu Frau Bischoff gewesen?«

»Nicht hart genug, sonst wäre sie nicht bei ihrer idiotischen Aussage geblieben.«

»Vielleicht sagt sie die Wahrheit.«

»Unsinn!«

»Wieso sind Sie da so sicher?«

Grabmeier lehnte sich gegen ein übervolles Regal. Ein Augenlid zuckte. »Becker, haben Sie nicht zugehört?«

»Doch, und ich stimme Ihnen zu, dass die Geschichte von Frau Bischoff unwahrscheinlich ist. Unwahrscheinlich, aber nicht unmöglich ...«

Weiter kam er nicht, denn Grabmeier unterbrach ihn sofort. Es war eine von mehreren Angewohnheiten des ranghöheren Kollegen, die Becker nach zwei Wochen Zusammenarbeit bereits auf die Nerven fielen. Nicht zum ersten Mal fragte er sich, ob es wirklich ein so cleverer Karriereschritt gewesen war, von München hierher zu wechseln.

»Die Geschichte von dieser Bischoff hat mehr Löcher als das Unterhemd eines Penners«, knurrte Grabmeier. »Wenn Sie die glauben, dann glauben Sie vermutlich auch, dass Sie in dreißig Jahren von Ihrer Pension werden leben können.« Und er begann, erneut die Widersprüche in Johanna Bischoffs Aussage aufzuzählen.

Becker hörte nur mit einem halben Ohr zu. Er wusste selbst, dass die Geschichte unwahrscheinlich war. Aber unwahrscheinlich war eben nicht unmöglich. Es war immerhin möglich, dass Christine Lenz Johanna Bischoff zufällig in München getroffen hatte, Zufälle passierten schließlich. Oder die Bischoff hatte während des Gesprächs mit ihrer Freundin Hinweise auf ihre Identität gegeben, vielleicht den Namen ihres Arbeitgebers erwähnt: *S&W Consult*.

Becker hatte von der Firma gehört, es war eine kleine, exklusive Unternehmensberatung, die angeblich immense Gehälter zahlte, um die Besten ihres Faches – in der Regel Informatiker wie Johanna Bischoff – einstellen zu können. Er konnte sich nicht vorstellen, dass sie dort Frauen beschäftigten, die es nötig hatten, bei der Polizei Lügenmärchen zu erzählen, um sich wichtigzumachen.

Während Becker diese Überlegungen anstellte, hatte Grabmeier wieder begonnen, vor seinem Schreibtisch auf und ab zu tigern.

»Mal ganz abgesehen davon«, verkündete er jetzt, »dass es

an sich schon unwahrscheinlich ist, dass eine Frau wie die Lenz auf einem Friedhof eine Frau wie die Bischoff anspricht, um sie zu einer illegalen Unternehmung zu überreden, kommen Sie an den harten Fakten nicht vorbei, Becker: Der Ehemann der Lenz liegt seit über zwei Monaten im Koma. Er hat schwere Hirnverletzungen und die Ärzte gehen nicht davon aus, dass er jemals wieder aufwachen wird. Der Mann hängt an Maschinen! Und ich soll glauben, dass seine Frau nichts Besseres zu tun hat, als herumzulaufen und nach einer Leihmutter zu suchen? Abgesehen davon, dass ich mich weigere zu glauben, dass sie sich neben einem halb toten Ehemann auch noch ein Kind aufbürden möchte, wäre es rein technisch gar nicht möglich. Sie ist nicht die Jungfrau Maria, Herrgott noch mal, sie bräuchte Sperma!«

Becker verzichtete darauf, Grabmeier darauf hinzuweisen, dass es technisch durchaus möglich war, männlichen Komapatienten Samen zu entnehmen. Allerdings war dies in Deutschland verboten. »Es könnte eingefrorenes Sperma vorliegen. Wenn die beiden wirklich versucht haben, mit Hilfe künstlicher Befruchtung ein Kind zu bekommen, dann würde ich davon ausgehen. Ich denke, wir müssen das auf jeden Fall überprüfen. Ammerbach ist etwa dreißig Kilometer von München entfernt. Wenn Christine Lenz sich mittags von Dr. Frisse getrennt hat, dann kann sie leicht um sechs auf dem Alten Südfriedhof gewesen sein.«

»Ach ja? Ihr Auto stand allerdings den ganzen Tag vor ihrem Haus, das hat die Nachbarin bestätigt.«

»Sie könnte mit der S-Bahn gefahren sein. Es gibt einen Fußweg von der Schule an diesem Wald, diesem Dobel, entlang zur S-Bahn-Station. Wenn Christine Lenz den genommen hat, erklärt das, warum niemand sie gesehen hat. Der Fußweg ist einsam und wenn die Schüler mittags weg sind, ist an der S-Bahn-Station ebenfalls nicht viel los.«

Es war nicht das erste Mal, dass Becker auf diese Möglichkeit hinwies. Angesichts der Topografie Ammerbachs war es ein naheliegender Gedanke, doch Grabmeier hatte ihn bisher weit von sich gewiesen. So auch jetzt.

»Wenn, wenn, wenn«, blaffte er. »Sie vergessen dabei nur eins: Frau Lenz konnte diesen Fußweg nicht nehmen, sie konnte nicht mit der S-Bahn nach München fahren, sie konnte sich dort mit niemandem treffen, denn sie war schon tot.«

»Das wissen wir nicht. Der Pathologe sagt, sie sei irgendwann im Laufe des Freitags gestorben. Sie könnte nach München und wieder zurück gefahren sein. Und abends traf sie dann jemanden in der S-Bahn oder an der S-Bahn-Station oder jemand lauerte ihr auf ...«

»Und wer soll das gewesen sein? Wir haben niemanden gefunden, der auch nur den Hauch eines Motivs hatte – außer der Frisse. Wir brauchen ein Motiv, Becker, ein Motiv!«

Da musste Becker Grabmeier ausnahmsweise zustimmen. Das fehlende Motiv war der Hauptgrund, warum die Polizei bei ihren Ermittlungen seit einer Woche nicht richtig vorwärts kam. In gewisser Weise war Christine Lenz ein ausgesprochen unwahrscheinliches Mordopfer. Sie schien eine nette, unauffällige Frau gewesen zu sein, verheiratet, kinderlos, Lehrerin in dem 10.000-Einwohner-Städtchen, in dem sie auch gelebt hatte. Sie war keine besonders gute Lehrerin gewesen, aber das war auch schon das einzig Negative, das die Leute über sie erzählt hatten. Andererseits hatten sie auch nicht viel Positives berichtet. Die Reaktion, die Christine Lenz bei den meisten Menschen hervorgerufen hatte, schien Gleichgültigkeit gewesen zu sein. Und Gleichgültigkeit war kein Mordmotiv! Genauso wenig allerdings ein Streit über etwas Lärm, und das sagte Becker jetzt auch.

Doch Grabmeier erwiderte: »Wir haben die Aussage von Frau Wohlfahrt. Sie sagt, sie habe keinen Lärm aus dem Klassenzimmer gehört.«

Becker schüttelte entnervt den Kopf. »Frau Wohlfahrt

behauptet auch, Christine Lenz sei eine exzellente Lehrerin gewesen. Sie wollte nichts Negatives über ihre tote Kollegin sagen, das ist doch offensichtlich.«

»Becker, Sie können nicht einfach Zeugenaussagen ignorieren, die Ihnen nicht passen.«

Angesichts dieses Vorwurfs blieb Becker einen Moment lang die Luft weg.

Grabmeier fuhr fort: »Es war die Frisse. Sie hat sich mit Christine Lenz gestritten, weniger als 300 Meter von dem Ort entfernt, an dem wir die Leiche gefunden haben. Weniger als 300 Meter! Ich werde diesen Zusammenhang bestimmt nicht ignorieren wegen des Geschwätzes einer Frau, die offensichtlich an einem Burn-out-Syndrom leidet.«

Das war es natürlich, Becker hatte es geahnt. Es ging Grabmeier nicht darum, ob Frau Bischoff als Zeugin glaubwürdig war, sondern einzig und allein um seine Theorie. Grabmeier wollte Euphemia Frisse verdächtigen, das hatte Becker von Anfang an gespürt. Als der Hauptkommissar zum ersten Mal von dem Streit zwischen den beiden Lehrerinnen gehört hatte, hatte er sich auf die Frisse als Hauptverdächtige gestürzt, wie diese sich vermutlich auf eine Jesusreliquie gestürzt hätte. Becker hatte keine Ahnung, wieso.

Er setzte erneut an: »Burn-out hin oder her. Wir müssen Frau Bischoffs Aussage überprüfen.«

Grabmeier hielt einen Moment in seiner Wanderung inne. Er grunzte, sagte dann jedoch zu Beckers Erleichterung: »Das müssen wir wohl, auch wenn es reine Zeitverschwendung sein wird. Nobby Kurz soll das machen. Und Sie werden nach einer Verbindung zwischen der Bischoff und der Frisse suchen.«

»Verbindung?«

»Natürlich. Ist Ihnen das etwa entgangen? Die Bischoff steckt mit der Frisse unter einer Decke. Sie war hier, um die verdammte Theologin zu entlasten, das ist doch offensichtlich!«

5

Als Johanna ihren Audi TT zum zweiten Mal an diesem Tag nach Ammerbach hineinsteuerte, war sie immer noch wütend. Selbst die fünfzehn Kilometer lange Fahrt über Landstraßen, die sich durch das Voralpenland südöstlich von München schlängelten, hatte sie nicht beruhigen können. Normalerweise genoss Johanna das Autofahren, denn seit sie bei *S&W Consult* angefangen hatte, hatte sie nur selten Gelegenheit, sich selbst ans Steuer zu setzen. Entweder saß sie in irgendwelchen Flugzeugen oder sie wurde von Taxifahrern chauffiert, von Flughäfen zu Hotels, von Hotels zu Konferenzräumen und von den Konferenzräumen zurück zu den Flughäfen.

Doch heute nahm Johanna von der sie umgebenden Idylle, die vom Alpenpanorama am Horizont gekrönt wurde, kaum etwas wahr. In Gedanken war sie immer noch im Büro von Hauptkommissar Grabmeier und wenn sie an die Art und Weise dachte, wie die Polizisten sie behandelt hatten, dann krampften sich ihre Hände um das Lenkrad und ihr Fuß senkte sich automatisch tiefer auf das Gaspedal.

Dabei war Johannas Wut umso größer, weil sie sich auch über sich selbst ärgerte, weil sie nicht durchschaut hatte, was für ein Spiel die beiden mit ihr gespielt hatten, obwohl es in jedem Fernsehkrimi vorkam: guter Bulle, böser Bulle. Dieser Becker hatte so nett gewirkt, dass sie ihm viel mehr von ihrem Gespräch mit Mona erzählt hatte, als notwendig gewesen wäre – wie verloren sie sich in der letzten Zeit gefühlt hatte, wie ziellos. Und was hatte ihre Offenheit bewirkt? Nichts. Die Polizisten hatten sie nicht behandelt wie eine Zeugin, sondern wie eine Angeklagte. Wie eine Verbrecherin oder, schlimmer noch, wie eine überspannte Hysterikerin, die nichts Besseres zu tun hatte, als sich mit erfundenen Geschichten wichtigzumachen.

An Johannas Wut änderte auch die Tatsache nichts, dass sie Grabmeiers Argumente durchaus nachvollziehen konnte. Sie hatte keine Ahnung, wie Christine Lenz sie gefunden haben konnte. Und was deren Mann betraf, der im Koma lag: Warum hatte Christine Lenz den Zustand ihres Mannes nicht erwähnt? Hatte sie Angst gehabt, Johanna würde ihrem Plan nicht zustimmen, wenn sie wüsste, dass das Kind vaterlos aufwachsen würde? Möglich war das natürlich. Aber wenn Christine Lenz in diesem Punkt nicht die Wahrheit gesagt hatte, in welchen Punkten hatte sie dann noch gelogen?

Zum ersten Mal kamen Johanna Zweifel an Christine Lenz' Geschichte. Konnte es sein, dass ihre Geschichte von A bis Z erlogen war? Dass die Geschichte mit der Leihmutterschaft nur ein Vorwand gewesen war? Aber ein Vorwand wofür? Wer dachte sich eine solch absurde Geschichte aus, um mit einer Fremden ins Gespräch zu kommen?

Während dieser Überlegungen war Johanna in Ammerbach angekommen. Als sie am malerischen Dorfkern vorbeifuhr, warf sie unwillkürlich einen Blick auf die Läden, die sich dort zusammendrängten. Der größte war die Buchhandlung, die Monas Mann Holger gehörte, der kleinste Pauls Antiquitätengeschäft. Aber Johanna wollte jetzt nicht über Paul nachdenken. Nach der Auseinandersetzung mit den Polizisten fühlte sie sich emotional genug durchgeschüttelt. Doch wie immer, wenn Paul sich kurz in ihr Bewusstsein geschoben hatte – und seit sie den verdammten Brief gefunden hatte, war das weit häufiger der Fall gewesen, als sie sich gerne eingestand –, ließ er sich nicht mehr so schnell vertreiben. Was fiel ihm ein, ihr erst zu schreiben und sich dann nicht mehr zu melden?

Nun, sie würde ihn das vermutlich bald persönlich fragen können. Denn Ammerbach war zu klein, als dass sich zwei Menschen dort aus dem Weg hätten gehen können. Außerdem war Paul Holgers bester Freund. In den letzten drei Jahren hatte Johanna Mona und Holger so selten gesprochen und noch seltener gesehen, dass es nicht schwierig gewesen war, das Thema Paul zu vermeiden. Aber diese Taktik würde sie kaum durchhalten können, wenn sie für die nächsten Wochen bei den Landauers zu Besuch war.

*

Eine Viertelstunde später ließ Johanna sich auf eine bequeme Liege auf der Landauerschen Terrasse sinken. Sie hatte ihre Freundin im Garten gefunden, wo sie mit ihren Söhnen, dem sechsjährige Jan und dem vierjährigen Leo, im Planschbecken gespielt hatte. Jetzt kam Mona, nur mit einem feuerroten Bikini bekleidet, aus dem Haus. In ihren Händen hielt sie ein Tablett, dass sie auf einem kleinen Mosaiktisch abstellte, der am Rand der Terrasse im Schatten einer von Kletterrosen überwachsenen Mauer stand.

»Jetzt erzähl erst mal«, sagte sie, während sie Johanna ein Glas Apfelschorle in die Hand drückte. Dann ließ sie sich ebenfalls auf einer Liege nieder. »Am Telefon sagtest du nur, du kämest später, weil du zur Polizei müsstest. Welches deiner vielen Verbrechen ist denn aufgeflogen?«

»Bis jetzt noch keins«, erwiderte Johanna und trank das Glas in einem Zug halb leer. »Aber so, wie die Polizei mich behandelt hat, erwarte ich demnächst eine Anklage mindestens wegen Landesverrats.«

Sie erzählte in allen Details von ihrem Besuch bei der Polizei. Mona hörte – für sie ungewöhnlich – schweigend zu. Auch als Johanna endlich geendet hatte, sagte sie zunächst nichts. Stattdessen erhob sie sich – ebenfalls ungewöhnlich – schwerfällig, ging barfuß zum Mosaiktisch und goss vorsichtig etwas Apfelschorle in ein Glas, so als ob diese einfache Handlung ein Höchstmaß an Präzision erforderte. Schließlich drehte sie sich um und sagte:

»Johanna, ich muss dir ein Geständnis machen. Ich habe Christine deine Adresse gegeben.«

*

»Du hast ...« Der Satz blieb in Johannas Hals stecken. Sie richtete sich auf ihrer Liege auf und starrte ihre Freundin an. Dann setzte sie erneut an: »Aber wie konntest du? Einer Wildfremden ...«

Mona hatte nach ihrem Geständnis an ihrem halb nackten Körper hinuntergestarrt, doch jetzt schaute sie auf. »Christine ist mir nicht fremd, ich kenne sie schon seit Jahren.«

Johanna war einen Moment um Worte verlegen. Sie schüttelte den Kopf, wie um die Fragen und Mutmaßungen, die in diesem Moment auf sie einstürmten, zu sortieren. Wieso hatte Mona das getan? Wieso hatte sie ihr nichts davon erzählt? Wieso hatte Christine Lenz es nicht erwähnt? Schließlich sagte sie, ohne sich bewusst zu sein, warum sie ausgerechnet diese Frage wählte: »Hast du wirklich geglaubt, dass ich es tun würde? Dass ich das Kind dieser Frau austragen würde?«

»Natürlich nicht.«

»Aber wieso hast du ihr das dann nicht gesagt? Wieso hast du ihr dann meine Adresse gegeben?«

»Weil sie mir nicht geglaubt hat. Weil sie unbedingt selbst mit dir sprechen wollte.«

Mona zog einen der Korbstühle heran, die um den Mosaiktisch herum gruppiert waren, und setzte sich vorsichtig hinein. Im Gegenzug schwang Johanna ihre Beine über den Rand der Liege und stand auf. Sie hatte das Gefühl, nur so den Überblick zurückzuerlangen. »Erzähl!«, forderte sie Mona barsch auf.

Mona seufzte, als sei ihr die Aufforderung gar nicht recht. »Was willst du wissen?«

»Alles. Woher du Christine Lenz kennst, wie sie dazu kam, dich um meine Adresse zu bitten, wieso du sie bei ihrem absurden Plan unterstützt hast.«

Mona griff nach ihrer Apfelschorle und trank langsam

einige Schlucke. Dann begann sie zu erzählen. »Wie gesagt, ich kenne Christine schon eine Weile, seit drei Jahren etwa, und seit ich sie kenne, wünscht sie sich ein Kind. Sie und ihr Mann haben in den letzten zwei Jahren alles versucht, eins zu bekommen, aber von der Insemination bis zur künstlichen Befruchtung war alles vergeblich.«

»Kennst du den Ehemann auch?«

»Ja.« Mona schwieg einen Moment und sah Johanna forschend an. »Sag mal, was hat dir denn die Polizei über den Ehemann erzählt?«

»Nicht viel, nur dass er im Koma liegt. Wieso?«

»Hm.« Mona beantwortete die Frage nicht. »Wie gesagt, die beiden versuchten lange Zeit, ein Kind zu bekommen, aber es klappte nicht. Das Problem war nicht die Befruchtung – obwohl Christines Eileiter verklebt waren, aber das konnten sie durch künstliche Befruchtung umgehen –, sondern die Einnistung. Ich weiß nicht, wie viele Embryos Christine im Lauf der zwei Jahre eingesetzt wurden, aber nie nistete sich einer ein. Vor ein paar Monaten erklärte ihr Arzt ihr dann, dass weitere Versuche keinen Sinn hätten, dass sie nie Kinder austragen können würde, dass ihre Gebärmutter ... Ach, die Details sind ja egal. Christine war niedergeschmettert.«

Mona rieb sich mit den Händen über ihre Oberarme, die mit Gänsehaut überzogen waren. »Du kannst das nicht verstehen, Johanna, du willst keine Kinder. Aber für Christine brach eine Welt zusammen. Wenn ich mir vorstelle, ich wäre an ihrer Stelle gewesen ...« Sie umfasste ihren schwangeren Bauch mit beiden Händen, als wollte sie die beiden ungeborenen Babys schützen. Dann schaute sie zum anderen Ende des Gartens, wo ihre Söhne immer noch fröhlich in dem Planschbecken tobten, das Jan zwei Wochen zuvor zum Geburtstag bekommen hatte.

»Vor knapp zwei Wochen kam Christine zu mir. Ich glaube, das muss am Mittwochabend gewesen sein.« Mona überlegte. »Ja genau, am Mittwochabend. Sie war total aufgeregt und glücklich, es war das erste Mal seit Wochen, dass sie so glücklich war. Sie war am Tag zuvor im Biergarten gewesen und hatte zufällig unser Gespräch mit angehört. Du weißt schon, unser Gespräch über deine Zukunft, über das Schwangersein ... Anscheinend hatte Christine schon länger mit dem Gedanken gespielt, eine Leihmutter zu suchen. Ich wusste nichts davon. Ich hatte gedacht, dass sie versucht, ihre Kinderlosigkeit zu akzeptieren. Und als dann ihr Mann diesen Unfall hatte ...«

Mona brach ab. Johanna, die zuletzt über die Terrasse hin und her gelaufen war, hielt inne. »Was ist?«

»Könntest du das Herumgerenne lassen? Es macht mich ganz nervös.«

Johanna runzelte die Stirn, kam dem Wunsch jedoch nach und setzte sich in den zweiten Korbsessel. Er stand im Schatten und erst jetzt merkte sie, dass sie schwitzte. Sie schlüpfte aus ihren Sandalen und streckte ihre Beine aus. »Was ist eigentlich mit diesem Unfall?«

»Christines Mann ist gestürzt, hat die Polizei dir das nicht erzählt?«

»Nein, alles, was sie sagten, war, dass er mit Hirnverletzungen im Koma liegt. Deshalb glaubten sie mir auch nicht. Und ehrlich gesagt ist das auch ein Punkt, den ich nicht verstehe. Wie wollte Christine es technisch anstellen, mich zur Leihmutter zu machen?«

»Mit Eskimos.«

»Eskimos?«

»Ja. Eskimos, Kryos, eingefrorene Embryos.«

»Oh.« Mehr sagte Johanna nicht, doch ihr wurde schlagartig einiges klar.

Sie hatte kürzlich einen Artikel über Reproduktionsmedizin und In-Vitro-Fertilisation gelesen. Demnach war es bei einer künstlichen Befruchtung üblich, die Eierstöcke der Frau hormonell zu stimulieren, um möglichst viele Eizellen zu gewinnen und so die Chancen auf eine Schwangerschaft zu erhöhen. Diese Eizellen wurden dann mit dem Samen des Mannes befruchtet. Wenn die Befruchtung klappte, entstanden Embryos, von denen aber pro Zyklus höchstens drei in die Gebärmutter der Frau eingesetzt werden durften. Die überzähligen wurden eingefroren und bei späteren Versuchen verwendet.

»Christine Lenz und ihr Mann hatten noch eingefrorene Embryos übrig«, sagte sie langsam. »Von ihrem letzten IVF-Versuch. Und einen dieser gefrorenen Embryos wollte sie mir einsetzen lassen? War es so?«

Mona nickte. »Obwohl es genau genommen keine gefrorenen Embryos sind, denn Embryos dürfen in Deutschland nur in Ausnahmefällen eingefroren werden. Als Embryo gilt dabei übrigens schon jede vollständig befruchtete Eizelle, deswegen wird bei den Eizellen, die nicht sofort in die Gebärmutter eingebracht werden sollen, der Befruchtungsvorgang im sogenannten Vorkernstadium unterbrochen. Die Eizellen werden dann in flüssigem Stickstoff eingefroren. Weil das Kryokonservierung heißt, nennt man diese Eizellen auch Kryozyten oder Kryos oder einfach Eskimos.«

»Du kennst dich gut aus.«

»Christine hat mir alles genau erklärt.«

Johanna schwieg einen Moment nachdenklich, fasziniert von einer Technik, die es ermöglichte, von einem Mann schwanger zu werden, der im Koma lag. »Okay, ich verstehe jetzt, wie es technisch ablaufen sollte, aber das erklärt immer noch nicht, warum du Christine den Plan nicht ausgeredet hast. Abgesehen davon, dass du wusstest, dass ich nicht zustimmen würde, ist Leihmutterschaft in Deutschland illegal. Wie konnte Christine glauben, dass sie einen Arzt finden würde, der mir diese Kryos einsetzt?«

»Ich habe versucht, es ihr auszureden, aber sie hat nicht auf mich gehört. Sie sagte, das mit dem Arzt solle ich ihre Sorge sein lassen. Und was deine Einwilligung betrifft ...«

Mona beugte sich näher zu Johanna und legte ihr ihre warme, braune Hand auf den Arm. »Es tut mir leid, Johanna. Ich weiß, ich hätte sie dir nicht auf den Hals schicken sollen. Aber sie war so verzweifelt und sie wollte mir nicht glauben. Sie war überzeugt, dass du ihr helfen würdest. Ich hatte das Gefühl, sie würde es nur akzeptieren, wenn du es ihr selbst sagtest. Ich musste ihr die Chance geben, mit dir zu sprechen.«

Johanna nickte nachdenklich, Monas Worte hatten sie an Christines Worte erinnert. *Sie sind meine letzte Chance!* Aber warum gerade sie? Warum war Christine nicht ins Ausland gegangen, um dort eine Leihmutter zu suchen? Johanna fragte Mona danach.

»Weil sie keine Wahl hatte.« Mona zog ihre Hand von Johannas Arm zurück. »Christine hatte keine Zeit mehr. Ihr Ehemann liegt im Sterben. Nach seinem Tod werden die Kryos laut Gesetz zerstört.«

Also das war es, dachte Johanna, daher Christines Eile. »Und wie kommt es, dass ich sie auf dem Friedhof getroffen habe?«

»Ich wollte ihr nicht deine Privatadresse gegeben, nur die Adresse von *S&W Consult*. Sie sagte, sie würde dort einfach vor dem Eingang auf dich warten.«

Johanna versuchte, sich zu erinnern, ob sie Christine Lenz bereits vor ihrer Begegnung im Park gesehen hatte, doch es gelang ihr nicht. An dem Tag war sie so in Gedanken gewesen, dass sie es vermutlich noch nicht einmal gemerkt hätte, wenn ihr ein rosa Elefant gefolgt wäre.

»Es tut mir leid«, wiederholte Mona. »Ich hätte es dir sagen sollen. Aber Christine bat mich, es nicht zu tun. Sie fürchtete wohl, ich würde dich beeinflussen. Als ob das überhaupt jemand könnte.«

Sie lächelte und nach einer Weile grinste Johanna zurück.

»Eigentlich bin ich ganz froh«, sagte sie dann. »Es war mir fast unheimlich, nicht zu wissen, wie Christine mich gefunden hatte. Und nach dem, was du mir gerade erzählt hast, wird die Polizei mir jetzt ja wohl glauben müssen.« Sie musste plötzlich lachen.

»Was ist?«

»Ich stelle mir gerade Grabmeiers Gesicht vor, wenn ich ihm«, sie warf einen Blick auf ihre Armbanduhr, es war schon nach sieben, »morgen erzähle, was du gerade erzählt hast. Oh mein Gott, und ich habe ihm Stein und Bein geschworen, dass du Christine die Adresse nicht gegeben hast.«

»Na, so wie du ihn geschildert hast, hat er es nicht besser verdient.«

Johanna lachte, dann hört sie abrupt auf. »Entschuldigung, ich habe ganz vergessen, dass Christine eine Freundin von dir war. Ihr Tod muss furchtbar für dich sein. Kanntest du sie gut?«

Zu ihrer Überraschung schüttelte Mona den Kopf. »Eigentlich kannte ich ihren Ehemann besser.« Sie ließ Johannas Arm los, griff nach ihrem Glas, stellte fest, dass es leer war, und schob es wieder weg. Dann schlang sie ihre nackten Arme um sich. »Was den Ehemann betrifft, Johanna, da muss ich dir noch etwas sagen. Der Ehemann, also ich meine, Christines Ehemann, der, der jetzt im Koma liegt ... Es ist Paul.«

Dienstag, 28. Juni

1

Am nächsten Morgen stand Becker vor einem langweiligen Reihenhaus und presste seinen Daumen zum dritten Mal auf die Klingel, während er vergeblich versuchte, seine Ungeduld und seinen Unmut zu zügeln. Er war überzeugt, dass jemand zu Hause war. Der Kleinwagen in der Auffahrt bewies, dass die Bewohnerin aus dem Urlaub zurück war, und Becker hatte nach dem ersten Klingeln ein Geräusch aus dem Inneren des Hauses gehört. Er drückte ein weiteres Mal auf die Klingel und diesmal ließ er den Daumen länger auf dem Knopf. Zum einen, um endlich eine Reaktion zu erzwingen, zum anderen, um seinem Ärger ein Ventil zu verschaffen.

Dabei war die Bewohnerin des Hauses nicht einmal schuld an seiner schlechten Laune, die sich vielmehr an Grabmeiers Verhalten während der Morgenbesprechung entzündet hatte. Der Hauptkommissar beharrte immer noch darauf, dass Dr. Frisse für den Tod von Christine Lenz verantwortlich war. Er hatte die Aussage von Johanna Bischoff vor den Teamkollegen heruntergespielt und Becker damit beauftragt, weiter in Euphemia Frisses Leben zu forschen. Nicht nur nach einem Motiv für den Mord an Christine Lenz, sondern auch nach einer Verbindung zwischen der Theologin und Johanna Bischoff. Becker hatte versucht, sich gegen diesen Auftrag zu wehren, den er für Zeitverschwendung hielt. Er hätte viel lieber versucht, die Aussage von Johanna Bischoff zu überprüfen, doch diese Aufgabe hatte Grabmeier seinem Kollegen, Hauptkommissar Norbert Kurz, übertragen.

Der einzige Lichtblick war, dass Grabmeier Becker losgeschickt hatte, um Tanja Rupp zu vernehmen. Tanja Rupp war Christine Lenz' beste Freundin gewesen und daher eine der ersten Zeuginnen, die die Polizei hatte befragen wollen. Doch als Becker letzte Woche hier gewesen war, hatte ihn eine Nachbarin informiert, dass Frau Rupp im Urlaub sei und erst am späten Montagabend zurückkäme. Offenkundig war sie auch tatsächlich zurückgekehrt, doch weigerte sie sich aus unerfindlichen Gründen, ihre Haustür zu öffnen.

Becker nahm seinen Daumen von der Klingel und beschloss, einmal um das Haus herum zu gehen. Da hörte er hinter der Tür Schritte und dann eine Stimme: »Gehen Sie weg!«

»Frau Rupp?«

»Gehen Sie weg!«, wiederholte die Stimme.

»Kriminalpolizei, bitte öffnen Sie die Tür, ich muss mit Ihnen sprechen.«

Im nächsten Moment hörte Becker einen unterdrückten Schrei, dann öffnete sich die Tür und eine kleine, dralle Frau mit stacheligen, weißblond gefärbten Haaren erschien. Ihr Gesicht war vom Weinen verquollen und ihre Augen schwammen in Tränen. »Dann ist es also wahr? Oh mein Gott.« Sie sank am Türrahmen herab vor Beckers Füße.

*

Eine Viertelstunde später saß Tanja Rupp auf der Couch in ihrem Wohnzimmer. Ihre Hände umschlossen eine Tasse Pfefferminztee, den Becker zubereitet hatte. Sie hatte aufgehört zu weinen und sagte jetzt mit etwas festerer Stimme: »Vielen Dank, das war sehr nett von Ihnen.«

Becker musterte sie besorgt. »Sind Sie sicher, dass ich keinen Arzt rufen soll?«

Sie schüttelte den Kopf. »Der kann Christine auch nicht wieder lebendig machen. Und ich werde mich zusammenreißen. Aber es war so ein Schock, wissen Sie. Ich bin gestern spät abends aus dem Urlaub zurückgekommen, und heute Morgen habe ich es dann in der Zeitung gelesen ...«

Wieder traten ihr Tränen in die Augen und sie griff nach einem Papiertaschentuch. Während sie sich schnäuzte, verfluchte Becker im Geiste die Nachbarin, die es offensichtlich versäumt hatte, Tanja Rupp die Nachricht etwas schonender beizubringen. Hätte sie nicht verhindern können, dass diese Frau vom Tod ihrer besten Freundin aus der Zeitung erfuhr?

Er wartete, bis sie sich beruhigt hatte. In gewisser Weise war er fast froh über ihre Tränen, denn bisher hatte niemand, den er befragt hatte, um Christine Lenz getrauert.

»Entschuldigen Sie«, sagte Tanja Rupp schließlich undeutlich durch ihre vom Weinen verstopfte Nase. »Bitte fragen Sie alles, was Sie wissen wollen.«

»Zunächst wüsste ich gerne, wann Sie Frau Lenz das letzte Mal gesehen haben.«

»Das war am Samstag, vor zweieinhalb Wochen.«

»Und was haben Sie da getan?«

»Wir waren in München zum Einkaufen. Für meinen Urlaub, ich brauchte noch einen Bikini ...« Sie schluckte. »Oh, wenn ich jetzt daran denke, ich lag am Strand, während Christine ...«

Sie drohte, wieder in Tränen auszubrechen, und Becker fragte hastig: »Wann sind Sie denn in den Urlaub geflogen?«

»Am Achtzehnten. Das war auch ein Samstag.«

Ein Tag nach Christines Lenz' Tod. »Waren Sie sehr lange befreundet?«

»Etwa zwei Jahre. Das kam so ...« Sie brach ab und schaute ihn an. »Wollen Sie das wirklich wissen?«

»Ich möchte alles wissen, was Sie mir über Frau Lenz erzählen können.«

»Oh, na dann.« Tanja Rupp begann zu erzählen. Was sie sagte, bestätigte das Bild, das Becker sich von der Toten gemacht hatte. Christine Lenz war eine nette, harmlose Frau gewesen, eine Frau, von der niemand erwartet hätte, dass sie eines Tages erschlagen in einem Tümpel gefunden werden würde. Allerdings malte Tanja Rupp mit wesentlich mehr Liebe an dem Bild, als andere es getan hatten. Die beiden Frauen hatten sich bei einem Kurs für Progressive Muskelentspannung kennengelernt, den Tanja Rupp, von Beruf Physiotherapeutin, geleitet hatte.

»Sie wird mir fehlen«, schluchzte Frau Rupp schließlich. »Es war eine richtige Frauenfreundschaft, wissen Sie. Und wir füllten beide eine Lücke im Leben der anderen aus. Als ich Christine kennenlernte, war ich frisch geschieden, und sie wünschte sich ein Kind, das jedoch nicht kam.«

»Frau Lenz wünschte sich Kinder? Sind Sie sicher?«

»Oh ja, deshalb kam sie ja zu dem Kurs. Ihr Frauenarzt hatte es ihr empfohlen, damit sie sich mehr entspannt. Doch leider hat es nicht funktioniert.«

»Und wissen Sie, ob Frau Lenz sonst noch etwas ausprobiert hat? Um Kinder zu bekommen, meine ich? Künstliche Befruchtung zum Beispiel?«

Sie schwieg eine Weile und trank ihren Tee. »Ist es wichtig?« Als er nickte, fuhr sie fort: »Ich glaube schon, aber sie hat nie etwas gesagt. Abgesehen von ihrer ersten Bemerkung, dass sie lernen soll, sich besser zu entspannen, um leichter schwanger zu werden. Wir haben über fast alles geredet, doch darüber nie. Ich wollte nicht fragen, um den Druck nicht zu erhöhen.«

Becker nickte zufrieden. Dies war eine indirekte Bestätigung dessen, was Johanna Bischoff gesagt hatte, auch wenn es kaum reichen würde, um Hans Grabmeier zu überzeugen. Bei dem Gedanken an den Hauptkommissar fragte er: »Erwähnte Christine Lenz je eine Kollegin namens Euphemia Frisse?«

Tanja Rupp stellte ihre Tasse auf dem Glastischchen ab, das zwischen ihnen stand. »Die Moraltheologin? Oh ja, einige Male. Sie hat sie gehasst.«

»Gehasst?«, wiederholte Becker. Nach allem, was er bisher über sie gehört hatte, hätte er bei Christine Lenz ein solch aggressives Gefühl nicht vermutet.

»Ja! Die Frisse ist ein echtes Biest. Sie hat Christine das Leben an der Schule zur Hölle gemacht, ständig war sie hinter ihr her, weil Christine angeblich nicht für genügend Disziplin in den Klassen sorgte und weil sie angeblich den Lehrplan nicht ordentlich durchbrachte. Sie hat sich sogar einmal über Christine beim Direktor beschwert, dieses unkollegiale Miststück. Sie behauptete, ihre Schüler hätten Wissenslücken, weil Christine im vorangegangenen Schuljahr schlechte Arbeit geleistet hat.« Aus Tanja Rupps Stimme klang die Empörung der loyalen Freundin.

Becker, der Inkompetenz bei Kollegen verabscheute, begann zum ersten Mal, Dr. Frisse zu verstehen. »Klingt, als sei die Abneigung gegenseitig gewesen. Wissen Sie, ob mehr dahinter steckte als unterschiedliche Auffassungen, wie mit den Schülern umzugehen sei?«

Tanja Rupp überlegte, dann schüttelte sie den Kopf.

»Frau Lenz hat nie etwas Derartiges angedeutet?«

»Nein. Warum wollen Sie das eigentlich alles wissen? Glauben Sie etwa, dass die Frisse etwas mit Christines Tod zu tun hat?«

»Halten Sie es für möglich?«

Für einen Moment schaute sie ihn hoffnungsvoll an, doch dann verdüsterte sich ihr Gesicht wieder. »Nein. Wieso hätte die Frisse das tun sollen? Sie war ja schließlich diejenige, die Christine demütigte. Nicht nur Christine übrigens. Sie sagte immer, die Frisse mache allen das Leben schwer. Von wegen christlicher Nächstenliebe!«

Becker nickte nachdenklich und wünschte sich für einen Moment, Hans Grabmeier wäre hier. Vielleicht würde der der Physiotherapeutin glauben, was er ihm nicht abnahm: dass nämlich Christine Lenz möglicherweise einen Grund gehabt hätte, Euphemia Frisse zu töten, aber gewiss nicht umgekehrt. Wie hatte es ein Mathelehrer, den er befragt hatte, formuliert? »Wenn die gute Euphemia gestorben wäre, dann hätten Sie an Verdächtigen keinen Mangel. Sowohl Kollegen als auch ehemalige Schüler, die ihretwegen nicht versetzt wurden oder von der Schule flogen, hätten vermutlich für das Privileg gezahlt, ihr einmal kräftig in den Arsch treten zu dürfen. Aber Christine Lenz? Die Frau war so harmlos, dass sie nie eine schlechtere Note als vier vergeben hat.«

Die Stimme von Tanja Rupp riss Becker aus seinen Gedanken. »Mir fällt gerade ein, dass ich Christine noch einmal gesehen habe, nach dem Samstag meine ich. Einmal gesehen und einmal gesprochen, aber nicht zur selben Zeit.«

»Nicht zur selben Zeit?«

Sie lächelte flüchtig, zum ersten Mal, seit er hier war. »Entschuldigen Sie, das klingt idiotisch. Es war so: Christine und ich haben uns häufig mehrfach in der Woche getroffen, aber mindestens immer mittwochs. Mittwoch war unser gemeinsamer Abend, weil sich da ihr Mann auch immer mit seinem besten Freund traf. Nach Pauls Unfall haben wir das beibehalten. Aber an dem Mittwoch vor ihrem Tod rief Christine mittags an und sagte ab. Seltsam, dass ich da jetzt erst dran denke. Es war das erste Mal, dass sie einen Mittwochabend abgesagt hat.«

Becker beugte sich gespannt vor. »Das war der 15. Juni, richtig? Wissen Sie, warum sie absagte?«

»Nein, sie wollte es mir später erzählen, aber dazu ist es nicht mehr gekommen.«

Tanja Rupps Stimme begann zu zittern und Becker sah, dass ihre Augen erneut feucht wurden.

»Wie klang Ihre Freundin denn, als sie Sie an jenem Mittwoch anrief?«

»Aufgeregt. Oder vielleicht sollte ich lieber sagen aufgekratzt. Sie schien sich über irgendetwas zu freuen.«

Becker überlegte, ob in dem Wust von Informationen, die sie bisher gesammelt hatten, ein Hinweis darauf gewesen war, worüber Christine Lenz sich zwei Tage vor ihrem Tod gefreut haben könnte. Doch spontan fiel ihm nichts ein. »Sie sagten vorhin, Sie hätten Frau Lenz noch einmal gesehen?«

»Ja, am nächsten Tag. Sehen Sie, ich arbeite in dem Krankenhaus, in dem auch Paul Herzog liegt. Und obwohl ich ihn nicht besonders gut kannte, hatte ich mir angewöhnt, täglich nach ihm zu sehen. Und an dem Tag, also, an dem Donnerstag, da ging ich nachmittags zu ihm und da sah ich Christine in dem kleinen Gang, der zur Intensivstation führt. Aber sie war nicht allein, deshalb sprach ich sie nicht an.«

»Wer war denn bei ihr? Ärzte?«

»Nein, ein Mann und eine Frau.« Sie zögerte. »Sie schienen sich zu streiten.«

Becker war wie elektrisiert. »Sie stritten sich? Wissen Sie, wer die beiden waren?«

»Die Frau kam mir zwar bekannt vor, aber ich kannte sie nicht. Der Mann war Holger Landauer.«

Im ersten Moment sagte Becker der Name nichts. »Worüber stritten sie sich? Haben Sie das zufällig mitbekommen?« Doch dann fiel ihm ein, dass er den Namen Landauer schon einmal gehört hatte. Frau Bischoff hatte ihn am Vortag erwähnt. Er unterbrach Tanja Rupp, die gerade zu einer Antwort ansetzen wollte. »Landauer? Sagten Sie Landauer?«

»Ja, Holger Landauer. Er war der beste Freund von Paul Herzog. Wieso?«

Becker unterdrückte einen Fluch. »Kennen Sie zufällig auch eine Mona Landauer?«

»Holgers Frau? Ich habe sie einmal getroffen. Christine hat sie mir vorgestellt. Sie war eine Freundin von ihr.«

*

Als Becker eine halbe Stunde später zur Kriminalpolizeiinspektion zurückfuhr, schwankte er zwischen Irritation und Fassungslosigkeit. Irritiert war er, weil er nicht wusste, wie er die Information, Christine Lenz habe eine Freundin namens Mona Landauer gehabt, einordnen sollte. Natürlich ging er davon aus, dass diese Mona Landauer dieselbe Frau war, von der auch Johanna Bischoff gesprochen hatte, und dieser überraschende Zusammenhang erklärte, wie Christine Lenz Frau Bischoff in München gefunden haben konnte. Es erklärte allerdings weder, warum Frau Bischoff diesen Zusammenhang abgestritten hatte, noch – und dies war der Punkt, der Becker fassungslos machte – warum die Polizei den Zusammenhang nicht eher bemerkt hatte. Sie hatten in der letzten Woche sämtliche Freunde, Bekannte und Kollegen von Christine Lenz befragt, die sie hatten auftreiben können. Konnte es wirklich sein, dass ihnen das Ehepaar Landauer entgangen war?

In der Kriminalpolizeiinspektion eilte Becker an der Wache vorbei, wo der Pressesprecher den diensthabenden Beamten mit schlechten Witzen nervte, weiter in den Besprechungsraum, in dem mangels anderer Räumlichkeiten die Zentrale der SOKO *Weiherleiche* untergebracht war, und zu seinem Schreibtisch, wo er etwas in den Computer eintippte. Wenige Augenblicke später wusste er, dass sie das Ehepaar Landauer nicht übersehen hatten. Zumindest Holger Landauer war im Zusammenhang mit Christine Lenz' Ermordung befragt worden, und zwar von Kommissar Klaus Fritz. Becker unterdrückte zum zweiten Mal an diesem Morgen einen Fluch.

Er war noch keine Woche hier gewesen, da war er bereits mehrfach vor zwei Übeln gewarnt worden: vor der scharfen Zunge des Polizeisprechers und vor der Unfähigkeit von Kommissar Klaus Fritz. Die Geschichten über Letzteren waren so zahlreich, dass es Becker schwer gefallen war, dem jungen Mann gegenüber eine neutrale Offenheit zu bewahren. Er ging zum Schreibtisch des jungen Kollegen hinüber.

»Klaus«, begann er, »du hast doch einige Bekannte und Freunde von Christine Lenz vernommen, darunter auch einen Holger Landauer, richtig?«

Klaus wurde rot. Ob er nun die Meinung teilte, dass er unfähig war, oder nicht, ihm schien klar zu sein, dass alle ihn dafür hielten, und das machte ihn nervös. »Holger Landauer?«, echote er.

Becker nickte und wartete, doch nichts kam. »Landauer ist Buchhändler«, versuchte er, dem Jungen auf die Sprünge zu helfen.

»Oh ja. Mit dem habe ich gesprochen. Was ist mit ihm?«

»Als du ihn vernommen hast, war da zufällig auch seine Frau dabei? In deinem Bericht steht dazu nichts.«

Der junge Polizist überlegte kurz. »Nein.« Mehr sagte er nicht.

Becker seufzte. Vermutlich wäre es einfacher, einem Mafiaboss ein Geständnis zu entlocken, als Kommissar Fritz eine freiwillige Information. »Und warum nicht?«

»Weil sie nicht da war.« Und als wäre Beckers unausgesprochene Kritik doch auf telepathischem Wege zu ihm gedrungen, fügte Klaus freiwillig hinzu: »Sie war für ein paar Tage verreist. Ich war bei Herrn Landauer zu Hause. Er hatte sich frei genommen, weil er die Kinder hüten musste, zwei Jungs. Er sagte aus, dass er Christine Lenz am Nachmittag des 16. Juni das letzte Mal gesehen habe. Im Krankenhaus. Anscheinend hatte sich der Gesundheitszustand ihres Mannes plötzlich verschlechtert.«

Zumindest mit Klaus' Gedächtnis schien alles in Ordnung zu sein, dachte Becker, was natürlich die Frage aufwarf, warum der Mann sein Wissen nicht schon während der Morgenbesprechung preisgegeben hatte. Becker war sicher, dass Grabmeier den Namen Landauer erwähnt hatte. Er fragte Klaus danach.

»Aber es hat mich doch niemand gefragt«, erwiderte der prompt. »Hätte ich es erwähnen sollen?«

»Ja, hättest du«, antwortete Becker unfreundlich.

Er stellte noch ein paar Fragen, dann kehrte er zu seinem eigenen Schreibtisch zurück. Er war wütend auf Klaus, auf sich, aber in erster Linie auf Hans Grabmeier. Bei dem Hauptkommissar liefen die Fäden der Untersuchung zusammen, er hätte den Namen Landauer wiedererkennen müssen. Becker setzte sich. Er wollte nachdenken, doch in diesem Moment kam der Pressesprecher der Kriminalpolizeiinspektion herein und warf ihm einen dicken Brief auf den Schreibtisch.

»Hallo Lutz, nenn mich Cupido, ich habe hier einen Liebesbrief für dich.«

»Was ist das?«

Ein Achselzucken war die Antwort. »Frag mich nicht, ich bin nur der Bote. Ich stand zufällig unten, als dieser blonde Engel den Brief für dich abgab.«

Er grinste anzüglich. Becker riss den Umschlag auf. Der Brief war von Johanna Bischoff. Er begann zu lesen und schon nach wenigen Zeilen besserte sich seine Laune. Und sie wurde noch besser, als kurz darauf Hauptkommissar Norbert Kurz, den vom Pförtner bis zum Kripoleiter jeder nur Nobby nannte, vor seinem Schreibtisch erschien und breit grinsend verkündete: »München ist auf Gold gestoßen.«

*

Wenige Minuten zuvor hatte Polizeimeisterin Sarah Zehlert von der Münchner Bereitschaftspolizei tatsächlich einen Schatz gefunden. So sah sie es in ihrem Ehrgeiz zumindest selbst, auch wenn der Schatz in der höchst ungewöhnlichen Form eines Obdachlosen in Erscheinung getreten war.

Das erste Mal hatte sie den Mann gesehen, kurz nachdem sie den Alten Südfriedhof betreten hatte. Er saß auf einer steinernen Grabplatte in der Morgensonne und teilte sein Frühstück, zwei trockene Brezeln, mit einer Handvoll Spatzen, die auf der mit Moos überwachsenen Steinbüste des Nachbargrabes herumhüpften. Sarah fragte sich, ob es zu ihren Aufgaben gehörte, den Penner aufzuscheuchen und zu verlangen, dass er sich eine weniger pietätlose Sitzgelegenheit suchte. Doch sie fand, dass von den Toten kaum Beschwerden zu befürchten waren, und so ließ sie den Mann dort sitzen. Schließlich hatte sie Wichtigeres zu tun.

Sie ging weiter und blieb nach einigen Metern an einer der Holzbänke stehen, die der Penner verschmäht hatte. Sie nahm ein DIN A4-Blatt aus der Mappe, die sie bei sich trug, und warf einen kurzen Blick in die grauen Augen des Fotos von Christine Lenz. *Die Kriminalpolizei bittet um Mithilfe! Wer hat diese Frau am Nachmittag des 17. Juni gesehen ...* Hauptkommissar Kurz hatte ihr die Vorlage am Vorabend gemailt.

Sarah riss vier Streifen von dem extrastarken Tesafilm ab und befestigte das Fahndungsplakat an der Rückenlehne der Bank. Aus dem Augenwinkel sah sie, dass der Penner sich von seinem Grab erhob und in ihre Richtung ging. Sie blieb abwartend stehen, doch als der Mann das bemerkte, machte er einige Schritte rückwärts.

Sarah zuckte mit den Achseln und ging weiter. Alle paar Minuten blieb sie stehen, um weitere Fahndungsplakate aufzuhängen. Vor allem an den schmiedeeisernen Toren, die die Friedhofsmauer in regelmäßigen Abständen unterbrachen. Dabei bemerkte sie immer wieder den Penner, der sie zu beobachten schien und langsam hinter ihr her trottete. In seiner schmutzigen weißen Hose und der dreckigen rosafarbenen Jacke wirkte er so appetitlich wie ein Bonbon, das ein Kind durch den Schmutz gewälzt hat. Er blieb an jedem Zettel, den Sarah aufgehängt hatte, stehen und studierte ihn eingehend. Einmal ging sie einige Schritte auf ihn zu, doch sobald er ihre Schritte auf dem Kies knirschen hörte, zog er sich wieder zurück.

Sarah beschloss, ihn zu ignorieren. Sie folgte dem Hauptweg in den neuen Teil des Friedhofs hinüber und an einem mehrere Meter hohen Kreuz vorbei. Eine Weile glaubte sie, den Penner abgeschüttelt zu haben. Erst als sie am Südeingang des Friedhofs angelangt war, wo sie ein Fahndungsplakat neben die Vortragseinladung einer nahe gelegenen Schule hängte, sah sie ihn wieder. Er stand etwa zehn Meter von ihr entfernt im Schatten der hohen Mauer aus rotbraunen Ziegelsteinen, die den neueren Teil des Friedhofs umgab.

Sarah war mit ihrem Auftrag fertig und sie hätte den Mann vermutlich weiterhin ignoriert, wenn sie nicht gesehen hätte, dass er in der Hand mehrere Zettel hielt. Selbst auf die Entfernung konnte sie erkennen, dass es ihre Plakate waren.

Mit ein paar schnellen Schritten überbrückte Sarah die Distanz. Der Penner wich zurück, doch sie packte ihn an seinem linken Arm, wobei ihr eine Duftwolke aus Schweiß und ungewaschener Kleidung entgegenschlug. Vor Schreck ließ der Mann, der aus der Nähe wie fünfundsechzig aussah und den Sarah daher auf etwa vierzig schätzte, die Zettel fallen.

»Können Sie mir vielleicht erklären, wieso Sie die ganzen Fahndungsplakate abgerissen haben?«, fragte sie in schneidendem Ton.

Der Mann schaute sie aus trüben Augen verständnislos an. »Fahndungsplakate?«

Sarah nickte ungeduldig zu den Zetteln hin, die verstreut auf dem Boden lagen. Christine Lenz schaute in zehnfacher Ausfertigung zu ihr auf. Der Penner folgte ihrem Blick, dann fragte er: »Steht das auf den Zetteln? Dass Sie nach der Frau fahnden?« Und noch bevor Sarah die Bedeutung seiner Worte ganz klar wurde, fügte er hinzu: »Ich habe diese Frau gesehen. Sie hat geweint.«

*

Nobby Kurz' Bericht löste in Lutz Becker ein Triumphgefühl aus, wie er es selten verspürt hatte, doch er verbarg es, so gut es ging. Er hatte schon festgestellt, dass die Kollegen in seiner neuen Dienststelle seine Meinung über Hans

Grabmeier nicht teilten, daher erschien ihm offene Freude über Ermittlungsergebnisse, die die Theorien des Hauptkommissars komplett über den Haufen warfen, nicht angebracht. Aber eine gewisse Genugtuung konnte er nicht unterdrücken, als sie in Grabmeiers Büro saßen und er sah, wie Grabmeier auf Nobbys Bericht, ein weiterer Zeuge habe Christine Lenz am Spätnachmittag ihres Todestages in München gesehen, reagierte. Hans Grabmeiers sonst so rotes Gesicht wurde sichtlich blass, und als Becker ihm Johanna Bischoffs Brief reichte, wurde es noch blasser.

Doch während Hans Grabmeier den Brief las, verwandelte Beckers Genugtuung sich allmählich in Besorgnis. Denn Grabmeier blickte drein, als hätte er statt eines Beweisstücks ein Telegramm des Kriegsministers vor sich, in dem ihm mitgeteilt wurde, dass sein einziger Sohn leider im Dienst am Vaterland verstorben war. Nur, dass Grabmeier weder Frau noch Kinder hatte.

Schließlich ließ er den Brief sinken, zog ein weiß-rot kariertes Taschentuch hervor und betupfte seine Stirn, auf der sich während des Lesens große Schweißtropfen gebildet hatten. »Ich fasse noch mal zusammen: Erstens: Ein Obdachloser will Frau Lenz ebenfalls in München gesehen haben. Zweitens: Die Geschichte mit der Leihmutterschaft wird von einer Freundin von Frau Bischoff bestätigt. Diese Freundin, Mona Landauer, kannte Christine Lenz. Christine Lenz erzählte ihr von ihrem Plan, woraufhin Mona Landauer Christine Lenz verriet, wie sie Frau Bischoff finden kann, richtig?«

Becker nickte.

»Und die Zeugin Tanja Rupp hat unabhängig davon bestätigt, dass Christine Lenz eine Freundin namens Mona Landauer hatte, richtig?«

Becker nickte wieder.

»Und sie hat gesehen, wie der Ehemann dieser Mona Landauer, Holger Landauer, sich mit der Lenz stritt. Am Tag vor ihrem Tod. Richtig? Wissen Sie, worum es bei dem Streit ging?«

»Nein, das konnte Frau Rupp nicht sagen. Als sie merkte, dass die drei, also Frau Lenz, Herr Landauer und die unbekannte Frau, stritten, hat sie sich zurückgezogen. Sie wollte sich nicht einmischen.«

»Aber sie ist sicher, dass es Holger Landauer war?«

»Ja. Anscheinend hat sie ihn ein paarmal in seinem Buchladen gesehen. Außerdem hat Holger Landauer bei seiner Befragung zugegeben, dass er an dem Donnerstag im Krankenhaus war. Ich kann übrigens nicht verstehen ...«

Becker brach ab. Grabmeier sah so schlecht aus, dass er es nicht fertigbrachte, ihn zu fragen, warum zum Teufel er den Namen Landauer nicht wiedererkannt hatte, als Johanna Bischoff ihre Freundin erwähnte. Ob der Hauptkommissar krank war?

Eine Weile herrschte Schweigen, nur unterbrochen von dem lauten Ticktack der albernen Micky-Maus-Uhr, die aus unerfindlichen Gründen das Büro des Hauptkommissars zierte. Becker merkte, wie Ungeduld und Irritation in ihm aufstiegen wie Bläschen in einem Glas Mineralwasser. Er hätte gern das weitere Vorgehen besprochen, doch Grabmeier schien mit seinen Gedanken weit weg zu sein. Becker warf einen Blick zu Nobby, der neben ihm saß und den SOKO-Leiter besorgt musterte.

Schließlich erwachte Grabmeier aus seiner Versunkenheit. »Nobby, ich möchte, dass Sie nach München fahren. Nehmen Sie Anna Busch mit und vernehmen Sie diesen Obdachlosen. Wenn sich herausstellt, dass er die Wahrheit gesagt hat, bleiben Sie in München und versuchen herauszufinden, was die Lenz später gemacht hat. Und Sie, Becker, fahren nach Ammerbach. Sprechen Sie mit Mona Landauer und befragen Sie ihren Ehemann zu dem Streit.«

Becker konnte sich die Frage nicht verkneifen. »Und was ist mit Euphemia Frisse?«

Grabmeier schwieg einen langen Moment, dann griff er nach einem Bleistift und klopfte dreimal langsam mit dessen Ende auf den Schreibtisch, wie ein Richter nach der Urteilsverkündung. »Vergessen Sie Dr. Frisse.«

2

Johanna hatte noch nie einen Toten gesehen, doch als sie an Pauls Krankenbett auf der Intensivstation der Kreisklinik stand, dachte sie, schlimmer als dies könne auch der Tod nicht sein.

Ihr erster Impuls nach Betreten des Raumes war gewesen, gleich wieder davonzulaufen, der Schwester zu sagen, sie habe einen Fehler gemacht, sie habe sich geirrt, dies sei nicht Paul, dies sei ein Fremder. Stattdessen hatte sie ihre Augen für eine Weile geschlossen und versuchte nun, in der Person, die halb zugedeckt unter der weißen Bettdecke lag, den Mann zu erkennen, den sie einmal geliebt hatte. Doch es fiel ihr schwer. Wo früher Muskeln gewesen waren, die Johanna mühelos hochheben konnten, wirkte das Fleisch jetzt eingefallen. Die einstmals sonnengebräunte Haut, die sich so klar von Johannas eigener, milchweißer Haut abgehoben hatte, wenn sie mit verschlungenen Körpern im Bett gelegen hatten, war jetzt fahl. Und die vollen grauen Haare, durch die Johanna so gerne mit der Hand gefahren war und auf die Paul so stolz gewesen war, waren einem rasierten, von Narben übersäten und irgendwie deformiert wirkenden Schädel gewichen.

Johanna war die einzige Besucherin in dem Raum, in dem mehrere Patienten in kleinen, durch Vorhänge abgeteilten Nischen lagen und in dem es still war bis auf das Surren der Beatmungsmaschinen und das leise Fiepen der Überwachungsmonitore.

Sie hatte erwartet, dass es Schwierigkeiten geben würde, dass man sie nicht einfach zu Paul lassen würde, schließlich war sie keine Verwandte. Doch die Krankenschwester war über ihr Kommen regelrecht entzückt gewesen. »Eine alte Freundin sind Sie? Da wird Paul sich aber freuen.« Und als Johanna sie entgeistert anstarrte, hatte sie ergänzt: »Es tut den Patienten gut, wenn man mit ihnen spricht. Oder wenn man ihre Hand hält. Paul Herzog bekommt leider nicht mehr so viel Besuch. Bis vor kurzem kam seine Frau jeden Tag, doch sie ist tot.«

Die Schwester hatte nicht gesagt, dass Christine ermordet worden war, und Johanna erwähnte es ebenfalls nicht, schon gar nicht, dass sie selbst eine der Letzten gewesen war, die Christine gesehen hatten.

Mona hatte ihr versichert, dass Christine nicht gewusst hatte, dass Johanna und Paul einmal ein Paar gewesen waren. Genau wie Johanna umgekehrt nicht gewusst hatte, wen Paul nach ihrer Trennung geheiratet hatte. Dass er geheiratet hatte, hatte Mona erzählt, aber weitere Details hatte sie ihr erspart. Sie hatte nicht einmal den Namen der Braut erwähnt und sicherlich nicht die Tatsache, dass diese ihren eigenen Nachnamen nach der Trauung beibehalten hatte. Wozu auch? Es hätte nicht weniger weh getan.

Was für eine Ironie, dachte Johanna, dass Pauls Ehefrau sich ausgerechnet an sie gewandt hatte. Paul hätte es »einen Scherz Gottes« genannt, obwohl er Atheist war. Er hatte einen großen Sinn für Ironie. Sein Humor war eine der Eigenschaften, die Johanna an ihm geliebt hatte. Doch hätte Paul es auch einen Scherz genannt, dass er mit Christine keine Kinder bekommen konnte? Vermutlich nicht. Johanna aber erkannte sehr wohl die bittere Ironie, die darin lag, dass dieser Mann sie verlassen hatte, weil sie keine Kinder bekommen wollte, um eine Frau zu heiraten, die keine bekommen konnte.

Sie konnte sich noch an jede Einzelheit des Gesprächs erinnern, das der Auftakt zu ihrer Trennung gewesen war, obwohl es über drei Jahre zurück lag. Es war ein Sonntagnachmittag im Frühling gewesen. Johanna lag auf ihrem Rücken auf dem französischen Bett in ihrer Schwabinger Wohnung. Die Sonne kitzelte mit warmen, goldenen Strahlen ihre nackten Zehen und sie fühlte, wie sich langsam

Zufriedenheit in ihr ausbreitete, wie ihre Muskeln ganz weich wurden und sich entspannten.

Paul kam nackt aus dem Badezimmer zurück, wohin er vor ein paar Minuten verschwunden war, um, wie er sagte, »dieses hässliche, kleine Gummidings« zu entsorgen. Als er am Spiegel des Schlafzimmerschranks vorbeikam, spannte er unwillkürlich seine wohlgeformten Muskeln an. Johanna musste lächeln und als er das im Spiegel sah, drehte Paul sich um und lächelte zurück.

»Du bist eitel«, sagte Johanna.

»Keineswegs«, erwiderte er. »Eine reine Vorsichtsmaßnahme. Wenn 50-Jährige mit paranoiden, sechzehn Jahre jüngeren Schönheiten zusammen sind, müssen sie sich in Form halten, damit ihnen ihre Beute nicht von der Fahne geht.«

»Was für ein Mix an Metaphern«, lachte sie. »Aber ich erhebe Einspruch gegen den Begriff Beute und natürlich gegen paranoid.«

Paul nahm Anlauf und hüpfte mit einem Satz aufs Bett, der besser zu einem 15-Jährigen gepasst hätte. Er küsste ihren nackten, flachen Bauch. »Natürlich bist du paranoid. Du bist die einzige Frau, die ich kenne, die einen Wecker stellt, um bloß nicht ihre Pille zu vergessen. Und jetzt die ganze Aufregung wegen ein bisschen Durchfall ...«

»Was du paranoid nennst, nenne ich verantwortungsbewusst.«

»Ach was, feige ist es.« Er kitzelte sie. »Sei doch mal etwas mutiger. Lebe gefährlich!«

»Nein.« Johanna richtete sich etwas auf und stützte sich auf ihre Ellbogen. »Nicht, wenn es um Schwangerschaften geht. In dieser Hinsicht möchte ich lieber nicht gefährlich leben.«

»Warum nicht?« Paul setzte sich ebenfalls auf und winkelte ein Bein an. Er war auf einmal ernst. »Ich finde, jetzt wäre der ideale Zeitpunkt. Wir sind zwar erst sechs Monate zusammen, aber hey: Wir sind ein tolles Team. Ich liebe dich, du liebst mich. Mein Laden läuft gut, du beschwerst dich ständig, dass du im Job mit Arbeit überhäuft wirst, die deine schwangeren Kolleginnen nicht machen können ...«

Die Zufriedenheit, die Johanna vor kurzem noch verspürt hatte, verschwand schlagartig. »Haha! Deine Witze waren schon mal besser.«

Paul legte seine linke Hand auf ihr Bein und strich sanft mit den Fingern über ihr Knie. »Es war kein Witz, aber wenn du meinst, dass es noch zu früh ist ...«

Er schaute Johanna an, so ernst, dass sie mit einem Mal alle Alarmglocken schrillen hörte. »Zu früh für was?«

Er zuckte die Achseln, als sei dies eine seltsame Frage. »Na, eine Familie zu gründen.«

Für eine Weile antwortete sie nichts, doch er musste ihr die Reaktion am Gesicht abgelesen haben. Seine Stimme klang unsicher, als er sagte: »Hey, ich wollte dich nicht überrumpeln. Aber ich dachte ... wir beide ...«

Johanna spürte seine Berührung noch warm auf ihrer Haut, doch sie wusste, dass sich gerade eine Kluft zwischen ihnen geöffnet hatte. »Paul, ich liebe dich auch, aber ich will keine Kinder.«

Das war der Anfang vom Ende gewesen. Drei Wochen später hatte Paul Schluss gemacht. Johanna konnte das Echo des Schmerzes noch heute manchmal spüren, und während sie an Pauls Krankenbett stand, merkte sie, wie ein neuer Schmerz hinzukam. Abrupt wandte sie sich ab und ging zur Tür. Als sie sie öffnete, stand sie vor Oberkommissar Becker.

*

Lutz Becker war der Erste, der die Sprache wiederfand. Er war auf dem Weg nach Ammerbach gewesen, als er an der Kreisklinik vorbeikam und spontan beschloss, die Einfahrt zum Krankenhaus zu nehmen. Er wollte sich nach Herzogs Gesundheitszustand erkundigen und überprüfen, ob sich dieser – wie von Holger Landauer behauptet – tatsächlich am Donnerstag vor Christine Lenz' Tod verschlechtert hatte. Doch das verschob er für den Moment und sagte stattdessen:

»Frau Bischoff, gut, dass ich Sie treffe. Können wir uns kurz unterhalten? Vielleicht gehen wir in die Cafeteria.«

Einen Moment sah sie so aus, als würde sie den Vorschlag ablehnen, doch dann ging sie widerwillig mit. Fünf Minuten später saßen sie einander an einem kleinen Tisch gegenüber. Johanna Bischoff lehnte sich auf dem billigen Metallstuhl zurück und schlug ihre Beine übereinander.

»Also, Herr Becker. Was kann ich noch für Sie tun?« Ihre Stimme klang feindselig.

»Ich habe Ihren Brief erhalten«, begann er.

Sie unterbrach ihn sofort. »Ach, und jetzt sind Sie gekommen, um sich zu bedanken. Wie nett.«

Becker ignorierte ihren Sarkasmus, verwünschte jedoch im Geiste Hans Grabmeier. Es war kein Wunder, dass Johanna Bischoff feindselig und unkooperativ war, so wie der Hauptkommissar gestern mit ihr umgesprungen war. Allerdings hätte Becker es bevorzugt, wenn sie ihre Ressentiments dann auch für den Hauptkommissar aufgespart hätte. Oder handelte sie nach dem Prinzip *Mitgefangen, mitgehangen*? Nun, er würde Grabmeiers Verhalten nicht rechtfertigen.

»Ich werde mich bedanken, sobald Sie den Brief vervollständigt haben. Sie haben ein paar Dinge vergessen.«

»Das halte ich für unwahrscheinlich.«

»Nun, dann vielleicht absichtlich ausgelassen.«

Johanna Bischoff erwiderte nichts, sondern zog nur ihre schmal gezupften Augenbrauen hoch.

»Wie gut kennen Sie Paul Herzog?«

Sie zuckte noch nicht einmal mit der Wimper, doch das hatte Becker auch nicht erwartet.

»Nicht gut.«

»Nicht gut? Was heißt das?«

Sie zuckte die Achseln. »Ich habe ihn ein paarmal gesehen. Er ist der beste Freund von Holger Landauer, der wiederum der Ehemann meiner besten Freundin ist.«

»Und wann haben Sie ihn das letzte Mal gesehen?«

Sie zögerte, als müsste sie über diese Frage erst nachdenken. »Das ist schon ein paar Jahre her.«

»Und warum haben Sie uns das in Ihrem Brief nicht mitgeteilt?«

Wieder zuckte sie die Achseln. »Ich hielt es nicht für relevant.«

Sie schaute ihn so gleichmütig an, dass Becker in scharfem Ton fragte: »Hielten Sie es auch für irrelevant, dass Sie Christine Lenz kannten?«

Sie war eine gute Schauspielerin. Der Ausdruck des Erstaunens in ihren klaren blauen Augen wirkte echt. Sie schob ihre Augenbrauen zusammen. »Ich kannte Frau Lenz nicht.«

»Ach kommen Sie, das nehme ich Ihnen nicht ab. Sie kennen Paul Herzog so gut, dass Sie ihn an seinem Krankenbett besuchen, aber wollen behaupten, dass Sie seine Frau nicht gekannt haben? Ja, dass Sie noch nicht einmal wussten, wie sie heißt?«

»Ich will nichts behaupten, es ist so. Ich kannte sie nicht.«

»Ich glaube Ihnen nicht.«

Becker hatte nicht wirklich gehofft, dass Johanna Bischoff sich durch eine direkte Konfrontation aus dem Konzept bringen lassen würde, und das tat sie auch nicht.

»Sie glauben mir nicht?«, wiederholte sie. »Das ist für mich nichts Neues und außerdem ist es Ihr Pech. Nein, schlimmer, es ist das Pech von Christine Lenz. Wissen Sie was? Wenn ich mir Ihre Ermittlungen so ansehe, dann kann ich nur hoffen, dass ich nie auf Ihre Fähigkeiten angewiesen sein werde. Gestern haben Sie mir kein Wort geglaubt und nachdem sich heute herausgestellt hat, dass ich doch die

Wahrheit gesagt habe, versuchen Sie nun schon wieder, mir eine Lüge unterzuschieben.«

»Wenn Sie wollen, dass ich Ihnen glaube, dann sollten Sie vielleicht mit der Wahrheit nicht nur scheibchenweise herausrücken. Wieso haben Sie nicht erzählt, dass Sie Christine Lenz weinend auf dem Alten Südfriedhof zurückließen?«

Er sah, dass er sie getroffen hatte. Ihr Gesichtsausdruck wechselte von Zorn zu einer anderen Emotion. Mitleid?

»Woher ...?« Sie überlegte, wobei sie die Augen zusammenkniff. Und plötzlich änderte sich ihre Miene wieder, zeigte Verachtung. »Ach«, sagte sie, »jetzt verstehe ich. Sie haben einen Zeugen gefunden. Sie glauben mir nicht etwa wegen des Briefes, den ich Ihnen geschrieben habe, sondern weil jemand uns gesehen hat, Christine Lenz und mich, auf dem Alten Südfriedhof in München. Na, dann muss ich wohl dankbar sein, dass er auch sah, wie ich Christine Lenz verließ. Sonst würden Sie vermutlich auch noch versuchen, mir ihren Tod anzulasten.«

Johanna Bischoffs Stimme troff vor Sarkasmus. Sie erhob sich und schob dabei ihren Stuhl so heftig zurück, dass dessen Metallfüße laut über die Steinfliesen schrappten. Dann beugte sie sich vor und stützte sich auf dem kleinen Tischchen ab. »Ich kann Ihnen sagen, warum ich es Ihnen nicht gesagt habe: Weil Sie mir sowieso nicht zuhörten. Weil Sie mir sowieso nicht geglaubt hätten. Und jetzt habe ich genug von Ihnen.«

Sie griff nach ihrer Handtasche und eilte aus der Cafeteria. Becker schaute ihr bewundernd nach: Es war ein toller Abgang. Er erhob sich ebenfalls.

3

Hans Grabmeier saß in seinem Büro und starrte die Wand an, genauer gesagt nicht die Wand, sondern die Micky-Maus-Uhr, die dort hing und über die sich bisher noch jeder seiner Besucher gewundert hatte. Er saß bereits seit über einer Stunde so. Seit Nobby Kurz und Becker gegangen waren, saß er hier und beobachtete, wie sich der große Zeiger Minute um Minute vorarbeitete, während der kleine Zeiger nur alle zwölf Minuten einen kurzen Sprung tat, beobachtete, wie die Zeit verrann, und fühlte sich doch viel zu erschöpft, um sie sinnvoll zu nutzen.

Er wusste, er hätte längst zum Hörer greifen und Schulz informieren müssen. Doch er brachte es nicht fertig. Nicht, weil er zu feige war, Schulz zu gestehen, dass er sich geirrt hatte, dass die Frau, die er ihm vor nicht einmal vierundzwanzig Stunden als Hauptverdächtige präsentiert hatte, vermutlich doch nichts mit dem Mord an Christine Lenz zu tun hatte. Auch nicht, weil er noch Zweifel daran hatte, dass Christine Lenz am Nachmittag ihres Todes tatsächlich in München gewesen war, sondern weil er zu erschöpft war.

Schulz würde ihm nichts vorwerfen, das wusste Grabmeier, denn seine Annahme war durchaus gerechtfertigt gewesen. Es hatte gute Argumente für die Täterschaft Euphemia Frisses gegeben. Aber das war nicht der Grund gewesen, warum Grabmeier sie verdächtigt hatte. Es war auch nicht sein Instinkt gewesen, obwohl er versucht hatte, sich einzubilden, dass sein Instinkt ihn in die gleiche Richtung trieb wie seine Wünsche. Denn es war Wunschdenken gewesen: Grabmeier hatte Euphemia Frisse verdächtigen wollen – verdächtigen und natürlich überführen. Er hatte sie unbedingt als Mörderin gebrandmarkt sehen wollen. Denn, so hatte er gedacht, wenn es ihm gelänge, Euphemia Frisse von ihrem Sockel moralischer Überlegenheit zu stoßen, dann könnte er sie daran hindern, noch ein Leben zu zerstören – ein Leben, das Grabmeier mehr bedeutete als sein eigenes: Maikes Leben. Doch wie sollte er das jetzt tun? Er wusste es nicht. Alles, was er wusste, war, dass er schnell handeln musste, denn ihm blieb nicht mehr viel Zeit. Eine Woche nur.

Eine Woche! Als könnte er dadurch die Zeit beeinflussen, warf Grabmeier noch einen Blick auf die Uhr. Maike hatte sie ihm geschenkt, vor zwölf Jahren, als sie sechs Jahre alt gewesen war. Grabmeier hatte sich eines Abends zum Essen verspätet und als Entschuldigung angeführt, dass die Uhr in seinem Büro kaputt sei. Daraufhin hatte ihm Maike ihre heißgeliebte Micky-Maus-Uhr geschenkt und verlangt, dass er sie in seinem Büro aufhänge. Natürlich hatte Grabmeier das getan und den Spott der Kollegen ignoriert. Ihn hatte die Meinung anderer nie interessiert. Doch selbst wenn es ihm peinlich gewesen wäre, hätte er es nicht geschafft, ihr den Wunsch abzuschlagen. Aber jetzt ...

Das Telefon klingelte und riss Grabmeier dankenswerterweise aus seinen düsteren Gedanken. Am anderen Ende der Leitung war Norbert Kurz, der von dem Gespräch berichten wollte, das er gerade mit dem Obdachlosen vom Alten Südfriedhof geführt hatte. Nach Nobbys Ansicht bestand kein Zweifel daran, dass Christine Lenz an jenem Freitagnachmittag in München gewesen war.

»Herr Groß«, Nobby sagte tatsächlich »Herr Groß«, nicht »der Penner« oder etwas ähnlich Abfälliges, »erkannte nicht nur das Foto, sondern konnte auch beschreiben, was Christine Lenz an dem Tag trug. Seine Beschreibung deckt sich genau mit der, die wir von ihren Kollegen und Frau Bischoff bekommen haben.«

»Hat er Johanna Bischoff auch gesehen?«

»Nein, er traf die Lenz erst später. Er fand sie auf einer Bank sitzend und weinend. Er wollte sie trösten und sprach sie an, doch sie wies ihn ab. Sie sagte, ihr könne niemand mehr helfen.«

So wie mir, dachte Grabmeier kurz, doch dann schüttelte er seinen Kopf. So zu denken war defätistisch. Er würde sich zu helfen wissen und er würde vor allen Dingen Maike helfen, ob sie es nun wollte oder nicht.

»Das Treffen wird also vermutlich nach Christine Lenz' Gespräch mit Johanna Bischoff gewesen sein«, fuhr Nobby fort. »An die genaue Uhrzeit konnte Groß sich allerdings nicht erinnern. Aber wieso hätte die Lenz vor ihrem Gespräch mit Frau Bischoff schon weinen sollen?«

»Und er ist sicher, dass es der 17. Juni war? Woher weiß er das? Obdachlose haben doch im Allgemeinen keine Terminkalender.«

»Und diesem hätte ein Terminkalender nichts genützt. Bodo Groß ist Analphabet. Deshalb hat er die meisten Zettel, die die Polizeimeisterin aufgehängt hat, wieder abgerissen. Er wusste nicht, dass auf allen dasselbe stand, und wollte sie sich von einem Freund vorlesen lassen. Aber davon abgesehen ist er sicher, dass es ein Freitag war und dass es dieser besonders heiße Tag vor den zwei Tagen Dauerregen war. Es muss der Siebzehnte gewesen sein.«

Grabmeier nickte müde. Es stimmte, es hatte in den ganzen vergangenen vier Wochen nur an zwei Tagen mehr als ein paar Tropfen geregnet, und das waren – aus Sicht der Spurensicherung – ausgerechnet die beiden Tage gewesen, die zwischen Christine Lenz' Ermordung und dem Auffinden ihrer Leiche lagen. Grabmeier wusste es deshalb so genau, weil er geplant hatte, mit Maike eine Bergtour zu unternehmen. Nun ja, vermutlich wäre es dazu sowieso nicht gekommen.

»Chef?«

Grabmeier versuchte, sich wieder auf das Gespräch zu konzentrieren.

»Bleiben Sie in München«, sagte er schließlich, »und versuchen Sie herauszufinden, was die Lenz als Nächstes gemacht hat. Versuchen Sie, noch weitere Zeugen zu finden, und hängen Sie großräumig Fahndungsplakate auf, auch in S- und U-Bahn-Stationen. Vermutlich ist sie mit öffentlichen Verkehrsmitteln nach München gefahren und auch damit wieder zurück. Wir müssen wissen, wann das war.«

Dann legte er den Hörer auf und erhob sich, um seinen Chef aufzusuchen.

4

Als Lutz Becker mit dem silbernen BMW, den er sich aus dem Fuhrpark der Kriminalpolizeiinspektion geliehen hatte, nach Ammerbach hineinfuhr, war er besser gelaunt als die ganze letzte Woche. Dies lag weniger an seinem Scharmützel mit Johanna Bischoff in der Cafeteria – obwohl er zugeben musste, dass der Schlagabtausch ihm tatsächlich ein gewisses Vergnügen bereitet hatte – als daran, dass er das Gefühl hatte, dass endlich Bewegung in die Ermittlungen kam. Und in ihren leitenden Beamten! Die Aussage von Johanna Bischoff warf ein ganz neues Licht auf den Fall und Tanja Rupps Aussage über den Streit zwischen Holger Landauer und Christine Lenz war endlich eine vielversprechende Spur.

Bisher waren in diesem Fall Spuren jeglicher Art Mangelware gewesen. Was zum Teil daran lag, dass der Mörder clever gewesen war, zum Teil daran, dass er Glück gehabt hatte. Clever war es gewesen, die Leiche im Weiher zu verstecken, denn das hatte nicht nur die Entdeckung verzögert, sondern durch das Teichwasser waren etwaige Spuren, die möglicherweise an Christine Lenz' glattem Seidenkleid gehaftet hatten, weggeschwemmt worden. Clever war es ebenfalls gewesen, die Strickjacke zu entfernen, die die Tote nach Zeugenaussagen an ihrem letzten Tag getragen hatte. Denn diese war nach der Beschreibung eine grobmaschige Angelegenheit gewesen, an der bestimmt etwas hängen geblieben war, Fasern, Haare, DNA. Warum der Mörder die Handtasche seines Opfers mitgenommen hatte, wusste die Polizei nicht. Um ihre Identität zu verschleiern? Das war unwahrscheinlich. Um Spuren zu vernichten, die ihn verraten konnten? Oder hatte er daraus etwas gebraucht? Vielleicht den Hausschlüssel?

Zumindest nahmen Becker und seine Kollegen an, dass

Christine Lenz' Schlüssel in der Handtasche gewesen war. Deshalb hatten sie die kleine Villa am Waldrand, in der das Opfer mit seinem Ehemann gewohnt hatte, besonders gründlich durchsucht, hatten die Nachbarn befragt und hatten das Haus sogar einige Tage lang observiert. Ohne Ergebnis. Wenn der Mörder sich Zutritt zur Villa verschafft hatte, dann hatte er dies vor der Entdeckung der Leiche getan und war klug genug gewesen, keine Spuren zu hinterlassen.

Doch der Täter hatte auch Glück gehabt: An dem Wochenende zwischen dem Mord und der Entdeckung der Leiche hatte es fast ununterbrochen geregnet, und dieser Regen hatte mögliche Tatortspuren zerstört. Christine Lenz war zwar in dem Weiher versenkt worden, doch die Polizei ging davon aus, dass die eigentliche Tat etwa fünfzig Meter entfernt verübt worden war, auf einem breiten Waldweg, der von der S-Bahn-Station, die im Norden Ammerbachs lag, ziemlich genau nach Südwesten führte. Dort hatte die Polizei unter einem Stein Blutspuren von Christine Lenz gefunden. Mehr leider nicht, denn ausgerechnet auf diesem Weg hatte eine Gruppe Kinder vom nahe gelegenen Waldkindergarten am Montagmorgen verschiedene Wettläufe und Spiele ausgetragen, bevor sie zum Weiher marschiert war, wo eine der Erzieherinnen dann von einem kleinen Holzsteg aus Christine Lenz' Leiche entdeckt hatte.

*

Die Buchhandlung Landauer und der Antiquitätenladen *Der Herzog*, mit dem Christine Lenz' Ehemann sein Geld verdient hatte, lagen direkt nebeneinander am Ammerbacher Marktplatz. Erstere befand sich in einem rosenrot gestrichenen Haus mit einem hübschen Giebel, Letzterer in einem schmalen, gelben Häuschen, das wirkte, als hätte man es mit Gewalt zwischen die Buchhandlung auf der einen und die Apotheke auf der anderen Seite gequetscht.

Als Becker dort ankam, war es bereits nach eins. Ein Schild im Fenster der Buchhandlung verkündete, dass gerade Mittagspause war, doch als Becker die Klinke drückte, schwang die Tür auf. Er trat ein und als er im nächsten Moment die leicht muffige, nach trockenem Papier riechende Luft einatmete, hatte er das Gefühl, er mache einen Sprung zurück in der Zeit, denn die Buchhandlung wirkte, als sei sie von Holger Landauers Urgroßvater persönlich eingerichtet worden – und zwar eher als Bibliothek, denn als Geschäft.

Dunkle Holzregale mit unzähligen Kerben und Kratzern zogen sich an den Wänden entlang, ganz gekrümmt unter der Last der Bücher, die sie seit Generationen trugen. In einer Ecke standen zwei moosgrüne Ohrensessel im Schein einer Stehlampe mit einem Lampenschirm aus einem dicken, senfgelben Stoff. Diese war die einzige Lichtquelle in dem Laden, in dem es trotz des strahlenden Sonnenscheins draußen recht schummrig war, weil sich in den großen Schaufenstern Bücher türmten, die auf den Regalborden keinen Platz mehr gefunden hatten. Becker fragte sich flüchtig, ob Landauer von seinen Kunden erwartete, mit einer Taschenlampe anzurücken, doch dann entdeckte er starke Deckenstrahler, die allerdings im Moment ausgeschaltet waren.

Ein so altmodischer Laden hätte nach Beckers Ansicht eigentlich eine ebenso altmodische Türklingel besitzen müssen, doch dies war nicht der Fall, und so war sein Eintritt von den beiden Personen, die im hinteren Teil des Ladens in eine intensive Diskussion vertieft schienen, nicht bemerkt worden. Es waren ein Mann in den Vierzigern und ein junges Mädchen. Becker beobachtete sie. Er konnte nicht hören, was sie sagten, doch ihre Körpersprache war dafür umso beredter. Die beiden standen dicht beieinander, der Mann hatte seine rechte Hand auf die linke Schulter des Mädchens gelegt, das seinen Kopf gesenkt hielt, sodass die langen hellblonden Haare ihr Gesicht wie ein Vorhang verdeckten. Becker wollte sich gerade bemerkbar machen, da schüttelte sie den Kopf und anscheinend sah sie ihn dabei aus dem Augenwinkel, denn sie sagte etwas zu dem Mann, der sich daraufhin zur Tür umdrehte.

»Wir haben bereits geschlossen«, rief er, nicht unfreundlich, doch bestimmt.

Becker machte einen Schritt in den Laden hinein. »Mein Name ist Becker, Kriminalpolizei. Wenn Sie Holger Landauer sind, dann würde ich Sie gern einen Moment sprechen.«

Das Mädchen hob abrupt den Kopf. Sie war älter, als Becker zunächst gedacht hatte, vielleicht zwanzig. Für einen Moment rückte sie noch näher an Landauer heran, als wollte sie bei ihm Schutz suchen. Dann drehte sie sich um und verschwand durch eine Tür in den rückwärtigen Teil des Ladens. Becker schaute ihr interessiert nach. Er hätte gern gewusst, wer sie war und in welchem Verhältnis sie zu dem Mann stand, der in diesem Moment Beckers Aufmerksamkeit auf sich lenkte, indem er auf ihn zu trat und ihm die Hand hinstreckte.

»Ich bin Holger Landauer. Sie kommen bestimmt wieder wegen dieser entsetzlichen Geschichte mit Christine.« Seine Stimme klang betrübt.

»Sie kannten sie gut?«

»Natürlich, sie war die Frau meines besten Freundes.« Landauer warf einen schnellen Blick nach rechts, dorthin, wo Paul Herzogs Laden lag. »Armer Paul.« Dann machte er eine vage Geste in Richtung der Ohrensessel. »Wollen wir uns nicht setzen?«

Nachdem Becker in einem der grünen Monster Platz genommen hatte oder vielmehr darin versunken war, denn der Sessel war völlig durchgesessen, sagte er: »Ich bin hier, um mehr über ihre letzte Begegnung mit Christine Lenz erfahren.«

»Aber das war im Krankenhaus, am Donnerstag vor ihrem Tod. Ich habe einem Ihrer Kollegen schon davon erzählt.«

»Sie haben aber nicht erwähnt, dass Sie mit Frau Lenz stritten. Oder dass noch eine weitere Person bei diesem Streit dabei war.«

»Oh.« Landauer senkte den Kopf und starrte auf seine Hände.

»Ich muss wissen, worum es in diesem Streit ging.«

»Aber das hat nichts mit Christines Tod zu tun.«

Becker machte sich nicht die Mühe zu antworten. Wie oft hatte er diesen Satz schon gehört? Er wartete einfach ab. Schließlich sagte Landauer leise: »Wir wollten, dass die Maschinen abgestellt werden. Christine war dagegen.«

Damit hatte Becker nicht gerechnet. »Sie meinen die Maschinen, die Paul Herzog am Leben erhalten?«

»Nein, ich meine die Maschinen, die ihn daran hindern zu sterben.«

Becker verstand sofort. Er war nach seinem Gespräch mit Johanna Bischoff auf der Intensivstation gewesen. Dort hatte ihm eine Krankenschwester langatmig und mit vielen medizinischen Fachausdrücken erklärt, wie es um Paul Herzog stand. Sie hatte nicht gesagt, dass es keine Hoffnung mehr für ihn gab, doch darauf liefen ihre Erläuterungen hinaus, und ein Blick auf den Patienten hatte Becker davon überzeugt, dass dem tatsächlich so war.

»Wer ist wir?«

»Eva Schwarz und ich. Eva ist«, Landauer zögerte, »Pauls Rechtsanwältin.«

Er seufzte, dann begann er zu erzählen. Dass die Ärzte schon lange keine Hoffnung mehr hatten und schon vor Wochen vorgeschlagen hatten, die lebenserhaltenden Maschinen abzustellen. Dass er, Landauer, dafür war, Christine Lenz, die es zu entscheiden hatte, jedoch dagegen. Dass sie deshalb nicht weiter darüber geredet hatten bis zu dem Donnerstag vor zwölf Tagen. Da hatte Paul Herzogs Zustand sich plötzlich noch weiter verschlechtert, seine Nieren drohten zu versagen. Christine Lenz bestand darauf, dass die

Ärzte nichts unversucht ließen. Sie schlossen Paul Herzog an ein Dialysegerät an und schließlich war klar, dass er überleben würde.

»Überleben«, sagte Holger Landauer bitter. »Wenn Paul noch etwas spüren könnte, er würde jede Minute dieses sogenannten Lebens hassen.«

»Wieso sind Sie da so sicher?«

»Weil er es oft genug gesagt hat. Außerdem hat er eine Patientenverfügung in diesem Sinne aufgesetzt.«

»Aber dann ...« Becker überlegte. Er wusste wenig über das Thema Patientenverfügung, nur, dass es juristisch äußerst heikel war. »Aber wieso haben Frau Lenz und die Ärzte diese Patientenverfügung ignoriert?«

»Weil das verdammte Ding weg ist«, erwiderte Landauer heftig. »Christine behauptete, es sei nicht bei Pauls Unterlagen. Vermutlich hat sie es verschwinden lassen.«

»Warum hätte sie das tun sollen?«

»Na, damit sie die Maschinen nicht abstellen muss.«

Becker fand, dass Landauer damit nur eine Frage durch eine andere ersetzte, aber er beließ es dabei. Er fragte sich, ob er Holger Landauer glauben konnte. Falls ja, dann war die vielversprechende Spur schneller als erwartet im Sande verlaufen. Er konnte sich nicht vorstellen, dass Landauer Christine Lenz getötet hatte, damit er die Maschinen ihres Ehemannes abstellen lassen konnte. Aber man konnte nie wissen. »Was wird jetzt mit Herrn Herzog geschehen?«

»Ich weiß es nicht. Als nächster Verwandter wird Michael es wohl zu entscheiden haben, Pauls Sohn aus einer früheren Beziehung. Er kommt morgen zu Christines Beerdigung. Er lebt in Amerika, wie Sie vermutlich wissen.«

Natürlich wusste Becker das. Er hatte selbst mit Michael Herzog telefoniert, aus diesem Gespräch jedoch keine nennenswerten Erkenntnisse gezogen. Michael Herzog hatte seine Stiefmutter kaum gekannt und auch mit seinem Vater so gut wie nie über sie geredet. Vater und Sohn schienen sich nicht besonders nahe gestanden zu haben.

Eine Weile herrschte Schweigen.

Becker fiel ein – unpassend, aber seit wann scherten sich Gedanken darum, ob sie passten? –, dass er sich schon oft selbst vorgenommen hatte, eine Patientenverfügung aufzusetzen. Doch jedes Mal, wenn er daran dachte, verschob er die Entscheidung. Es war kein Thema, mit dem er sich gern beschäftigte, wer tat das schon? Und doch, es konnte so schnell gehen: ein Unfall mit dem Motorrad, ein unachtsamer Autofahrer, wenn er morgens vor der Arbeit joggte, ein Treppensturz.

»Ich würde gerne noch einmal mit Ihnen durchgehen, was Sie am 17. Juni getan haben.«

Landauer schaute auf. Eine grau-braune Haarlocke war ihm in die hohe Stirn gefallen und er schob sie ungeduldig zurück. Becker hätte gewettet, dass viele Frauen diese Geste ausgesprochen sexy fanden, und er fragte sich, ob das blonde Mädchen, das er vorhin mit Landauer beobachtet hatte, dazu gehörte.

»Aber das habe ich doch bereits Ihren Kollegen gesagt. Ich war den ganzen Tag hier im Laden. Mit zwei Mitarbeiterinnen. Ihre Kollegen haben mit ihnen gesprochen.«

»Aber Ihr Laden wird um sechs geschlossen. Was haben Sie danach gemacht?«

»Danach war ich noch ein paar Stunden hier, bis gegen neun. Ich habe Abrechnungen gemacht. Dann bin ich nach Hause gegangen, meine Frau kann Ihnen das bestätigen.«

»Und während Sie diese Abrechnungen gemacht haben, war niemand bei Ihnen? Auch nicht die Mitarbeiterin, die ich vorhin gesehen habe? Sie ist doch eine Mitarbeiterin, oder? Macht sie bei Ihnen eine Ausbildung?«

Landauer zögerte. »Nein, sie arbeitet einfach bei mir. Aber an dem Abend war sie nicht hier.«

Becker hätte gern mehr über das blonde Mädchen erfahren, zumal er das Gefühl hatte, dass Landauer nicht gern über sie redete. Aber er wusste nicht, was er noch hätte fragen können, daher wechselte er das Thema. »Ich nehme an, Sie kennen Johanna Bischoff.«

»Johanna? Natürlich. Sie ist zurzeit bei uns zu Besuch.« Landauer schien so erleichtert über den Themenwechsel, dass er richtig gesprächig wurde. »Johanna hat mir gestern erzählt, dass sie vermutlich die Letzte ist, die Christine gesehen hat. Stimmt das?«

Becker antwortete vorsichtig: »Eine der Letzten. Hat Frau Bischoff Ihnen denn erzählt, was Frau Lenz von ihr wollte?«

»Oh ja, und ich kann Ihnen versichern, dass ich es kaum glauben konnte. Was für ein unglaublicher Zufall!«

»War es das?«

»Was meinen Sie damit?«

»War es wirklich Zufall, dass Frau Lenz sich an Frau Bischoff gewandt hat? Ich dachte, die beiden kannten sich.«

Es war ein Versuch, ein plumper Versuch, doch zu Beckers eigenem Erstaunen wirkte er.

»Wer hat Ihnen denn das erzählt?«, fragte der Buchhändler überrascht. »Christine Lenz wusste bestimmt nicht, wer Johanna war, sonst hätte sie sie nie gefragt. Sie wäre viel zu eifersüchtig gewesen, sich an eine von Pauls Exfreundinnen zu wenden.«

5

Johanna lag in der Sonne und versuchte, sich in der Wärme zu entspannen, doch es gelang ihr nicht. Der Besuch im Krankenhaus hatte sie erschüttert, viel mehr, als sie es vorher für möglich gehalten hätte. Und das wiederum hatte sie noch mehr durcheinandergebracht. Sie war regelrecht froh, dass sie Becker getroffen hatte, denn nach dem Gespräch mit ihm stach nun aus dem Durcheinander ihrer Gefühle eine Empfindung ganz klar hervor, eine Empfindung, mit der sie umzugehen wusste: Ärger.

Ärger über den Oberkommissar, über sein anmaßendes Verhalten, über seine Unterstellungen. Der Ärger wurde auch nicht dadurch geringer, dass Beckers Verdacht, sie halte etwas zurück, diesmal den Tatsachen entsprach. Die Lüge, sie habe Paul kaum gekannt, war Johanna glatt über die Lippen gekommen, ohne dass sie lange darüber nachgedacht hatte, ob es klug sei, den Oberkommissar anzuschwindeln. Aber was ging es ihn an, in welchem Verhältnis sie zu Paul gestanden hatte und wie viel er ihr bedeutet hatte? Sie hätte sich lieber auf der Stelle verhaften lassen, als noch einmal ihr Gefühlsleben vor Becker auszubreiten, damit er darauf herumtrampeln konnte.

Johanna warf einen neidischen Blick auf Mona, die zwei Meter von ihr entfernt in einem Korbstuhl saß, eine Familienpackung Eis in der Linken, einen Löffel in der Rechten und einen Skizzenblock samt Bleistift im Schoß. Sie strahlte eine tiefe Zufriedenheit aus, so als gäbe es keine Sorgen auf dieser Welt. Sie waren allein, eine Bekannte Monas hatte die Jungs vom Kindergarten abgeholt und mit nach Hause genommen, und Mona wollte den so gewonnenen Freiraum nutzen, um an ihrem neuen Kinderbuch zu arbeiten, einem Gruselmärchen, wie sie es nannte. Jetzt stellte sie für einen Moment das Eis auf den Mosaiktisch neben sich, nahm den

Löffel in die Linke, den Stift in die Rechte und begann zu zeichnen. Während ein neues Monster entstand, tauchte sie immer wieder geistesabwesend ihren Löffel in das Eis und schaufelte sich etwas in den Mund.

»Du löffelst das Zeug, als wolltest du verhindern, dass Langnese pleitegeht«, sagte Johanna, als Mona endlich eine Pause machte.

Ihre Freundin sah auf. »Die Zwillinge sind schuld. Ich muss für drei essen.«

»Es sieht eher aus, als äßest du für zehn. Bist du sicher, dass du schwanger bist und nicht einfach nur eine riesige Eiskugel vor dir herschiebst?«

Mona lachte und tauchte noch einmal ihren Löffel in das Schokoladeneis. Dann verzog sie ihr Gesicht.

»Was ist los? Ist das Eis leer?«

»Was? Ach, nein.« Mona stellte den noch vollen Löffel wieder in den Eiskarton. »Ich musste nur gerade an Christine denken. Sie hat mich immer so um meinen Bauch beneidet.«

Johanna fröstelte plötzlich. Sie setzte sich auf, zog ihre Beine an und umschlang sie mit den Armen. »Woher kanntest du sie eigentlich? Hat Paul sie über dich kennengelernt?«

»Nein, es war umgekehrt. Ich lernte sie über Paul kennen. Das war ein paar Monate nach eurer Trennung. Ich vermute, Paul kannte sie schon länger, aber er hat sie nicht mit hierher gebracht, weil er ja wusste, dass wir befreundet sind. Und noch mal ein paar Wochen später haben sie geheiratet. Ich fand es ganz schön früh, sie waren höchstens sechs Monate zusammen.«

»Oh.« Auch Johanna war ein halbes Jahr mit Paul zusammen gewesen, als er den Vorschlag gemacht hatte, eine Familie zu gründen. Nur, dass dieser Vorschlag bei ihnen nicht in einer Hochzeit, sondern in der Trennung gemündet hatte.

»Ich muss gestehen«, fuhr Mona fort, »dass ich damals

dachte, Christine wäre vielleicht schwanger, aber da habe ich mich wohl geirrt.«

»Erzähl mir von ihr«, bat Johanna. »Was war sie so für ein Typ?«

»Aber du hast sie doch selbst kennengelernt.«

»Das war doch nur ein kurzes Gespräch. Außerdem war es kaum repräsentativ. Ich meine, zuerst wirkte sie recht souverän, doch dann, als sie mit ihrem Wunsch herausrückte, wurde sie ganz aufgeregt und nervös – wie bei einem Vorstellungsgespräch.«

»Hm.« Mona klappte den Skizzenblock zu und legte ihn auf den Tisch neben sich. »Ich könnte mir vorstellen, Christine hat sich in den meisten Lebenssituationen wie in einem Vorstellungsgespräch gefühlt. Sie war ein unsicherer Typ. Deshalb hatte sie auch ziemliche Probleme an der Schule. Sie konnte sich noch nicht einmal in den unteren Klassen durchsetzen. Ehrlich gesagt, auf mich wirkte sie immer wie eine Maus, die man in der Speisekammer erwischt hat und die aufgeregt hin und her rennt, weil alle Fluchtwege versperrt sind. Sie hatte auch sonst viel von einer grauen Maus, so unscheinbar.«

Johanna dachte an die kleine, zierliche Gestalt, die großen grauen Augen, das herzförmige Gesicht. »Ich fand sie sehr hübsch.«

»Hübsch?« Mona überlegte einen Augenblick, dann sagte sie in erstauntem Ton: »Ja, du hast recht. Aber das kam kaum zur Geltung. Sie war einfach zu brav, zu zurückhaltend. Sie flirtete zum Beispiel nie, hatte keinen Esprit. Ich kann mich nicht erinnern, dass sie jemals etwas Originelles gesagt hat.«

»Du darfst ruhig etwas Nettes über sie sagen. Ich habe meine Eifersucht längst überwunden.«

Mona errötete – ein seltener Anblick. »Ich wollte nicht lästern. Christine war wirklich sehr nett. Aber sie war halt auch ein bisschen langweilig. Ich habe ehrlich gesagt nie verstanden, warum Paul sie geheiratet hat. Die beiden haben überhaupt nicht zusammengepasst, Christine war ganz anders als du.«

Johanna fand das unlogisch. Wenn es mit einem Partner nicht klappte, war es doch wohl kaum sinnvoll, beim nächsten Mal nach demselben Typ Ausschau zu halten. Andererseits hatten sie und Paul sich ja wirklich gut verstanden und ergänzt. Wie hatte er es ausgedrückt? *Wir sind ein tolles Team, Johanna.* Nur leider ein Team, das sich nicht darauf einigen konnte, ob es lieber als gemischtes Doppel oder als Mannschaft antreten wollte. »Es muss bitter für Paul gewesen sein, dass sie keine Kinder bekommen konnten.«

»Hm.« Mona schob sich einen weiteren Löffel Eis in den Mund. »Ich glaube schon, aber ich habe darüber nie mit ihm geredet. Für Christine war es schlimm.«

»Wie kommt es eigentlich, dass sie dir all diese Dinge erzählt hat? Über ihren Kinderwunsch, ihre Versuche, mit künstlicher Befruchtung ein Baby zu bekommen. Ich dachte, die meisten Frauen halten diese Dinge geheimer als die CIA ihre Auslandsgefängnisse.«

»Sie brauchte jemanden zum Reden. Und in dem Punkt konnte ich sie gut verstehen. Mein Gott, die Vorstellung, ich könnte keine Kinder kriegen ...«

»Es ist nicht so schlimm, wie du meinst.«

»Viel schlimmer«, sagte Mona eindringlich. »Du kannst das nicht nachvollziehen, ich weiß. Aber wenn ich keine Kinder hätte, dann hätte mein Leben keinen Sinn. Es wäre tot, vertrocknet, ein Baum ohne Blätter, ein Meer ohne Wasser, ein Planet ohne Leben. Ich wüsste nicht, was ich dann täte.«

»Da könnte ich mir eine Menge vorstellen. Du sagst doch immer, du hättest gern die Zeit, einen Roman zu schreiben. Außerdem könntest du trotzdem deine Kinderbücher schreiben und illustrieren, malen, deine Porträts ausstellen ... Meine Güte, du hast so viele Talente und Interessen, dass es für mehrere Leben reichen würde.«

»Aber wenn ich meine Kinder nicht hätte, dann würde mir all das keine Freude bereiten.« Bei den Worten »all das« machte Mona eine ausholende Geste, die alles zu umfassen schien: das Haus, den Garten, den Notizblock auf dem Mosaiktisch und den kleinen, umgebauten Schuppen im Garten, der ihr als Atelier diente. »Ich wäre zwar beschäftigt, aber mein Tun wäre sinnlos. Es wäre sinnlos, morgens aufzustehen und einen Tag zu beginnen, an dem ich nicht gebraucht würde, an dem ich nicht von meinen Kindern geliebt würde, an dem ich meinen Kindern keine Liebe geben könnte.«

Johanna erschien das übertrieben. »Du hast es dreißig Jahre lang geschafft, jeden Tag ohne diese Dinge aufzustehen.«

»Aber doch nur, weil ich wusste, dass ich sie eines Tages haben würde.«

Johanna schüttelte den Kopf. »Und Christine sah das genauso?«

»Natürlich.«

»So natürlich finde ich das nicht. Schließlich hast du gesagt, sie sei nicht gut mit ihren Schülern zurechtgekommen.«

»Ach, bei eigenen Kindern wäre das anders gewesen.«

Johanna bezweifelte das. Sie dachte an Paul, der ebenfalls nicht mit seinem Sohn zurechtgekommen war. Aber Paul hatte ihn auch die ersten Jahre seines Lebens kaum gesehen. Michael Herzog war schon zwölf gewesen, als seine Mutter zu einem Selbstfindungstrip nach Indien aufgebrochen war, bei dem ihr Sohn gestört hätte. Deshalb hatte sie ihn bei Paul abgeladen, der bis dahin hauptsächlich finanziell für Michael gesorgt hatte, nicht emotional – ein Arrangement, das sowohl Michaels Vater als auch seiner Mutter gut gepasst hatte. Ob es Michael auch gefallen hatte, wusste Johanna nicht. Vermutlich war er nie gefragt worden.

In diesem Moment klingelte es an der Tür.

»Das wird Mia mit den Jungs sein«, sagte Mona und machte Anstalten aufzustehen. Doch Johanna kam ihr zuvor.

»Bleib sitzen, ich mach' das schon.« Sie schlüpfte in ihre Sandalen und ging durchs Wohnzimmer in die Eingangshalle. Als sie die Haustür öffnete, stand sie zum zweiten Mal an diesem Tag vor Oberkommissar Becker.

*

Lutz Becker betrachtete amüsiert Johanna Bischoffs verdutztes Gesicht. Sie hatte sich umgezogen. Statt der langen Leinenhose mit passender Seidenbluse trug sie jetzt Shorts und ein Spaghetti-Top, doch ansonsten wirkte sie genauso unnahbar wie vor zwei Stunden, als sie ihn in der Cafeteria hatte sitzen lassen. Auch ihre Begrüßung wirkte kaum freundlicher als vorhin ihr Abgang.

Doch Becker hatte gewusst, dass er sie hier antreffen würde und als sie ihn anzischte »Sie schon wieder!«, konnte er daher ganz gelassen erwidern: »Ja, ich schon wieder.«

»Und was wollen Sie diesmal? Ist Ihnen noch eine weitere Lüge eingefallen, die Sie mir unterstellen könnten?«

»Nein, zur Abwechslung möchte ich Sie einer Lüge überführen. Wieso haben Sie mir nicht gesagt, dass Sie ein Verhältnis mit Paul Herzog hatten?«

Diesmal war es ihm gelungen, sie zu überrumpeln. Ihre ohnehin sehr helle Haut wurde noch eine Spur blasser und ihre blauen Augen weiteten sich kurz. Sie zögerte, während sie offensichtlich überlegte, wie viel er wusste. »Ich habe Ihnen nicht davon erzählt, weil ich dachte, dass es Sie nichts angeht.«

»Das kommt ganz darauf an. Eine Frau wurde getötet. Sie sind eine der Letzten, die sie gesehen hat, und Sie hatten eine Affäre mit ihrem Ehemann. Ich würde schon sagen, dass mich und meine Kollegen das etwas angeht.«

»Die Affäre, wie Sie das nennen, war lange vorbei, bevor Paul Christine geheiratet hat. Sie hat also offensichtlich nichts mit diesem Fall zu tun.«

»Das sagen Sie.«

»In der Tat, etwas so Vernünftiges dürfte kaum aus Ihrem Mund kommen.«

Frau Bischoffs Stimme klang so scharf, dass Becker sich verblüfft fragte, warum sie so verärgert war. Doch bevor er etwas erwidern konnte, sagte sie plötzlich: »Entschuldigen Sie, das hätte ich nicht sagen sollen.«

Das verblüffte Becker noch mehr, doch er antwortete bloß: »Und Sie bleiben bei Ihrer Aussage, dass Sie Christine Lenz nicht kannten und dass Sie Paul Herzog seit über drei Jahren nicht gesehen hatten?«

»Ja.« Sie sah ihm direkt in die Augen. »War es das?«

Becker schüttelte den Kopf.

»Was denn noch?«

»Ich wüsste gern, was Sie am Abend des 17. Juni gemacht haben.«

Sie war schon im Begriff gewesen, die schwere Holztür zu schließen. »Das ist ein Witz, oder?«

»Nein. Also?«

Für einen Moment sah sie so aus, als würde sie nicht antworten, doch dann sagte sie: »Ich war zu Hause. Ich bin direkt vom Alten Südfriedhof nach Hause gegangen und war den ganzen Abend dort. Allein.«

Sie machte Anstalten, die Tür zu schließen, doch Becker stellte schnell seinen Fuß dazwischen.

»Was ist noch?«

»Ich würde gerne mit Frau Landauer sprechen.«

»Na, wenn das so ist ...«

Sie öffnete die Tür weit und führte Becker durch eine kleine, angenehm kühle Halle und durch ein großes Wohnzimmer auf die Terrasse. Der Weg war zu kurz, als dass er sich ein Bild von dem Haus hätte machen können, aber er bekam einen Eindruck von Weite und von Unordnung, einer Unordnung, die sich nur Leute erlauben konnten, die viel Platz hatten. Dann betraten sie die Terrasse und beim Anblick von Mona Landauer vergaß Becker für einen Moment alles andere.

Becker hätte nicht genau sagen können, was er erwartet hatte. Er hatte eine vage Vorstellung von einer kleinen, pummeligen Hausfrau gehabt, die einerseits clever war, denn sonst wäre sie nicht Johanna Bischoffs beste Freundin, andererseits nicht allzu attraktiv, denn warum sonst sollte sich ihr Mann so intensiv mit jungen Blondinen beschäftigen? Außerdem hatte er gedacht, dass sie sich in weite, unförmige Kleidung hüllen würde, Männerhemden und Latzhosen vielleicht, denn so etwas trugen schwangere Frauen doch, oder?

Doch Mona Landauer tat nichts dergleichen. Sie schien nicht der Meinung zu sein, dass es angebracht wäre, ihre Kurven zu verhüllen, und Becker musste ihr recht geben. Sie trug einen bunt gemusterten Wickelrock und dazu ein weißes Top, das so eng war, dass Becker nicht nur ihren vorstehenden Bauchnabel, sondern auch die Brustwarzen der angeschwollenen Brüste deutlich erkennen konnte. Er spürte, wie ihm heiß wurde, und bemühte sich, seine Augen von diesem Körper loszureißen und der Frau ins Gesicht zu schauen.

Neben sich hörte er Johanna Bischoffs amüsierte Stimme: »Ich dachte, Sie wollten mit ihr sprechen, nicht sie nur anstarren. Mona, dies ist Oberkommissar Becker.«

Becker wurde noch heißer. Mona Landauer warf ihrer Freundin einen tadelnden Blick zu und wies dann auf einen der Korbstühle. »Setzen Sie sich doch, Sie werden mich kaum im Stehen verhören wollen.«

Becker kam der Aufforderung nach.

»Wollen Sie etwas trinken?«

»Das kann er jetzt zweifellos gebrauchen.«

Johanna Bischoff hatte die Bemerkung gemacht und

Becker hoffte, sie würde bald verschwinden. Tatsächlich kam sie dem unausgesprochenen Wunsch nach und ging ins Haus, kehrte jedoch bald mit einem Glas Saft zurück, das sie vor ihn auf den Tisch stellte.

Becker dankte ihr, obwohl er sicher war, dass sie es nicht ihm zuliebe getan hatte, sondern damit ihre schwangere Freundin nicht aufstehen musste. Er trank einen Schluck, dann stellte er das Glas ab und sagte: »Wenn wir jetzt also beginnen könnten ...« Er hatte das Gefühl, dass er dringend etwas tun musste, um die Kontrolle über dieses Gespräch zu erlangen.

»Gern.« Mona Landauer schaute ihre Freundin an. »Johanna, setz dich doch.«

Doch in diesem Moment klingelte es an der Tür und mit den zweideutigen Worten »Ich glaube, der Herr Oberkommissar wäre gern mit dir allein«, verschwand Johanna Bischoff im Haus.

*

Als Johanna durch die Halle ging, läutete es ein zweites Mal und sie hörte, wie eine Männerstimme sagte: »Nicht doch, Jan, deine Mutter kommt sicherlich so schnell sie kann.«

»Kommt sie nicht«, krähte eine Kinderstimme, »sie sagt immer, wenn jemand nur einmal läutet, kann es nicht so wichtig sein.«

Johanna unterbrach den Dialog, indem sie die Tür öffnete. Zu ihrer Verwunderung stand dort kein Mann, sondern eine Frau, die allerdings außer der Stimme auch die Größe und die breiten Schultern eines Mannes hatte. Neben ihr standen Jan und Leo, die sofort ins Haus stolperten, wobei der Jüngere losprudelte:

»Hallo Mami, Mia sagt, ich kann ... Oh Johanna, wo ist Mami, ich muss sie etwas fragen?«

»Auf der Terrasse, aber ...«

Noch bevor Johanna zu Ende gesprochen hatte, sauste Leo schon davon. Allerdings nur bis zur Wohnzimmertür, denn da sagte die Frau, die ihn nach Hause gebracht hatte: »Leo.«

Sie sagte es nicht besonders laut und nicht besonders betont, doch es hatte die Wirkung, als hätte ein Kompanieführer aus Leibeskräften »Halt!« gebrüllt. Wie ein Zirkuspferd auf die Anweisung seines Dompteurs stoppte Leo aus vollem Lauf ab, machte dabei eine unfreiwillige Pirouette und drehte sich dann fragend zu der Frau um, die immer noch vor der Tür stand.

»Leo, es ist unhöflich davonzulaufen, bevor diese Dame zu Ende gesprochen hat.«

»Oh, 'tschuldigung.«

Johanna warf einen verblüfften Blick erst auf Leo, dann auf die Frau, die sie aufmunternd anblickte, wie eine alternde Matrone, die eine Debütantin anweist, doch der Aufforderung des pickligen jungen Mannes zum Tanzen nachzukommen.

»Mama hat Besuch, Leo«, sagte sie schließlich, »aber du kannst bestimmt Hallo sagen und deine Frage stellen.«

»Tschüss Mia.« Und schon war er weg.

Johanna wandte sich der Frau im Türrahmen zu, unsicher, ob sie ihr zu ihrer Autorität gratulieren oder sich ihre Einmischung verbitten sollte. Doch bevor sie sich entscheiden konnte, sagte diese:

»Ich hätte Frau Landauer auch gerne gesprochen, aber wenn sie Besuch hat, werde ich jetzt natürlich gehen. Bitte grüßen Sie sie von mir und sagen Sie ihr, dass ich sie später anrufen werde. Mein Name ist Frisse.«

*

Auf der Terrasse war es Becker schnell gelungen, sich selbst wieder unter Kontrolle zu bringen, aber er war nicht sicher, ob dies auch auf sein Gespräch mit Mona Landauer zutraf.

Diese beantwortete zwar alle seine Fragen freundlich und ausführlich und ohne die Feindseligkeit, die ihm von Johanna Bischoff entgegengeschlagen war, doch viele ihrer Antworten wirkten auf ihn vorbereitet, so als hätte sie vorher lange darüber nachgedacht, wie sie gewisse Aussagen am besten präsentieren sollte. Becker fragte sich, wieso sie diese Vorbereitung für nötig befunden hatte.

Zudem irritierte es ihn, dass Mona Landauer mit ihm flirtete, nicht sehr offen, doch deutlich bemerkbar. Er fragte sich, warum sie es tat. War es ihre natürliche Reaktion auf attraktive Männer? Becker konnte sich vorstellen, dass sie zu den Frauen gehörte, die im Gespräch mit einem Mann automatisch auf Flirtmodus schalteten, egal ob dieser Mann Polizist war oder Pfarrer. Oder setzte sie ihren Charme gezielt ein, um ihn zu beeinflussen? In diesem Fall hätte Becker gerne gewusst, in welche Richtung sie ihn beeinflussen wollte.

Nach einer halben Stunde hatte Mona Landauer Johanna Bischoffs Aussage bestätigt. Becker griff den wichtigsten Punkt noch einmal auf. »Sie gaben also Frau Lenz die Geschäftsadresse von Frau Bischoff. Und einige Tage später rief Frau Bischoff Sie an, um Ihnen von ihrer Begegnung mit Frau Lenz auf dem Münchner Südfriedhof zu erzählen, ist das richtig?«

Mona nickte.

»Sie wussten also, dass Christine Lenz am Freitagnachmittag bei Frau Bischoff in München war. Können Sie mir vielleicht erklären, warum Sie die Polizei nicht darüber informiert haben? Ihr Mann wird Ihnen doch sicherlich ausgerichtet haben, dass wir versucht haben herauszufinden, wo Frau Lenz am Freitagnachmittag war.«

»Weil ich bis gestern nicht wusste, dass die beiden sich am Freitag getroffen hatten. Ich dachte, es wäre der Donnerstag gewesen. Sehen Sie, Christine war am Mittwochabend bei mir und da sagte sie, dass sie am nächsten Tag schon mit

Johanna reden wollte, denn sie hatte es eilig. Als Johanna dann ein paar Tage später anrief, um mir die Geschichte zu erzählen, hat sie mir nicht das genaue Datum genannt. Oder ich habe nicht so genau zugehört. Johanna rief am Wochenende an, da wusste ich noch nichts von Christines Verschwinden. Es schien mir nicht wichtig zu sein, wann genau die beiden sich getroffen hatten.«

Mona lächelte Becker um Entschuldigung heischend an, aber er hatte nicht den Eindruck, dass sie wirklich der Meinung war, einen Fehler gemacht zu haben.

»Vielleicht hätte ich noch einmal genauer darüber nachgedacht«, fuhr sie fort, »wenn ich persönlich befragt worden wäre. Aber ich war letzte Woche ein paar Tage in Hamburg bei meiner Agentin.«

»Und haben Sie eine Idee, warum Frau Lenz am Donnerstag nicht nach München gefahren ist?«

Sie schüttelte den Kopf.

»Ihr Mann sagte aus, dass er Christine Lenz am Donnerstagnachmittag im Krankenhaus traf.«

Sie überlegte einen Moment, wobei sie ihre Stupsnase krauste. Selbst das wirkte bei ihr wie eine erotische Aufforderung. »Ach ja, natürlich. Pauls Zustand hatte sich verschlimmert, die Ärzte machten sich Sorgen, dass er den Tag vielleicht nicht überstehen würde. Die Krankenschwestern riefen Christine an. Und Holger auch. Nur für den Fall, dass ... Aber Paul hat sich wieder erholt.« Sie lächelte reumütig. »Sie haben recht, ich hätte mir zusammenreimen müssen, dass Christine frühestens am Freitag mit Johanna gesprochen haben konnte, aber ich habe einfach nicht darüber nachgedacht.«

Becker nickte nachdenklich. Er konnte sich tatsächlich vorstellen, dass es so gewesen war. Aber warum hatte Mona Landauer nicht darüber nachgedacht? Waren ihr der gewaltsame Tod einer Freundin und der Beinahe-Tod des besten Freundes ihres Mannes so egal gewesen?

»Und was taten Sie am Abend des 17. Juni?«

»Sie wollen ein Alibi von mir?« Die Frage schien sie eher zu amüsieren als zu ärgern. »Ich habe Kinder gehütet. Nicht nur meine zwei, sondern noch drei weitere. Mein Ältester hat eine Pyjama-Party veranstaltet. Er hatte ein paar Tage zuvor Geburtstag.«

Sie schaute zum Ende des Gartens hin, wo Johanna Bischoff mit zwei Jungs spielte. Becker war überrascht. Er hätte eher gedacht, dass Frau Bischoff Kindern ein Buch vorlas oder sie im Sonntagsstaat in den Zoo ausführte, wenn sie sich überhaupt mit ihnen abgab. Doch das, was die drei da trieben, sah eher nach einer ausgelassenen und fröhlichen Balgerei aus.

»Und war an dem Abend noch jemand bei Ihnen? Außer den Kindern, meine ich?«

»Mein Mann kam erst gegen neun nach Hause. Ursprünglich hatte mir eine Freundin Gesellschaft leisten wollen, deren Sohn auch hier war. Aber sie hatte solche Kopfschmerzen, dass sie gegen halb sieben wieder ging. Also: keine Zeugen. Doch ich nehme an, Ihre Frage ist nur eine Formalität?«

Becker nickte. Das war sie tatsächlich. Denn obwohl eine trainierte Frau es durchaus geschafft haben dürfte, die kaum fünfzig Kilogramm wiegende Leiche Christine Lenz' ein Stück weit zu tragen und im Weiher zu verstecken, wäre eine Hochschwangere sicherlich nicht dazu imstande gewesen. Aber obwohl Becker Mona Landauer als Täterin ausschloss, hatte er dennoch das Gefühl, dass sie etwas verheimlichte.

*

Johanna lag auf dem Rasen und rang nach Atem. Ein harter Gegenstand drückte gegen ihr linkes Schulterblatt, vermutlich ein Stein, aber sie war zu erschöpft, um nach der Ursache zu suchen und sie zu entfernen. Zumal sie dann erst Leo hätte beiseite heben müssen, der es sich auf ihrem Bauch bequem gemacht hatte. Kein Wunder, dass Mona so fit ist, dachte sie. Wenn diese jeden Tag nur eine halbe Stunde mit ihren Söhnen spielte, dann musste sie eigentlich reif für Olympia sein, zumindest für die Kampfsportarten.

Johanna drehte den Kopf nach rechts, wobei das Gras ihre Wangen kitzelte. Jan lag neben ihr, den bebrillten Kopf halb in einem Busch vergraben, und bohrte mit seinem Zeigefinger in der Erde. Vermutlich war er auf der Suche nach Regenwürmern, für die er sich zurzeit interessierte. Er hatte Johanna gestern Abend beim Essen einen Vortrag über dieses Thema gehalten, der so umfassend gewesen war, dass sich der entsprechende Wikipedia-Eintrag daneben vermutlich wie eine Randnotiz ausgenommen hätte.

Johanna rollte ihren Kopf wieder zurück zur Mitte. Wenn sie nach links geschaut hätte, hätte sie Mona und Becker auf der Terrasse sitzen sehen können, aber das vermied sie. Sie hatte für heute genug von der Polizei. Stattdessen schloss sie für ein paar Minuten die Augen. Sie spürte Leos Gewicht und Wärme und eine angenehme Müdigkeit und nickte prompt ein. Geweckt wurde sie durch einen Schatten, der über sie fiel.

»Ich habe es schon immer geahnt, aber jetzt habe ich den Beweis: Büroarbeit verweichlicht.«

Johanna öffnete die Augen und wurde mit einem Blick auf Monas Bauch belohnt, der über ihr aufragte.

»Hey Jungs«, sagte diese zu ihren Söhnen. »Was haltet ihr von einem Wettrennen? Wer zuerst auf der Terrasse ist, darf sich heute Abend von Johanna eine Geschichte wünschen.«

Leo sprang sofort davon, wobei er sich mit seinen kleinen Händen von Johannas Magen abstieß, was dieser nicht allzu gut verkraftete. Jan ließ sich mehr Zeit. »Ich kann doch schon lesen«, verkündete er.

»Aber Johanna kann Tierstimmen nachahmen.«

»Wirklich?« Jetzt rannte auch Jan los.

Johanna stand auf und folgte ihm zusammen mit Mona in gemächlicherem Tempo.

»Es ist mir neu, dass ich Tierstimmen nachahmen kann. Genauso, wie mir neu ist, dass Jan schon lesen kann. Stimmt das?«

Mona seufzte. »Schon lange, leider.«

»Leider? Was heißt leider? Die meisten Eltern würden in diesen durch PISA verdüsterten Zeiten vor Begeisterung Purzelbäume schlagen und ihr Kind zum nächsten Hochbegabtentest schleppen.«

»Hör bloß auf damit, die Kindergärtnerin hat das auch schon vorgeschlagen. Aber ich will aus Jan kein kleines Genie machen oder ihn als solches abstempeln.« Mona runzelte die Stirn. »Apropos abstempeln: Wieso hast du behauptet, Becker sei ein böser Bulle?«

»Weil er es ist. Hat er dich nicht gegrillt?«

»Überhaupt nicht. Er war nicht halb so schlimm, wie du ihn dargestellt hast. Im Gegenteil, ich fand ihn nett.«

Johanna zog ihre Augenbrauen zusammen. »Du meinst, nett wie in ›Ach wie nett, der Löwe hat der Antilope eine schriftliche Essenseinladung geschickt‹?«

»Nein, einfach nett. Ich finde ihn sexy.«

»Na«, erwiderte Johanna trocken, »das Kompliment würde er sicherlich erwidern.«

Mona kicherte. »Ich wundere mich wirklich, dass du ihn nicht magst, ich hätte gedacht, er ist genau dein Typ. Hast du seinen knackigen Po bemerkt?«

»Mir ist eher seine weiche Birne aufgefallen. Aber danke, dass du meinst, ein fester Hintern sei alles, was ich von einem Mann erwarte.«

»Die meisten haben noch weniger zu bieten – außer Holger natürlich«, fügte Mona loyal hinzu. »Aber Lutz Becker versteht außerdem noch etwas von Kunst. Ihm gefallen meine Bilder.«

»Du hast ihm deine Bilder gezeigt? Das kann nicht dein

Ernst sein!« Johanna war ehrlich entsetzt.

»Warum nicht? Sie sind gut, wenn ich das mal in aller Bescheidenheit sagen darf.«

»Ich glaube nicht, dass du das Wort Bescheidenheit buchstabieren könntest.«

»Ich wollte ihm etwas zum Träumen geben. Es ist doch besser, er denkt an die Bilder, wenn er an mich denkt, als dass er darüber nachdenkt, welche Lügen ich ihm vielleicht aufgetischt habe.«

Mona kicherte noch einmal und ging dann weiter. Johanna starrte ihr nach. Manchmal hatte ihre Freundin wirklich einen seltsamen Sinn für Humor.

6

Als Becker von einer Sekretärin zur letzten Zeugenbefragung des Tages in das Büro der Rechtsanwältin Eva Schwarz geführt wurde, erkannte er sofort, an wen die Frau in dem klassischen grauen Hosenanzug, die sich hinter der Glasplatte ihres Schreibtisches erhob, Tanja Rupp erinnert hatte: Obwohl sie ganz anders gekleidet war, obwohl sie eine knallrote Brille trug, obwohl ihre dunkelbraunen Haare kurz waren statt schulterlang und obwohl sie offensichtlich nicht schwanger war, war die Ähnlichkeit frappant.

»Sie müssen Mona Landauers Schwester sein«, entfuhr es ihm.

Für einen Moment hielt Eva Schwarz inne, dann kam sie mit ausgestreckter Hand auf ihn zu: »Richtig«, erwiderte sie. »Und Sie, Oberkommissar Becker, müssen Polizist sein, wenn das atemberaubende Tempo ihrer Schlussfolgerungen ein Indiz ist. Sie kennen Mona?«

»Ich habe vor zwei Stunden mit ihr gesprochen.«

»Dienstlich oder privat?«

»Dienstlich.«

»Dann sind Sie vermutlich nicht wegen eines meiner Klienten hier, sondern wegen der schrecklichen Geschichte mit Christine Lenz. Wollen wir uns nicht setzen? Kaffee?« Sie beauftragte die Sekretärin, zwei Tassen zu bringen. Dann führte sie Becker zu einem gläsernen Konferenztisch, um den sich bequeme Stühle aus Leder und Chrom gruppierten.

Während sie auf den Kaffee warteten, musterten sie einander schweigend. Es war ein professionelles Abtasten, völlig frei von den erotischen Schwingungen, die Mona Landauer ausgesandt hatte. Eva Schwarz gab sich genauso nüchtern, wie ihre Schwester sich verführerisch gegeben hatte. Seltsam, dachte Becker, dass Holger Landauer die Verwandtschaftsbeziehung verschwiegen hatte.

»Kannten Sie Christine Lenz gut?«, fragte er schließlich.

Eva Schwarz überlegte eine Weile. »Nicht allzu gut«, erwiderte sie vorsichtig. »Ich kenne ihren Mann seit Jahren und bin Christine daher einige Male nach der Hochzeit begegnet. Ich würde sagen, wir fanden einander sympathisch, hatten jedoch kein besonders vertrauliches Verhältnis. Und bevor Sie fragen: Ich habe leider nicht die geringste Idee, wer sie getötet haben könnte. Andernfalls hätte ich mich natürlich schon längst bei Ihnen gemeldet.« Sie lächelte leicht.

»Natürlich.« Becker lächelte zurück. Dann ging die Tür auf und die Sekretärin erschien mit einem kleinen Tablett, auf dem zwei Tassen, Zucker und Milch standen. Nachdem sie wieder verschwunden war, fragte Eva Schwarz: »Nun, verraten Sie mir, warum Sie hier sind?«

Becker nahm einen Schluck Kaffee. »Ich würde gern wissen, wann Sie Christine Lenz das letzte Mal gesehen haben.«

Wieder schwieg sie eine Weile. Wie die meisten Anwälte, die Becker kennengelernt hatte, schien sie erst alle Konsequenzen überdenken zu wollen, bevor sie etwas sagte. Schließlich erwiderte sie: »Ich habe Christine Lenz das letzte Mal am Nachmittag des 16. Juni gesehen. Das war ein Donnerstag. Ich vermute, Sie haben mit meinem Schwager gesprochen, und ich soll Ihnen nun bestätigen, dass es zu einer hässlichen kleinen Szene kam, als Holger Christine bat, die Maschinen abzustellen, die Paul am Leben erhalten.«

Als Becker nickte, seufzte sie leicht. Dann erzählte sie kurz, was sich auf der Intensivstation abgespielt hatte. Ihr Bericht ähnelte dem ihres Schwagers.

Nachdem sie geendet hatte, fragte Becker: »Eins verstehe ich noch nicht ganz. Warum waren Sie überhaupt dabei? In ihrer Eigenschaft als Paul Herzogs Anwältin?«

»Ich bin nicht Pauls Anwältin. Wenn ich das wäre, dann würde ich Ihnen das alles gar nicht erzählen. Aber ich war ... bin mit Paul befreundet. Er kam oft zu mir, wenn er ein juristisches Problem hatte. Zum einen bekam er dabei seine Auskünfte umsonst, was er durchaus zu schätzen wusste, zum anderen schätzte er die Diskussionen mit mir. Er sagte immer, ich würde ihm helfen, die Dinge klarer zu sehen.«

Becker entging nicht, dass sie seine Frage nicht beantwortet hatte. »Und deshalb kam er auch einmal zu Ihnen, um mit Ihnen über eine mögliche Patientenverfügung zu sprechen?«

»Das wissen Sie also auch.« Es war eine Feststellung, keine Frage. »Er kam in der Tat vor einem halben Jahr zu mir, um mit mir darüber zu diskutieren. Und er sagte, dass er vorhabe, eine Patientenverfügung aufzusetzen. Aber ob er es getan hat ...«

»Sie haben also kein derartiges Dokument für ihn ausgearbeitet?«

»Nein. Ich habe ihm ein paar juristische Fragen zu dem Thema beantwortet, aber ich war nicht wirklich kompetent, ihm zu helfen. Ich bin Strafverteidigerin. Ich schlug ihm vor, die medizinischen Fragen mit seinem Hausarzt zu besprechen.«

»Hatte er denn einen besonderen Grund, warum er eine Patientenverfügung aufsetzen wollte? Eine Krankheit, die sich zu verschlechtern drohte?«

Sie schüttelte den Kopf. »Nein, Paul war kerngesund und fühlte sich pudelwohl. Aber er hatte Angst, das könnte sich ändern. Er hatte keine Angst vor dem Sterben, aber erhebliche Panik vor Krankheit, Behinderung, körperlichen Einschränkungen, langem Siechtum ...«

Becker trank noch ein Schluck von seinem Kaffee. Dann wiederholte er noch einmal die Frage: »Und warum waren Sie jetzt schließlich am Donnerstag, den 16. Juni, im Krankenhaus?«

Sie griff zu ihrem Löffel und begann, in ihrer Tasse zu rühren, obwohl sie keinen Zucker in den Kaffee gegeben hatte. »Mein Schwager hatte mich darum gebeten. Die Ärzte hatten ihn angerufen, als Pauls Zustand sich verschlechterte.

Holger kann das nur sehr schlecht ertragen. Ihm liegt wirklich daran, dass die Maschinen abgestellt werden. Und er dachte, ich könnte Christine vielleicht überzeugen, eben weil ich einmal mit Paul darüber gesprochen hatte. Doch sie lehnte ab.« Sie nahm den Kaffeelöffel aus der Tasse und betrachtete ihn sinnend. »Eigentlich seltsam, ich glaube nicht, dass sie noch Hoffnung hatte. Und sie war zwar katholisch, aber ich glaube auch nicht, dass das der Grund war, warum sie die Maschinen nicht abschalten wollte.«

Becker hatte sich auf dem Weg hierher seine eigenen Gedanken zu dem Thema gemacht. Er fragte: »Halten Sie es für möglich, dass Herr Herzog eine Patientenverfügung gemacht hat, die seine Frau jedoch vernichtet hat?«

»Damit sie die Maschinen nicht abstellen lassen muss? Mir kommt das sehr unwahrscheinlich vor.« Sie runzelte die Stirn und ließ den Kaffeelöffel zwischen Daumen, Zeigefinger und Mittelfinger kreisen. Als sie sah, dass er das Manöver beobachtete, hörte sie abrupt damit auf. »Schlechte Angewohnheit. Ich habe früher geraucht. Seit ich aufgehört habe, brauche ich immer etwas, damit meine Finger beschäftigt sind.«

Aber vermutlich nur, wenn Sie nervös sind, dachte Becker. Und warum war sie nervös? Er hatte keine Ahnung. Er wechselte das Thema. »Haben Herr Herzog oder seine Frau Sie je um Rat zu Themen der Reproduktionsmedizin gefragt?«

Sie sah ihn erstaunt an. »Zur Reproduktionsmedizin? Nein, wieso sollten sie?«

»Die beiden versuchten lange Zeit erfolglos, mit Hilfe künstlicher Befruchtung ein Kind zu bekommen. Wussten Sie das nicht?«

»Nein, obwohl ich es mir vermutlich hätte denken können.« Sie erklärte die Bemerkung nicht näher. »Aber wieso interessieren Sie sich dafür?«

»Frau Lenz wollte eine Leihmutter engagieren.« Becker

beobachtete die Anwältin genau, als er das sagte. Er war sicher, dass die Information ihr neu war.

»Und Sie glauben, dass dieser Plan etwas mit Christines Tod zu tun hat?«

»Man kann nie wissen«, erwiderte Becker kryptisch.

»Wohl wahr. Herr Oberkommissar, falls Sie keine Fragen mehr haben ...« Sie warf einen beredten Blick zu ihrem Schreibtisch hinüber. »Auf mich wartet noch jede Menge Arbeit.«

»Auf mich auch. Eine letzte Frage: Was haben Sie am Nachmittag und Abend des 17. Juni getan?«

*

Eva stand am Fenster und schaute Lutz Becker nach, der in diesem Moment das Haus verließ, in dem ihre Kanzlei lag. Sie folgte ihm mit den Augen, während er drei Stockwerke unter ihr zu einem silbernen BMW ging, der im Halteverbot parkte. Erst nachdem er eingestiegen und weggefahren war, wandte sie sich vom Fenster ab und ging zu ihrem Schreibtisch. Doch sie setzte sich nicht. Unangenehme Dinge erledigte sie lieber im Stehen.

Sie griff zum Telefonhörer und wählte die Nummer der Landauerschen Buchhandlung. Es war schon nach sechs, doch sie hoffte, dass Holger noch dort sein würde. Und dass er direkt ans Telefon gehen würde. Eva hatte immer Angst, eine seiner Mitarbeiterinnen könnte ihre Stimme erkennen. Doch sie hatte Pech. Es meldete sich eine junge Frauenstimme, die Eva völlig unbekannt war.

»Buchhandlung Landauer, Niedermayr, grüß Gott.«

»Guten Tag, mein Name ist Schmitt«, sagte Eva, »ich hätte gern Herrn Landauer gesprochen.«

Eine halbe Minute später hatte sie Holger am Apparat. »Holger, ich bin's. Gerade war die Polizei bei mir, ein Oberkommissar Becker.«

Einen Moment herrschte Schweigen. Dann: »Oh, das tut mir leid, ich hätte dich warnen sollen. Er war heute auch bei mir, um mich über den Streit mit Christine zu befragen. Irgendjemand scheint uns gesehen zu haben.«

Das hatte Eva befürchtet. »Weißt du, wer dieser Jemand ist?«

»Nein, aber ist das so wichtig?«

»Nun, falls der Jemand es Mona erzählt ... Ich nehme an, sie weiß nichts davon, dass ich mit dir im Krankenhaus war, oder?«

Sie konnte Holgers Erschrecken am anderen Ende der Leitung spüren, als stünde er direkt neben ihr. »Natürlich nicht. Oh Gott, meinst du, sie könnte es erfahren?«

»Die Polizei hat es schließlich auch herausgefunden. Vielleicht solltest du es ihr lieber sagen.«

»Auf gar keinen Fall, du weißt, wie sie reagieren würde.«

»Aber es wäre noch schlimmer, wenn sie es selbst herausfände. Sie würde es als doppelten Verrat empfinden, zu Recht.«

Doch Holger lehnte ab. »Auf gar keinen Fall«, wiederholte er. »Sie glaubt immer noch, dass du ...« Er brach ab und Eva fragte sich, ob die Frau, die zunächst ans Telefon gegangen war, noch in seiner Nähe war. »Na ja, du weißt, was sie glaubt.«

Eine Weile herrschte Schweigen, dann fragte Holger: »Wollte Becker sonst noch etwas von dir wissen?«

»Er wollte wissen, ob ich ein Alibi für Freitagabend habe.«

»Aber er kann doch nicht annehmen ...«

»Warum nicht? Die Polizei ist immer misstrauisch gegenüber Leuten, die sich kurz vor der Tat mit einem Mordopfer gestritten haben. Leider habe ich den ganzen Abend allein hier gearbeitet.«

»An einem Freitag?«

Er klang verblüfft. Eva konnte es nachvollziehen. Doch in letzter Zeit konnte sie sich nur selten aufraffen, etwas zu unternehmen. Und wenn sie arbeitete, musste sie wenigstens an nichts anderes denken.

»Und was ist mit dir?«, fragte sie.

»Kein Alibi. Aber sie werden doch wohl nicht glauben, dass ich Christine getötet habe, nur weil sie nicht zustimmen wollte, Pauls Maschinen abzustellen. Das wäre absurd.«

Das wäre es in der Tat, aber Eva hatte schon Leute verteidigt, die aus absurderen Motiven getötet hatten. »Sei trotzdem vorsichtig, ja?«

»Natürlich.« Eine Pause, dann: »Eva, es tut mir leid.«

»Ich weiß«, erwiderte sie. Und das stimmte, doch es tröstete sie nicht.

7

Als Becker aus München zur Kriminalpolizeiinspektion zurückkam, traf er seine Kollegen, Nobby Kurz und Anna Busch, die gerade das Gebäude verließen und mit Zigarettenschachteln und Feuerzeugen bewaffnet auf die sogenannte Raucherinsel zustrebten.

Hätte Becker seine neuen Kollegen anhand ihrer Eigenschaften in verschiedene Gruppen einsortiert, dann wären Anna und Nobby nur in einem gemeinsamen Topf gelandet – dem mit der Aufschrift *hochgradig nikotinsüchtig*. Ansonsten hatten sie nichts gemeinsam: Nobby war Mitte fünfzig und seit er Hauptkommissar geworden war, damit beschäftigt, auf seine Pensionierung zu warten. Anna war dreißig, Kommissarin und wild entschlossen, von der Karriereleiter erst abzuspringen, wenn sich der silberne Stern auf ihrer Schulterklappe in einen goldenen verwandelt hatte. Nobby war groß und kräftig, Anna klein und zierlich. Nobby war gutmütig, fast phlegmatisch, Anna misstrauisch, sarkastisch und scharfzüngig, wie ihre Kollegen an ihrem ersten Arbeitstag bereits feststellen durften.

Der Legende nach war Anna Busch aus dem Waschraum gekommen und im ansonsten leeren Flur Nobby und dem Pressesprecher begegnet. Letzterer hatte – nach einem Blick auf Annas zierliche Figur und ihre riesigen, braunen Rehaugen – gemurmelt: »Sieh mal, Nobby, da kommt Bambi.«

Die Polizistin hatte die Bemerkung gehört und ohne Abzustoppen im Vorbeigehen erwidert: »Bambi – ich sehe ja im Allgemeinen keine Kindervideos, aber wurde Bambi nicht am Ende des Films zum König des Waldes? Nun, besser ein Geweih auf dem Kopf als Hörner aufgesetzt zu bekommen, nicht wahr?«

Dann war sie verschwunden. Zurückgeblieben war ein Pressesprecher mit hochrotem Kopf. Am nächsten Tag machte das Gerücht die Runde, seine Frau, eine Krankenschwester, habe ihn zu Gunsten eines Krankenpflegers verlassen. Woher Anna das vor allen anderen Kollegen gewusst hatte, blieb ihr Geheimnis.

Becker mochte beide, Anna und Nobby, deshalb gesellte er sich zu ihnen an den Plastiktisch, den ein rauchender Philanthrop auf dem vertrockneten Rasenstück, das den Parkplatz von der Kriminalpolizeiinspektion trennte, aufgestellt hatte. Sich hier niederzulassen, hatte etwa so viel Charme wie ein Picknick auf einer Verkehrsinsel, dennoch waren die Plastikstühle unter dem uralten Sinalco-Schirm, der Sonne und Regen gleichermaßen abhielt, tagsüber genauso begehrt wie Tickets für die Wagner-Festspiele in Bayreuth. Doch jetzt war es nach sieben und so saßen die beiden allein hier.

Becker schnappte sich einen der wackeligen Plastikstühle und fragte seine Kollegen, wie es in München gewesen war.

Anna, die gerade im Begriff gewesen war, sich eine Lucky Strike anzuzünden, hielt inne. »Lutz, hat dir schon mal jemand erklärt, dass der Sinn einer Zigarettenpause nicht nur darin besteht zu rauchen, sondern auch darin, eine Pause zu machen?«

»Nein.«

»Das hatte ich befürchtet.« Anna zündete die Zigarette an, nahm einen tiefen Zug und begann, von ihren und Nobbys Aktivitäten in München zu erzählen. Die beiden hatten den ganzen Tag vergeblich versucht, weitere Zeugen aufzutreiben, die Christine Lenz in München gesehen hatten.

»Wir können also davon ausgehen, dass Christine an dem Freitagnachmittag in München war«, schloss Anna ihren Bericht. »Die Frage ist jetzt: Was hat sie nach den Gesprächen mit der Bischoff und dem Obdachlosen gemacht? Ist sie schnurstracks nach Ammerbach gefahren, wo sie dann ihrem Mörder in die Arme gelaufen ist? Oder ist sie noch in München geblieben?«

»Hatte sie dort Bekannte oder Freunde?«

»Laut ihrem Adressbuch nicht viele, aber die werde ich überprüfen. Nobby hat schon den ganzen Tag gejammert, dass er mal wieder den Nabel der Welt verlassen musste.« Anna schnitt eine Grimasse in Richtung Nobby.

Der grinste gutmütig. Er wohnte in Steinwurfweite der Kriminalpolizeiinspektion und es war allgemein bekannt, dass er alles, was außerhalb eines 10-Kilometer-Radius um sein Heim lag, für Ausland hielt. Ermittlungen im dreißig Kilometer entfernten München waren für ihn etwa so reizvoll wie ein Trip in die Wüste Gobi.

Becker überlegte. »Frau Bischoff hat gesagt, sie habe den Friedhof so gegen halb sieben verlassen. Angenommen, Christine Lenz hat dann nur noch ein paar Minuten auf der Bank gesessen und ist direkt nach der kurzen Begegnung mit Bodo Groß wieder mit der S-Bahn nach Hause gefahren: Wann wäre sie dann in Ammerbach angekommen?«

Anna deutete auf Nobby. »Frag ihn, er ist zuständig. Vorläufige Arbeitsteilung: Ich schaue mich in München um und Nobby versucht herauszufinden, wie Christine nach Ammerbach zurückkam.«

Nobby drückte seine Zigarette ordentlich auf einer mitgebrachten Untertasse aus und sagte: »Wir gehen fürs Erste davon aus, dass Christine Lenz mit der S-Bahn nach München und wieder zurück gefahren ist. Natürlich können wir nicht ausschließen, dass sie jemand im Auto mitgenommen hat, aber der Dobel grenzt direkt an die S-Bahn-Station und der Weg, auf dem wir ihre Blutspuren gefunden haben, ist der kürzeste Weg von der S-Bahn-Station zu ihrem Zuhause. Vermutlich hat Christine Lenz ihren Mörder in der S-Bahn, an der S-Bahn-Station oder auf dem Nachhauseweg getroffen. Was die Zeiten betrifft: Der Südfriedhof liegt in der Nähe der U-Bahn-Haltestelle Sendlinger Tor. Von dort ist es nur eine Station bis zum Marienplatz und von dort wiederum fahren alle zwanzig Minuten S-Bahnen nach Ammerbach. Christine Lenz hätte frühestens die S-Bahn um fünf vor sieben erwischen können. Die Fahrt dauert 35 Minuten.«

Das heißt, Christine Lenz war frühestens um halb acht in Ammerbach gewesen, überlegte Becker. Nun, die meisten Leute, mit denen er heute gesprochen hatte, hatten für diese Zeit kein Alibi.

»Und wie war es in Ammerbach?«, fragte Anna. »Hat die Landauer die Aussagen der Bischoff bestätigt?«

»Ja.« Becker erzählte von den Gesprächen, die er im Lauf des Tages geführt hatte. Als er von der Affäre zwischen Johanna und Paul Herzog berichtete, nahm Anna kurz ihre Lucky Strike aus dem Mund und pfiff durch die Zähne.

»Das heißt, die Bischoff und der Ehemann der Toten waren einmal ein Paar? Glaubst du ihr, dass sie Christine Lenz nicht gekannt hat?«

»Ich bin nicht sicher. Erst hatte ich Zweifel, aber mittlerweile halte ich es für möglich. Ich hatte den Eindruck, dass bei der Trennung viel Herzblut vergossen wurde – zumindest das der Bischoff.« Er dachte an Johannas empfindliche Reaktion. »Wenn die beiden einen echten Schlussstrich gezogen haben, wäre es möglich, dass die Bischoff nichts von ihrer Nachfolgerin wusste.«

Anna war skeptisch. »Wenn so viel Herzblut vergossen wurde, wäre es auch möglich, dass Johanna Christine aus Eifersucht getötet hat. Hat sich Herzog wegen Christine von Johanna getrennt?«

»Keine Ahnung. Aber ich glaube es eigentlich nicht. Johanna Bischoff ist attraktiv, intelligent, selbstbewusst. Nach allem, was wir bisher wissen, war Christine Lenz eher ....« Becker brach ab, als er Annas Gesichtsausdruck sah, aber zu spät.

»Ein Mauerblümchen?«, ergänzte sie sarkastisch. »Und du hältst es für ausgeschlossen, dass Herzog die scharfe Karrierefrau gegen die biedere Lehrerin eingetauscht hat?« Sie blies ihm Zigarettenrauch ins Gesicht. »Eine wirklich tiefgehende Analyse. Ich bin sicher, selbst Freud hätte nichts mehr hinzuzufügen. Hat Johanna Bischoff ein Alibi?«

»Nein. Sie war den ganzen Abend allein zu Hause.«

»Na«, erwiderte Anna spöttisch, »dafür, dass sie so attraktiv ist, scheint sie ja ein einsames Leben zu führen. Und du bist sicher, dass sie den Abend damit verbracht hat, über die wunderliche Begegnung mit Christine Lenz nachzudenken, und nicht damit, diese wunderliche Begegnung zu erfinden?«

»Du meinst die Geschichte, dass Christine Lenz sie gebeten hat, ihr Kind austragen? Frau Landauer hat sie bestätigt.«

Anna warf ihre Zigarette auf den Rasen und drückte sie mit der Sohle ihres rechten Turnschuhs aus. »Die Kindergartenfreundin. Kaum ein schlagender Beweis. Die Geschichte ist unmöglich.«

»Wieso?«, fragte Nobby. »Die beiden haben doch alles genau erklärt, die Geschichte mit den Embryos oder Kryozyten oder wie sie heißen ...«

Anna unterbrach ihn. »Ich rede nicht von der technischen Seite, sondern von der rechtlichen. Technisch ist alles möglich und in manchen Ländern sogar erlaubt. In den USA gibt es Babys mit fünf Elternteilen: einer biologischen Mutter, die die Eizelle gespendet hat, einem biologischen Vater, der den Samen gespendet hat, einer Leihmutter, die das Kind ausgetragen hat, und dann noch den sozialen Eltern, die das Kleine bestellt haben. Und wenn das Kind Pech hat, kriegt es auch noch Pflegeeltern – dann nämlich, wenn die geplanten sozialen Eltern das Kind nicht mehr wollen, wie es durchaus schon vorgekommen ist. Aber in Deutschland ist das meiste bis auf Samenspende und künstliche Befruchtung verboten. Christine Lenz kann nicht geglaubt haben, ein Arzt in Deutschland würde einen ihrer Embryos der Bischoff einsetzen. Der Mann würde sofort seine Approbation verlieren, abgesehen davon käme er vermutlich ins Gefängnis.«

Becker hatte über diesen Punkt auf dem Weg nach und von München intensiv nachgedacht und es schien ihm nur eine Antwort zu geben. »Vielleicht hatte sie ja gar nicht vor, einen deutschen Arzt um Hilfe zu bitten. Vielleicht wollte sie ihre Kryos mit in die USA nehmen oder nach England. Dort hätten sie Johanna Bischoff eingesetzt werden können.«

»Sagt die Bischoff das?«

»Nein, aber es erscheint plausibel.«

»Mir nicht. Warum hat die Lenz sich dann nicht gleich im Ausland eine Leihmutter gesucht? In Amerika kann man sie sogar bei Agenturen mieten.«

»Das kostet viel Geld. Christine Lenz hatte nur ihr Einkommen, der Laden und die Villa sind ziemlich überschuldet. Außerdem war die Zeit knapp. Die Kryos werden vernichtet, sobald Paul Herzog stirbt. Ich frage mich übrigens, ob das der Grund war, dass seine Frau so vehement dagegen war, die lebenserhaltenden Maschinen abstellen zu lassen.«

»Das wäre aber ganz schön zynisch«, murmelte Nobby, der seine Kollegen immer wieder dadurch überraschte, dass er sich nach dreißig Jahren bei der Kripo noch überraschen ließ.

»Nicht zynischer als einer anderen Frau das Risiko einer Schwangerschaft aufzubürden.« Anna zündete eine neue Zigarette an. »Falls Christine das wirklich vorhatte. Wir haben keinen Beweis, dass sie überhaupt versucht hat, mit Hilfe künstlicher Befruchtung ein Kind zu bekommen. Wo sind die Unterlagen dazu? Außerdem kosten künstliche Befruchtungen viel Geld, die Krankenkassen übernehmen das nur zum Teil, wenn überhaupt. Ich habe Christines Kontounterlagen gesehen. Sie hat nie größere Beträge an eine Arztpraxis überwiesen.«

»Vielleicht hat Herzog bezahlt. Sie hatten getrennte Konten und seine durften wir bisher nicht einsehen.«

»Vielleicht, vielleicht. Wir sollten zumindest versuchen, den Arzt zu finden, bei dem Christine Lenz war. Ich kann mich morgen darum kümmern, sobald die Praxen öffnen. Ich wende mich als erstes an die Frauenarztpraxis in Ammerbach. Falls Christine dort Patientin war, können sie mir bestimmt sagen, in welchem reproduktionsmedizinischen Zentrum sie sich behandeln ließ.«

»Gute Idee«, stimmte Becker zu. »Allerdings frage ich mich, warum Johanna Bischoff sich so eine Geschichte hätte ausdenken sollen? Warum hat sie nicht einfach behauptet, sie habe sich mit Christine Lenz nur über das Wetter unterhalten? Und warum ist sie überhaupt gekommen, um uns von ihrem Treffen mit Christine Lenz zu berichten, wenn sie doch nicht die Wahrheit über das Gespräch sagen wollte?«

Anna zuckte mit den Achseln. »Keine Ahnung. Aber ich bin überzeugt, dass sich ihr Beitrag zu diesem Fall nicht in dem Treffen mit Christine erschöpft. Und ihr solltet eins nicht vergessen: Wir gehen davon aus, dass Christine Lenz ihren Mörder – oder ihre Mörderin – zufällig an oder in der S-Bahn getroffen hat. Nun, das mag so gewesen sein, aber es könnte auch geplant gewesen sein. In dem Fall: Johanna Bischoff ist außer Bodo, dem Penner, bisher die Einzige, die überhaupt wusste, dass Christine Lenz an dem Nachmittag in München war.«

8

Johanna saß in einer alten Hollywoodschaukel, die in einem Winkel des großen Landauerschen Gartens vergessen vor sich hin rostete, und wiegte sich langsam vor und zurück. Hin und wieder nippte sie an einem Glas Weißwein, um ihre vom vielen Gute-Nacht-Geschichten-Vorlesen wunde Kehle zu kühlen.

»Was dagegen, wenn ich mich zu dir geselle?«

Johanna schaute auf. Wegen des Quietschens der Schaukel hatte sie Holger gar nicht kommen hören. »Natürlich nicht.«

Sie machte Anstalten, zur Seite zu rücken, doch Holger sagte: »Lass ruhig«, und ließ sich auf den Rasen plumpsen. »Mona behauptet, auf dem Boden zu sitzen, halte jung.«

»Ich wusste nicht, dass du dich schon alt fühlst.«

»Oh, zu alt, um Mona zu widersprechen.«

Er lächelte, dann schwiegen sie einvernehmlich. Holger streckte seine Beine aus und begann, an den überlangen Grashalmen zu zupfen. Johanna nippte an ihrem Wein und beobachtete ihn. Sie war gern mit Holger zusammen, dessen zurückhaltende Art normalerweise eine entspannende Wirkung auf sie ausübte. Doch heute schien er nervös zu sein.

»Wenn das deine Methode ist, den Rasen zu mähen, dann ist es kein Wunder, dass er so lang ist«, meinte sie schließlich.

Holger blickte auf die ausgerissenen Grashalme, die er unbewusst neben seinem Knie zu einem kleinen Haufen aufgeschichtet hatte. »Ich nenne es die Schafstrategie.«

»Heißt das, du wirst deine Ausbeute auch noch aufessen?«

»Warum nicht?« Er hielt einen Grashalm hoch, als dächte er tatsächlich darüber nach, ihn in den Mund zu stecken. Dann ließ er ihn fallen. »Mona sagt, du seist heute bei Paul gewesen.«

Johanna hörte auf zu schaukeln. »Es war schrecklich.«

Mehr sagte sie nicht. Sie wusste, dass es nicht nötig war. Die Freundschaft zwischen Holger und Paul war enger gewesen als jede andere Freundschaft, die Johanna kannte, abgesehen von der tiefen Bindung zwischen Mona und ihrer Schwester Eva. Aber Mona und Eva waren Zwillinge, während Holger und Paul sich erst vor etwa fünfzehn Jahren kennengelernt hatten, als Paul den Laden neben Holgers Buchhandlung übernommen hatte.

»Es ist immer wieder schrecklich«, sagte Holger langsam. »Ich fahre fast jeden Tag ins Krankenhaus und trotzdem kann ich mich nicht an Pauls Anblick gewöhnen.«

»Vielleicht, weil du es nicht willst?«

Holger fuhr mit der Hand nachdenklich durch den Grashaufen. »Ja vielleicht. Ich will ihn so in Erinnerung behalten, wie er war. Lebendig und voller Energie und Lebensfreude.« Plötzlich wirbelte er das Gras auf und lachte. »Mein Gott, weißt du noch, wie wir mal im Herbst einen Ausflug in die Berge gemacht haben und plötzlich vom Schnee überrascht wurden? Und wie Paul darauf bestand, auf Plastiktüten die Hänge hinunterzurutschen, weil das schneller ging?«

»Natürlich. Ich hatte tagelang Rückenschmerzen und die blauen Flecken waren zwei Wochen später noch zu sehen.«

»Mit mir wollte Paul am nächsten Tag unbedingt Squash spielen. Mein Gott, ich konnte mich kaum bewegen, doch Paul sprudelte fast über vor Energie.«

Holger lachte und Johanna stimmte mit ein. Ein paar Minuten lang tauschten sie Anekdoten aus.

»Ich vermisse ihn!«, seufzte Holger schließlich. »Ich kann mich einfach nicht daran gewöhnen, dass er nicht mehr da ist. Es gibt so viele Dinge, die ich mit ihm teilen möchte. Neulich erzählte mir ein Kunde von einem neuen Squash-Center und ich dachte sofort, das muss ich mit Paul ausprobieren. Wenn jemand einen Witz erzählt, denke ich, den muss ich mir merken, er wird Paul gefallen. Und wenn ich einen neuen Wein probiere, frage ich mich sofort, was Paul wohl dazu sagen wird. Aber dann fällt mir ein, dass ich nie wieder mit ihm Squash spielen werde, dass ich ihm nie wieder einen Witz erzählen werde und dass ich nie wieder mit ihm über Wein streiten werde, und ich habe das Gefühl, es zerreißt mich. Es ist jedes Mal wieder ein Schock. Es fühlt sich jedes Mal wieder genauso an wie in der Nacht, als das Telefon klingelte und Christine dran war und sagte ...« Er schluckte.

»Wie ist es eigentlich zu diesem Unfall gekommen? Mona hat nur erzählt, dass Paul gestürzt ist. War es in den Bergen?«

Der Gedanke war naheliegend. Paul war ein begeisterter Wanderer und Kletterer gewesen, aber oft leichtsinnig. Doch Holger schüttelte den Kopf.

»Nein, er ist eine Treppe hinuntergefallen.«

»Eine Treppe?«, fragte Johanna verdutzt. »Was für eine Treppe?«

»In seinem Laden. Du weißt schon, die steile Stiege, die vom Verkaufsraum zu dem winzigen Appartement im ersten Stock hochführt.« Die Trauer in Holgers Gesicht vertiefte sich. »Er war betrunken«, fügte er leise hinzu.

»Betrunken. Paul soll betrunken gewesen sein? Das glaube ich nicht.«

»Es ist leider wahr. Sie haben im Krankenhaus einen Blutalkoholtest gemacht. Er hatte fast zwei Promille im Blut.«

»Zwei Promille?«, wiederholte Johanna entsetzt. Sie überlegte, wie viel Paul getrunken haben musste, um auf einen derartigen Wert zu kommen. Zwei Flaschen Wein? Mehr? Sie versuchte, das, was sie geradezu gehört hatte, in Einklang zu bringen mit dem Bild, das sie von Paul hatte. Es gelang ihr nicht. »Das kann nicht sein, das glaube ich nicht«, wiederholte sie. »Paul hat immer gern getrunken, aber doch nie so viel. Ich habe ihn nie betrunken erlebt. Er hat immer gewusst, wo sein Limit war.«

»An dem Abend leider nicht. Er saß in seinem Büro und

machte seine Abrechnungen und trank dabei Whiskey. Die Polizei vermutet, dass er, als er nach Hause wollte, das Gleichgewicht verlor und die Treppe hinunterstürzte.«

»Vermutet? Soll das heißen, er war allein? Aber Holger, Paul hat nie allein getrunken, außer vielleicht mal ein Glas Rotwein.«

»Vielleicht hat er einfach so getrunken, um sich die Abrechnungen zu versüßen, was weiß ich.«

Holgers Stimme verriet, wie ungern er über das Thema sprach. Johanna musterte ihn forschend. Er sah traurig und müde aus, doch sie konnte das Thema nicht auf sich beruhen lassen. »Man betrinkt sich doch nicht bis zum Abwinken, wenn man seine Abrechnungen macht. Zwei Promille – das klingt eher nach einem Saufgelage. Hatte er Kummer?«

»Nein«, antwortete Holger schnell.

»Aber wieso trank er dann allein?«

»Was weiß ich. Müssen wir darüber reden, Johanna? Ich würde es am liebsten vergessen. Nicht, dass ich das jemals könnte ...«

Seine Stimme klang so gequält, dass Johanna sich seinem Wunsch nach einem Themenwechsel fügte. Doch als Mona wenige Minuten später ihren Mann von der Terrasse aus ans Telefon rief, folgte Johanna ihm nicht ins Haus. Stattdessen saß sie noch lange draußen, wiegte sich in der Hollywoodschaukel vor und zurück und dachte nach.

Mittwoch, 29. Juni

1

Es war eine Trauerfeier, doch niemand schien zu trauern.

Johanna saß mit Mona im mittleren Teil der Kirche und fror in der dünnen schwarzen Bluse, die sie sich von ihrer Freundin geliehen hatte. Warum war es in Kirchen eigentlich immer so kalt und ungemütlich?, fragte sie sich. Hieß es nicht, dass Messen gefeiert würden? Wie sollte aber Feierstimmung aufkommen, wenn man zittern musste, um sich warm zu halten, und wenn einem harte Holzbänke abwechselnd in den Rücken oder gegen die Knie drückten? Aber vermutlich war gerade das die Absicht: Die Gläubigen sollten es nicht zu bequem haben, um daran erinnert zu werden, dass der Glaube – zumindest der katholische, dem Christine Lenz angehört hatte – eine ernste Sache war.

Der Pfarrer, ein spindeldürrer, älterer Herr mit einem immer noch wundervoll kräftigen Bariton, war dabei, Christines Leben zu würdigen, doch sein Vortrag wurde gestört durch das laute Knarzen des Kirchenportals und dann durch das helle Klicken von Pumps auf den schwarz-weißen Steinfliesen. Johanna widerstand der Versuchung, sich umzudrehen, doch einen Augenblick später spürte sie eine Bewegung neben sich, der Weihrauchduft vermischte sich mit einem süßlichen Parfum und der verspätete Trauergast setzte sich zu ihr. Aus den Augenwinkeln sah sie platinblonde, strubbelige Haare.

Sie konzentrierte sich wieder auf den Pfarrer, der jetzt bei Christines Kinderlosigkeit angekommen war. Sie fand das taktlos und sah, dass auch Mona eine kleine Grimasse schnitt. Doch die Stimme des Pfarrers dröhnte weiter und berichtete, wie sehr Christine sich ein Kind gewünscht hatte und wie tapfer sie ihre Kinderlosigkeit ertragen hatte. Johanna fragte sich, ob der Mann sich da etwas zusammenreimte oder ob Christine wirklich bei ihm Trost gesucht hatte. Aber dann hatte sie ihm anscheinend nur von ihrem Kinderwunsch erzählt, nicht jedoch von ihren verzweifelten Versuchen, mit künstlicher Befruchtung und all den anderen Maßnahmen, die die moderne Medizin anbot und die die katholische Kirche allesamt verdammte, schwanger zu werden. Christine hatte dem Pfarrer offensichtlich nicht geglaubt, wenn er ihr erzählt hatte, dass ihre Kinderlosigkeit eine Prüfung Gottes war, sondern hatte alles versucht, Gottes Willen zu brechen.

Johanna hörte nicht mehr zu. Ein leises Schluchzen lenkte sie ab. Es kam von der Frau neben ihr und erst jetzt merkte Johanna, dass die Frau weinte. Sie schluckte und schniefte und schnäuzte sich und versuchte sichtlich, laute Geräusche zu vermeiden, während die Tränen über ihre Wangen strömten. Und mit einem Mal spürte Johanna ebenfalls, wie die Traurigkeit in Wellen über sie hinwegschwappte und ihr die Kehle zuschnürte. Sie atmete tief ein und wieder aus, doch sie konnte nicht verhindern, dass ihr ebenfalls Tränen in die Augen traten und langsam über ihre Wangen kullerten. Tränen wegen Christine, die in den letzten Stunden vor ihrem Tod so unglücklich gewesen war und der sie ihre Hilfe verweigert hatte. Tränen wegen Pauls Unfall, der der Welt einen wundervollen Mann genommen hatte, auch wenn der Pfarrer ihn lediglich als weitere Prüfung Gottes für Christine zu betrachten schien. Tränen wegen all der verpassten Gelegenheiten. Und schließlich besonders bittere Tränen, weil sie nicht mehr die Gelegenheit bekommen hatte, Pauls letzten Brief zu beantworten.

*

Eine Stunde später hatte Johanna sich wieder gefangen. Sie stand etwas abseits auf dem Friedhof, auf dem es im Gegensatz zum Kircheninneren zu heiß war, und beobachtete die Trauergemeinde, die jetzt, nachdem Christine ihre letzte Ruhestätte eingenommen hatte, jeden Anschein von Trauer abgelegt hatte.

Es waren viele Leute hier, aber Johanna vermutete, dass dies der Sensation geschuldet war, heute ein Mordopfer zu begraben. Mona hatte ihr erzählt, dass an Christines Gymnasium zwei Stunden frei gegeben worden waren, um Kollegen und Schülern die Gelegenheit zu geben, sich von ihr zu verabschieden. Außerdem wimmelte es von neugierigen Ammerbachern und in einiger Entfernung vom Grab hatten sich ein paar Reporter der Lokalpresse aufgebaut. Nachdem sie das Begräbnis durch ihre Teleobjektive verfolgt hatten, stürzten sie sich jetzt auf die ersten Trauergäste, die den Friedhof verließen. Eine der Ersten, die von ihnen angesprochen wurde, war eine Frau in einem dunkelgrauen Kostüm, die die Presseleute jedoch schnell und geschickt abzufertigen schien, denn sie ließen sofort von ihr ab und die Frau konnte unbehelligt durch das Friedhofstor schreiten. Als sie sich nach links wandte, sah Johanna für einen Moment ihr Profil: Es war Eva, Monas Zwillingsschwester.

Johanna war überrascht. Sie hatte Mona morgens gefragt, ob sie Eva bei der Beerdigung treffen würden, doch Mona hatte erklärt, ihre Schwester habe keine Zeit. Johanna eilte zum Ausgang, wurde jedoch ebenfalls von den Presseleuten aufgehalten. Als sie endlich durch das Friedhofstor trat, war Eva verschwunden. Johanna und Mona waren zu Fuß gekommen, doch auf dem Weg hierher hatte Johanna ein Stück weiter die Straße hinauf einen Parkplatz bemerkt. Sie vermutete, dass Eva dort ihren Wagen abgestellt hatte, deshalb ging sie dorthin. Doch bevor sie den Parkplatz erreichte, kam Evas schwarzes BMW-Cabrio aus der Ausfahrt gefahren und fuhr in die entgegengesetzte Richtung davon.

Johanna winkte, doch offenbar bemerkte Eva sie nicht. Langsam kehrte Johanna auf den Friedhof zurück, wo sie Holger traf.

Monas Mann trug einen neuen schwarzen Anzug, schien sich jedoch nicht wohl darin zu führen. »Das hätten wir geschafft«, sagte er leise. »Schrecklich, jemanden beerdigen zu müssen, ohne dass nahe Angehörige dabei sind. Eigentlich hatte Michael kommen wollen, aber ...«

»Eva war da«, unterbrach ihn Johanna und erzählte, was sie gesehen hatte. »Seltsam, dass sie nicht wenigstens kurz Hallo gesagt hat.«

»Oh, das hat sie. Ich habe sie kurz gesprochen. Sie lässt dich grüßen. Aber sie hat es kaum geschafft, sich Zeit zwischen zwei Terminen freizuschaufeln, und muss sofort zurück.«

»Ach so.«

Johanna fragte sich, wann Holger mit Eva gesprochen haben mochte. Doch in diesem Moment kam die platinblonde Frau auf sie zu, die in der Kirche neben ihr gesessen hatte. »Herr Landauer«, begann sie zaghaft. »Erinnern Sie sich an mich? Mein Name ist Rupp, Christine hat uns einmal einander vorgestellt ... in Ihrem Buchladen ...«

Holger, der erst ratlos geschaut hatte, lächelte. »Natürlich, Tanja, nicht wahr?« Er umschloss die ausgestreckte Rechte mit beiden Händen und schüttelte sie fest. »Es tut mir so leid, Sie waren sehr gut mit Christine befreundet, nicht wahr?«

Tanja Rupp nickte mit Tränen in den Augen. Holger machte sie mit Johanna bekannt. Frau Rupp ergriff ihre Hand und hielt sie fest. »Ich freue mich, Sie kennenzulernen. Wir haben in der Kirche nebeneinander gesessen, erinnern Sie sich? Ich bin leider zu spät gekommen. Mein Auto sprang nicht an und der Bus ... Sie haben auch geweint. Ich bin so froh, dass ich nicht die Einzige bin, die um Christine trauert. Kannten Sie sie gut?«

»Oh ...« Johanna wusste nicht, was sie sagen sollte, doch glücklicherweise wurde sie einer Antwort enthoben, da in diesem Moment Mona mit einer großen Frau im Schlepptau auftauchte. Es war die Frau, die am Vortag geklingelt hatte.

»Johanna«, sagte Mona, »ich möchte dich mit meiner Freundin Euphemia Frisse bekannt machen.« Dann erst bemerkte sie Frau Rupp. »Ach, hallo Tanja ...«

Weiter kam sie nicht, denn Tanja Rupp unterbrach sie. Sie war bei der Nennung von Euphemia Frisses Namen sichtlich zusammengezuckt. »Sie sind Euphemia Frisse?« Es klang ungläubig und sie wiederholte es noch einmal: »Sie sind Euphemia Frisse?«

»Ja«, erwiderte die Frau an Monas Seite überrascht. »Mit wem ...?«

Doch Frau Rupp ließ sie nicht zu Ende sprechen, stattdessen fauchte sie: »Sie sind Euphemia Frisse und Sie trauen sich hierherzukommen? Sie Heuchlerin!«

Für einen Moment herrschte geschockte Stille, dann sagte Frau Frisse: »Ich verstehe nicht ...«

»Sie verstehen nicht? Dann sind Sie nicht nur eine Heuchlerin, sondern auch eine Lügnerin! Sie haben Christine das Leben zur Hölle gemacht! Sie haben sie verfolgt und gedemütigt und bei jeder Gelegenheit versucht, sie fertigzumachen. Sie haben sie immer nur gequält, noch an ihrem letzten Tag haben sie Christine gequält, und jetzt besitzen Sie die Frechheit ...« Tanja Rupp kreischte und ihre Stimme schraubte sich höher und höher. »Und jetzt kommen Sie hierher und tun, als ob ... als ob ...« Ihre Stimme kippte, doch dann fing sie sich wieder. »Schämen Sie sich denn nicht? Was wollen Sie noch hier? Christine ist tot, genügt Ihnen das nicht? Sind Sie gekommen, um sich an ihrem Tod zu ergötzen?«

Das letzte Wort schrie sie regelrecht und Johanna bezweifelte, dass es irgendjemanden auf dem Friedhof gab, der es nicht gehört hatte. Für einen Moment schien alles Leben hier den Atem anzuhalten.

Mona fasste sich als erste. Sie nahm Tanja Rupp sanft am Arm. »Tanja, beruhige dich doch ...«

Doch diese riss sofort ihren Arm hoch und schüttelte die Hand ab. »Ich werde mich nicht beruhigen, Mona!«, kreischte sie. »Und du solltest dich auch schämen. Christine dachte, du wärst ihre Freundin, doch jetzt verbündest du dich mit ihrer schlimmsten Feindin ...«

Der Rest des Satzes ging in einer Art hysterischen Schluckauf unter, dann drehte die Frau sich um und stürzte davon, wobei sie gegen Holger prallte. Einen Augenblick sah es so aus, als würden die beiden zu Boden gehen, doch Holger fing sich im letzten Moment und hinderte auch Tanja Rupp daran zu stürzen. Diese rannte davon. Zurück blieb eine konsternierte Stille.

»Oh Mist«, sagte Mona schließlich.

»Mona, könntest du mir vielleicht erklären ...«, fragte Frau Frisse.

Mehr hörte Johanna nicht. Sie drehte sich um und folgte Tanja Rupp.

2

Lutz Becker war ebenfalls auf Christine Lenz' Beerdigung gewesen und als er zur Kriminalpolizeiinspektion zurückkam, war er tief in Gedanken. Er hatte die Auseinandersetzung zwischen Tanja Rupp und Euphemia Frisse interessiert verfolgt, aber noch interessanter war ihm eine andere Beobachtung erschienen, und jetzt fragte er sich, was er mit dieser Information anfangen sollte.

Sollte er Hauptkommissar Grabmeier erzählen, dass er Mona Landauer im vertrauten Gespräch mit Euphemia Frisse gesehen hatte? Und wenn er es ihm erzählte – denn natürlich hatte er in diesem Punkt keine Wahl – sollte er es sofort tun oder später? Bei jedem anderen Vorgesetzten hätte Becker nicht gezögert, die Information weiterzugeben, – nicht, weil er sie für relevant hielt, sondern weil sie es möglicherweise war. Er selbst war in diesem Punkt unschlüssig. Einerseits war Ammerbach klein genug, dass die meisten Menschen einander zumindest vom Sehen kennen sollten, andererseits war der Umgang der beiden Frauen miteinander recht vertraut gewesen, was Becker angesichts ihrer Verschiedenheit überraschte.

Doch wie immer das Verhältnis zwischen den beiden Frauen genau war, Becker fürchtete, dass Grabmeier es falsch interpretieren könnte. Der Hauptkommissar hatte behauptet, Johanna Bischoff habe mit ihrer Aussage Dr. Frisse entlasten wollen, und hatte ihn, Becker, aufgefordert, nach einer Verbindung zwischen den beiden Frauen zu suchen, die er verdächtigte, ein Komplott geschmiedet zu haben. Nun, Mona Landauer konnte man durchaus als Verbindung betrachten. Was, wenn Grabmeier diese Verbindung zum Anlass nehmen würde, sich wieder auf die Theologin zu stürzen? Wenn er – die Aussage des Obdachlosen ignorierend – behaupten würde, es gebe ein Komplott nicht nur zwischen zwei Frauen, sondern zwischen dreien?

Becker traute Hans Grabmeier dies durchaus zu und da er nicht die geringste Lust hatte, den Steigbügelhalter für einen weiteren Ritt in die Irre zu spielen, zögerte er. Vielleicht sollte er warten, bis sie eine weitere Bestätigung dafür hatten, dass Johanna Bischoff die Wahrheit gesagt hatte?

In diesem Moment kam Anna Busch auf ihn zu. Zu den vielen Talenten der Kommissarin gehörte offensichtlich auch, dass sie Gedanken lesen konnte, denn sie sagte: »Hallo Lutz, da bist du ja. Ich dachte schon, du hättest dich auch beerdigen lassen. Es gibt Neuigkeiten. Es scheint, als sei dein Vertrauen in Frau Bischoff wenigstens in einem Punkt gerechtfertigt gewesen: Christine Lenz war tatsächlich bei einem Reproduktionsmediziner in Behandlung. Also, auf geht's, sattle die Pferde. Der Chef meint, du sollst mich nach München begleiten, weil du seit Tagen ohnehin nichts anderes machst, als mit Frauen vertraulich über ihre Fortpflanzung zu schwatzen.«

*

Kurz darauf fuhren sie in einem Dienstwagen nach München zu einem gewissen Dr. Felix Ferdinand Koch, seines Zeichens Gynäkologe mit Spezialgebiet Gynäkologische Endokrinologie und Reproduktionsmedizin.

»Es war so einfach, wie ich gedacht hatte«, erzählte Anna vom Beifahrersitz aus. »Christine Lenz war jahrelang Patientin bei Dr. Hauser, das ist der einzige Frauenarzt in Ammerbach. Vor gut zwei Jahren – das muss etwa ein halbes Jahr nach ihrer Hochzeit gewesen sein – kam sie zu ihm, weil sie nicht schwanger wurde. Er fand das nicht weiter erstaunlich, schließlich war sie schon achtunddreißig und in dem Alter dauert es natürlich etwas länger. Doch da sie drängte, untersuchte er sie gründlich und verwies sie schließlich an einen Spezialisten nach München, Dr. Koch.«

»Hattest du keine Probleme, die Informationen zu bekommen? Kein Verweis auf die Vertraulichkeit von Arzt-Patienten-Verhältnissen?«

Anna grinste, wie Becker aus dem rechten Augenwinkel bemerkte. »Zunächst schon, aber ich habe ihn gefragt, wie es seine Ammerbacher Patientinnen wohl sehen würden, sollte bekannt werden, dass er sich bei der Aufklärung dieses Mordes quergestellt hat. Danach war er wirklich sehr entgegenkommend.«

»Na, dann solltest du dir schon mal ein geeignetes Druckmittel für Dr. Koch ausdenken. Ich glaube kaum, dass ihn die Ammerbacher Patientinnen interessieren«, sagte Becker trocken.

»Meinst du? Da wäre ich mir nicht so sicher. Wenn Dr. Hauser Christine Lenz zu ihm geschickt hat, dann schickt er wahrscheinlich auch seine anderen Sterilitätspatientinnen zu ihm.«

»Na, so viele werden das wohl nicht sein.«

»Du würdest dich wundern. Experten schätzen, dass jedes siebte Paar in Deutschland auf Hilfe bei der Kinderzeugung angewiesen ist.«

»Tatsächlich?« Die Zahl erschien Becker erstaunlich hoch. Noch erstaunlicher schien ihm, dass Anna sie kannte. Oder auch doch wieder nicht. Es gab wenige Gebiete, in denen die Kommissarin sich nicht auskannte. Das war einer der Gründe, warum sie eine so gute Polizistin war. Becker hatte mal gehört, wie Grabmeier zum Kommissariatsleiter sagte, dass Anna es weit bringen würde, solange sie nur auf das Karrierehindernis Nummer Eins verzichtete.

»Ich hoffe, du achtest noch auf den Verkehr«, sagte Anna. »Du siehst aus, als wärst du mit deinen Gedanken weit weg.«

»Ich habe mich nur gerade gefragt, ob du Kinder möchtest?«

»Ist das ein Antrag?«

»Nur eine Frage, die sich angesichts dieses Falls

aufdrängt.«

Anna lachte. »Da hast du recht. Die Antwort ist ein lautes Nein! Ich hasse die kleinen Biester. Sie sind laut, nervig, ungezogen und ungebildet. Sie haben ständig Kacke am Hintern oder Rotz an der Nase. Was ist mit dir?«

Für einen Moment antwortete Becker nicht. Er überlegte, ob er je eine Frau getroffen hatte, die so offen zugab, Kinder nicht zu mögen. Ihm fiel keine ein, was vermutlich daran lag, dass es ein gesellschaftliches Tabu war. »Ich mag Kinder. Aber ich möchte keine.«

»Ist das nicht reichlich inkonsequent?«

»Wieso? Ich mag auch Hunde, Katzen und Kälbchen, ohne dass ich sie deshalb halten möchte.«

»Wohl wahr.«

Sie erreichten München. Anna kramte einen Stadtplan hervor und gab Anweisungen. »Es ist gar nicht so weit vom Alten Südfriedhof entfernt«, sagte sie schließlich. »Da vorn.«

Becker parkte den Wagen vor einem Schild mit der Aufschrift *Privatparkplatz – nur für Patienten der Praxis Dres. Kuhn, Kühner, Koch*. Sie stiegen aus und gingen über die Straße zu der Praxis, die nur durch ein diskretes Messingschild ausgewiesen wurde.

Becker sagte: »Wenn du Kinder nicht magst, dann muss dir der Mann, den wir gleich treffen werden, ja äußerst unsympathisch sein. Schließlich sorgt er regelmäßig für Nachschub.«

»Er sorgt vermutlich vor allem für viele verzweifelte Paare, denen er erst himmelhohe Hoffnungen macht, um sie dann, nachdem er jahrelang horrende Honorare eingestrichen hat, mit ihrem gescheiterten Kinderwunsch allein zu lassen.«

In diesem Moment öffnete sich die Tür der Praxis und ein glücklich strahlendes Paar trat heraus.

»Ich wusste, Dr. Koch findet einen Weg«, sagte der Mann. Er klang enthusiastisch. »Ich bin sicher, wir werden in London Erfolg haben.«

»Oh ja«, hauchte seine Frau. »Und zu wissen, dass er selbst einige Jahre dort praktiziert hat ...«

Den Rest verstand Becker nicht, denn er und Anna hatten die Gelegenheit genutzt, die Praxis selbst zu betreten und nun fiel die Tür hinter ihnen ins Schloss.

»Was habe ich dir gesagt? Horrende Honorare«, murmelte Anna halblaut.

Becker sah sich um und musste seiner Kollegin recht geben. Die Rezeption der Kinderwunschpraxis war riesig, ganz in warmen Pastelltönen gehalten und geschmackvoll eingerichtet. Von der Eingangstür waren es mindestens fünf Meter bis zu einem marmornen Tresen, hinter dem drei ausgesprochen hübsche, sorgfältig gestylte Empfangsdamen standen. Eine von ihnen, eine viel zu dünne Schwarzhaarige in leuchtend weißem Kittel, wandte sich ihnen zu.

»Was kann ich für Sie tun?« Sie lächelte sie mit den ebenmäßigsten Zähnen an, die Becker je außerhalb eines Hollywoodfilms gesehen hatte. Er schätzte sie auf Anfang zwanzig.

»Wir würden gern mit Dr. Koch sprechen«, erwiderte Anna und zückte ihren Dienstausweis. »Kriminalpolizei. Es geht um den Mord an Christine Lenz.«

Der Mund klappte zu, das Lächeln verschwand und im nächsten Moment sank die Rezeptionistin in die Arme ihrer neben ihr stehenden Kollegin.

*

»Ich glaube Ihnen kein Wort«, sagte Anna ein paar Minuten später mit deutlicher Ungeduld in ihrer Stimme.

Becker betrachtete seine Kollegin mit gewisser Genugtuung. Es war doch gut zu wissen, dass auch die Königin des Waldes Schwächen hat.

»Junge Frauen fallen heutzutage nicht einfach in Ohnmacht, nur weil in ihrer Gegenwart das Wort Mord erwähnt wird. Sie sagten schließlich, Sie hätten Christine Lenz kaum gekannt.«

Lena Suboric, die Auslöserin von Annas Ungeduld, nagte an einer Strähne, die es trotz Haarspray geschafft hatte, sich aus ihrer strengen Hochsteckfrisur zu lösen. Sie schwieg.

»Zum fünften Mal: Wieso sind Sie in Ohnmacht gefallen?«

»Ebenfalls zum fünften Mal: Weil mich die Nachricht von Christine Lenz' Tod erschreckt hat.« Dem Mädchen schien plötzlich der Gedanke zu kommen, dass es eine gute Idee wäre, die Schlacht auf das Gebiet ihrer Gegnerin zu tragen, denn sie fügte hinzu: »Sie hätten es mir schonender beibringen müssen.«

Anna sah aus, als wollte sie explodieren, doch bevor es so weit kommen konnte, beugte Becker sich vor und sagte: »Es kann Sie nicht erschreckt haben, weil Sie es schon wussten. Das Fahndungsplakat der Polizei steckt in Ihrer Tasche.«

Die Wirkung seiner Worte war enorm. Die Rezeptionistin erbleichte unter ihrem Make-up und drückte eine Hand auf ihre Leistengegend, wo tatsächlich eine Ecke Papier aus ihrer Kitteltasche ragte. Anna starrte wie hypnotisiert auf ebendiese Hand und unter diesem Blick zog Lena Suboric das Fahndungsplakat hervor. Und schließlich rückte sie mit ihrer Geschichte heraus.

Lena Suboric hatte die Anzeige morgens auf ihrem Weg zur Arbeit entdeckt und die Nachricht hatte sie in der Tat schockiert – an dieser Stelle warf sie Anna einen trotzigen Blick zu. Sie hatte den Zettel abgerissen, um ihn ihren Kolleginnen zu zeigen und danach die Polizei anzurufen, doch in dem Moment war Dr. Koch hinzugekommen und hatte es ihr verboten.

»Und warum wollten Sie uns anrufen?«, fragte Becker.

»Weil sie hier war.«

Jetzt war Becker verblüfft. »Christine Lenz war hier? Am

Freitag, den 17. Juni? Wann? Was wollte sie?«

»Es war um sieben und sie wollte zu Dr. Koch.«

Es dauerte eine Weile, bis sie ihr die komplette Geschichte entlockt hatten, denn Lena Suboric sagte von sich aus kaum etwas und beantwortete nur die Fragen. Christine Lenz war am Freitag gegen sieben Uhr abends überraschend in der Praxis erschienen und hatte an der Rezeption verlangt, Dr. Koch zu sehen.

»Sie sagte, es sei dringend«, erklärte Frau Suboric. »Sie hatte geweint, das konnte man sehen. Und sie wirkte ziemlich, nun ja, hysterisch.«

Und Christine Lenz war noch hysterischer geworden, als Frau Suboric ihr erklärte, dass Dr. Koch wenige Minuten zuvor gegangen sei. Und noch hysterischer, als die Rezeptionistin sich weigerte, Kochs Privatadresse herauszugeben. Die Situation wurde erst entspannt, als eine zweite Rezeptionistin hinzukam. Diese erklärte Christine Lenz, dass Dr. Koch an dem Abend nicht zu sprechen sei, da er bei der Vereinigung der Münchner Reproduktionsmediziner einen Vortrag halte. Aber sie würde ihn anrufen und ihn bitten, sich am nächsten Tag bei Christine Lenz zu melden.

»Und was geschah dann?«, fragte Becker.

»Nun, Frau Lenz sah endlich ein, dass wir nicht mehr für sie tun konnten. Sie ging.«

»Und Sie haben diese verzweifelte Frau einfach so gehen lassen!«, fragte Anna. »Warum haben Sie ihr nicht angeboten, sie nach Hause zu bringen?«

Lena Suboric warf ihr einen giftigen Blick zu. »Wir mussten doch noch aufräumen. Und außerdem war ich verabredet und sie wohnte irgendwo draußen auf dem Land.«

Sie war offensichtlich nicht bereit, ihre schmalen Schultern mit Schuldgefühlen zu belasten. Und warum auch, fragte sich Becker, sie hatte schließlich nicht wissen können, dass irgendwo auf Christine Lenz' Heimweg ein Mörder lauerte. Doch bei der Vorstellung, wie verzweifelt die Frau in den

Stunden vor ihrem Tod nach Hilfe gesucht hatte, verspürte Becker einen Anflug von Traurigkeit. Entschlossen schüttelte er ihn ab und sagte: »Und jetzt wüsste ich gern, wie es kam, dass Dr. Koch Ihnen verbot, uns anzurufen.«

*

Johanna fand Mona in deren Atelier. Sie stand mit einem feinen Pinsel in der Hand vor einer Staffelei, ganz in den Anblick ihres aktuellen Werkes versunken. Als Johanna hereinkam, blickte sie auf.

»Da bist du ja. Wo hast du gesteckt?«

Johanna trat neben Mona und warf einen Blick auf das halb fertige Porträt. Jan schaute sie verträumt an. »Ich habe meinen Wagen geholt und Tanja Rupp nach Hause gefahren.«

»Oh gut. Ich dachte schon, jemand sollte sich um sie kümmern, aber meine Gesellschaft war ihr offensichtlich nicht recht. Ganz zu schweigen von Mias. Wie geht es ihr jetzt?«

»Nicht allzu gut. Sie ist todunglücklich wegen Christines Tod und hat niemanden, mit dem sie diese Trauer teilen kann.«

Johanna hatte Tanja Rupp deswegen nicht nur nach Hause gefahren, sondern sie auch hineinbegleitet. Über eine halbe Stunde hatte sie mit Christines bester Freundin zusammengesessen, die ihr ihr Herz ausgeschüttet und ihrer Verbitterung gegenüber Euphemia Frisse freien Lauf gelassen hatte. Was sie dabei erfahren hatte, hatte Johanna ausgesprochen nachdenklich gestimmt.

»Hm, arme Frau«, murmelte Mona. Doch es klang abwesend. Ihre Augen klebten an dem Porträt und sie lächelte es an, als stünde ihr ältester Sohn leibhaftig vor ihr.

»Wie gut kennst du eigentlich Frau Frisse?«, fragte Johanna neugierig.

»Mia? Wir sind seit Jahren befreundet. Wieso?«

»Stimmt es, dass sie eine bekannte Abtreibungsgegnerin ist?«

»Ja, das stimmt. Und eine Gegnerin von Scheidungen, vorehelichem Sex und ein paar anderen Dingen – wie du vermutlich wüsstest, wenn du dich öfter in Bayern herumtreiben würdest, statt ständig durch die Welt zu gondeln. Sie ist eine bekannte katholische Theologin. Unsere Dorfberühmtheit.«

Mona wandte sich von der Staffelei ab. Sie stellte den Pinsel in eine Dose und griff mit beiden Händen unter ihren Bauch, als wollte sie ihn anheben. »Puh, langsam werden mir die beiden zu schwer«, stöhnte sie. Dann ging sie über die ausgetretenen und mit Farbe bekleckerten Holzdielen zu einem alten Schreibpult, das mit Papieren, Stiften und Büchern übersät in einer Ecke stand, und setzte sich auf den Schreibtischstuhl.

Johanna nahm sich einen Holzhocker, die einzige andere Sitzgelegenheit. Der Anblick der Bücher erinnerte sie an etwas. »Ist Frau Frisse die Autorin des Buches auf meinem Nachttisch? Wie heißt es noch gleich? ›Warten auf die wahre Liebe‹?«

»Ach, da ist es hingekommen. Hast du mal reingeguckt?«

»Nein danke, der Klappentext hat mir gereicht. Ich hatte mich schon gefragt, warum du mir eine Abhandlung über die Gefahren des vorehelichen Verkehrs hingelegt hast. Oder soll ich dieses Werk als Anspielung auf meinen liederlichen Lebenswandel sehen?«

Mona lachte. »Ich wusste gar nicht, dass du Zeit für einen liederlichen Lebenswandel hast. Oder verheimlichst du mir den ein oder anderen One-Night-Stand?«

Johanna schüttelte den Kopf. In den letzten Jahren hätte sie vermutlich noch nicht einmal Zeit für einen One-Hour-Stand gehabt. Wie hatte sie sich nur so von *S&W Consult* vereinnahmen lassen können? »Hast du es gelesen?«

»Natürlich. Es ist tatsächlich sehr gut geschrieben, wenn

man mal davon absieht, dass es auf lauter falschen Hypothesen basiert wie zum Beispiel, dass Lust ohne Last verwerflich ist oder dass alle Menschen verantwortungslos und unzurechnungsfähig sind, wenn es um Sex geht. Wirklich, die katholische Kirche scheint eine erstaunlich schlechte Meinung von ihren Schäfchen zu haben. Aber Mias Bücher gehen weg wie warme Semmeln.«

»Bücher? Soll das heißen, sie hat noch mehr geschrieben?«
Mona lachte wieder. »Guck nicht so geschockt. Die Antwort ist Ja. Mehrere Bücher, bei denen es um die Rückkehr zu einer strikteren Sexualmoral geht, einen christlichen Erziehungsratgeber und ein paar andere. Der Erziehungsratgeber ist übrigens hervorragend. Mia kann sehr gut mit Kindern umgehen. Aber ich wundere mich wirklich, dass du noch nichts von ihr gehört hast. Sie war schon mehrfach im Fernsehen, bei Diskussionsrunden, bei denen es um familienpolitische Themen ging, um die katholische Fahne hochzuhalten. Sie ist rhetorisch brillant. So brillant, dass die katholische Kirche im Begriff ist, sie mit einer Professur zu belohnen. Gerüchteweise soll sie einen Ruf auf einen Lehrstuhl bekommen.«

Monas Stimme klang so bewundernd, dass Johanna spottete: »Spricht da dieselbe Frau, die nach dem Abitur nichts Dringenderes zu tun hatte, als ihren – dann ja zum Glück ehemaligen – Sportlehrer zu verführen?«

»Hey, ich habe nicht gesagt, dass ich mit Mia in allen Punkten übereinstimme. Aber ich bewundere sie dafür, wie sie sich für ihre Ideale einsetzt. Und sie ist ganz unglaublich ordentlich«, fügte Mona plötzlich neidisch hinzu, mit einem Blick auf die Papierberge vor ihr. »Eigentlich wollte ich ja vor der Geburt der Zwillinge hier noch aufräumen, denn dann werde ich eine ganze Weile keine Zeit zum Schreiben haben. Und ob ich mich danach noch in dem Chaos hier zurechtfinde ... Aber jedes Mal, wenn ich mich hierher setze, verlässt mich sofort der Mut. Weshalb interessierst du dich auf einmal so brennend für Mia?«

Johanna zögerte, doch dann sagte sie: »Tanja glaubt, dass die Polizei Frau Frisse verdächtigt, Christine getötet zu haben.«

»Das ist ja völlig lächerlich. Wie kommt sie denn darauf?«

»Oberkommissar Becker hat sie zu dem Verhältnis zwischen Frau Frisse und Christine befragt. Und eine Kollegin der beiden hat ihr erzählt, dass die beiden sich am Mittag vor Christines Tod gestritten haben.«

»Ach das, Mia hat mir davon erzählt. Es ging darum, dass Mia sich bei Christine beschwert hat, weil es in deren Klassenzimmer mal wieder zu laut war. Kaum ein Mordmotiv.«

»Tanja sagt, sie habe Christine das Leben zur Hölle gemacht.«

Mona hatte begonnen, Stifte in ein leeres Marmeladenglas zu stellen. Sie runzelte die Stirn. »Das ist aber stark übertrieben. Zugegeben, Mia hat sich mal beim Direktor über Christine beschwert, aber so ist sie halt. Sie ist eine exzellente Lehrerin, leistet viel und erwartet das auch von anderen. Dabei übertreibt sie manchmal, aber Christine war natürlich auch sehr empfindlich.«

»Tanja hat mir noch etwas anderes erzählt, etwas über einen Skandal, in den Frau Frisse verwickelt war. Es ging um ein junges Mädchen, eine ehemalige Schülerin von ihr. Sie war schwanger und wollte abtreiben, aber Frau Frisse hat versucht, es zu verhindern. Sie hat dem armen Ding so zugesetzt, dass sie schließlich in der Psychiatrie landete ...«

Mona unterbrach sie, sichtlich verärgert. »Wirklich, Tanja hat ja nichts unversucht gelassen, dich gegen Mia einzunehmen. Was hat sie nur für ein Problem mit ihr? Und wieso hörst du dir dieses Geschwätz überhaupt an?« Sie stellte das Marmeladenglas ab. »Es war ganz anders. Das Mädchen wollte nicht abtreiben. Ihre Eltern wollten, dass sie das tut. Das Mädchen wollte das Kind austragen. Sie wandte sich an Mia, damit die ihr half, dem Druck der Eltern etwas entgegenzusetzen. Leider vergebens. Die Eltern starteten eine Schmutzkampagne gegen Mia, behaupteten, sie hätte sich ungebeten eingemischt, und erhöhten so lange den Druck, bis ihre Tochter nicht nur abtreiben ließ, sondern auch die elterliche Version des Gesprächs mit Mia bestätigte.« Sie schaute Johanna direkt an. »Es ist doch sonst nicht deine Art, Klatschgeschichten für bare Münze zu nehmen. Dass Tanja kein Fan von Mia ist, war ja nicht zu übersehen. Dir hätte klar sein dürfen, dass sie kaum eine objektive Informationsquelle ist.«

Johanna musste zugeben, dass Mona recht hatte. Doch Tanja hatte bei ihr offene Türen eingerannt. Johanna hatte wenig übrig für erzkonservative Moralapostel, die anderen Leuten vorschreiben wollten, wie sie zu leben hatten, wie und wann sie Sex zu haben hatten, und die allgemein der Meinung waren, nur sie allein hätten die richtigen Werte, um die Welt zu beglücken.

Monas Ärger war schon wieder verraucht. »Sie kommt übrigens morgen Nachmittag vorbei. Dann kannst du dir selbst ein Bild machen. Apropos Bild, wie gefällt dir dieses hier?« Sie wies mit dem Daumen auf die Staffelei.

Johanna stand auf und betrachtete Jans Porträt, das ovale Gesicht, die dunklen Haare und Augen. Mona hatte die Brille weggelassen. »Gut, er sieht genauso aus wie du in dem Alter.«

»Nicht wahr?« Mona strahlte.

Dann begann sie, wieder in ihren Papieren zu kramen, und Johanna wanderte langsam durch das Atelier. Durch ein Oberlicht fiel strahlender Sonnenschein auf die Staffelei und auf die Ölgemälde, die an den Wänden ringsum lehnten. Die meisten zeigten schwangere Frauen und die meisten dieser Frauen waren nackt. Auch einige Selbstporträts von Mona waren darunter. Es war eine Galerie unbändiger Fruchtbarkeit in kräftigen, warmen Farben. Pralle braune Bäuche, üppige rosa Brüste mit untertellergroßen dunklen Brustwarzen wurden stolz präsentiert und leuchteten mit den Rot- und Orangetönen, die Mona für den Hintergrund gewählt hatte, um die Wette. Johanna hatte die Bilder schon oft gesehen, doch der Anblick beeindruckte sie jedes Mal aufs Neue. Bei dem Gedanken, dass Mona sie Becker gezeigt hatte, erschauerte sie. Was hatte ihre Freundin sich nur dabei gedacht?

Johanna blieb vor einem Porträt stehen, das sich von den anderen in mehreren Punkten unterschied. »Frau Frisse ist die Einzige, die du angezogen gemalt hast«, sagte sie.

Mona warf einen Blick auf das Bild. »Nenn sie nicht immer Frau Frisse. Sie heißt Mia, genau genommen Euphemia. Und natürlich habe ich sie nicht nackt gemalt. Mia hätte eher im Clowns- als im Evaskostüm posiert.« Sie stand auf und ging zur Tür. »Und jetzt haben wir genug über Mia geredet. Zeit für einen Snack. Und vergiss nicht, dass du versprochen hast, die Jungs vom Kindergarten abzuholen.«

Johanna folgte ihr. »Falls du meine Hilfe nicht brauchst, würde ich jetzt schon gehen. Ich möchte bei Gertrude im *Herzog* vorbeischauen.«

3

Dr. Felix Ferdinand Koch war groß, dürr und ein Fast-Food-Fan.

»Wenn Sie mit mir sprechen wollen, müssen Sie mir beim Essen Gesellschaft leisten«, war das Erste, was er sagte, nachdem Becker und Anna sich vorgestellt hatten. »Bei mir stehen heute Nachmittag noch einige Operationen auf dem Programm und ich habe nicht vor zusammenzubrechen, während ich einer Patientin Eizellen entnehme.«

»Oh, die Gefahr besteht wohl kaum«, sagte Becker mit einem Blick auf den Halbliterbecher Coca-Cola, der auf dem Schreibtisch des Arztes stand – neben einem Cheeseburger, einem Hamburger, einer doppelten Portion Pommes frites und einem Donut. Jemand hatte eine alte Ausgabe der *Süddeutschen Zeitung* unter dieses Festmahl gebreitet.

Der Arzt folgte seinem Blick. »Das habe ich mir in England angewöhnt, als ich dort einige Jahre praktiziert habe. Großartiges Land, höfliche Leute, aber lausiges Essen. Ich verdanke McDonald's und Burger King mein Leben.« Er nahm den Cheeseburger und biss hinein. Er kaute, schluckte und sagte: »Nun, Sie sind vermutlich hier, um mir Vorwürfe zu machen, weil ich die kleine Suboric gebeten habe, Sie nicht anzurufen. Nur zu, häufen Sie Asche auf mein Haupt.«

»Wir hätten gern eine Erklärung.«

»Für etwas, das Sie sich leicht selbst denken können? Meinetwegen. Ich wollte nicht in einen Skandal verwickelt werden.« Er lächelte von oben herab. Becker fand es erstaunlich, wie arrogant ein Mann wirken konnte, der einen Cheeseburger in der Hand hielt. Der Arzt biss noch einmal hinein.

»Und Sie meinen, ein Skandal wäre unvermeidlich gewesen?« Anna hatte sich in einen Besucherstuhl gefläzt und wackelte mit dem rechten Fuß, der auf ihrem linken Knie lag. Ihre Stimme klang sarkastisch.

»Nun, unvermeidlich vielleicht nicht, aber wahrscheinlich. Sehen Sie, in meiner Praxis geht es vor allem um eins: Vertrauen. Zu mir kommen Paare aus ganz Deutschland, Paare, die Hilfe benötigen in einem Bereich, der äußerst sensibel ist, zu einem Thema, das die Macht hat, über Glück und Unglück zu entscheiden. Ich kann diesen Paaren Hilfe anbieten, aber dazu muss ich ein vertrauensvolles Klima schaffen, und es weckt nicht das Vertrauen meiner Klienten, wenn eine Patientin ermordet wird, kurz nachdem sie meine Praxis verlassen hat – auch dann nicht, wenn der Mord dreißig Kilometer entfernt in einem kleinen Dorf geschieht.« Koch schob sich den Rest von seinem Burger in den Mund.

»Und wie kommen Sie auf den Gedanken, dass Christine Lenz kurz nach Verlassen ihrer Praxis gestorben ist?«

»Ich bitte Sie, ich lese Zeitungen.«

»Dort stand nichts über den Todeszeitpunkt.«

»Richtig, dort stand, dass Christine Lenz am Montag gefunden wurde. Aber Sie würden sich wohl kaum so eingehend für den Freitagabend interessieren, wenn sie erst am Sonntag gestorben wäre.«

Becker nickte zustimmend. Koch war zwar ein Schwätzer, aber er war nicht dumm, wie auch seine nächsten Worte bewiesen: »Und nachdem ich mich nun in aller Form entschuldigt habe, wären Sie so freundlich, mir zu erklären, was Sie eigentlich hergeführt hat? Die Information, dass Christine Lenz am Abend des 17. Juni hier war, war ja offensichtlich neu für Sie.«

»Wir wollten von Ihnen mehr über den Kinderwunsch von Christine Lenz und ihre Behandlung erfahren.«

»Nun, Sie werden verstehen, dass ich dazu kaum ...«

Becker unterbrach ihn. »Hören Sie mir erst einmal zu. Dann werden wir sehen, ob Sie meine Fragen nicht doch beantworten können.«

In knappen Worten schilderte Becker dem Arzt Christine Lenz' Plan, Johanna Bischoff als Leihmutter zu engagieren.

Abschließend sagte er: »Sie haben bereits zugegeben, dass Christine Lenz Ihre Patientin war. Können Sie auch bestätigen, dass sie selbst keine Kinder austragen konnte? Und dass bei Ihnen gefrorene Embryos aus Christine Lenz' Eizellen und Paul Herzogs Sperma lagern?«

Koch überlegte eine lange Zeit, wozu er seine Ellbogen auf den Schreibtisch stützte, seine Finger zusammenlegte und seinen Kopf senkte. Die Pose wirkte künstlich, doch Becker hatte nicht den Eindruck, dass der Arzt nur Zeit schinden wollte, denn sonst hätte er vermutlich nicht seine Pommes frites vergessen, die langsam in ihrer Tüte kalt wurden. Schließlich sagte er:

»Ich werde Ihre Fragen beantworten, obwohl ich betonen möchte, dass ich das nicht müsste. Aber Sie scheinen mir ein gefährliches Halbwissen angehäuft zu haben und es ist vermutlich weniger schädlich, wenn ich Ihnen gewisse Dinge erkläre. Zunächst einmal habe ich nie die definitive Diagnose gestellt, Frau Lenz könne keine Kinder austragen. Aber ich habe sie darauf hingewiesen, dass eine Einnistung in der Tat sehr unwahrscheinlich sei und dass es besser wäre, wenn sie mit ihren Versuchen, schwanger zu werden, mindestens eine Pause einlegte. Zum zweiten Punkt: Da es gesetzlich verboten ist, lagern hier selbstverständlich keine gefrorenen Embryos. Was Sie meinen, sind kryokonservierte befruchtete Eizellen im Vorkernstadium. Tatsächlich haben wir hier noch Kryos von Frau Lenz und ihrem Ehemann. Jedoch versichere ich Ihnen, dass keiner der Ärzte in dieser Praxis bereit gewesen wäre, sie einer Leihmutter einzusetzen – wie ich Frau Lenz auch erklärt habe, als sie danach fragte.«

»Sie fragte danach? Wann?«

Koch nahm einen Schluck von seiner Cola. »Als sie das letzte Mal bei mir war und ich sagte, dass eine Einnistung bei ihr unwahrscheinlich sei. Sie fragte daraufhin, wie denn ihre Chancen mit einer Leihmutter stünden. Ich erwiderte, vermutlich gut, wies sie aber daraufhin, dass sie dazu ins

Ausland gehen müsste.«

»Heißt das, sie plante damals schon, eine Leihmutter zu suchen?«, fragte Becker überrascht.

Dr. Koch hob seine knochigen Schultern und ließ sie wieder fallen. »Ob sie es plante, weiß ich nicht. Sie wünschte es sich, aber ihr Mann war dagegen. Er war bei dem Gespräch dabei. Und ohne seine Zustimmung konnte Frau Lenz natürlich nichts unternehmen. Ehrlich gesagt, mir erscheint diese ganze Geschichte, dass Frau Lenz eine fremde Frau gebeten haben soll, als Leihmutter zu fungieren, äußerst unwahrscheinlich. Sind Sie sicher, dass Ihnen da nicht ein Märchen aufgetischt wurde?«

Becker zuckte mit den Achseln. »Es haben mehrere Zeugen bestätigt. Außerdem hätte Herr Herzog nach seinem Unfall seine Frau ja auch gar nicht mehr an ihrem Plan hindern können.«

Doch zu seiner Überraschung erwiderte Dr. Koch: »Da irren Sie sich. Kryos, die hier lagern, sind immer das gemeinsame Eigentum der Eltern. Ohne die Unterschrift des Ehemannes kann eine Frau nicht über sie verfügen. Egal, was Frau Lenz mit den Kryos hätte tun wollen – sie ins Ausland bringen, sie sich einsetzen lassen, sie einer Leihmutter einsetzen lassen –, sie hätte die Zustimmung und die Unterschrift von Herrn Herzog gebraucht.«

»Das heißt, sie hätte keine Möglichkeit gehabt, an die Kryos zu kommen?«, fragte Becker verblüfft.

Dr. Koch nickte.

»Und was wäre passiert, wenn Herr Herzog vor seiner Frau gestorben wäre?«

»In diesem Fall wären die Kryos vernichtet worden – so wie wir sie auch jetzt nach Frau Lenz' Tod vernichten werden.«

Das musste Becker erst einmal verdauen. Wieso hatte Christine Lenz dann eine Leihmutter gesucht? Oder hatte sie das alles gar nicht gewusst? Er fragte den Arzt danach, der prompt antwortete: »Doch, sie hat es gewusst, denn ich habe es ihr erklärt. Frau Lenz rief mich ein paar Tage nach dem Unfall ihres Mannes an, weil sie sich Sorgen machte, was beim Tod ihres Mannes mit ihren Kryos geschehen würde. Sie hatte von der sogenannten Kinderwunsch-Witwe gelesen und wollte wissen, ob es eventuell möglich wäre, ihre Kryos zu retten. Sie haben vielleicht ebenfalls von dem Fall gehört? Er ging vor etwa einem Jahr durch die Presse.«

Becker und auch Anna schüttelten ihre Köpfe. Becker war fast froh, dass es auch Dinge gab, von denen Anna noch nicht gehört hatte.

Dr. Koch nickte zufrieden, als freute es ihn, seine Zuhörer belehren zu können. »Die Kinderwunsch-Witwe ist eine Frau aus Mecklenburg-Vorpommern und war in einer ähnlichen Situation wie Frau Lenz. Sie hatte mit ihrem Mann versucht, durch künstliche Befruchtung ein Kind zu bekommen, und als er bei einem Motorradunfall starb, wollte sie die verbliebenen Kryos mit nach Polen nehmen, dort auftauen und sich dann die Embryos einsetzen lassen. Die deutsche Klinik, bei der sie in Behandlung gewesen war, verweigerte jedoch mit Hinweis auf das deutsche Embryonenschutzgesetz die Herausgabe. Die Frau zog vor Gericht und gewann tatsächlich in der zweiten Instanz. Das Urteil war eine Sensation, weil die Rechtslage von allen Fachleuten bis dahin anders interpretiert worden war. Doch der Richter erklärte, dass das Embryonenschutzgesetz in diesem Punkt – wie leider auch in vielen anderen – ausgesprochen ungenau formuliert sei und man daraus nicht zwingend ableiten könne, dass Kryos nach dem Tod eines Elternteils vernichtet werden müssen.«

Anna hatte mit gerunzelter Stirn zugehört. »Aber wenn diese Frau ihre Kryos bekommen hat, wieso sagen Sie dann, dass die von Frau Lenz und Herrn Herzog bei seinem Tod vernichtet worden wären?«

Dr. Koch lehnte sich entspannt zurück. »Weil die Entscheidung des Gerichts eine Einzelfallentscheidung und die

Umstände bei Frau Lenz völlig andere waren. Zum einen wollte Frau Lenz die Kryos nicht sich selbst, sondern einer Leihmutter einsetzen lassen – was ein deutscher Richter nie zulassen dürfte. Zum anderen wäre es Frau Lenz im Gegensatz zur Kinderwunsch-Witwe kaum gelungen, den Richter davon zu überzeugen, dass ihr Mann gewünscht hätte, dass sie nach seinem Tod die Behandlung fortsetzte. Denn bei dem letzten Termin, bei dem Herr Herzog und Frau Lenz hier waren, erklärte Herr Herzog nicht nur, dass er gegen eine Leihmutter sei, sondern auch, ich benutze seine Worte, dass er die Nase voll habe und die ganze Sache endlich beenden wolle. Und mit der ganzen Sache meinte er den Versuch, mit Frau Lenz ein Kind zu bekommen.«

*

Wenn jemand Johanna gefragt hätte, was sie am meisten an Paul Herzog fasziniert hatte, dann hätte sie vermutlich geantwortet: seine Vielseitigkeit. Paul war ein Mann, der sich für so ziemlich alles interessierte und alles im Leben mindestens einmal ausprobieren wollte. Deshalb hatte er es auch bis zu seinem 38. Lebensjahr, als er sein Interesse an Antiquitäten entdeckte, in keinem Job länger als ein halbes Jahr ausgehalten. Und deshalb hatte er auch nie einen Hochschulabschluss gemacht, obwohl er nacheinander und teilweise nebeneinander so unterschiedliche Fächer wie Physik, Sport, Kunstgeschichte und Philosophie studiert hatte. In Philosophie schaffte er es immerhin bis zur Zwischenprüfung, doch dann bekam er das Angebot, als Entertainer auf einem Kreuzfahrtschiff anzuheuern, arbeitete anschließend als Surflehrer auf Korsika und kam erst nach Deutschland zurück, als er von einer Tante in Ammerbach ein Haus voller Antiquitäten erbte.

Zu diesem Zeitpunkt war Paul schon seit ein paar Jahren Vater und obwohl er seinen Sohn so gut wie nie sah, schickte er der Mutter, einer Studienbekanntschaft, doch regelmäßig Geld, das bei ihm notorisch knapp war. Deshalb beschloss er, die Habe seiner Tante zu verkaufen, und wandte sich an den lokalen Antiquitätenhändler, einen Mann namens Aiwanger. Im Verlaufe der Verhandlungen begann das Thema Antiquitäten Paul so sehr zu faszinieren, dass er Aiwanger überredete, ihn einzustellen. Zunächst als Verkäufer, dann als Späher, der auf Auktionen, Flohmärkten, bei Wohnungsauflösungen und wo immer seine Nase ihn hintrieb nach Schnäppchen suchte. Sein Gespür für gute Gelegenheiten und seine Überredungskünste waren so groß, dass Aiwanger ihn nach zwei Jahren zum Teilhaber machte, und als der Mann nach einem Schlaganfall starb, verkaufte Paul das Haus seiner Tante, nahm einen Kredit auf, kaufte den Laden von Aiwangers Witwe Gertrude und benannte ihn in *Der Herzog* um.

Und dort stand Johanna jetzt.

Der Laden war zweigeteilt: In der linken Hälfte standen gläserne Vitrinen mit Gold- und Silberschmuck lokaler Künstler. Dort zeigte gerade eine ältere Frau einem Kunden im braunen Anzug Ketten und Anhänger. Der rechte Teil des Raumes war den Antiquitäten gewidmet. Während Johanna die Vasen, Porzellanfiguren und antiken Uhren betrachtete, die dort auf Borden ausgestellt waren, belauschte sie das Verkaufsgespräch. Die Stimme der alten Dame war so samtweich wie die Polster, auf denen die Ketten lagen, und so überzeugend, dass der Kunde bald einen der teuersten Anhänger wählte.

Während er zahlte und die Frau den gewählten Schmuck sorgfältig verpackte, nahm Johanna eine hübsche dunkelblaue Vase zur Hand. Zsolnay, dachte sie, während sie mit dem Zeigefinger über die Eosinglasur strich. Wert? Sie überlegte. 800 Euro? Während ihrer Zeit mit Paul hatte sie einiges gelernt über Antiquitäten.

»Johanna!« Die samtige Stimme der Verkäuferin unterbrach ihre Überlegungen. »Wie schön.«

Johanna stellte die Vase weg und drehte sich um. Sie wollte ihre Hand ausstrecken, doch in diesem Moment öffnete Gertrude Aiwanger ihre Arme und zog sie an sich. Es fühlte sich an, als würde Johanna von einer riesigen Daunendecke umschlungen, denn alles an der Frau war weich, nicht nur ihre Stimme, sondern auch ihr Körper, ihr üppiger Busen und ihre Wange, die sie an Johannas drückte. Nur ihre Umarmung war fest und tröstlich.

»Sie haben mich sofort wieder erkannt«, sagte Johanna schließlich.

»Aber selbstverständlich, auch wenn es ein Weilchen her ist. Drei Jahre, vier?«

»Zu lange.«

»Da haben Sie recht. Aber Sie sehen hübsch aus wie eh und je. Arbeiten Sie immer noch mit diesen grässlichen Dingern?«

Johanna lächelte, mit grässlichen Dingern meinte Gertrude Aiwanger Computer. »Zurzeit nicht.«

»Gut. Was glauben Sie, ist das gute Stück wert?« Gertrude deutete auf die Zsolnayvase, die Johanna zurück ins Regal gestellt hatte.

»800 Euro?«

»Nicht schlecht, aber ich würde noch 100 Euro mehr verlangen. Kommen Sie, trinken wir einen Kaffee. Es ist sowieso bald eins.«

Gertrude ging zur Tür, schloss sie ab und drehte das Schild von *offen* auf *geschlossen*. Dann führte sie Johanna nach hinten in einen Raum, der teils als Lager, teils als Küche diente. Eine stabile Metalltür führte von hier in einen Hinterhof. Wenige Minuten später saßen die beiden Frauen einander gegenüber, vor jeder stand eine Tasse Kaffee.

»Und, wie ist es Ihnen ergangen in den letzten Jahren?«, fragte Gertrude.

Johanna lieferte eine Art Bilanz der letzten drei Jahre, die

– da sie die alte Dame nicht mit Details ihres Berufslebens behelligen wollte – ausgesprochen kurz ausfiel.

Das bemerkte auch Gertrude. »Klingt, als hättest du nur gearbeitet.« Ihre Stimme klang missbilligend. »Was ist mit deinem Privatleben? Gibt es keinen neuen Mann?«

Johanna schüttelte den Kopf. Sie mochte es normalerweise nicht, über ihr Privatleben ausgefragt zu werden, doch Gertrude nahm sie die Einmischung nicht übel, dazu war sie viel zu erfreut, sie wiederzusehen und von ihr bereits nach wenigen Minuten wieder geduzt zu werden.

Johanna hatte Gertrude Aiwanger schon kurz nach Beginn ihrer Beziehung mit Paul kennengelernt, als er ihr den *Herzog* präsentiert hatte. Gertrude hatte zwar den Laden an ihn verkauft, aber damit weder ihr Interesse an Antiquitäten noch ihr Interesse an Paul aufgegeben, mit dem sie von Beginn an ein freundschaftlich-mütterliches Verhältnis verbunden hatte. Sie hatte ihm in den letzten zehn Jahren regelmäßig im Laden geholfen, und Holger hatte Johanna erzählt, dass die alte Dame von Christine gebeten worden war, das Geschäft zunächst weiterzuführen.

»Paul hätte dich nie verlassen dürfen«, sagte Gertrude jetzt unerwartet. »Christine und er haben nicht zusammengepasst. Du weißt vermutlich, dass sie ermordet wurde? Und dass Paul im Krankenhaus liegt?«

»Ich habe es vor zwei Tagen erfahren.«

Gertrude schüttelte den Kopf. »Pauls Unfall war ein Schock, Mädchen, ein schlimmer Schock. Als ich davon hörte ...« Sie fasste sich an ihren üppigen Busen. »Ich dachte, es wäre so weit, ich würde endlich meinem seligen Alfred folgen, aber Der da oben scheint auf meine Gesellschaft nicht sonderlich erpicht zu sein. Und dann Christines Tod ... Ich habe sie nie gemocht, aber so zu enden ...«

»Warum haben Sie sie nicht gemocht?«, fragte Johanna, nicht weiter verwundert über diese Offenheit, denn Gertrude Aiwanger nahm nie ein Blatt vor den Mund. Doch die

Antwort erstaunte sie.

»Sie hat Paul nicht geliebt. Und sie hat sich nicht für Antiquitäten interessiert. Im Gegensatz zu dir, meine Liebe. Warst du in letzter Zeit auf der Jagd?«

»Keine Zeit, tut mir leid.«

Gertrude schüttelte ungläubig den Kopf, sodass ihre weißen Löckchen wippten. Sie war eine hübsche alte Dame, mit rosigen Apfelbäckchen, vom Typ Lieblingsoma, obwohl sie keine Kinder hatte. »Schlimm, dabei hattest du Talent. Zusammen hättet ihr beide, du und Paul, richtig etwas aus diesem Laden machen können. Aber so ... Ich tue, was ich kann, seit dem Unfall aber ... Und es war auch vorher schon schwierig.«

Gertrude schaute betrübt in ihre leere Tasse. Dann griff sie zur Kaffeekanne. »Noch Kaffee?« Sie wartete Johannas Antwort nicht ab, sondern schenkte gleich noch einmal nach. Nachdem sie Milch in ihren eigenen Kaffee gegeben hatte, nahm sie den Faden des Gesprächs wieder auf.

»Als Paul damals anfing, bei Alfred zu arbeiten, dachte ich, er würde es nicht lange durchhalten. Sein Interesse für Antiquitäten war zwar sehr groß, aber er wirkte so unstet. Alfred dagegen war überzeugt, dass Paul bleiben würde. Er wollte ihm den Laden vererben, falls ich vor ihm sterben sollte. Hast du das gewusst? Wir hatten eigentlich fest damit gerechnet. Mein Herz war schließlich schon immer schwach, während Alfred ... Du hast ihn nie kennengelernt, aber er war ein Bär von einem Mann. Strotzte vor Gesundheit, so wie Paul, aber es hat beiden nichts genützt.«

Sie betrachtete grimmig ihren Kaffee, als sei der an allem schuld. Dann schüttete sie noch etwas Milch hinein. Johanna sagte nichts. Was hätte es auch zu sagen gegeben?

»Alfred behielt recht«, fuhr Gertrude schließlich fort. »Paul blieb. Der Laden war für ihn wie ein Kind, wie ein Baby, ein Traum. Bis er anfing, einem neuen Traum nachzujagen, einem neuen Baby. Wusstest du, dass die beiden es auf künstlichem Wege versuchten?«

»Mona hat es mir erzählt.«

»Die Frau vom Landauer? Wie geht es ihr? Sie erwartet Zwillinge, nicht wahr?« Dann schüttelte sie ihren Kopf und sagte plötzlich mit scharfer Stimme: »Die Menschen sollten Gott nicht ins Handwerk pfuschen, Johanna. Ich frage mich oft, was Der da oben sich denkt. Ich nehme ihm zum Beispiel immer noch übel, dass er mir Alfred so früh weggenommen hat. Wozu? Er braucht im Himmel doch wohl kaum einen Antiquitätenhändler. Aber dass er verhinderte, dass Paul und Christine Eltern wurden, war eine gute Sache.«

Johanna war überrascht. »Wieso?«

»Weil es kein Kind bei ihnen gut gehabt hätte. Weil es den beiden nie um ein Kind ging, immer nur um sie selbst. Christine hasste ihren Beruf. Sie wollte nichts lieber, als ihn endlich an den Nagel hängen und mit einem Kind zu Hause sitzen – einem Kind, das von ihr abhängig sein und ihr dadurch endlich ein Gefühl von Stärke verleihen würde. Und Paul ...« Sie zögerte und fuhr dann mit zitternder Stimme fort: »Weißt du, Johanna, ich habe Paul sehr lieb, obwohl ich es ihm nie gesagt habe. Zumindest nicht, als er noch etwas darauf erwidern konnte. Jetzt sage ich es ihm jedes Mal, wenn ich ihn im Krankenhaus besuche, aber ich glaube eigentlich nicht, dass er es noch hört, auch wenn der Pfarrer immer sagt, ich dürfe die Hoffnung nicht aufgeben, aber ... Nun ja, was ich sagen wollte, Paul war mir wie der Sohn, den ich mir immer gewünscht habe, den Gott mir aber nie geschenkt hat.«

»Aber dann müssten Sie seinen Wunsch doch verstehen können.«

Gertrude lächelte traurig. »Ja, wenn er sich wirklich nach einem Kind gesehnt hätte. Aber ich glaube, Paul hatte einfach Angst vorm Älterwerden. Er dachte wohl, ein Kind halte ihn jung. Und außerdem wollte er seine Gene an jemanden vererben, der ihm ähnlicher ist als Michael.«

»Ist das nicht ein etwas hartes Urteil?«

»Nein«, erwiderte Gertrude, jetzt wieder mit fester Stimme. »Man kann nicht hart genug urteilen, wenn das Wohl eines Kindes auf dem Spiel steht. Was glaubst du denn, wie hart es für das Kind geworden wäre? Christine hat Paul geheiratet, weil sie einen Vater für das Kind brauchte. Paul hat Christine geheiratet, weil er eine Mutter brauchte. Mit der Geburt des Kindes wäre das Einzige weggefallen, das die beiden verbunden hat. Die beiden hatten völlig unterschiedliche Vorstellungen von Kindererziehung. Das Baby wäre zum Zankapfel zwischen ihnen geworden, bevor es laufen gelernt hätte. Nein, meine Liebe, Paul hätte seinen Kinderwunsch aufgeben sollen, du hättest die Computer aufgeben sollen, und ihr beide hättet gemeinsam diesen Laden schmeißen sollen. Das wäre in Gottes Sinne gewesen.«

4

Als das Telefon klingelte, zuckte Hans Grabmeier zusammen. Er war in Gedanken so weit weg gewesen, dass er zunächst nicht sicher war, wo er sich befand. Dann stellte er fest, dass er in seinem Büro saß und schon wieder auf die Wand mit der Micky-Maus-Uhr starrte. Oder immer noch? Für einen Moment hatte er das Gefühl, dass er schon eine Ewigkeit auf diesem Stuhl saß und auf diese Uhr schaute. Und wenn schon keine Ewigkeit, dann zumindest seit gestern.

Aber war es wirklich nur ein Gefühl?, fragte er sich plötzlich beunruhigt. Saß er nicht wirklich schon seit vierundzwanzig Stunden hier? Grabmeier versuchte, sich daran zu erinnern, was er gestern und heute Morgen getan hatte, doch es gelang ihm nicht. Er unterdrückte einen Anfall von Panik. Das war nicht möglich, oder? Er hatte schließlich Termine, und selbst wenn er die vergessen hätte, hätte die Sekretärin ihn daran erinnert. Er musste dieses Büro verlassen haben. Zur Abendbesprechung, zur Morgenbesprechung – und dazwischen war er sicherlich nach Hause gegangen. Doch an nichts davon konnte er sich erinnern. Er erinnerte sich nur daran, hier wie gelähmt gesessen zu haben, darauf hoffend, dass ... Ja, worauf eigentlich? Was glaubte er dadurch zu erreichen, dass er wie ein Idiot hier herumsaß?

Das Telefon klingelte noch einmal und Grabmeier griff nach dem Hörer, hörte jedoch nur noch, wie am anderen Ende der Leitung aufgelegt wurde. Aber das Klingeln hatte bei ihm einen Schalter umgelegt. Verflucht, dachte er, so kann es nicht weitergehen. Er musste etwas unternehmen! Er hatte einen Fall zu lösen und – noch wichtiger – er musste sich um Maike kümmern!

Hastig stand er auf, ging zu dem Waschbecken in einer Ecke des Büros und spritzte sich Wasser ins Gesicht und über den Nacken. Dann schüttelte er sich wie ein Bär, um die Wassertropfen und mit ihnen das Gefühl der Lähmung abzuschütteln. Danach fühlte er sich besser. Heute Abend, nahm er sich vor, rede ich noch einmal mit Maike.

Und jetzt zu seinem Fall!

*

»Er ist nicht da.« Anna steckte ihr Handy weg und holte stattdessen eine Packung Zigaretten hervor. »Seltsam.«

»Was soll daran seltsam sein?«, fragte Becker, der an der Kühlerhaube ihres Dienstwagens lehnte, der immer noch auf dem Praxisparkplatz stand. »Vielleicht macht Grabmeier einen Mittagsschlaf.«

»Haha, sehr witzig.«

Becker zuckte die Achseln. »Ich bin ganz froh, dass er nicht da ist, denn dann kann er auch nichts dagegen haben, dass wir jetzt noch Dr. Kochs Alibi überprüfen.«

Der Arzt hatte behauptet, von der Praxis direkt zu einem Festessen der Münchner Reproduktionsmediziner gefahren zu sein, wo er eine Rede gehalten hatte. Er hatte ihnen den Namen und die Adresse des Kollegen gegeben, der die Veranstaltung organisiert hatte.

»Wieso sollte Grabmeier etwas dagegen haben, wenn wir zu Professor Schick fahren? Es ist der nächste logische Schritt.«

»Genau deswegen. Mir ist bisher nicht aufgefallen, dass Grabmeier sich in seinem Handeln von Logik leiten lässt.«

Anna, die gerade dabei gewesen war, eine Zigarette anzuzünden, hielt inne. »Du magst ihn nicht«, stellte sie fest. »Verratst du mir, wieso?«

»Es stimmt nicht, dass ich ihn persönlich nicht mag«, log Becker. »Aber ich mag die Art nicht, wie er diesen Fall leitet.« Er ist inkompetent, dachte er. »In den ersten Tagen hat er sich überhaupt nicht für die Ermittlungen interessiert.

Jeder in der Truppe hat mehr oder weniger gemacht, was er wollte, es gab keine erkennbare Führung. Und dann, als wir von dem Streit zwischen der Lenz und der Frisse erfuhren, hat Grabmeier sich auf die Theologin gestürzt, wie diese sich vermutlich auf einen Abtreibungsarzt stürzen würde. Wir mussten mehr oder weniger alles stehen und liegen lassen, um sie zu überführen. Und warum? Weil sie Christine Lenz ein paar Vorwürfe wegen des Lärms in deren Klassenzimmer gemacht hat. Ich bitte dich! Ich wette, wir hätten den Fall längst gelöst, wenn ein anderer ...« Er brach verärgert ab.

Doch Anna beendete den Satz für ihn: »Wenn ein anderer den Fall leitete? Du zum Beispiel?« Sie nahm einen Zug von der Zigarette, die sie mittlerweile angezündet hatte.

Was soll's?, dachte Becker. »Ja.«

Sie nahm noch einen Zug. »Und glaubst du, du wärst ein guter Chef?«

»Ein besserer als Grabmeier allemal.«

»Hm. Ich finde, Hans Grabmeier ist ein sehr guter Chef. Er hat eine etwas unorthodoxe Art, geht nicht so strukturiert und analytisch vor, wie du das tun würdest, aber er hat einen guten Instinkt. Deshalb finde ich übrigens, dass wir Dr. Frisse nicht völlig aus den Augen verlieren sollten.«

Einen Moment lang dachte Becker, er hätte sich verhört. »Das kann nicht dein Ernst sein. Wir haben genauso viele Verdachtsmomente gegen sie wie gegen die anderen Kollegen der Lenz – keine. Sie ist nur zufällig in den Fokus der Ermittlungen geraten, weil sie sich mit Christine Lenz wegen des Lärms gestritten hat. Willst du wirklich behaupten, sie habe ihr abends aufgelauert, um ein für allemal sicherzustellen, dass ihr Unterricht nicht gestört wird?«

»Natürlich nicht. Sie könnte sie zufällig getroffen haben, als sie im Dobel spazieren ging. Schließlich wohnt sie dort. Sie behauptet zwar, sie sei zu Hause gewesen, aber das kann niemand bezeugen.«

»Wir können nicht jeden verdächtigen, der kein Alibi hat.

Und warum hätte die Frisse die Lenz töten sollen?«

»Ach, da könnte ich mir einiges vorstellen. Frauen wie die Frisse leben von ihrem guten Ruf. Was, wenn Christine etwas gewusst hat, dass diesen Ruf zerstört hätte? Irgendetwas, das der Frisse extrem peinlich wäre, wenn es herauskäme? Eine Affäre mit dem Pfarrer oder so etwas?«

»Dann hätte sie es sofort überall herumposaunt. Die Lenz hätte sich kaum so von der Frisse piesacken lassen, wenn sie die Möglichkeit gehabt hätte, sich zu wehren.« Die Antwort kam schärfer heraus, als Becker beabsichtigt hatte, aber Annas Verhalten irritierte ihn. Wieso hielten bloß alle außer ihm Hauptkommissar Grabmeier für unfehlbar? Der Mann war schließlich nicht der Papst!

Das schien auch Anna endlich einzusehen, denn sie sagte: »Du hast ja recht, es spricht wirklich nicht viel dafür, dass es die Frisse war. Dabei verlasse ich mich sonst lieber auf Grabmeiers Instinkt als auf jede wissenschaftliche Analyse. Aber das ist es natürlich: Grabmeier ist zurzeit nicht wie sonst. Irgendetwas stimmt mit ihm nicht. Er ist so oft geistesabwesend. Ich frage mich, ob er familiäre Sorgen hat.«

»Ich dachte, er hätte keine Familie?«

»Er hat eine Nichte, an der er sehr hängt. Die Tochter seines verstorbenen Bruders. Ich mag ihn«, fügte sie plötzlich unerwartet hinzu. »Ich habe in den letzten zwei Jahren sehr viel von ihm gelernt.«

Becker fragte sich, was das sein mochte, doch er war nicht so dumm, die Brücke, die Anna ihm gebaut hatte, mit einer spöttischen Bemerkung gleich wieder einzureißen. »Was hältst du davon, wenn wir uns jetzt mal auf Professor Schick konzentrieren?«

Anna nahm noch einen letzten Zug von ihrer Zigarette, warf sie auf den Boden und trat sie aus. »Gute Idee.«

Becker entriegelte die Beifahrertür, öffnete sie und nahm den Stadtplan vom Sitz. Er breitete ihn auf der Motorhaube aus, die sich in der Sonne aufgeheizt hatte. »Dieser Professor hat seine Praxis am anderen Ende von München«, murmelte er. »Wie lästig, einmal quer durch die Stadt, nur um von ihm zu hören, dass Dr. Koch nicht gelogen hat.«

»Du glaubst also, er hat die Wahrheit gesagt?«

»Über seinen Vortrag bestimmt, schließlich können wir das leicht überprüfen. Was den Rest anbelangt ... Ich wüsste nicht, in welchem Punkt er gelogen haben sollte. Er hat alles bestätigt, was Mona Landauer über Christine Lenz' Kinderwunsch und ihre Behandlung erzählt hat. Aber es ist seltsam, was er über die Lagerung der Kryozyten gesagt hat: Dass die Lenz sie nicht ins Ausland hätte schaffen können, um sie dort einer Leihmutter einsetzen zu lassen. Es sieht fast so aus, als hätten die Bischoff und die Landauer doch gelogen.« Dabei hätte er geschworen, dass Johanna Bischoff in diesem Punkt die Wahrheit gesagt hatte.

Anna zuckte die Achseln. »Ich bin mir da gar nicht mehr so sicher. Ich frage mich, ob Christine Lenz das wirklich alles so klar war. Was man alles mit diesen Kryos anstellen darf oder nicht, scheint ja juristisch alles andere als eindeutig definiert zu sein. Vielleicht hat Christine Lenz geglaubt, sie käme damit durch? Oder sie könnte geglaubt haben, Koch würde ihr helfen und der Bischoff die Kryos einsetzen.«

Becker ging um den Wagen herum und öffnete die Fahrertür. »Das kann ich mir nicht vorstellen. Das Risiko wäre viel zu groß. Er würde sich strafbar machen. Warum hätte er das für Christine tun sollen?«

»Aus Geldgier? Oder aus Prinzip?« Anna ging zur Beifahrertür, stieg jedoch nicht ein. »Ich habe Dr. Koch mal im Fernsehen gesehen, in einer Diskussionsrunde, in der es zum tausendsten Mal um die Frage ging, warum deutsche Frauen beim Kinderkriegen Schlusslicht sind«, sagte sie über das Dach des Wagens hinweg. »Ich hatte es vergessen, aber als ich sein Gesicht sah, fiel es mir wieder ein. In der Diskussionsrunde stellte er die Behauptung auf, dass viele Paare gern Kinder hätten, dass der deutsche Staat das aber durch zu strenge Gesetze zur Reproduktionsmedizin regelmäßig verhindert. Er schwärmte von den lockeren Verhältnissen im Ausland und von den vielen glücklichen Familien dort, die es nach den deutschen Gesetzen gar nicht geben dürfte.«

»Und du meinst, er praktiziert heimlich, was er öffentlich predigt?«, fragte Becker zweifelnd.

»Vermutlich nicht, aber ich könnte mir vorstellen, dass Christine naiv genug war, es zu glauben. Sie würde es geglaubt haben wollen. Und es würde erklären, warum sie an dem Abend hierhergekommen ist. Wir wissen, dass sie verzweifelt war und geweint hat, das hat der Obdachlose bestätigt. Wenn diese Verzweiflung daher rührte, dass Johanna Bischoff ihr Kind nicht austragen wollte, dann wäre es naheliegend für sie gewesen, zu ihrem Arzt zu gehen und ihn zu fragen, was nun zu tun sei.«

*

»Hast du etwas dagegen, wenn ich mal nach oben gehe?«, fragte Johanna.

Gertrude und sie saßen immer noch im Hinterzimmer des *Herzogs*. Sie hatten Kaffee getrunken und Erinnerungen ausgetauscht. Die meiste Zeit hatte die alte Dame geredet. Sie hatte Johanna einige Anekdoten über Paul erzählt, die diese noch nicht kannte, und viele, die sie bereits oft gehört hatte, doch Johanna hatte sie nicht darauf aufmerksam gemacht. Offensichtlich tat es Gertrude gut, in der Vergangenheit zu schwelgen. Ob das auch auf sie selbst zutraf, hätte Johanna nicht sagen können.

Wenn Gertrude sich über Johannas Bitte wunderte, so sagte sie es nicht. »Nein, geh nur, meine Liebe. Aber ich kann dich nicht begleiten, die Treppe ist schon lange zu steil für mich.«

Johanna verließ den hinteren Teil des Ladens und ging nach vorn. Hinter dem Verkaufstresen führte eine schmale

Treppe zum ersten Stock hinauf. Am oberen Ende der Treppe gab es keine Tür und auf dem Absatz angekommen, blieb Johanna stehen und schaute sich um. Sie befand sich in einem Wohn-Arbeitszimmer. In der Mitte stand ein großer Schreibtisch, an den Wänden standen Regale mit Nachschlagewerken und ein ausziehbares Sofa. In einer Ecke war eine Tür, die in ein kleines Badezimmer führte. Paul hatte es einbauen lassen, denn nachdem er das Haus seiner Tante verkauft hatte, hatte er einige Zeit hier oben gewohnt.

Wie magisch angezogen ging Johanna auf das Sofa zu, strich mit der Hand über den bunten, angerauten Stoff, drückte die Hand auf die Sitzfläche, als wollte sie die Elastizität prüfen. Dann wandte sie sich rasch ab, von Erinnerungen überwältigt. Hier hatten sie sich einmal geliebt, als sie Paul einen Überraschungsbesuch im Laden abgestattet hatte.

Johanna schloss die Augen und versuchte, sich Paul am Abend seines Unfalls vorzustellen. Wie er hier am Schreibtisch saß und Rechnungen schrieb, neben sich ein Glas Whiskey. Wie er fluchte, wenn der Computer nicht so reagierte, wie er sich das vorstellte – was andauernd vorkam. Wie er sich freute, wenn er eine besonders hohe Rechnung ausstellen konnte, und zugleich etwas nostalgisch wurde, weil das verkaufte Stück nun einen neuen Besitzer bekam und ein neues Kapitel in seiner Geschichte aufgeschlagen wurde.

»Antiquitäten haben eine Geschichte, Johanna«, pflegte er zu sagen. »Nimm zum Beispiel diesen Spiegel, kannst du dir vorstellen, wie viele Generationen von Frauen schon hinein geblickt haben? Wie sie sich vor diesem Spiegel zurechtgemacht haben, für ihre erste Verabredung oder vielleicht für eine ganz entscheidende Begegnung? Vielleicht haben sie vor diesem Spiegel geübt, wie sie auf einen Heiratsantrag reagieren würden: ›Oh lieber Graf, das kommt jetzt ziemlich überraschend ...‹ Überleg mal, wie viele Geheimnisse so ein Spiegel kennt. Frauen und Männer haben sich nackt vor ihm ausgezogen und sich gefragt: ›Bin ich schön?‹«

In Erinnerung sah Johanna sich selbst und Paul, wie sie Arm in Arm aus dem Spiegel mit dem Goldrahmen lächelten. Dann öffnete sie die Augen, sah zur Treppe hinüber und ihre Vorstellungskraft versagte. Die Treppe war schmal und steil und hatte kein Geländer, gewiss, aber Paul war schließlich nicht alt und gebrechlich gewesen. Er war die Treppe seit Jahren hinauf- und hinuntergestiegen. Sie konnte nicht glauben, dass er ohne Anlass das Gleichgewicht verloren hatte und gestürzt war – auch nicht, wenn er betrunken gewesen war.

Johanna ging nach unten, wo Gertrude sie erwartete. Sie schien Johannas Gedanken zu lesen, denn sie sagte: »Hier hat er gelegen.«

»Haben Sie ihn gefunden?«

Sie schüttelte ihre weißen Löckchen. »Nein, Christine war es. Sie kam abends von einer Freundin zurück, sah, dass noch Licht im Laden war, und kam hierher, um nachzuschauen. Die Tür war unverschlossen und Paul lag auf dem Boden. Christine rief sofort den Notarzt. Der sagte später, Paul habe nicht lange hier gelegen. Trotzdem war es zu lange.«

»Wieso war die Tür offen?«, fragte Johanna erstaunt. »Wenn Paul oben arbeitete, schloss er doch normalerweise unten ab.«

»Ich weiß es nicht. Seltsamerweise war nicht nur die Vordertür unverschlossen, sondern auch die Hintertür. Ich merkte es, als ich am nächsten Morgen kam.« Gertrude nickte in Richtung des Lagerraums.

»Hatte Paul an dem Abend Besuch?«

»Soweit ich weiß, nein. Es hat sich niemand gemeldet. Außerdem hätte Paul doch nach Besuch abgeschlossen. Na ja, die Polizei hat vermutet, er habe vergessen abzuschließen, weil er betrunken war.«

»Die Polizei hat den Unfall untersucht?«, fragte Johanna.

Dann war sie also nicht die Einzige, der der Unfallhergang seltsam vorkam.

»Eine Routineüberprüfung. Ein Kommissar Fritz war mal hier. Er hat sich umgeschaut und ein paar Fragen gestellt und ist dann wieder gegangen. Sehr gründlich war er nicht.«

»Mir kommt das alles sehr seltsam vor«, sagte Johanna. »Dass Paul allein hier gesessen und getrunken haben soll. Es passt nicht zu ihm. So wie ich ihn kannte ...«

»Aber dass du ihn kanntest, ist ein paar Jahre her, Liebes. Unglück verändert Menschen. Und Paul war zuletzt nicht glücklich.«

»Aber es war ein Mittwochabend. Wieso war Paul nicht mit Holger zusammen?«

Gertrude bückte sich, um einen Fussel aufzuheben. »Hat Holger es dir nicht erzählt? Die beiden hatten sich gestritten.«

*

Becker behielt recht. Professor Schick bestätigte, dass Dr. Koch am Abend, an dem Christine Lenz starb, ab acht Uhr mit ihm und zehn weiteren Kollegen an einer festlich gedeckten Tafel gesessen und gegessen und später seinen Vortrag gehalten hatte.

»Eigentlich ging es um Qualitätssicherung in der Reproduktionsmedizin«, erzählte Schick, »aber wie immer bei Felix endete es in einem flammenden Plädoyer für eine Lockerung des Embryonenschutzgesetzes. Der Mann ist ein Fanatiker, aber ein unterhaltsamer. Die Rede war brillant, aber sagen Sie ihm das nicht, er ist eingebildet genug.«

Anna nickte bei dieser Aussage heftig und als sie später wieder im Wagen saßen und zur Kriminalpolizeiinspektion zurückfuhren, sagte sie: »Wirklich schade, dass Kochs Alibi hält. Dabei hätte er es allein wegen seiner Selbstgefälligkeit verdient, verhaftet zu werden. Es ist ja nichts Neues, dass

Ärzte sich für Halbgötter halten, aber der Typ scheint zu glauben, er sei Gott selbst.«

Becker lachte. »Immerhin ist er als Reproduktionsmediziner ausgesprochen schöpferisch tätig.«

»Weil er unfruchtbaren Paaren zu Nachwuchs verhilft? Wusstest du, dass auf jedes Paar, bei dem er das schafft, zwei kommen, bei denen er scheitert?«

Das hatte Becker natürlich nicht gewusst. Anna war wirklich ein unerschöpflicher Quell an Informationen. »Nun, wie auch immer, du wirst ihn nicht belangen können. Schick hat seine Aussage bestätigt.«

»Nicht ganz. Koch hat behauptet, er sei schon um halb acht in dem Hotel gewesen, doch der Professor hat ihn erst um zehn vor acht gesehen.«

»Na und? Vermutlich hat Koch erst mit ein paar anderen Leuten geschwatzt, bevor er sich zu Schick gesellte. Auf jeden Fall kann er Christine nicht getötet haben, denn der Pathologe ist sicher, dass sie kurz nach ihrem Tod im Weiher versenkt wurde. Sie muss also dort in der Nähe erschlagen worden sein, vermutlich dort, wo wir ihr Blut gefunden haben. Und in zwanzig Minuten hätte Koch es nie geschafft, nach Ammerbach und zurück zu fahren. Und die Veranstaltung ging bis weit nach Mitternacht.«

»Leider«, erwiderte Anna so düster, dass Becker lachen musste.

»Gibt es einen besonderen Grund, warum du ihn nicht von der Liste der Verdächtigen streichen willst, abgesehen davon, dass du ihn nicht magst?«

»Er hat Lena Suboric angewiesen, uns nicht zu sagen, dass Christine dort war. Ich glaube, er hat ziemlichen Druck auf sie ausgeubt, warum sonst ware sie so erschrocken, als wir vor ihr standen? Glaubst du, er hat auch Druck auf sie ausgeübt, damit sie behauptet, er sei schon gegangen, obwohl er noch in der Praxis war, als Christine kam?«

Becker überlegte. »Das kann ich mir nicht vorstellen. Du

hast doch gesehen, was für eine lausige Lügnerin Lena Suboric ist, aber als sie sagte, Koch sei schon weg gewesen, klang sie glaubwürdig. Und die andere Rezeptionistin hat es bestätigt. Schade, dass Christine Lenz den beiden nicht gesagt hat, was sie dort wollte.«

»Bestimmt Rat, weil ihr schöner Plan geplatzt war. Dir ist doch wohl klar, dass der Plan mit dem Mord zusammenhängen muss?«

Becker nickte. Alles andere wäre in der Tat ein merkwürdiger Zufall. Sie ermittelten jetzt seit zehn Tagen in dem Fall und ihnen war bisher nicht das kleinste Motiv untergekommen, warum jemand Christine Lenz getötet haben sollte. Ihr Leben schien wirklich – bis auf ihre Kinderwunschbehandlung – überdurchschnittlich langweilig gewesen zu sein. Und dann waren an einem Tag gleich zwei außergewöhnliche Dinge passiert: Sie hatte eine wildfremde Frau gebeten, ihr Kind auszutragen, und sie war getötet worden.

»Der offensichtliche Zusammenhang wäre, dass jemand verhindern wollte, dass sie ihren Plan ausführte. Aber wieso?«

»Na, um zu verhindern, dass sie sich fortpflanzt.«

Becker grinste. »In dem Fall bist du die offensichtliche Verdächtige. Du hasst Kinder.«

Anna lachte. »Stimmt, aber ich habe ein Alibi. Freitagabends gehe ich zum Karatetraining. Mittwochs übrigens auch – aber wenn wir weiter so kriechen, wird das heute nichts.«

Becker nickte zustimmend, während er an einer roten Ampel hielt. In München herrschte zu dieser Tageszeit mehr Verkehr als im Autoskooter am Familientag.

»Aber wenn wir dich ausschließen, dann fällt mir nur noch Michael Herzog ein. Er könnte ein Interesse daran gehabt haben, dass seine Stiefmutter keine Kinder bekommt, die ihm dann das Erbe streitig machen. In dem Fall hätte es sich für ihn doppelt gelohnt, sie zu töten, denn jetzt ist er Herzogs Alleinerbe. Allerdings ist sein Alibi noch besser als deins. Er war in den USA, als Christine starb. Abgesehen davon, dass Herzog bekanntermaßen nicht viel zu vererben hat.«

»Ich frage mich, ob das wirklich so bekannt ist«, warf Anna ein. »Nach außen wirkt er sehr wohlhabend, mit seiner Villa und seinem Laden. Dass die Villa bis unters Dach verschuldet ist und der Laden in letzter Zeit schlecht lief, muss der Mörder ja nicht gewusst haben. Übrigens, woher weißt du, dass Michael Herzog der Alleinerbe wird? Kennst du Herzogs Testament?«

»Nein. Ich habe es nur vermutet.«

»Dann sollten wir das überprüfen. Hat nicht irgendwer erwähnt, dass Herzog sich nicht besonders gut mit seinem Sohn verstand? Es kann also gut sein, dass er in seinem Testament noch andere Leute bedenkt, zum Beispiel Landauer.«

Becker kam ein Gedanke. »Und vielleicht sollten wir auch den Unfall von Herzog noch einmal überprüfen.«

»Wieso das?«

»Na ja, wir gehen davon aus, dass Christines Leihmutterplan mit ihrer Ermordung zusammenhängt, weil er das einzig Besondere ist, dass ihr in ihrem Leben widerfahren ist. Aber du musst zugeben, ein im Koma liegender Ehemann ist auch etwas Besonderes.«

5

An diesem Abend saß Johanna wieder in der Hollywoodschaukel, in der Hand ein Glas eisgekühlten Chardonnay, neben sich ein Buch von Euphemia Frisse. Mona hatte es ihr aufgedrängt, bevor sie – einer der wenigen Tribute an ihre Schwangerschaft – früh ins Bett gegangen war. Doch Johanna las nicht, sondern dachte nach. Über das, was Gertrude ihr über Paul und Holger erzählt hatte, über das, was sie selbst über Paul wusste, und über das, was sie über Christine erfahren hatte. Viel war Letzteres nicht und es entsprach überhaupt nicht den Vermutungen, die Johanna in den letzten drei Jahren über sie angestellt hatte. Sie hatte oft an diese Frau gedacht, die sie nicht kannte, war eifersüchtig auf sie gewesen, zumindest im ersten Jahr nach ihrer Trennung von Paul. So eifersüchtig, dass sie Mona verboten hatte, sie auch nur zu erwähnen.

Lange Zeit hatte Johanna Angst gehabt, Paul und seine neue Frau zufällig irgendwo zu treffen. Der Gedanke, ihnen zu begegnen, wie sie zum Beispiel einen Kinderwagen schiebend durch den Englischen Garten gingen, hatte ihr Albträume bereitet. Sie hatte deshalb den Englischen Garten gemieden und auch andere Orte, an denen ihrer Ansicht nach Paare mit Nachwuchs zu befürchten waren. Deshalb hatte sie sich von Rainer auch bereitwillig jedes Auslandsprojekt aufhalsen lassen, das noch irgendwie in ihren übervollen Terminkalender gequetscht werden konnte. Und dabei hatten Paul und Christine keine Kinder bekommen können. Es war absurd, tragisch und unendlich traurig.

Holger kam über den Rasen auf sie zu geschlendert und ließ sich wie am Abend zuvor vor ihr im Gras nieder.

»So, die Jungs schlafen endlich«, sagte er. »Stimmt es, dass du ihnen gestern ungefähr drei Dutzend Gute-Nacht-Geschichten vorgelesen hast? Jedes Mal, wenn ich aufhören wollte, behaupteten sie, du hättest noch eine geschafft und noch eine. Und als ich sagte, ich könne nicht mehr, meine Stimme sei schon ganz rau, behauptete Jan, deine Stimme wäre sowieso viel weicher und schöner.«

»Hier, das hält sie geschmeidig.« Johanna hielt Holger ihr Glas hin.

Er trank einen Schluck, dann sagte er: »Aber ich sehe, du liest ebenfalls, einen von Euphemias Ratgebern. Ich muss gestehen, ich habe nie mehr als drei Seiten geschafft. Hast du sie schon kennengelernt?«

»Flüchtig. Woher kennt ihr sie eigentlich?«

»Als Mona Jan bekam, teilten die beiden sich ein Zimmer auf der Entbindungsstation.«

»Ich wusste nicht, dass sie Familie hat«, meinte Johanna überrascht. Sie hatte den Eindruck gewonnen, dass Euphemia Frisse eine Einzelkämpferin sei.

»Sie hatte. Es ist eine traurige Geschichte. Ihr Mann starb in den USA, als er versuchte, eine Selbstmörderin zu retten. Eine Frau, deren Mann bei den Anschlägen vom 11. September ums Leben gekommen war, hatte am dritten Jahrestag beschlossen, dass sie ihn nicht mehr erleben wollte. Und der Sohn, Joseph, ...« Holger schüttelte den Kopf.

»Was geschah mit ihm?«

»Er starb mit knapp zwei Jahren. Er war von Geburt an schwerstbehindert. Es war ein Wunder, dass er überhaupt so alt wurde, die Ärzte hatten ihm nur wenige Monate gegeben. Und selbst die gönnten sie ihm nicht. Sie wollten, dass Euphemia abtreibt. Natürlich hat sie abgelehnt.« Holger trank den Chardonnay aus. »Ich muss gestehen, ich fühle mich Euphemia gegenüber immer schuldig, weil ich sie trotz ihrer traurigen Geschichte nicht mag. Mona hält große Stücke auf sie, aber ich werde mit ihr nicht so recht warm.«

Johanna konnte sich vorstellen, dass das schwierig war.

»Ich glaube, Mona ist sowieso die Einzige, die Euphemia

als Freundin bezeichnen würde«, fuhr Holger fort. »Sie nennt sie Mia, aber ansonsten traut sich das niemand. Zumindest kein Erwachsener.«

»Das ist traurig.«

»Ach, ich weiß nicht. Ich habe oft den Eindruck, dass Euphemia keinen Wert auf Freundschaften legt. Ihr ist es wichtiger, dass die Leute sie achten, sie respektieren. Sie gehört zu den Leuten, die völlig in ihrer Arbeit aufgehen.«

»Hm.« Mehr erwiderte Johanna nicht. Auch ihr hätte man vor ein paar Wochen vermutlich nachgesagt, dass sie in ihrem Job aufginge. Tatsächlich war es eher so gewesen, dass sie in die Arbeit geflüchtet war, um ihrem leeren Privatleben zu entkommen. Aber natürlich mochte das im Fall der Theologin ganz anders sein.

»Aber genug von Euphemia.« Holger warf einen Blick auf das leere Glas in seiner Hand. »Ich habe deinen Wein ausgetrunken. Ich werde uns neuen holen.«

Er erhob sich und verschwand, kam jedoch wenige Minuten später mit einer frisch geöffneten Weinflasche und einem weiteren Glas zurück.

»Ich habe dich heute in den *Herzog* gehen sehen«, bemerkte er, nachdem er ihnen beiden nachgeschenkt hatte. »Hast du Gertrude besucht?«

Johanna nickte.

»Wie geht es ihr?«

»Sie vermisst Paul. Und sie macht sich Sorgen, wie es mit dem Geschäft weitergehen soll. Weißt du etwas darüber?«

»Wie wäre es, wenn du es übernimmst?«

Johanna lachte. »Klar, warum nicht? Gertrude hat erst heute Morgen behauptet, ich hätte Talent zur Antiquitätenhändlerin.«

»Ich meine das ernst. Irgendetwas musst du doch mit dem ganzen Geld machen, dass du dir bei *S&W Consult* erschuftet hast. Und wenn du keine Lust mehr hast, Software zu entwickeln ...«

Johanna schüttelte abwehrend den Kopf. »Ich habe Lust, Software zu entwickeln, große sogar. Ich habe nur keine Lust mehr auf 70-Stunden-Wochen, Reisen und idiotische Vorgaben von Managern, die Software von Hardware nicht unterscheiden können.« Sie zögerte. »Ich habe überlegt, ob ich an die Uni zurückgehe.« Sie hatte schon versucht, ihren ehemaligen Professor anzurufen, ihn aber bisher nicht erreicht. Willi Grothstück hatte ihr bereits vor zehn Jahren, als sie nach der Promotion die Uni verließ, um viel Geld verdienen und etwas von der Welt zu sehen, prophezeit, dass sie eines Tages zurückkehren werde.

»Auch dann musst du dein Geld anlegen. Überleg es dir, Michael wäre bestimmt froh.«

»Wo ist er eigentlich?«

Holger machte ein besorgtes Gesicht. »Ich weiß es nicht. Eigentlich wollte er heute zur Beerdigung kommen, aber er war nicht da. Seltsam. Ich habe mehrfach versucht, ihn anzurufen, aber sein Handy ist ausgestellt.«

»War er mal hier seit Pauls Unfall?«

»Ja, er kam direkt danach für ein paar Tage. Es hat ihn ziemlich mitgenommen, obwohl die beiden sich nie besonders gut verstanden haben. Sie hatten sich davor über ein Jahr nicht gesehen.«

»Paul sagte immer, das Verhältnis sei so schlecht, weil sie sich erst richtig kennengelernt hätten, als Michael schon zwölf war.«

Holger zuckte mit den Achseln. »Ich weiß nicht, ob das stimmt. Paul wollte immer zu viel von Michael, dass er Abitur machte, dass er studierte. Michael hat das alles nicht interessiert. Außerdem hatte er eine ausgeprägte Lese- und Schreibschwäche. Und Mathematik, alles was mit Zahlen oder gar Abstraktion zu tun hat, machte ihm geradezu Angst. Aber noch mehr Angst hatte er vermutlich vor Pauls Enttäuschung. Deshalb hat er es versucht, hat mit Ach und Krach sein Abi geschafft und ein Geografiestudium begonnen.«

»Er hat es geschmissen, als ich mit Paul zusammen war. Paul hat getobt. Ich fand das seltsam, schließlich hat er auch nie einen Abschluss gemacht.«

»Aber er hätte vermutlich jede Menge Abschlüsse erreichen können, wenn er nicht ständig das Interesse verloren hätte. Michael hingegen war überfordert. Das wollte Paul nicht akzeptieren. Michael ist dann nach Amerika gegangen, seine Mutter kam aus Kalifornien, wusstest du das? Er arbeitet mittlerweile als Kunstschreiner, wenn man das so nennt. Er macht tolle Sachen. Er war immer geschickt mit seinen Händen, mit sechzehn hat er Monas Atelier gebaut.«

Johanna warf einen Blick über den Rasen zu dem umgebauten Schuppen mit dem verglasten Dach.

»Beeindruckend.«

»Er hat sich mächtig ins Zeug gelegt. Er war damals völlig in Mona verschossen. Obwohl sie vierzehn Jahre älter ist. Er war wirklich ein netter Junge, ist es noch.«

Holger starrte wehmütig in sein Glas. Dann leerte er es in einem Zug. Es erinnerte Johanna daran, dass Paul bei seinem Sturz betrunken gewesen war. Ihr verging der Durst und sie stellte ihr Glas neben ihren Füßen ab. Holger schenkte sich noch einmal nach.

»Du hast Michael nie kennengelernt, nicht wahr?«, bemerkte er.

Johanna schüttelte den Kopf. »Ich hätte es gern, aber Paul fand immer wieder andere Gründe, ein Treffen hinauszuschieben.«

»Das wundert mich nicht. Er wollte sich dir immer im besten Licht präsentieren und ich glaube, er wusste instinktiv, dass er seinen Vaterjob ziemlich vermasselt hatte, obwohl er das nie zugegeben hätte. Ich wünschte, ihr hättet euch nie getrennt.«

»Das ist lange her ...«

»Ist es das? Warum bist du dann gestern hingegangen?«

Johanna zögerte. Sie war nicht sicher, ob sie das mit

Holger besprechen wollte. Ob sie es überhaupt mit jemandem besprechen wollte. Schon gar nicht nach dem, was Gertrude ihr heute erzählt hatte. Doch bevor sie noch darüber nachdenken konnte, sagte Holger mit einer Heftigkeit, die sie verblüffte: »Du hättest ihn nicht verlassen dürfen.«

Sie ging sofort in Abwehrhaltung. »Ich? Umgekehrt wird ein Schuh daraus. Er hat mich verlassen.«

»Aber nur, weil du ihm nichts anderes übrig ließest.«

Johanna versteifte sich augenblicklich angesichts dieser Attacke, die sie nicht erwartet hatte, nicht hier, nicht jetzt und schon gar nicht von Holger. »Ich wollte nicht, dass er geht.«

»Ach Johanna, komm, was hätte er denn sonst machen sollen? Er wollte unbedingt ein Kind.«

»Er hatte bereits einen Sohn.«

»Aber er wollte weitere. Es war unfair von dir, von ihm zu verlangen, darauf zu verzichten.«

»Das habe ich nie getan.«

»Hast du doch«, erwiderte Holger heftig.

Johanna starrte ihn an und spürte, wie eine alte, längst überwunden geglaubte Wut in ihr hoch stieg. Möglichst ruhig sagte sie: »Habe ich nicht. Ich habe nur entschieden, dass *ich* keine Kinder möchte.«

»Genau. Warum denn bloß? Verdammt Johanna, ihr habt so gut zusammengepasst. Ihr wart ein Traumpaar! Warum musstest du das kaputt machen? Warum hättest du dich nicht wenigstens auf ein Kind einlassen können?«

»Weil ein Kind kein Kompromiss ist, auf den man sich einlässt, wie auf ein paar Schuhe, die zwar todschick, aber dafür höllisch unbequem sind. Außerdem halte ich es nicht für legitim, ein Kind in die Welt zu setzen, um eine Beziehung zu kitten.«

»Aber eure Beziehung war nicht kaputt. Sie war wunderbar. Ihr wart nur in einem einzigen Punkt uneinig.«

»Und das war zufällig ein entscheidender Punkt.« Sie stand auf. Ihr Fuß stieß an ihr Weinglas. Es kippte um, der restliche Chardonnay ergoss sich über das Gras und sickerte in die Erde. Johanna bückte sich und hob das Glas auf. »Holger, ich weiß nicht, warum du diese Geschichte jetzt aufwärmst oder wie du auf den Gedanken kommst, dass sie dich überhaupt etwas angeht, aber ich würde die Diskussion jetzt gerne beenden.«

Er sprang ebenfalls auf. »Ja natürlich. So wie du alles beendest, was dir nicht passt: deine Beziehung zu Paul, deinen Job bei *S&W*.«

Es war, als hätte er ihr einen Schlag in die Magengrube versetzt. »Ich höre mir das nicht länger an.«

Johanna wandte sich ab, doch im nächsten Moment packte Holger sie am Arm und riss sie herum. Das Glas fiel ihr aus der Hand. Der Stiel zerbrach.

»Das würde dir gefallen«, fauchte er. »Erst zerstörst du und dann gehst du weiter und weigerst dich, mit den Konsequenzen zu leben. Du lehnst jegliche Verantwortung ab. Das ist doch der wahre Grund, warum du kein Kind wolltest. Weil du dich weigerst, Verantwortung zu übernehmen!«

Die Anschuldigung war absurd, doch sie tat so weh, dass Johanna mit der freien Hand ausholte, bevor sie sich bremsen konnte, und ihre flache Linke landete klatschend auf Holgers Wange. »Ach ja?«, schrie sie. »Wie ist es denn mit deinem Verantwortungsgefühl? Wer hat denn Paul an dem Abend im Stich gelassen? Das warst doch du!«

Verschreckt über ihren Schlag ließ Holger ihren Arm los. »Was soll das heißen?«

»Paul saß einen ganzen Abend in seinem Laden, so unglücklich, dass er sich betrank. Wo warst du da? Warum musste er allein dort hocken? Warum war nicht sein bester Freund da, um ihm Gesellschaft zu leisten, sich seine Sorgen anzuhören?«

Sie sah, dass sie ihn getroffen hatte. Er trat einen Schritt zurück. »Ich hatte keine Zeit.«

»Ach ja? Ich glaube eher, du hattest keine Lust! Und jetzt versuchst du, die Schuldgefühle, die du deswegen hast, auf mich abzuwälzen.«

»Das ist nicht wahr!«

»Es ist genauso wahr wie das blaue Auge, das du Paul ein paar Tage vor seinem Unfall verpasst hast!«

Damit ließ Johanna ihn stehen und rannte ins Haus.

6

Hans Grabmeier räumte den letzten Teller in den Schrank und warf dann das pinkfarbene Geschirrtuch scheinbar achtlos auf den Esstisch. Seine Nichte, die an der Spüle stand, runzelte die Stirn.

»Du musst es ordentlich aufhängen, sonst trocknet es doch nicht«, sagte sie mit leisem Vorwurf in der Stimme.

»Was du nicht sagst.«

Gehorsam griff Grabmeier erneut nach dem Tuch und breitete es sorgfältig über die Rückenlehne eines Küchenstuhls – so, wie er es immer tat, wenn er bei Maike und Susanne Niedermayr zu Gast war. Er hatte nur heute darauf verzichtet, weil er Maike provozieren wollte, endlich irgendetwas zu sagen, denn während des Abwaschs hatte sie beharrlich geschwiegen. Doch nach dem kurzen Wortwechsel wandte sie sich wieder von ihm ab.

Vermutlich hat sie genauso viel Angst wie ich, dass ein falsches Wort einen neuen Streit auslöst, dachte Grabmeier und war zugleich froh und traurig darüber. Froh, weil es zeigte, dass auch Maike an der Entfremdung zwischen ihnen litt. Traurig, weil es zeigte, wie groß diese Entfremdung war. Dabei hätte er es bis vor kurzem nicht für möglich gehalten, dass überhaupt etwas ihre Beziehung trüben könnte.

Nachdem er das Geschirrtuch aufgehängt hatte, lehnte Grabmeier sich an den Kühlschrank. Er wollte sich nicht setzen, solange Maike noch beschäftigt war. Sie waren allein in der Küche. Susanne war direkt nach dem Essen auf den Balkon verschwunden. Um eine zu rauchen, wie sie sagte, aber Grabmeier hatte gesehen, dass sie zwei Flaschen Bier mitgenommen hatte. Sie würde so bald nicht wieder hereinkommen und er war froh darüber. Susanne wäre ihm bei der drohenden Diskussion ohnehin keine argumentative Stütze gewesen und er wollte nicht, dass seine Nichte dachte, sie hätten sich gegen sie verbündet – so unwahrscheinlich eine solche Allianz auch gewesen wäre.

Grabmeier hatte Susanne Niedermayr nie gemocht. Sie war ihm schon bei ihrer ersten Begegnung unsympathisch gewesen und auch bei ihrer zweiten, die vor achtzehneinhalb Jahren stattgefunden hatte und eigentlich ihre letzte hätte sein sollen. An dem Tag hatte Grabmeier nichts anderes im Sinn gehabt als einen Höflichkeitsbesuch, um Susanne zu ihrer gesunden Tochter zu gratulieren und ihr zu erklären, dass er das Geld aus der Lebensversicherung seines Bruders, der sechs Monate zuvor bei einem Autounfall ums Leben gekommen war, auf ein Sparkonto für ebendiese Tochter angelegt hatte. Dann hatte er wieder gehen wollen, denn mehr glaubte er dieser Frau nicht zu schulden, die für einige Nächte ihr Bett mit seinem Bruder geteilt und behauptet hatte, Maike sei das Ergebnis dieser Nächte.

Doch das Schicksal interessierte sich nicht dafür, was er zu schulden glaubte oder zu zahlen bereit war. Als Grabmeier die Wohnung wieder verlassen wollte, klingelte das Telefon und Susanne drückte ihm Maike in die Arme. Damals war sie zwei Wochen alt, ein winziges zappeliges Bündel, das nur aus riesigen, blauen, weinenden Augen und einem noch viel riesigeren, schreienden Mund bestehen zu schien – bis zu dem Augenblick, als sie in seinen Armen lag. Als Grabmeier die kleine Wohnung verließ, ließ er sein Herz dort zurück und dort war es bis heute.

Er sah zu Maike hinüber, die gerade mit der ihr eigenen Gründlichkeit die Spüle auswischte und dann den Lappen über den Wasserhahn hängte. Eine Welle von Stolz durchflutete ihn. Stolz auf Maikes Schönheit, ihre Intelligenz, darauf, dass sie mit Dingen wie mit Menschen gleichermaßen sorgfältig umging, stolz darauf, dass sie so viel reifer war als ihre Altersgenossinnen. Besonders stolz darauf, dass sie so anders war als ihre Mutter. Und auch stolz, weil er wusste, dass er einen wichtigen Beitrag zu ihrer Entwicklung geleistet hatte. Doch dem Stolz folgten sofort Ärger und Wut, weil Maike im Begriff war, all das wegzuwerfen. Er würde es nicht zulassen.

In diesem Moment drehte Maike sich zu ihm um und schaute ihn an. »Wenn du mich so ansiehst, begreife ich nicht, wie du mir zu einer Abtreibung raten kannst«, sagte sie. »Ich bin in derselben Situation wie Mama vor neunzehn Jahren. Wenn sie abgetrieben hätte, gäbe es mich heute nicht. Würdest du das wollen?«

»Aber das kann man doch überhaupt nicht vergleichen. Deine Mutter war schon fünfundzwanzig, während du erst achtzehn bist. Außerdem hatte sie bereits eine Ausbildung gemacht, war fest angestellt ...«

»Das bin ich auch.«

Grabmeier betrachtete seine Nichte irritiert. »Samstags in einer Buchhandlung zu arbeiten, reicht nicht, um sich zu finanzieren, geschweige denn ein Baby.« Sie öffnete den Mund, um etwas zu sagen, doch er hob abwehrend seine Hand. »Außerdem geht es in erster Linie nicht um die finanzielle Seite, sondern um deine Zukunft. Du willst nicht Buchhändlerin werden, sondern Richterin. Du wolltest Jura studieren. Wie kannst du das alles wegwerfen?«

»Das habe ich doch gar nicht vor. Ich möchte mein Studium nur um ein Jahr verschieben. Dann wird das Baby schon alt genug sein, um in die Krippe zu gehen. Ich habe mich erkundigt, viele Studentinnen sind schon Mütter.«

»Und die meisten schaffen nie einen Abschluss. Verdammt, Maike, ein kleines Kind ist ein Vollzeitjob. Das kostet nicht nur einen Haufen Geld, sondern auch Zeit. Daran scheitern auch Frauen, die einen Partner haben, der sie unterstützt.«

»Ich werde es allein schaffen. Dann dauert mein Studium eben zwei Semester länger.«

»Oder vier oder sechs oder acht. Aber Maike, selbst wenn du es in Rekordzeit schaffen würdest. Warum willst du dir das unbedingt antun?«

»Warum willst du es mir unbedingt ausreden?«

»Ich will, dass du glücklich wirst. Ich will, dass du deine Talente nutzt. Du bist intelligent, du bist klug, du bist gerecht, du hast das Zeug zu einer tollen Juristin, du würdest eine hervorragende Richterin werden. Ich will nicht, dass du dein Leben vergeudest.« So wie deine Mutter, aber das sagte er nicht. »Ich will nicht, dass du deine Talente vergeudest.«

Einen Moment lang sah Maike ihn an, ihre Augen zu schmalen Schlitzen zusammengekniffen. Grabmeier wusste sofort, dass die letzten Worte ein Fehler gewesen waren, auch wenn er nicht wusste, wieso. Auf Fremde wirkte Maike meist ausgesprochen ausgeglichen und gutmütig, doch unter der ruhigen Oberfläche brodelte ein hitziges Temperament und kochte eine geballte Portion Jähzorn wie Lava. Wenn ihre Augen so schmal wurden wie jetzt, dann stand meistens ein Vulkanausbruch kurz bevor.

»Und ein Talent zur Mutterschaft habe ich nicht?«, fragte sie mit gepresster Stimme.

»Das habe ich nicht behauptet, aber du kannst später Kinder kriegen ...«

»Ich will dieses«, schrie Maike plötzlich in einer Lautstärke, dass Grabmeier zusammengezuckt wäre, wenn er nicht damit gerechnet hätte.

»Aber warum?«

»Das habe ich dir schon hundertmal erklärt«, schrie sie. »Ich will keine Mörderin sein.«

Nun wurde auch Grabmeier laut. »Abtreibung ist kein Mord«, donnerte er. »Ich weiß, was Mord ist. Mord ist es, jemandem einen Revolver an den Kopf zu halten und abzudrücken. Mord ist es, ein Messer zu nehmen und so oft auf einen Menschen einzustechen, bis dieser zusammenbricht. Mord ist es, einen Stein vom Boden aufzuheben und damit so lange auf eine wehrlose Frau einzuschlagen, bis ihr Schädel zertrümmert ist. Es ist kein Mord, einen Zellhaufen zu vernichten.«

»Ich bin in der 11. Woche, da ist es kein Zellhaufen mehr«, blitzte Maike zurück.

»Aber es ist auch noch kein Mensch, es ist ohne dich nicht lebensfähig. Und es ist es nicht wert, dass du dein Lebensglück dafür opferst – egal, was Dr. Frisse dazu sagt.«

»Wie oft soll ich es dir noch sagen? Meine Entscheidung hat mit Dr. Frisse nichts zu tun.«

»Das glaube ich dir nicht. Du hast doch früher nicht so idiotische Ansichten vertreten! Und sie war deine Lehrerin. Es ist doch bekannt, dass sie versucht, ihre Schülerinnen zu beeinflussen. Du bist nicht die Erste, der sie eine Abtreibung ausgeredet hat.«

»Ich habe sie seit dem Abi nicht gesprochen.«

Soweit er wusste, hatte Maike ihn noch nie angelogen, und dass sie es jetzt so dreist tat, raubte Grabmeier für einen Moment die Sprache. »Das stimmt nicht. Ich habe euch zusammen gesehen, vor drei Wochen, in Ammerbach vor der Kirche.«

Sie sah ihn verwirrt an. »Ach das, das war Zufall.«

»Das glaube ich nicht. Du bist seit deinem vierzehnten Lebensjahr nicht mehr in einer Kirche gewesen.«

Sie sah auf einmal unendlich traurig aus. »Das stimmt«, sagte sie leise. »Deshalb ist es vermutlich kein Wunder, dass Gott meine Gebete jetzt nicht erhört.«

7

Holger saß schon so lange so still, dass selbst die Tiere seine Anwesenheit vergessen zu haben schienen. In den Zweigen wenige Meter über ihm lauerte ein Waldkauz auf Beute. Vor wenigen Minuten war ein Fuchs achtlos an ihm vorbei durch den dunklen Garten gelaufen. Und jetzt wagte es ein Igel tatsächlich, über seinen Fuß zu huschen. Doch der krabbelnde Igel riss Holger aus seiner Versunkenheit. Er zog instinktiv seinen Fuß zurück und das Geräusch, das entstand, als er seinen Schuh über das Gras schleifte, genügte, um Säugetiere und Vögel zu vertreiben.

Zeit zu gehen, dachte Holger, doch er blieb eingehüllt von der lauen Sommernacht auf der schmiedeeisernen Bank im Garten von Pauls kleiner Villa am Waldrand sitzen. Hierhin war er geflüchtet, nachdem ihn die Krankenschwester zum dritten Mal aufgefordert hatte, die Intensivstation zu verlassen, da die Besuchszeiten längst vorbei waren.

Es war nicht das erste Mal, dass er hierhergekommen war. Seit Pauls Unfall pflegte er regelmäßig all die Orte aufzusuchen, an denen sie zusammen gewesen waren, in der Hoffnung, ihm dort näher zu sein als im Krankenhaus. Nach der hässlichen Szene mit Johanna war Holgers Bedürfnis, mit seinem Freund zu kommunizieren, besonders groß, denn er wusste, dass er sich Johanna gegenüber falsch verhalten hatte. Seine Vorwürfe waren ungerecht und ungerechtfertigt gewesen. Er hatte es schon gewusst, während er sie ihr an den Kopf warf, dennoch hatte er sich nicht stoppen können. Dabei hatte er vorgehabt, sich Johanna anzuvertrauen, sie um Hilfe zu bitten. Er hatte gehofft, ihr kühler Verstand könnte ihm einen Weg aus dem Schlamassel weisen, den er sich selbst eingebrockt hatte.

Das Geräusch eines fahrenden Wagens zerschnitt die Stille. Vermutlich ein Anwohner, dachte Holger, denn Pauls

Villa lag in einer Sackgasse. Und richtig, einen Augenblick später hörte er, wie der Wagen hielt und eine Autotür zugeschlagen wurde.

Als Paul sich von Johanna trennte, hatte er die Villa noch nicht besessen. Er hatte sie erst kurz nach der Hochzeit mit Christine gekauft, um den Kindern, mit denen er so fest rechnete, ein Zuhause zu geben. Holger war überzeugt gewesen, dass es ein Fehler war, dass Paul für die viel zu teure Villa Kredite aufnahm, die er von den Erlösen aus seinem Laden kaum würde zurückzahlen können. Doch er hatte nichts gesagt, denn er hasste es, mit Paul zu streiten. Und er wusste sowieso, dass er es nie schaffte, seinem Freund etwas auszureden, das dieser sich in den Kopf gesetzt hatte. So war es auch gewesen, als Paul sich von Johanna trennen wollte.

»Aber du liebst Johanna«, hatte Holger entsetzt gesagt. »Du bist ein Idiot, wenn du sie verlässt.«

»Es ist die einzige Möglichkeit.«

»Das kann ja wohl nicht sein. Du schleppst seit Jahren eine Frau nach der anderen ab, immer auf der Suche nach deiner Traumfrau, und jetzt, wo du sie endlich gefunden hast ...«

»Was soll ich denn tun? Ich will Kinder.«

»Man kann nicht alles haben.«

Doch darüber hatte Paul nur gelacht und mit beißendem Spott erwidert: »Das sagst ausgerechnet du. Als ob ihr bereit gewesen wärt, auf Kinder zu verzichten. Wann habt ihr überhaupt je auf etwas verzichtet, Mona und du?«

Holger hatte seinem Freund recht geben müssen. Mona und er hatten sich tatsächlich immer alles genommen. Alles, was sie brauchten, alles, was sie sich wünschten, – und viel mehr als ihnen zustand. Wie drückten es die Spanier aus? *Nimm, was du willst, und bezahl dafür, sagt Gott.* Nun, Gott hatte sich Zeit gelassen, die Bezahlung zu fordern. Aber dann hatte er doch noch die Rechnung präsentiert. Mit Zins und Zinseszins. Nur dass er weder Holger noch Mona zur Kasse gebeten hatte.

Langsam erhob Holger sich, um zu seinem Wagen zurückzukehren. Der Himmel war sternenklar und so hatte er genug Licht, um sich zu orientieren, während er über den Rasen schritt, der seit Wochen nicht mehr gemäht worden war, zwischen den Büschen hindurch, die dringend beschnitten werden mussten. Er war gerade auf der Terrasse angekommen, als das Licht anging. Jemand – Holger hätte in dem Moment nicht sagen können, wer, vielleicht die Polizei? – hatte nach Christines Tod alle Rollläden in der Villa heruntergelassen, doch durch die Ritzen der Jalousie vor der Terrassentür sah Holger deutlich einen gelben Schimmer quellen.

Er erstarrte.

Und wurde dann von einer unglaublichen Wut gepackt.

Er spürte, wie sich alles in ihm anspannte, wie sich selbst die Zehen in seinen Schuhen krümmten, wie sich seine Fäuste ballten und wie seine Zähne aufeinanderbissen. Jemand war im Haus! Ein Einbrecher war in der Villa seines Freundes, der hilflos im Krankenhaus lag, dessen Frau vor kurzem ermordet worden war.

Holger dachte nicht einen Moment daran, die Polizei zu rufen. Er dachte auch nicht für einen Moment, dass es Christines Mörder sein könnte, der aus irgendeinem Grund nachts die Villa heimsuchte. Er war überzeugt, dass der Eindringling ein Dieb war, der in der Zeitung von der doppelten Tragödie gelesen hatte und nun glaubte, die leer stehende Villa sei eine einfache Beute. Der würde sich wundern!

So leise er konnte, huschte Holger um das Haus herum. Neben der Villa war es dunkler und um möglichst wenig Lärm zu machen, vermied er den Kiesweg und blieb auf dem Rasen. Dabei blieb er mit dem Fuß an etwas hangen, stolperte und schlug der Länge nach hin. Er stöhnte kurz auf, als sein Kopf gegen etwas Hartes schlug, unterdrückte aber den Fluch, der sich durch seine zusammengebissenen Zähne pressen wollte. Dann lag er still. Hatte man ihn im Haus gehört?

Es schien nicht so und so leise wie möglich setzte Holger sich auf. Er rieb sich die schmerzende Stirn, die zum Glück nicht blutete. Er erkannte, dass er über eine Schaufel gestolpert war, die jemand hier liegen gelassen hatte. Glück im Unglück, dachte er grimmig und packte das Werkzeug. So bewaffnet schlich er weiter.

Die Eingangstür war geschlossen, doch Holger trug an seinem Schlüsselbund immer noch den Hausschlüssel, den Paul ihm nach der Einweihungsfeier der Villa in die Hand gedrückt hatte. Vorsichtig öffnete er die Tür. Kalte Luft schlug ihm entgegen. Im Flur war es dunkel, doch die Wohnzimmertür stand halb offen und von dort fiel ein schmales gelbes Lichtrechteck auf die Flurfliesen. Von dort drang auch ein leises Rumoren. Jemand ging hin und her, öffnete Schubläden und Schränke. Mit beiden Händen packte Holger den Schaufelstiel fest in der Mitte. Die Schaufel in Schlagposition haltend, schlich er auf das gelbe Rechteck zu.

Er hätte selbst nicht genau sagen können, was er plante. Er spürte nur, wie sich all die Wut und der Selbsthass, den er seit Pauls Unfall empfand, gegen diesen Eindringling richtete, der versuchte, aus der Tragödie seiner Freunde Kapital zu schlagen. Er sehnte sich danach, den Aggressionen freien Lauf zu lassen, die er wegen Pauls Zustand hegte. Deshalb sprang er vorwärts, als plötzlich die Tür ganz geöffnet wurde, überbrückte mit zwei Schritten die Distanz und ließ die Schaufel auf den Kopf seines Gegners in dem Moment niedersausen, als er diesen erkannte.

*

Becker hatte drei Umzugskisten ausgepackt, sein normales abendliches Pensum, seit er umgezogen war. Mehr war mitten in einer Mordermittlung nicht drin. Jetzt öffnete er eine Bierflasche, schnappte sich die Akte von Paul Herzogs

Unfall und setzte sich in einen Ledersessel. Normalerweise nahm er ungern Arbeit mit nach Hause, doch heute hatte er eine Ausnahme gemacht, weil er die Akte heimlich lesen wollte.

Becker hatte den ganzen Nachmittag über seine aufkeimende Idee nachgedacht, es könnte einen Zusammenhang zwischen dem Beinahe-Tod Herzogs und der Ermordung seiner Ehefrau geben. Und je länger er diese Theorie analysiert hatte, desto sicherer war er geworden, dass wirklich etwas daran sein konnte. Doch als er bei der Abendbesprechung eine entsprechende Bemerkung gemacht hatte, hatte Grabmeier ihn abgewürgt mit den Worten, der zuständige Beamte sei überzeugt, dass es sich tatsächlich um einen Unfall gehandelt habe. An seiner alten Dienststelle hätte Becker sich mit einer solchen Antwort begnügt, doch auch wenn Grabmeier die Abendbesprechung überraschenderweise vorbildlich geleitet hatte, waren Beckers Zweifel an dessen Urteilfähigkeit noch lange nicht ausgeräumt. Deshalb hatte er die Akte mitgenommen, um seiner Idee zu Hause nachzugehen.

Und als er sie jetzt aufschlug, stellte er schnell fest, dass er einen Volltreffer gelandet hatte.

*

»Bist du sicher, dass ich dich nicht ins Krankenhaus fahren soll?«, fragte Holger zum wiederholten Mal.

Michael Herzog schüttelte vorsichtig den Kopf, den Holger mit der Schaufel nur knapp verfehlt hatte, weil Michael sich im letzten Moment weggedreht hatte. Er saß mit nacktem Oberkörper auf der Couch im Wohnzimmer seines Vaters, den Kopf zurückgelehnt, sodass seine blonden Locken platt gegen das schwarze Leder gedrückt wurden und ihn wie einen Heiligenschein umgaben. Auf seiner linken Schulter balancierte er eine Tüte tiefgekühlter Erbsen, die

Holger im Kühlschrank gefunden hatte.

»Die müssen reichen.«

Michael machte mit seiner rechten Hand eine Bewegung zu der Packung mit Schmerztabletten, die auf dem Couchtisch vor ihm lag. Daneben stand ein Glas Wasser. Holger hatte sich dagegen aus Pauls Barschrank eine halb volle Flasche Whiskey geholt. Der Schock, um ein Haar Pauls Sohn erschlagen zu haben, saß zu tief, als dass er ihn mit bloßem Wasser hätte wegspülen können.

»Jetzt erzähl mal, warum du jetzt erst gekommen bist. Wir hatten dich vor vierundzwanzig Stunden erwartet.«

»Wieso das? Ich sagte doch, ich komme zur Beerdigung.«

»Die war heute Morgen.«

Michael schaute ihn verwirrt an, ein Gesichtsausdruck, den er häufig trug und der ihn um zehn Jahre verjüngte. Er sah aus wie ein Teenager. »Habt ihr sie vorverlegt?«

»Natürlich nicht. Sie war heute, wie geplant.«

»Aber du sagtest doch, sie sei am Neunundzwanzigsten. Heute ist der Achtundzwanzigste. Zumindest bei euch. Zuhause sind wir natürlich schon einen Tag weiter ... Oh shit, ich habe es verwechselt, nicht wahr?«

Holger musste trotz der Situation lächeln: wie typisch für Michael. »Das hast du wohl. Amerika ist halt doch nicht in allen Dingen seiner Zeit voraus. Hast du den Flug etwa selbst gebucht? Wieso hat Cindy es nicht gemacht?«

»Sie hat sich das Bein gebrochen, liegt im Krankenhaus. Eigentlich wollte ich bei ihr bleiben, aber sie sagte, ich dürfe die Beerdigung nicht versäumen. Oh, sie wird enttäuscht sein ...«

Seine Stimme klang betrübt, aber nicht allzu sehr. Sie wussten beide, dass Cindy keineswegs enttäuscht sein würde. Sie hatte Michaels Verträumtheit immer als liebenswerten Spleen betrachtet, im Gegensatz zu Paul, den dieser Spleen regelmäßig zur Weißglut getrieben hatte.

Holger war froh, dass Michael Cindy geheiratet hatte. Bei

ihr hatte er endlich Geborgenheit gefunden. Außerdem glich sie seine Geistesabwesenheit mehr als aus. Sie arbeitete in einer Bank und sorgte nebenher dafür, dass Michael an den Kunstwerken, die er schnitzte, auch etwas verdiente, indem sie verhinderte, dass er bei seinen Rechnungen Plus und Minus vertauschte und den Kunden Geld auszahlte, statt es zu verlangen.

Holger trank einen Schluck Whiskey. »Ich bin froh, dass du da bist. Wie lange wirst du bleiben?«

»Nur ein paar Tage, ich möchte Cindy nicht so lange allein im Krankenhaus lassen. Aber während ich hier bin ... Ich habe darüber nachgedacht, was du am Telefon gesagt hast. Ich möchte, dass Pauls Maschinen abgestellt werden, und ich glaube, ich sollte dabei sein.«

Holger stellte langsam sein Glas ab und stieß einen tiefen Seufzer aus. »Ich bin froh. Ich bin sicher, es wäre in seinem Sinne.«

Michael nickte. »Tust du mir einen Gefallen?«

»Jeden.«

»Kommst du mit, wenn ich mit den Ärzten spreche?«

»Natürlich.«

»Und wirst du auch dabei sein, wenn ...?«

»Natürlich.«

»Danke.«

Sie schwiegen. Jeder hing seinen Gedanken nach. Michael trank sein Wasser, Holger seinen Whiskey, der brennend seine Kehle hinablief und in seinem Magen ein Gefühl angenehmer Wärme hervorrief. Oder war es Erleichterung, die er spürte?

Nach einer Weile nahm Michael vorsichtig mit der rechten Hand das Paket Erbsen von seiner Schulter und legte es auf den Tisch. Zum Vorschein kam ein dicker, roter Bluterguss. Er griff zu seinem Hemd, doch als er den linken Arm heben wollte, sog er hörbar die Luft ein. »Autsch.«

Holger sprang sofort auf. Er nahm das Hemd, führte

Michaels linken Arm vorsichtig hinein und zog es dann über die Schulter, die heiß und geschwollen war. Er schlug erneut vor, Michael ins Krankenhaus zu fahren und dieser lehnte erneut ab.

»Soll ich die Knöpfe schließen?«

»Nein, es geht schon.«

Michael legte den Kopf leicht schräg und schaute zu Holger auf, der immer noch neben ihm stand. Er lächelte, obwohl er Schmerzen haben musste. Er war seinem Vater doch ähnlicher, als Paul es hatte wahrhaben wollen.

»Es wäre schön, dich öfter hier zu sehen«, sagte Holger und meinte es.

Michael errötete angesichts des Kompliments. Er hatte wirklich noch viel von einem Teenager. Doch dann sagte er zu Holgers Überraschung: »Habe ich mich je bei dir bedankt dafür, dass du immer für mich da warst?«

Holger setzte sich wieder. »Aber das war doch selbstverständlich.«

»Nein, das war es nicht. Vielleicht für dich, aber welcher andere Mann hätte sich um die Sorgen und Nöte eines fremden Jungen gekümmert, wenn er gerade dabei war, seine eigene Familie zu gründen?«

»Du warst kein Fremder, du warst der Sohn meines besten Freundes. Es hat mir immer leidgetan, dass ihr ein so schlechtes Verhältnis hattet. Ich habe Paul oft Vorwürfe deswegen gemacht, aber ...«

»Es war vermutlich schwierig für ihn, mich so anzunehmen, wie ich war. Denn er selbst hätte mich ganz anders erzogen.« Michaels Stimme war frei von Bitterkeit, als er das sagte, er musste wirklich sehr glücklich geworden sein. »Wusstest du, dass er mich am Tag vor dem Unfall angerufen hat?«

»Nein. Was hat er gesagt?«

Michael beugte sich vor, griff nach seinem Wasserglas und trank einen Schluck. »Es war seltsam. Paul schien ein wenig, hm, durcheinander zu sein. Ich hatte ihn noch nie so erlebt. Er fragte, wie es mir gehe und wie es Cindy gehe, und wollte alle möglichen Dinge wissen, die ihn früher nie interessiert hatten. Wir telefonierten eine ganze Weile, viel länger als sonst. Und plötzlich sagte er: ›Michael, ich möchte dich um Verzeihung bitten. Es tut mir leid, dass ich dich nie so akzeptiert habe, wie du bist. Ich war ein lausiger Vater.‹«

»Das hat er gesagt?«, fragte Holger überrascht. Es war völlig untypisch für Paul.

»Wortwörtlich. Und er fuhr fort, dass er ein Idiot gewesen sei, dass er nicht erkannt habe, wie gut es ihm gegangen sei, dass er so viel Gutes besessen und weggeworfen und stattdessen nach Dingen gestrebt habe, die er nicht haben konnte, weil er sie gar nicht wirklich wollte. Ehrlich gesagt, habe ich gar nicht genau verstanden, wovon er redete. Er sagte, er habe in letzter Zeit viel Mist gebaut und viele Menschen verletzt, ohne es zu bemerken. Aber zum Glück hättest du ihm mal so richtig gründlich den Kopf zurechtgerückt.« Er lächelte. »Es klang, als hättet ihr euch gestritten, ich konnte es kaum glauben.«

»Doch, das haben wir.«

Jetzt sah Michael ihn beunruhigt an. »Aber ihr habt euch doch versöhnt, oder nicht?«

Holger schüttelte langsam den Kopf. Er griff nach dem Whiskeyglas, setzte es jedoch gleich wieder ab, als sein Magen sich schmerzend zusammenzog. »Nein, er wollte es. Er kam am Morgen vor dem Unfall zu mir, aber ...«

Holger brach ab. Wenn er schon ständig daran denken musste, wollte er nicht auch noch darüber reden. Es war das letzte Mal gewesen, das Paul zu ihm in die Buchhandlung gekommen war. Holger war nicht allein gewesen. Zwei Kunden waren im Laden, ausgerechnet die beiden lautesten Klatschmäuler von Ammerbach: Dr. Froschwühler, der ehemalige Dorfarzt, der sich im Ruhestand zu Tode langweilte, und Frau Schmidbauer. Deswegen hatte die Unterhaltung größtenteils flüsternd stattgefunden. Falls man es eine Unterhaltung nennen konnte.

»Verschwinde!«, hatte Holger Paul begrüßt.

»Ich muss mit dir reden.«

»Ich nicht mit dir. Verschwinde!«

»Holger, bitte, es tut mir leid, ich weiß, dass ich Mist gebaut habe, aber ...«

Weiter kam Paul nicht, denn Dr. Froschwühler – magisch angezogen von der Aussicht auf Klatsch und Tratsch – erschien an der Kasse unter dem Vorwand, eine Postkarte kaufen zu wollen. Holger fertigte ihn rasch ab und starrte ihn dann so lange böse an, bis der alte Arzt zur Tür schlich. Dann zischte er Paul zu: »Ich würde es nicht Mist nennen, du bist verdammt noch mal zu weit gegangen. Du mieser ...«

Bevor Holger aus seinem in dieser Hinsicht stark begrenzten Repertoire ein geeignetes Schimpfwort auswählen konnte, näherte sich Frau Schmidbauer, einen Bildband in der Hand.

»Bitte, lass uns reden«, sagte Paul hastig. »Ich werde heute Abend in meinem Büro warten. Es ist Mittwoch.«

Doch Holger hatte abgelehnt und deshalb hatte sein bester Freund abends allein in seinem Büro gehockt und getrunken. Nur, dass er nicht allein gewesen war ...

Holger nahm das Whiskeyglas von Pauls Couchtisch und leerte es in einem Zug. Vergessen, er wollte nur für einen Abend vergessen. Er bemerkte Michaels besorgten Blick.

»Nein«, wiederholte er, »wir haben uns nicht mehr versöhnt.«

Donnerstag, 30. Juni

1

Hans Grabmeier kam am nächsten Morgen spät ins Büro. Er hatte verschlafen, denn die Sorge um Maike hatte ihn erst wach gehalten und ihm dann so unruhige Träume beschert, dass er den Wecker überhört hatte. Auch auf dem Weg zur Kriminalpolizeiinspektion hatte er über Maike nachgedacht und über die Frage: Wer?

Wer war der Mann, der seine Nichte geschwängert hatte? Wer war der Mann, der dabei war, ihr Leben zu zerstören? Wer war der Mann, der diesen Keil zwischen ihn und sie getrieben hatte? Diese Frage trieb Grabmeier um, seit Maike ihm von ihrer Schwangerschaft erzählt hatte. Aber am gestrigen Abend hatte sie noch einmal an Brisanz gewonnen. Denn eins hatte er während dieser Diskussion erkannt: Hinter Maikes Plan, das Kind zu behalten, steckte mehr als der Gedanke, eine Abtreibung sei Mord. Grabmeier konnte nicht sagen, was dieses Mehr war, aber er war überzeugt, dass es existierte. Sein Instinkt sagte es ihm und sein Instinkt sagte ihm auch, dass es etwas mit dem werdenden Vater des werdenden Babys zu tun hatte. Deshalb die Frage: Wer?

Es musste ein erwachsener Mann sein, so viel wusste er, denn er hatte einmal ein Gespräch zwischen Maike und ihrer besten Freundin belauscht. Natürlich nicht absichtlich. Er hatte die beiden in einem Café sitzen sehen und war hingegangen, um Maike zu begrüßen, als er hörte, wie die Freundin sagte:

»Ich kann nicht glauben, dass du nicht mit Peter Strohmann ausgehen willst. Er ist so süüüß.«

»Ja, wie ein Baby«, hatte Maike erwidert. »Ich weiß nicht, was du an den Jungs in unserem Alter findest. Sie sind so unreif.«

»Peter ist schon zwanzig. Vergiss nicht, dass er zweimal sitzen geblieben ist.«

»Na, das ist ja wirklich eine Qualifikation«, hatte Maike gespottet. »Tut mir leid, Yvonne, ich denke nicht daran, meine Zeit an jemanden zu verschwenden, für den das Lesen eines Comics schon einen geistigen Höhenflug bedeutet ... Ach, hallo Onkel Hans.« Sie war aufgesprungen und hatte ihn mit einem Kuss auf die Wange begrüßt. »Onkel Hans, stell dir vor, Yvonne will mich mit so einem Milchgesicht aus unserem Jahrgang verkuppeln.«

Sie hatte gelacht und er, Grabmeier, hatte mit gelacht. Und war stolz gewesen, dass sie so klug war, ihre Liebe nicht an einen unreifen 20-Jährigen zu verschwenden. Was war er doch für ein Idiot gewesen! Stattdessen hatte sie ihre Liebe und ihr Herz an ein Mann verschwendet, der dieses Geschenk dadurch erwiderte, dass er sie schwängerte und sitzen ließ. Wenn Grabmeier an diesen Mann dachte – und das tat er oft – dann krümmten sich seine Finger zu Klauen und er öffnete und schloss seine Hände, als wollte er jemanden erwürgen.

Wer war es? Wie alt war er? Fünfundzwanzig? Dreißig? Noch älter? Und wo konnte Maike ihm begegnet sein? Er konnte nicht glauben, dass seine Nichte sich in einer Kneipe oder einer Disco von älteren Typen aufreißen ließ. Und die Männer, die Maikes Mutter mit nach Hause brachte? Grabmeier schauderte allein bei dem Gedanken. Nein, so tief würde sie nie sinken. Blieb noch die Schule. Ein netter, gutaussehender Lehrer – das war eine Möglichkeit. Und das würde erklären, warum Maike sich weigerte, seinen Namen zu nennen. Sie war in der 13. Woche. Als sie mit dem Mann geschlafen hatte, war sie noch Schülerin gewesen. Ein Lehrer hätte sich also strafbar gemacht.

Die Alternative war, dass der Mann verheiratet war und Maike zum Stillschweigen verpflichtet hatte. Aber wieso machte sie das mit? Und warum wollte sie das Kind unbedingt austragen, wenn der Mann nicht zu ihr stand? Als Druckmittel? Hoffte sie vielleicht, er würde seine Frau verlassen, sobald sie das Kind hätte? Liebte sie ihn so sehr?

Während dieser Überlegungen war Grabmeier an seinem Büro angelangt. Vor der Tür stand Lutz Becker mit einer Akte in der Hand.

»Chef, kann ich Sie mal kurz sprechen?«

*

»Sie sind also ernsthaft der Meinung, dass der Treppensturz von Paul Herzog kein Unfall, sondern ein Mordversuch war, habe ich Sie so weit richtig verstanden?«

Grabmeiers Stimme klang relativ ruhig, aber Becker, der ihm auf der anderen Seite des Schreibtisches gegenübersaß, entging nicht, dass die Augenbrauen des Hauptkommissars sich einander bedrohlich näherten.

»Ich halte es für möglich, ja.«

Die Augenbrauen schoben sich noch näher zusammen. »Für möglich?«

»Für wahrscheinlich«, verbesserte Becker sich. »Für sehr wahrscheinlich. Sehen Sie«, er hatte das Gefühl, er sollte seine Argumente besser möglichst schnell vorbringen, »es ist die plausibelste Erklärung. Wir untersuchen den Tod von Christine Lenz bereits seit zehn Tagen und wir haben noch nicht einmal den Hauch eines Motivs entdeckt. Vielleicht liegt das einfach daran, dass niemand ein Motiv hatte, sie zu töten, zumindest kein primäres Motiv.«

»Drücken Sie sich klarer aus!«

»Nun, ich halte es für möglich, dass die Lenz nicht getötet wurde, weil jemand ihre Person als solche vernichten wollte, sondern weil sie etwas über jemanden wusste. Etwas, dass dieser Jemand unbedingt geheim halten wollte.«

»Und dieses Etwas soll mit Herzogs Unfall zu tun haben?«

»Mit dem Treppensturz, ja. Falls dieser gar kein Unfall war, sondern ein Mordversuch, dann wäre es doch gut möglich, dass die Lenz das wusste oder dass sie etwas gesehen hat. Schließlich hat sie Herzog kurz nach dem Sturz gefunden. Und falls das wiederum der Mörder herausgefunden hat ...«

Becker brach ab. Grabmeiers Augenbrauen waren unaufhaltsam aufeinander zu marschiert und hatten sich nun über seiner Nase getroffen. Becker musste an die alte Kriegsstrategie denken, *Getrennt marschieren, vereint schlagen*, und tatsächlich schlug Grabmeier im nächsten Moment zu. Allerdings zunächst nur mit Sarkasmus.

»Falls, falls, falls ... Becker, ich gratuliere Ihnen zu Ihrem logischen Denkvermögen. Falls dies, folgt jenes, falls jenes, folgt noch etwas anderes. Sehr gut, so muss es ein. Und Sie haben sich ein hübsches Gedankengebäude zusammengezimmert. Wunderbar. Sie haben dabei nur eins vergessen: Jedes Gebäude stürzt ein, wenn das Fundament nichts taugt. Und ich dachte«, erst jetzt wurde Grabmeiers Stimme lauter, »ich dachte, ich hätte Ihnen gestern schon klar gemacht, wie es um Ihr Fundament bestellt ist: Herzogs Unfall wurde untersucht und der ermittelnde Beamte ...«

Becker unterbrach ihn, indem er die Akte, die er bisher in der Hand gehalten hatte, vor den Hauptkommissar auf den Schreibtisch warf. »Es war kein Unfall«, sagte er. »Ich habe den Bericht studiert. Herzog war an dem Abend nicht allein.«

Einen Moment herrschte Schweigen, ein entscheidendes Schweigen, denn Becker fühlte, wenn Grabmeier ihn jetzt sofort aus dem Büro schickte, statt seine Argumente erst anzuhören, dann würden sie diesen Fall nie aufklären.

»Und wie kamen Sie dazu, sich noch einmal die Akte anzusehen?«, fragte Grabmeier schließlich, ohne dieselbe auch nur eines Blickes zu würdigen.

Becker hatte seine Antwort parat. »Instinkt, Chef.«

Es war eine Antwort, mit der er bei früheren Vorgesetzten nie durchgekommen wäre. Aber wenn Grabmeier sich erlaubte, eine halbe Sonderkommission auf Grund seines Instinkts auf eine Irrfahrt zu schicken, die geradewegs aufs Glatteis führte, dann konnte er sich kaum beschweren, wenn sein Oberkommissar eine halbe Stunde abzweigte, um seiner eigenen Nase zu folgen. Zumal, wenn es tatsächlich faul roch.

Grabmeier allerdings sah so aus, als hätte er tatsächlich etwas dagegen. Doch er knurrte bloß: »Dann lassen Sie mal hören, was Sie herausgefunden haben. Und anschließend werde ich Ihnen sagen, ob Ihr Instinkt etwas taugt.«

Das ließ Becker sich nicht zweimal sagen. »Ich glaube, wie gesagt, dass Herzog an dem Abend nicht allein war. Aus zwei Gründen. Erstens: Christine Lenz hat ausgesagt, die Ladentür sei nicht verschlossen gewesen, als sie ihren Mann fand. Wir sprechen hier von einem Antiquitäten- und Schmuckgeschäft. Selbst wenn wir davon ausgehen, dass Herzog nachts die wertvollsten Stücke in einen Safe sperrte, sollte dort genug zum Stehlen herumstehen. Ich kann mir nicht vorstellen, dass Herzog der Meinung war, seine Anwesenheit in der ersten Etage genüge, um potenzielle Diebe abzuschrecken. Zweitens: Die Whiskeyflasche war leer. Herzog hatte bei seinem Sturz knapp zwei Promille im Blut. Ich habe mal nachgerechnet: Um auf diesen Wert zu kommen, hätte ein Mann von seiner Größe und Statur etwa die halbe Flasche trinken müssen, aber in der Flasche befand sich nicht mehr ein einziger Tropfen.«

»Na und? Wer sagt, dass er die Flasche an dem Abend erst geöffnet hat?«

»Das Siegel. Es lag noch auf dem Schreibtisch. Die Flasche war frisch angebrochen worden.«

»Das Siegel soll ein Argument dafür sein, dass die Flasche frisch angebrochen worden war? Becker, ich weiß nicht, was man Sie in München gelehrt hat, aber hier auf dem Land ist es nicht vorgeschrieben, dass man alles sofort wegwerfen muss. Sonst dürften Sie mich auf der Stelle verhaften.«

Grabmeier machte eine ausholende Bewegung mit der Linken, wobei er ein paar Papiere von seinem Schreibtisch fegte, darunter eine Bäckereitüte und die leere Verpackung eines Schokoriegels, die, wie Becker wusste, schon einige Tage dort gelegen hatte. Doch er ließ sich davon nicht beeindrucken.

»Paul Herzog scheint ein sehr ordentlicher Mensch gewesen zu sein.« Den Zusatz »im Gegensatz zu Ihnen« verkniff er sich. »Darauf lässt zumindest der Zustand des Arbeitszimmers schließen, so wie er in dem Bericht geschildert wurde. Es gab dort nichts, was nicht dorthin gehörte, und alles, was dort war, war an seinem Platz. Bis auf die Whiskeyflasche, das Glas und das Siegel.«

Grabmeier schüttelte unwillig den Kopf. »Sie sagten vorhin, Sie hätten zwei Gründe dafür, dass an dem Unfall etwas nicht koscher war. Wenn das Ihre Gründe waren, würde ich vorschlagen, dass Sie das nächste Mal die Ermittlungsergebnisse Ihrer neuen Kollegen akzeptieren. Es mag in Ihrer alten Dienststelle Sitte gewesen sein, den Kollegen und ihren Fähigkeiten zu misstrauen, aber wir pflegen einen anderen Umgangsstil. Der Bericht strotzt ja nur so vor Details: das angebrochene Siegel, das aufgeräumte Arbeitszimmer. Der Kollege hat offensichtlich gründlich gearbeitet.«

An dieser Stelle gönnte Grabmeier der Akte vor sich zum ersten Mal einen Blick. Becker sah, wie dieser Blick starr wurde, als der Hauptkommissar den Namen des ermittelnden Beamten las. Er nutzte seinen Vorteil.

»Ich behaupte nicht, dass Kommissar Fritz nicht sehr detailgenau ermittelt hat ...« Er verstummte kurz, um der Bedeutung hinter seinen Worten Nachdruck zu verleihen. Jeder wusste, dass Klaus Fritz zwar ein akkurater Beobachter war, aber unfähig, die richtigen Schlüsse aus seinen Beobachtungen zu ziehen. »Aber ich denke, es lohnt sich, den Unfall im Licht der neuen Informationen erneut zu untersuchen. Vor zwei Monaten wusste Klaus schließlich nicht, dass Herzogs Frau getötet werden würde. Ich bin sicher, dass zwischen diesen beiden Ereignissen ein Zusammenhang besteht. Genauso wie ich sicher bin, dass ein Zusammenhang zwischen Herzogs Unfall besteht und der Tatsache, dass er vor seinem Tod ein blaues Auge verpasst bekam.« Es war Beckers vorletzter Trumpf und er konnte sehen, dass er ihn gut ausgespielt hatte.

»Er hatte ein blaues Auge? Was zum Teufel ...« Grabmeier griff nach der Akte und fing hastig an zu blättern.

»Es steht im Bericht der Krankenhausärzte«, fuhr Becker fort. »Allerdings ...«

Grabmeier war schneller. »Monokelhämatom ... Hier steht, dass der Bluterguss schon ein paar Tage alt war. Er muss nichts mit dem Unfall zu tun gehabt haben.«

»Er muss nicht, aber er könnte. Und es zeigt, dass Paul Herzog in den Tagen vor dem Unfall einen heftigen Streit mit jemandem hatte. Ich halte es für möglich, dass dieser Jemand am Abend des 20. April bei Herzog war. Sie tranken gemeinsam, gerieten erneut in Streit und diesmal kostete es Herzog mehr als nur ein blaues Auge. Derjenige könnte dann sein Glas gespült haben, um seine Anwesenheit zu verschleiern, aber als er den Laden verließ, musste er die Tür hinter sich offen lassen.«

»Und wer sollte das gewesen sein?«

Becker spielte seinen letzten Trumpf. »Ich tippe auf Holger Landauer. Denn sehen Sie, der 20. April war ein Mittwoch.«

2

Holger Landauer stand an der Registrierkasse und gab einer Kundin Wechselgeld heraus. Er hätte nicht sagen können, was schlimmer war: das Klingeln der Kasse, wenn er das Geldfach öffnete, das laute Scheppern, wenn er es schloss, oder das Geschnatter der alten Frau Schmidbauer, die sich so ausführlich für den bestellten Bildband über die bayrischen Schlösser bedankte, als hätte Holger die Fotos persönlich für sie geschossen. Alles war eine Qual für seinen Kopf, der sich anfühlte, als wollte er jeden Moment beginnen, auf seinem Hals zu rotieren. Holger hatte bis zum Morgengrauen mit Michael zusammen gesessen und Whiskey getrunken. Außerdem plagte ihn sein schlechtes Gewissen. Er hatte sich bei Johanna entschuldigen wollen, war aber nicht dazu gekommen, weil er verschlafen hatte.

Frau Schmidbauer verabschiedete sich endlich und Holger schloss für einen Moment die Augen. In die plötzliche Stille drang ein anderes Geräusch, ein Würgen und Spucken. Es kam aus dem kleinen WC im hinteren Teil des Ladens, wohin Maike vor ein paar Minuten verschwunden war. Armes Mädchen, dachte Holger. Mona war es nie so schlecht gegangen. Das Würgen ließ nach und wurde abgelöst durch die Toilettenspülung und dann durch das Geräusch fließenden Wassers.

Eine weitere Kundin betrat den Laden, kaufte eins von Monas Kinderbüchern, hielt mit Holger ein Schwätzchen. Nachdem sie gegangen war, erschien Maike. Sie sah krank aus, ihre blasse Haut hatte einen Stich ins Grünliche, ihre Haare hingen ihr strähnig ins Gesicht.

»Möchtest du nicht doch lieber nach Hause gehen?«, bot Holger ihr an.

»Nein, es geht schon«, sagte sie, obwohl sie nicht so aussah. »Ich bin lieber hier. Zu Hause würde ich doch nur über den Streit mit Onkel Hans grübeln.«

Holger musterte sie besorgt. Sie stand so dicht vor ihm, dass er einen leichten Geruch nach Erbrochenem wahrnahm, den auch ihr hartnäckiges Zähneputzen nicht hatte vertreiben können. »Du hängst sehr an ihm, nicht wahr?«

Sie nickte.

»Ich finde, er hat recht«, begann Holger vorsichtig, aber nicht vorsichtig genug, denn Maike unterbrach ihn sofort.

»Nein!«, sagte sie mit fester Stimme. Doch dann schien ihre ganze Kraft aufgebraucht, denn plötzlich fingen ihre Zähne an zu klappern und sie brach in Tränen aus. Holger zögerte kurz, dann legte er seine Arme um sie und drückte sie an sich.

In diesem Moment trat Oberkommissar Becker durch die Ladentür.

*

Diesmal saßen sie nicht in den grünen Ohrensesseln im Laden, sondern an einem Kiefernholztisch in einem kleinen, fensterlosen Raum im hinteren Teil des Geschäfts, der von einer Neonröhre grell erleuchtet wurde. Es schien eine Art Lagerraum zu sein. An einer Wand waren Bücherregale aufgestellt, an einer anderen stapelten sich Bücherkisten.

»Was wollen Sie denn noch wissen?«, hatte Landauer gereizt gefragt, während er seinen Besucher nach hinten führte.

Becker fragte sich, worauf die schlechte Stimmung des anderen zurückzuführen war: Darauf, dass er, Becker, ihn im Clinch mit seiner Mitarbeiterin, die jetzt vorne den Laden hütete, erwischt hatte? Oder darauf, dass es dem Mann offensichtlich nicht gut ging? Er hatte gerötete Augen mit tiefen Schatten darunter und eine Beule auf der Stirn.

Becker wartete, bis sie saßen, bevor er sagte: »Als ich das letzte Mal bei Ihnen war, sprachen wir über den Zustand

Ihres Freundes, Paul Herzog, der im Krankenhaus liegt. Ich würde heute gern mit Ihnen darüber sprechen, wie es dazu kam.«

»Wie es dazu kam?« Landauer fuhr sich mit der Hand durch die Haare. »Aber das wissen Sie doch. Ihre Kollegen haben den Unfall damals aufgenommen. Paul ist die Treppe in seinem Laden hinuntergestürzt, gleich nebenan. Er war betrunken.«

»Und wieso war er betrunken?«

Landauer zuckte die Achseln. »Paul trank oft ein oder zwei Glas Wein, wenn er abends seine Abrechnungen machte. Er war ein Genießer, er hatte immer eine Flasche Rotwein offen.«

»Nur dass er an dem Abend einiges mehr getrunken hatte als zwei Gläser Rotwein. Kam das öfter vor?«

Landauer schüttelte den Kopf.

»Und warum dann an diesem Abend?«

»Keine Ahnung.« Landauer wich Beckers Blick aus.

»Seltsam, Sie sind doch sein bester Freund.« Becker ließ die Worte eine Weile in der Luft hängen, doch als der andere nicht reagierte, fuhr er fort: »Herzog hatte 1,9 Promille im Blut. Vermutlich hat er eine halbe Flasche Whiskey getrunken. Ich denke, wir können davon ausgehen, dass er diese halbe Flasche nicht nebenbei getrunken hat, weil ihn das Schreiben von Rechnungen langweilte. Entweder er hatte Besuch oder ...«

Landauer unterbrach ihn. »Das hatte er nicht. Er war allein.«

»Ach ja? Sie scheinen das ja sehr genau zu wissen. Woher? Hat er Sie vielleicht an dem Abend angerufen und das behauptet?«

»Nein, aber es hat sich niemand gemeldet.«

Becker nickte. Das zumindest stimmte. »Okay, gehen wir mal einen Moment davon aus, dass er tatsächlich allein war, und fragen uns, warum er allein eine halbe Flasche Whiskey getrunken hat. Meiner Erfahrung nach trinken Männer – zumindest solche, die sich nicht gewohnheitsmäßig betrinken – dann allein und viel, wenn sie Frust haben. Hatte Herzog Streit mit jemandem? Mit seiner Frau?«

»Nein.« Die Antwort kam schnell. Zu schnell?

»Mit Ihnen?«

»Nein.« Die Antwort war definitiv zu schnell. Holger Landauer war ein schlechter Lügner.

»Nun, in dem Fall frage ich mich, woher Herzog das blaue Auge hatte.«

Becker beobachtete den Buchhändler genau, während er dies sagte, doch er hätte sich die Mühe sparen können. Die Bestürzung, die sich auf Landauers Gesicht abzeichnete, war so offensichtlich, dass sie einem Blinden nicht entgangen wäre. Doch Becker erkannte noch eine weitere Reaktion, die ihn irritierte: Enttäuschung.

»Ich weiß nichts von einem blauen Auge«, behauptete Landauer wenig überzeugend. »Wie kommen Sie darauf, dass Paul eins hatte?«

»Weil verschiedene Leute es bemerkt haben: der Notarzt, die Ärzte im Krankenhaus ...«

»Dann muss Paul es sich beim Sturz zugezogen haben.«

»Nein, der Bluterguss war älter.«

»Nun, ich weiß nichts darüber.« Landauer stand auf. »War das alles, was sie wissen wollten? Ich habe zu arbeiten.« Er nahm eine Bücherkiste, die schwer aussah, stellte sie mit Schwung auf den Tisch und begann, ihren Inhalt auszupacken. Aus einem kleinen Kasten nahm er Karteikarten, die er dann in einzelne Bücher steckte, bevor er diese wiederum auf einem Regalbord mit der Aufschrift *Kundenbestellungen* einsortierte. Es war ein kläglicher Versuch, so zu tun, als gingen ihn Beckers Ermittlungen nichts an.

»Ein paar Fragen habe ich noch.« Becker war sitzen geblieben. »Was haben Sie an dem Abend getan, als Ihr Freund den Unfall hatte?«

»Ich kann mich nicht erinnern.«

»Ach, kommen Sie, das nehme ich Ihnen nicht ab. Sie werden doch noch wissen, was Sie taten, als Sie von dem Unfall erfuhren.«

»Doch, natürlich«, gab Landauer zu. »Wir lagen schon im Bett. Es war zwei Uhr nachts, als Christine anrief.«

»Und was haben Sie in den Stunden gemacht, bevor Sie ins Bett gegangen sind?«

»Ich weiß es nicht mehr.«

»Waren Sie vielleicht nebenan im Antiquitätengeschäft?« Becker blickte zur Wand, hinter der der *Herzog* lag.

»Nein.«

»Sind Sie sicher?«

»Natürlich bin ich sicher.« Doch Landauer sah Becker nicht an, sondern blätterte in seinem Karteikasten und legte gleich zwei Karten in ein Kochbuch.

»Erstaunlich«, erwiderte Becker, »wenn man bedenkt, dass Sie sich mittwochs regelmäßig mit Paul Herzog getroffen haben.«

»Woher wissen Sie das?«

»Ach, das habe ich gehört. Stimmt es etwa nicht?«

Landauer starrte eine Weile in die Bücherkiste, dann schaute er auf und Becker direkt in die Augen. »Jetzt erinnere ich mich wieder. Ich war zu Hause. Ich musste die Kinder hüten, weil meine Frau nicht da war. Sie gab damals jeden Mittwochabend einen Malkurs an der VHS.«

Becker glaubte ihm kein Wort. »Jeden Mittwochabend? Das heißt, Sie hatten sich seit Wochen nicht mehr mittwochs mit Herzog getroffen, ist das richtig?«

»Nein.« Der Buchhändler zögerte, während er nach einer plausiblen Erwiderung suchte. Schließlich schien ihm eine einzufallen, denn er sagte mit hörbarer Erleichterung: »Jetzt erinnere ich mich. Normalerweise hat unsere Nachbarin immer mittwochs die Kinder gehütet, aber an dem Abend sagte sie überraschend ab. Sie hatte sich ein Bein gebrochen.« Bei diesen Worten nahm er ein weiteres Buch aus der Kiste. Es war ein umfangreiches medizinisches Fachbuch.

Becker schaute von Landauer zu dem Wälzer und wieder zurück. Glaubte der Mann wirklich, er würde damit durchkommen? War ihm nicht klar, dass die Polizei seine Aussage überprüfen würde? Und ein gebrochenes Bein ließ sich hervorragend überprüfen. »Ich hätte dann gern den Namen und die Adresse Ihrer Nachbarin.«

*

Johanna mähte den Rasen, weil sie beschlossen hatte, dass körperliche Anstrengung das beste Mittel gegen Grübeleien war.

Sie hatte nach dem Streit mit Holger nur wenig geschlafen, denn der Ärger hatte sie wachgehalten. Ärger über Holger, über sich selbst, über ihre empfindliche Reaktion. Sie hätte Holgers Vorwürfe gelassen an sich abtropfen lassen sollen. Aber die Auseinandersetzung hatte sie an die vielen Kämpfe mit Paul erinnert, die sie in ihren letzten gemeinsamen Wochen ausgefochten hatten, als sie noch versuchten, ihre Beziehung zu retten, obwohl beide wussten, dass ihre Vorstellungen von einer gemeinsamen Zukunft sich nicht vereinbaren ließen.

Irgendwann war der Ärger Schuldgefühlen und Zweifeln gewichen. Am Vortag hatte Johanna Zweifel an der Theorie gehabt, dass Pauls Sturz ein Unfall war. Jetzt hatte sie Zweifel an den Zweifeln. War es nicht doch möglich, dass Paul allein in seinem Arbeitszimmer gesessen und zu viel getrunken hatte? Doch wenn das so war, dann konnte sie nicht Holger allein die Schuld daran geben.

Johanna war am Ende des Grundstücks angekommen. Jetzt schob sie den Rasenmäher mit Schwung um die Kurve. Als sie sich der Terrasse näherte, sah sie Mona mit einem Strohhut in der einen und einem gefüllten Glas in der anderen Hand auf sich zu kommen. Sie hielt an und schaltete den Motor aus.

»Ich habe dir etwas mitgebracht«, verkündete Mona, während sie Johanna das Glas in die Hand und den Hut auf den Kopf drückte.

»Danke.« Johanna trank gierig das Wasser. Auch über den Hut war sie froh, denn die Sonne brannte. Es war ein geradezu grandioser Sommertag, als wollte der Wettergott noch einmal alles geben, da für den nächsten Tag Gewitter angesagt waren.

»Nichts zu danken. Wenn du schon Holgers Gartenarbeit für ihn erledigst, dann muss ich doch wenigstens dafür sorgen, dass du nicht verdurstest und keinen Sonnenstich bekommst.«

»Er ist zurzeit sehr viel in der Buchhandlung, nicht wahr?« Johanna hatte sich schon gewundert, wie selten Holger zu Hause war. Früher hatte er sich oft einen Tag in der Woche freigenommen und sich auch in der Mittagspause um die Kinder gekümmert. Sie überlegte, Mona nach dem Grund für den Streit zwischen Holger und Paul zu fragen, doch sie wollte die Freundin nicht in einen Loyalitätskonflikt stürzen.

Mona nahm ihr das leere Glas wieder ab und betrachtete es stirnrunzelnd. »Holger arbeitet so gut es geht vor, damit er sich freinehmen kann, wenn die Zwillinge da sind. Und mittags ist er meist bei Paul im Krankenhaus.« Sie schüttelte den Kopf. »In der Hinsicht übertreibt er es wirklich. Es ist ja nicht so, dass Paul noch etwas davon hätte ... Spätestens wenn die Mädels da sind, wird er sich das abgewöhnen müssen.«

»Wird Eva dann auch kommen?«, fragte Johanna. Eva hatte nach der Geburt ihrer Neffen jeweils Urlaub genommen, um ihre Schwester zu unterstützen.

Doch zu ihrer Überraschung sagte Mona: »Vermutlich nicht. Sie ertrinkt mal wieder in Arbeit. Aber was ich dir eigentlich sagen wollte: Die Frauenarztpraxis hat angerufen und meinen Termin zwei Stunden nach hinten geschoben. Wegen irgendeines Notfalls. Könntest du die Jungs vom Kindergarten abholen und dich um Mia kümmern, falls ich erst nach ihr zurück bin?«

»Klar.« Johanna war schon gespannt, die Frau endlich kennenzulernen, die von katholischen Kreisen als eine der letzten Verteidigerinnen einer strengen Sexualmoral gefeiert wurde, die Tanja Rupp für eine Mörderin hielt und die für die liberale, lebensfrohe Mona eine gute Freundin war.

»Und könntest du dafür sorgen, dass die Jungs draußen spielen? Ich will nicht, dass Jan bei dem Wetter drinnen hockt und liest.«

»Natürlich«, erwiderte Johanna, etwas erstaunt über diese Anweisung. »Ich werde alles tun, um zu verhindern, dass aus ihm ein zweiter Einstein wird.«

Sie lachte, doch zu ihrer Überraschung sagte Mona nur inbrünstig: »Tu das!« Dann ging sie über den Rasen davon.

3

Als Becker zum zweiten Mal an diesem Tag Grabmeiers Büro betrat, war sein Enthusiasmus vom Morgen verflogen.

Er war sich so sicher gewesen, dass Holger Landauer log, dass er sofort zu dessen Nachbarin, einer gewissen Ilse Schlederer, gefahren war, um die Geschichte von dem gebrochenen Bein zu überprüfen. Er hatte jedoch Frau Schlederer nicht angetroffen, stattdessen hatte eine weitere Nachbarin ihm die Tür geöffnet. Nachdem sie seinen Dienstausweis aufmerksam studiert hatte, hatte sie ihm erklärt, dass sie zum Blumengießen im Haus sei. Frau Schlederer habe sich im April das Bein gebrochen und sei nun – nach einem längeren Krankenhausaufenthalt – zur Rehabilitation am Chiemsee.

Enttäuscht, dass Landauers Geschichte so weit bestätigt worden war, war Becker zum *Herzog* gefahren, um sich den Ort des Unfalls persönlich anzuschauen und mit Gertrude Aiwanger zu sprechen. Diese gab zwar zu, dass Paul Herzog in den Tagen vor seinem Unfall mit einem blauen Auge herumgelaufen war, konnte – oder wollte? – jedoch nichts zu dessen Herkunft sagen. Dafür berichtete sie Becker, dass am Morgen nach dem Unfall die Hintertür des Ladens offen gewesen war. Dies widersprach zwar nicht der Theorie, die Becker morgens aufgestellt hatte, aber es irritierte ihn. Falls Herzog Besuch gehabt hatte und dieser Besuch nach dem Sturz gegangen war, hätte es gereicht, wenn er eine der Türen geöffnet hätte. Wieso waren Vorder- und Hintertür nicht versperrt gewesen?

All dies erzählte Becker jetzt Grabmeier, der ungewöhnlich aufmerksam zuhörte und schließlich brummte: »Tja, so ist das mit dem Instinkt.«

Es klang eigentlich nicht vorwurfsvoll, doch Becker fühlte sich trotzdem kritisiert. »Ich bin überzeugt«, beharrte er,

»dass Landauer gelogen hat, als er sagte, er habe sich mit Herzog nicht getroffen, weil er seine Kinder hüten musste. Wenn das wirklich der einzige Grund gewesen war, warum hat Herzog ihn dann nicht einfach besucht? Sie hätten ihren Männerabend genauso gut bei Landauer im Wohnzimmer veranstalten können. Nein, die beiden haben sich gestritten, und ich würde meine Pension darauf verwetten, dass Landauer seinem Freund das blaue Auge verpasst hat.«

»Tja, das mag schon sein«, erwiderte Grabmeier, »aber wenn er am Abend des 20. April seine Kinder gehütet hat, kann er Herzog nicht auch den Stoß verpasst haben, der diesen die Treppe hinunterbeförderte. Es ist da ziemlich unerheblich, ob er zu Hause saß, weil er nach dem Streit keine Lust hatte, Herzog zu sehen, oder weil die Babysitterin sich das Bein gebrochen hatte.«

Das musste Becker zugeben. Allerdings ... »Wir haben keinen Beweis, dass Landauer wirklich zu Hause war. Seine Frau gab zwar tatsächlich einen Malkurs, das habe ich bei der Volkshochschule überprüft, aber er könnte einen anderen Babysitter angerufen haben.«

Grabmeier schüttelte langsam seinen Kopf. »Jetzt sind Sie unlogisch. Wenn Sie behaupten, Landauer habe sich nicht mit Herzog getroffen, weil er nach dem Streit keine Lust hatte, warum hätte er sich dann einen Babysitter suchen sollen?«

»Ich weiß es nicht. Aber er hat gelogen. Und ich bin überzeugt, dass er mehr weiß, als er zugibt. Er hat Schuldgefühle.« Becker dachte eine Weile nach. Ihm fiel auf, dass Grabmeier ihn nicht unterbrach, und er wusste es zu schätzen. »Ich würde gerne persönlich mit Frau Schlederer sprechen«, sagte er schließlich. »Ich möchte sie zumindest fragen, wann ihr Unfall genau war, denn daran konnte sich die Nachbarin nicht erinnern.«

»Sie geben nicht auf, oder? Aber Sie haben recht. Wenn wir Landauer überprüfen, dann sollten wir es richtig machen.«

Becker war positiv überrascht. »Zum Chiemsee zu fahren, dauert bloß eine Stunde ... «

Doch Grabmeier bremste ihn aus. »Das wären dann zwei Stunden Fahrt für ein 5-minütiges Gespräch, das vermutlich völlig überflüssig ist.« Er griff zum Telefon und wählte. Während er wartete, erklärte er Becker: »Ein ehemaliger Kollege von mir, der jetzt in Rosenheim arbeitet, wohnt in dem Nest, in dem die Rehaklinik ist. Er schuldet mir noch einen Gefallen.« Einen Moment später sagte er in den Hörer: »Hallo Bruno, Hans hier. Hast du kurz Zeit? Wie, du sitzt gerade in deinem Garten? Dein freier Tag? Ausgezeichnet, da könntest du mir einen kleinen Gefallen tun ...«

Nach wenigen Minuten legte Grabmeier auf. »So, das hätten wir. Vermutlich kommt nichts dabei heraus, aber man kann ja nie wissen. Und jetzt zu Ihnen. Nobby hat vorhin angerufen. Er ist krank, ich möchte, dass Sie ...«

Doch bevor Grabmeier ihm Nobbys Arbeit aufhalsen konnte, sagte Becker schnell: »Das kann ich heute Nachmittag erledigen. Vorher möchte ich noch einmal mit Tanja Rupp sprechen.«

»Der Freundin der Lenz?«

»Genau. Wenn meine Theorie richtig ist und Christine Lenz mehr über Herzogs Unfall wusste, als sie uns sagte, dann hat sie es vielleicht ihrer Freundin erzählt.«

»Sie hätte es besser uns erzählt«, brummte Grabmeier.

»Das stimmt. Aber vielleicht wusste sie nicht, dass das, was sie gesehen hatte, wichtig war. Wenn sie zum Beispiel Landauer an dem Abend auf dem Marktplatz gesehen hätte, hätte sie sich vermutlich nichts dabei gedacht, weil sie seine Anwesenheit nicht mit dem Unfall in Verbindung gebracht hätte.«

»Hm, wenn ... Warten wir ab, was Bruno Rossmeisl berichten wird. Sie scheinen sich ja ziemlich sicher zu sein, dass es Landauer war.«

»Ich bin sicher, dass Herzog an dem Abend nicht allein war. Und ich bin sicher, dass Landauer etwas verbirgt, aber vielleicht ist dieses Etwas nur eine Affäre mit einer Mitarbeiterin.«

»Affäre mit einer Mitarbeiterin?«

Grabmeier klang so entsetzt, dass Becker ein Grinsen unterdrücken musste. Der Hauptkommissar schien ja ähnlich strenge Ansichten wie Dr. Frisse zu hegen.

»Ich glaube schon.« Er erzählte kurz, was er am Dienstagmittag und heute Morgen beobachtet hatte. Grabmeier fixierte ihn so scharf mit seinen kleinen grauen Augen, dass Becker begann, sich unwohl zu fühlen. »Alles in Ordnung?«, fragte er schließlich irritiert.

Doch Grabmeier antwortete nicht sofort. Er holte ein kariertes Taschentuch hervor und betupfte damit seine Stirn. »Alles bestens«, murmelte er dann. »Sie sagten, Sie wollten mit Frau Rupp sprechen? Nur zu, fahren Sie los.«

4

Es war ein Glück, dass Ammerbach fünfzehn Kilometer von der Kriminalpolizeiinspektion entfernt war, denn so dauerte es eine Viertelstunde, bis Hans Grabmeier bei der Landauerschen Buchhandlung ankam. Als er aus seinem Büro zum Fuhrpark gestürmt war, war sein Tun vom Onkel in ihm gesteuert worden, der am liebsten direkt in die Buchhandlung gerannt wäre, um Holger Landauer zu erwürgen. Doch unterwegs war es dem Polizisten in ihm gelungen, ihn wenigstens zu etwas Besonnenheit zu mahnen.

Denn eigentlich konnten die Befürchtungen nicht zutreffen, die sich Grabmeiers bemächtigt hatten, als Becker ihm erzählte, Landauer habe ein Verhältnis mit einer halb so alten Mitarbeiterin. Zugegeben, Becker hatte gesagt, die Mitarbeiterin sei blond und hübsch. Aber er hatte sie zweimal zusammen mit Landauer gesehen, am Dienstag und am Donnerstag. Und Maike, da war Grabmeier ganz sicher, arbeitete nur samstags in der Buchhandlung.

Es war ein Arrangement, das über ein Jahr zurück ging. Landauer hatte damals per Aushang in seinem Schaufenster nach einer Aushilfe für samstags gesucht. Maike, die eine Leseratte war und ohnehin fast jeden Samstag in der Buchhandlung oder in der Bücherei, hatte sie als Erste gelesen und sich Landauer sofort vorgestellt. Der wiederum hatte sie umgehend eingestellt. Maikes erste Aufgabe war gewesen, das Jobangebot wieder aus dem Schaufenster zu entfernen. Grabmeier hatte dieses prompte Handeln damals misstrauisch beäugt und sofort Erkundigungen über Landauer eingezogen. Erst als diese ein ausgesprochen positives Ergebnis hervorbrachten, hatte er seinen in Maikes Augen überflüssigen Segen zu dem Nebenjob gegeben.

Und das hätte er nicht tun dürfen, tobte der Onkel in ihm, als Grabmeier jetzt die Tür zur Buchhandlung öffnete, die erstaunlich voll für diese Zeit, kurz vor eins, war. Vor einem der deckenhohen Regale standen ein Mann Anfang vierzig und eine etwas ältere Frau ins Gespräch vertieft. An einem niedrigen Tisch bekleckerte ein Mädchen mit Schulranzen einige Kinderbücher mit dem Eis aus ihrer Eiswaffel. Vor dem Tresen, auf dem die Kasse stand, wartete ein Kerl im Business-Anzug. Von der Mitarbeiterin, von der Becker gesprochen hatte, war nichts zu sehen.

Grabmeier sah sich nervös um. Wo konnte sie sein? War es Maike? Hatte sie ihn durchs Schaufenster kommen sehen und sich versteckt? Aber wo? Im nächsten Moment bekam er die Antwort, denn der Kerl im Anzug brüllte plötzlich:

»Könnten Sie sich etwas beeilen? Ich muss zur S-Bahn.«

Eine weibliche Stimme antwortete: »Ich komme.«

Die Antwort war zu kurz, als dass Grabmeier erkannt hätte, ob es Maikes Stimme war, aber er erkannte, woher die Stimme kam: durch die offene Tür hinter dem Tresen.

Sofort setzte er sich in Bewegung. Drei Schritte brachten ihn zum Tresen, zwei weitere durch die Tür, in einen engen Gang. Und Grabmeier hätte noch einen Schritt gemacht, wenn er nicht mit einer Frau zusammengestoßen wäre, die daraufhin vor Schreck einige Bücher fallen ließ.

»Hey! Was wollen Sie hier?«

Grabmeier warf nur einen Blick auf die Frau, die zwar jung und blond, aber definitiv nicht Maike war, dann lief er an ihr vorbei. Zwei Türen gingen von dem Gang ab. Grabmeier riss sie auf. Hinter der einen war eine Art Lagerraum, hinter der anderen ein WC.

Die Frau war ihm gefolgt: »Hey, Sie können nicht einfach ...«

Grabmeier schnitt ihr das Wort ab. »Sind weitere Mitarbeiterinnen hier?«

»Nein. Was ...?«

Doch Grabmeier war schon wieder auf dem Weg nach draußen, die verwunderten Blicke der anderen Kunden ignorierend. Kaum zwei Minuten, nachdem er die Buchhandlung betreten hatte, stand er schon wieder davor, schwer atmend vor Erleichterung.

Leider hielt das Gefühl nicht lange an.

Als er zu seinem Wagen zurückkam, den er in der Nähe des Marktplatzes im absoluten Halteverbot geparkt hatte, hatte ihn die Realität schon wieder eingeholt. Auch wenn Landauer nicht Maikes Liebhaber war, so hatte sie ja dennoch einen – zumindest gehabt. Und dieser war der Vater des Kindes, das Maike bald abtreiben musste, bevor die gesetzliche Frist ablief. Und deswegen musste er etwas unternehmen. Grabmeiers Hände lenkten den Wagen fast von selbst zu dem Mehrfamilienhaus in der Nähe des Gymnasiums, in dem die zweiköpfige Familie Niedermayr wohnte.

Er musste zweimal klingeln, bis Maike erschien. Sie sah blass aus, doch ihre Augen leuchteten auf, als sie ihn sah. »Onkel Hans, was für eine Überraschung.« Dann schien ihr wieder einzufallen, dass sie im Streit miteinander lagen, das Leuchten erlosch und sie sagte: »Was möchtest du?«

Das war eine gute Frage, auf die Grabmeier für einen Moment keine Antwort wusste. Er war hierher gefahren, weil er das Bedürfnis gehabt hatte, sie zu sehen, aber er hatte sich nicht überlegt, was er sagen wollte. Daher sagte er einfach das Erste, das ihm in den Sinn kam: »Ich möchte, dass wir uns wieder vertragen.«

Und als er sah, wie Maikes Augen erneut aufleuchteten, wusste er, dass er das schon viel früher hätte sagen sollen. »Das möchte ich auch«, erwiderte sie. Dann holte sie einmal tief Luft und fügte hinzu: »Onkel Hans. Du warst immer wie ein Vater für mich, wie ein sehr guter Vater. Kannst du das nicht weiterhin sein und mich bei dem hier«, sie tippte auf ihren Bauch, »unterstützen?«

Ihre Worte und ihr verletzlicher Blick rührten ihn, doch er wollte nicht nachgeben, denn er wollte ihre Zukunft nicht aufgeben. »Das kann ich nicht, Maike. Wieso vertraust du mir nicht? Eine Abtreibung wäre das Beste für dich.«

»Aber nicht das Beste für das Baby. Onkel Hans, versteh mich doch. Wenn ich abtreiben ließe, bräuchte ich deine Unterstützung nicht. Ich habe meine Entscheidung getroffen. Bitte, hilfst du mir?«

Es war eine Frage, die sie ihm schon oft gestellt hatte, und seine Antwort war immer dieselbe gewesen. Selbst wenn Grabmeier es gewollt hätte, hätten seine Sprechwerkzeuge sich vermutlich geweigert, das Wörtchen Nein zu formulieren. »Ja.«

»Danke.« Sie wischte sich eine Träne weg. »Möchtest du nicht hereinkommen?«

Erst jetzt wurde Grabmeier bewusst, dass er immer noch im Hausflur stand. Maike trat einen Schritt zurück und er folgte ihr in die Küche.

Maike wirkte so froh wie seit Wochen nicht mehr. »Mir war den ganzen Morgen schlecht, deshalb bin ich schon hier, aber jetzt habe ich Hunger. Soll ich uns etwas kochen? Ich könnte uns Penne al Arrabiata machen.« Sie begann, geschäftig im Kühlschrank zu kramen, und legte Tomaten und Zwiebeln und Knoblauch auf die Arbeitsplatte. »Ist dir das recht?«

Grabmeier nickte, obwohl er keinen Hunger hatte. Sein Ja lag ihm schwer im Magen. Seit er es ausgesprochen hatte, hatte er das Gefühl, als wäre die Luft drückender geworden, auch das Atmen fiel ihm schwerer. Worauf hatte er sich da eingelassen?

Er erfuhr es, noch bevor sie mit dem Essen begannen. Die Nudeln kochten auf dem Herd, die Tomatensoße blubberte in einer Pfanne und sandte Wolken aus Knoblauch und Gewürzen durch die Küche, als Maike plötzlich zwei Sektkelche aus einem Hängeschrank hervorkramte. Sie schenkte Apfelsaft in beide und stellte sie vor Grabmeier auf den Küchentisch.

»Ich möchte anstoßen«, sagte sie, während sie sich zu ihm setzte. »Darauf, dass du mich unterstützt. Und auf etwas anderes, eine tolle Neuigkeit, die ich dir schon lange erzählen wollte. Aber zuerst auf deine Unterstützung. Danke!«

Sie hob ihr Glas und lächelte glücklich. Grabmeier nutzte die Gelegenheit und sagte: »Maike, ich möchte dich auch um einen Gefallen bitten. Es geht um deinen Job in der Buchhandlung. Ich möchte dich bitten, die nächsten Samstage nicht dort zu arbeiten.«

Maike stellte ihren Apfelsaft weg. »Ich soll nicht dort arbeiten? Aber ...«

Grabmeier setzte sein Glas, von dem er noch nicht einmal genippt hatte, ebenfalls ab. »Ich weiß, was du sagen willst, aber mach dir keine Sorgen um das Geld, das kann ich dir geben. Und es ist bestimmt nur für kurze Zeit. Aber Herr Landauer ...«, er zögerte, überlegte, wie viel er ihr sagen sollte, und setzte dann erneut an: »Herr Landauer ist in einen Fall verwickelt, den ich zurzeit untersuche. Er kannte das Opfer und ... Du musst dir keine Sorgen machen, ich will nur ganz sicher sein, dass das wirklich nur Zufall ist, bevor du wieder dorthin gehst. Einverstanden?«

Es war nur eine kleine Bitte in Grabmeiers Augen, doch zu seiner nicht geringen Irritation schüttelte Maike den Kopf. »Das geht nicht, Holger braucht mich, er verlässt sich darauf, dass ich komme.«

Grabmeier registrierte, dass Maike ihren Arbeitgeber beim Vornamen nannte. Es war ihm bisher nie aufgefallen und sein Misstrauen wallte sofort wieder auf. »Maike, er kann sich bestimmt anders behelfen. Es geht doch nur um die Samstage.«

Sie schüttelte den Kopf, dass ihr die langen blonden Haare ins Gesicht fielen. »Das geht es nicht. Das wollte ich dir ja erzählen. Ich arbeite seit Montag Vollzeit bei ihm.«

Es dauerte einen Moment, bis Grabmeier begriff. »Vollzeit? Aber du bist doch jetzt hier.«

»Nur, weil mir heute Morgen so übel war, dass Holger mich nach Hause geschickt und eine Vertretung angerufen hat.«

*

Tanja Rupp hatte keine Zeit zum Kochen. Sie nahm ihr Mittagessen, einen Salat in einer durchsichtigen Plastikbox, in einem winzigen Büro im Krankenhaus ein, das sie sich mit drei Kolleginnen und einer Plastikpalme teilte. Als Becker sie dort fand, teilte sie ihm sofort mit, dass sie nur wenig Zeit habe, bevor um zwei der nächste Patient käme. Daher kam er gleich zur Sache.

Tanja Rupps Reaktion war Erstaunen. »Pauls Unfall? Wieso interessieren Sie sich denn auf einmal für Pauls Unfall?« Sie hatte gerade eine Plastikgabel voll Salat zum Mund führen wollen, doch ihre Hand hielt auf halbem Wege an.

»Nun, wir interessieren uns für alles Ungewöhnliche, was Frau Lenz in letzter Zeit widerfahren ist. Und da zählt der Unfall ihres Mannes sicherlich dazu.«

Tanja Rupp schob die Gabel in den Mund, kaute, griff dann zu einem Plastikbeutel mit Dressing und spritzte noch etwas auf ihr Grünzeug. »Und warum kommen Sie da zu mir? Ich weiß nur das, was Christine mir erzählt hat.«

»Genau das möchte ich wissen«, erwiderte Becker. Und um ihrer Nachfragerei ein Ende zu bereiten, formulierte er eine geschlossene Frage. »Wann haben Sie von dem Unfall erfahren?«

Die Taktik ging auf. Frau Rupp überlegte, während sie eine künstlich aussehende Tomate aß. »Am nächsten Tag. Christine kam hier vorbei. Sie war total aufgelöst.«

»Sie war am Abend des Unfalls bei Ihnen, nicht wahr?«
»Ja, bis gegen halb zehn.«
»Wissen Sie zufällig, wie es kam, dass Paul Herzog an

dem Abend so lange in seinem Laden war?«

»Nein, woher sollte ich?«

Tanja Rupps Antworten fielen reichlich einsilbig aus. Bildete Becker es sich bloß ein oder war sie tatsächlich weniger kooperativ als bei ihrem ersten Gespräch? »Frau Lenz könnte es erwähnt haben.«

Sie schüttelte den Kopf.

»Hat sie ihn sonst irgendwie erwähnt?«

Sie legte die Gabel weg, lehnte sich zurück und verschränkte die Arme vor der Brust. »Warum wollen Sie das wissen?«

Sie war definitiv nicht so kooperativ wie vor zwei Tagen. So freundlich wie möglich sagte Becker: »Frau Rupp, könnten Sie bitte einfach meine Fragen beantworten? Oder möchten Sie nicht, dass der Mörder Ihrer Freundin gefunden wird?«

Sie riss die Augen auf, die sich daraufhin mit Tränen füllten. »Wie können Sie das sagen? Natürlich will ich das.« Sie zog ein Papiertaschentuch aus einer Tasche ihrer weißen Trainingshose und betupfte ihre stark geschminkten Augen. Mit dem hellblauen Lidschatten und den gefärbten Haaren sah sie nicht weniger künstlich aus als die Plastikpalme. »Aber ich verstehe nicht, was Ihre Fragen mit Christines Tod zu tun haben. Sie sollten sich auf Christine konzentrieren, nicht auf Paul. Was ist mit dieser Dr. Frisse?«

»Was soll mit ihr sein?«

»Sie hat sich mit Christine an deren Todestag gestritten. Wieso verhören Sie die nicht?«

»Woher wissen Sie das?« Becker konnte sich nicht erinnern, es ihr erzählt zu haben.

»Das weiß doch jeder«, erwiderte sie patzig. Doch dann zuckte sie mit den Achseln. »Eine Patientin hat es mir erzählt. Sie ist auch Lehrerin am Geschwister-Scholl-Gymnasium. Anscheinend war es bei Christine im Unterricht am Freitagmittag etwas lauter. Na und? Ist das so schlimm?

Und die Frisse ist gleich rüber, um Christine wieder mal die Hölle heiß zu machen.«

»Wie heißt diese Patientin?«

»Warum wollen Sie das wissen? Glauben Sie mir etwa nicht?«

Becker seufzte. Das war mühseliger als Zähne ziehen. »Doch, trotzdem muss ich wissen, wie diese Patientin heißt. Es ist nicht zufällig Lisa Wohlfahrt?«

»Wenn Sie es schon wissen, warum fragen Sie dann?«

Becker versuchte zu berücksichtigen, dass diese Frau vor kurzem ihre beste Freundin verloren hatte. Er fragte ruhig: »Was genau hat Frau Wohlfahrt erzählt? Hat sie den Lärm im Nachbarzimmer auch gehört?«

»Und wenn schon. Sie erzählt es nicht überall rum wie die Frisse.«

Becker nickte, zufrieden, dass er in diesem Punkt recht behalten hatte. »Frau Rupp, ich versichere Ihnen, dass wir Dr. Frisse genau überprüfen, genauso wie wir andere Dinge überprüfen, aber dazu brauchen wir Ihre Hilfe. Es ist wichtig, dass Sie mir meine Fragen beantworten, auch wenn Sie vielleicht zunächst nicht verstehen, wozu diese dienen. Also: Ich fragte Sie vorhin, worüber Sie mit Frau Lenz an besagtem Abend gesprochen haben.«

»Über alles Mögliche.«

»Auch über Paul Herzog?«

Sie nickte.

»Und was hat Frau Lenz erzählt?« Ihm kam eine Idee. »Die beiden hatten sich gestritten, nicht wahr?«

»Ja«, sagte Tanja Rupp leise. »Hören Sie, ich habe versprochen, es für mich zu behalten. Ist es wirklich wichtig?«

Keine Ahnung, dachte Becker. Aber er wusste, wenn er das sagte, würde sie es ihm nie erzählen. Daher behauptete er: »Ganz bestimmt.«

Sie zögerte immer noch, doch schließlich sagte sie: »Paul wollte sich scheiden lassen.«

5

Johanna lehnte an Monas Kühlschrank und beobachtete Euphemia Frisse, die damit beschäftigt war, Tassen und Teller auf ein Tablett zu stellen. Die Lehrerin kannte sich offensichtlich gut in Monas Küche aus. Sie war auf die Minute pünktlich erschienen und als sie hörte, dass Mona sich verspäten würde und dass Johanna gerade Kaffee kochte, hatte sie darauf bestanden, ihr zu helfen. Da dies für Johanna nichts zu tun übrig ließ, nutzte sie die Gelegenheit, die andere Frau zu mustern.

Euphemia war ganz anders als andere Freundinnen Monas. Sie war zehn Jahre älter, obwohl Johanna auf den ersten Blick eher gedacht hätte, dass es zwanzig Jahre wären. Euphemia gab sich nicht die geringste Mühe, jünger zu wirken, als sie war. Sie trug nicht einen Hauch von Make-up und die grauen Strähnen, die ihre kurz geschnittenen dunklen Haare durchzogen, glänzten ungefärbt in den Sonnenstrahlen, die durch das breite Küchenfenster hereinfielen. Auch ihre Kleidung war altmodisch, ihr einziger Schmuck ein großes auffälliges Goldkreuz, das sie an einer Kette um den Hals trug. Johanna war sicher, dass dies im Falle Euphemias kein modisches Accessoire war, sondern Ausdruck ihres Glaubens.

Die beiden Frauen schwiegen. Zu hören war nur das Klappern von Tellern und Tassen, das Klirren von Besteck, das Blubbern des Kaffees und das entfernte Geschrei der Kinder, die im Garten spielten. Johanna überlegte, was sie sagen könnte, doch außer ein paar banalen Bemerkungen über das Wetter fiel ihr nichts ein. Euphemia hatte eine seltsam lähmende Wirkung auf sie. Sie hatte zu viel über sie gehört, als dass sie ihr gegenüber unbefangen hätte sein können, und Monas Behauptung zum Trotz fürchtete Johanna, die Theologin würde beim kleinsten Anlass zu missionieren beginnen.

Zu ihrer Erleichterung eröffnete schließlich Euphemia das Gespräch. Sie hatte gerade Milch und Zucker auf das Tablett gestellt und nahm es mit beiden Händen, als wollte sie es nach draußen bringen, doch dann stellte sie es wieder ab. »Das war eine sehr unerfreuliche Szene gestern Morgen auf dem Friedhof. Ich sah, dass Sie Frau Rupp nachgingen. Ist es Ihnen gelungen, die arme Frau zu beruhigen?«

»Ein wenig. Ich habe sie nach Hause gebracht.«

»Das war sehr freundlich von Ihnen. Mona erzählte mir, dass Frau Rupp eine enge Freundin von Christine gewesen sei. Der Verlust ist sicherlich schlimm für sie. Allerdings berechtigt auch noch so große Trauer nicht zu einem derartigen Verhalten. Glücklicherweise waren die Reporter nicht mehr in der Nähe.«

Johanna war zwar der Meinung, dass Trauer um eine geliebte Freundin wichtiger war als eine peinliche Szene, aber sie verkniff sich einen Kommentar. »Sie und Christine waren Kolleginnen, nicht wahr?«

»Ja. Ich vermute, Mona hat Ihnen erzählt, dass wir uns nie gut verstanden haben? Im Nachhinein tut mir das leid.« Euphemia blickte auf das Tablett und rückte das Milchkännchen ein wenig zurecht. »Ich frage mich, ob ich nicht manchmal zu streng mit ihr war, ob ich mich nicht um mehr Verständnis hätte bemühen müssen.« Es klang eher, als spräche sie über eine Schülerin, nicht über eine Kollegin.

»Was erzählt man sich denn im Kollegium über den Mord?«, fragte Johanna neugierig. Das war zweifellos ein interessantes Gesprächsthema und nachdem die andere es angeschnitten hatte, hatte sie keine Scheu nachzufragen.

»Die Meinungen sind geteilt. Ein Teil der Kollegen denkt – was natürlich Unsinn ist – Christine sei von einem Fremden getötet worden. Der andere Teil ist ratlos.«

»Und was glauben Sie?«

Euphemia sah Johanna direkt in die Augen. Sie hatte

große, leicht vorstehende hellblaue Augen, die durch ihre dicken Brillengläser noch vergrößert wurden. Johanna fand es nicht angenehm, von diesem Blick fixiert zu werden. »Ich glaube, der Kaffee ist fertig.«

»Wie? Oh natürlich.« Johanna füllte den Kaffee in eine Thermoskanne. Dann folgte sie Euphemia, die bereits mit dem Tablett auf die Terrasse zusteuerte. Die Kinder tobten am anderen Ende des Gartens im Planschbecken.

Nachdem Johanna Kaffee eingeschenkt und schaudernd beobachtet hatte, wie Euphemia ihren mit vier Stücken Zucker süßte, knüpfte diese an das vorangegangene Gespräch an. »Sie fragten, was ich über Christines Ermordung denke. Nun, ich frage mich, ob es etwas mit ihrem Plan zu tun hatte, Sie als Leihmutter zu engagieren.«

Johanna verschluckte sich fast an ihrem Kaffee. »Mona hat Ihnen davon erzählt?«

»Ja. Hätte sie das nicht tun sollen? Entschuldigen Sie bitte, ich wollte Sie nicht in Verlegenheit bringen.«

»Oh, schon in Ordnung. Aber wieso glauben Sie, dass ein Zusammenhang zwischen Christines Bitte an mich und ihrer Ermordung besteht?«

»Es besteht ein Zusammenhang zwischen allen Dingen«, erwiderte Euphemia etwas kryptisch. »Ich hatte keine Ahnung«, fuhr sie dann fort, »dass Christine sich Kinder wünschte, geschweige denn, dass sie so weit gehen würde, eine wildfremde Frau zu bitten, ihr ihre Gebärmutter zur Verfügung zu stellen. Das hätte sie nicht tun dürfen.«

»Hm.« Johanna hatte das Gefühl, Christine in Schutz nehmen zu müssen, indem sie rechtfertigte, warum diese ausgerechnet sie angesprochen hatte. Sie fühlte sich immer noch etwas schuldig, weil sie durch ihre unbedachten Worte so viel Hoffnung in Christine ausgelöst hatte – Hoffnung, die dann enttäuscht worden war. Doch bevor sie sich dazu durchringen konnte, all das zu erklären, fragte Euphemia:

»Warum haben Sie abgelehnt?«

»Christines Kind auszutragen? Ich bin erstaunt, dass ausgerechnet Sie das fragen.«

»Weil ich katholisch bin, meinen Sie? Nun, ich wüsste, warum ich es abgelehnt hätte und warum Sie es meiner Ansicht nach hätten tun sollen. Die katholische Kirche vertritt hier eine sehr klare Position, was ja heutzutage leider unmodern geworden ist. Aber so, wie Mona Sie mir geschildert hat, habe ich nicht den Eindruck, dass Sie sich in ihrem Handeln von den Positionen der Kirche leiten lassen.«

»Das stimmt.« Johanna lächelte, während sie sich fragte, ob die Aussage der anderen eine subtile Beleidigung oder ein verstecktes Kompliment beinhaltete. »Sie interessieren sich für meine persönlichen Gründe?«

»Ja. Wenn es Ihnen nichts ausmacht, darüber zu sprechen, natürlich nur.«

»Es macht mir nichts aus«, erwiderte Johanna. »Ich fürchte allerdings, meine Antwort wird Sie enttäuschen: Ich habe ganz spontan abgelehnt, ohne darüber nachzudenken, weil mir Christines Plan einfach absurd erschien. Absurd, undurchführbar, verrückt.«

»Das klingt, als hätten Sie Christine nicht ernst genommen.«

»Oh, Christine nahm ich schon ernst, aber nicht ihren Plan.«

»Und wenn Sie es getan hätten? Wenn sie in Ruhe über den Plan nachgedacht hätten, zu welchem Ergebnis wären Sie dann gekommen? Zu welchem Ergebnis sind Sie gekommen?«

»Zum selben«, gab Johanna zu. Sie hatte in der Tat ausführlich darüber nachgedacht. Es amüsierte sie, dass Euphemia sich so für ihre Motive interessierte. »Sehen Sie, zum einen möchte ich meinen Körper nicht instrumentalisieren. Ich glaube, man sollte nicht ohne Not mit dem eigenen Leben und dem eigenen Körper Experimente machen. Das Kind einer anderen Frau auszutragen, wäre in meinen Augen ein solches Experiment. Und zum anderen«, sie zögerte, sprach es dann aber doch aus, da sie gespannt war, was die andere zu diesem Argument sagen würde, »zum anderen möchte ich dem Schicksal nicht ins Handwerk pfuschen.«

»Sie meinen, Sie möchten Gott nicht ins Handwerk pfuschen«, sagte Euphemia ernst.

»Nein, tut mir leid, das meine ich nicht. Ich glaube nicht an Gott, eigentlich auch nicht daran, dass es so etwas wie ein vorbestimmtes Schicksal gibt, aber ... Eine Leihmutter greift sehr stark in das Schicksal beziehungsweise in das Leben anderer ein, ja noch mehr, sie hilft, ein neues Leben überhaupt erst entstehen zu lassen.«

»Aber tun das nicht alle Eltern?«

»Natürlich, aber sie übernehmen auch die Verantwortung für das entstandene Leben. Eine Leihmutter kann und darf das nicht. Und damit habe ich ein Problem: Ich könnte nicht an der Entstehung eines Kindes mitwirken und es dann anderen überlassen. Ich könnte die Verantwortung, dieses Leben entstehen zu lassen, nicht trennen von der Verantwortung, mich um dieses Leben zu kümmern.«

Euphemia betrachtete sie interessiert. »Mit dieser Einstellung kämen Sie als Reproduktionsmedizinerin vermutlich nicht weit. Denn Leben entsteht in dem Moment, in dem Samen und Eizelle verschmelzen.«

»Nur nach Ansicht der katholischen Kirche«, erwiderte Johanna sofort. Sie begann, die Diskussion mit dieser intelligenten Frau zu genießen. »Natürlich dient die Arbeit eines Reproduktionsmediziners dazu, dass die Eltern schließlich ein Baby im Arm halten, aber in erster Linie löst sie doch ein medizinisches Problem beziehungsweise versucht, es zu umgehen. Verklebte Eileiter, unbewegliche Spermien, etwas in der Art.«

»Aber eine Frau, die keine Gebärmutter hat oder aus anderen Gründen ein Kind nicht selbst austragen kann, hat auch ein medizinisches Problem.«

»Natürlich, aber eins, das von der Medizin allein nicht gelöst werden kann. Es genügt nicht, einer solchen Patientin eine Tablette oder eine Spritze zu geben oder sie zu operieren. Es ist notwendig, auf den Körper einer anderen Frau zuzugreifen, diesen quasi zu instrumentalisieren. Und das nicht etwa – wie bei einer Organspende –, um das Leben oder die Gesundheit der Patientin zu retten, sondern nur, um ihr einen Wunsch zu erfüllen. Das kommt mir falsch vor.«

»Es ist falsch«, sagte Euphemia bestimmt.

Doch da ertönte eine andere, noch nachdrücklichere Stimme: »Ist es nicht!«

Johanna drehte sich um. Mona stand in der Terrassentür, einen Pappteller mit diversen Kuchen- und Tortenstücken in beiden Händen haltend.

»Hallo Mona«, sagte Euphemia, »schön, dich zu sehen. Was hat Dr. Hauser gesagt? Ist mit den Babys alles in Ordnung?«

»Selbstverständlich ist mit den Babys alles in Ordnung. Aber das Gleiche lässt sich wohl kaum über euer Gespräch sagen.« Mona trat an den Tisch und klatschte den Teller so heftig darauf, dass die Kuchenstücke ins Rutschen kamen. Sie stemmte ihre frei gewordenen Hände in ihre Hüften und schaute auf die beiden Frauen in den Korbsesseln hinunter.

»Ich glaube, es ist an der Zeit, diese seltsame Verbindung von katholischer Theologie«, sie warf Euphemia einen erbosten Blick zu, »und kalter Rationalität«, sie funkelte Johanna an, »einmal aufzubrechen. Kann es sein, dass ihr in eurer Diskussion die entscheidende Stimme vergessen habt, die der Menschlichkeit? Leihmutterschaft ist eine tolle Sache, weil sie Menschen hilft, weil sie den Menschen dient. Und Leihmütter sind tolle Frauen, weil sie anderen Menschen helfen. Und bevor ihr euch weiter in abstrakten Argumenten verstrickt, würde ich vorschlagen, ihr denkt einfach mal an all die glücklichen Paare, die durch sie Kinder bekommen haben.«

»Was ist mit ihnen?«, fragte Johanna, etwas verdattert über Monas plötzliche Einmischung.

»Was für eine Frage! Diese Paare sind glücklich, weil Leihmütter ihnen geholfen haben. Wenn du Leihmutterschaft ablehnst, gönnst du ihnen dann ihr Glück nicht?«

»Ich gönne jedem, dass er glücklich ist. Aber die Frage ist doch: Sind sie wirklich alle glücklich? Und hätten sie nicht auch ohne Kinder glücklich werden können?«

»Natürlich nicht«, erwiderte Mona, als sei das selbstverständlich. »Das kannst du nur glauben, weil du keine Kinder möchtest.« Sie schaute Euphemia an. »Und die Einzigen, die das ebenfalls glauben, sind ein paar alte Männer im Vatikan.«

Johanna sah ebenfalls kurz zu Euphemia hin, die sich in ihrem Sessel zurückgelehnt hatte und den Disput zu genießen schien. Dann wandte sie sich wieder Mona zu, die sich nun ebenfalls setzte. »Das ist nicht fair, das würde bedeuten, ich darf dazu gar keine Meinung haben. Außerdem bestreite ich ja nicht, dass es schlimm ist für Paare, kein Kind zu bekommen, obwohl sie es sich wünschen. Ich bestreite aber, dass sie erstens nie wieder glücklich werden können und dass sie zweitens das Recht haben, eine andere Frau psychischen und physischen Risiken auszusetzen, nur um sich ihren fanatischen Wunsch ...«

Weiter kam sie nicht, denn Mona unterbrach sie sofort. »Was heißt hier fanatisch? Was heißt hier nur? Es geht schließlich nicht um einen x-beliebigen Weihnachtswunsch, um ein Paar Schuhe oder ein neues Auto. Es geht um den Sinn des Lebens! Außerdem tust du gerade so, als sei eine Schwangerschaft lebensgefährlich. Sieh mich doch an, es ging mir nie besser. Und Leihmütter werden schließlich freiwillig schwanger. Niemand zwingt sie. Sie wollen anderen Menschen ein wundervolles Geschenk machen, warum sollen sie das nicht dürfen?«

»Ich glaube, Johanna geht es nicht darum, dass diese

Frauen das Geschenk nicht anbieten dürfen, sondern darum, dass andere es nicht annehmen dürfen«, warf Euphemia ein. »Denn eine Schwangerschaft ist nun mal nicht risikolos. Eine Kollegin von mir ist nach einem Kaiserschnitt fast verblutet.«

»Jetzt fall du mir nicht auch noch in den Rücken«, fauchte Mona, »als ob du nicht alles für Joseph getan hättest. Johanna redet nur so, weil sie keine Kinder möchte.«

Einen Moment herrschte Schweigen. Monas heftige Attacke schien selbst Euphemia die Sprache verschlagen zu haben.

»Das ist nicht fair«, wiederholte Johanna schließlich möglichst ruhig, obwohl sie sich ärgerte. Aber sie wollte die Stimmung nicht noch weiter aufheizen, obwohl ihr nicht ganz klar war, warum sie überhaupt so kurz vorm Explodieren war. Besorgt betrachtete sie Mona, die knallrot im Gesicht war. »Wie wäre es, wenn wir uns auf den Kuchen stürzen statt aufeinander«, schlug sie vor. »Er sieht lecker aus.«

Doch Mona ging darauf nicht ein. »Das könnte dir so passen, dass wir uns einfach unserem Kuchen zuwenden, als sei nichts geschehen, als gäbe es nicht Tausende unglücklicher Frauen auf der Welt, denen du gerade das Recht auf Glück abgesprochen hast! Und apropos Fairness: Es ist unfair, wie ihr beide hier über Christine zu Gericht sitzt. Sie ist nicht mehr hier, sie kann sich nicht wehren. Und es ärgert mich, dass du, Johanna, ihren Wunsch, der völlig natürlich war, als fanatisch abtust. Du kannst einfach nicht verstehen, was es für normale Frauen bedeutet ...«

Johanna fuhr sofort dazwischen: »Ich bin also nicht normal?«

Mona zögerte nur kurz. »Nein, es ist nicht normal, keine Kinder zu wollen. Und es ist schon gar nicht normal, einer Frau, die sich sehnlichst ein Kind wünscht, Fanatismus zu unterstellen. Kinder zu kriegen, ist das Natürlichste auf der

Welt.«

Johanna hatte diese Worte schon oft gehört und sie hasste sie. Auf einer rationalen Ebene hielt sie sie für lächerlich. Sie fand es heuchlerisch, wenn sich Menschen, die in einer hochtechnisierten Welt lebten, die die Natur um sich herum seit Generationen systematisch zerstörten und die andere Lebewesen nach Belieben quälten und benutzten, sich bei ihren Wünschen dann doch wieder auf die Natur beriefen. Aber auf einer emotionalen Ebene hasste sie die Konsequenz, die sich aus den Worten ergab: Dass es unnatürlich war, wenn eine Frau keine Kinder wollte. Dass sie selbst unnatürlich war.

Doch bevor sie zu einer Antwort ansetzen konnte, sagte Euphemia plötzlich mit einem warnenden Unterton in der Stimme: »Oberkommissar Becker.«

Johanna folgte ihrem Blick und sah tatsächlich den Polizeibeamten, der am Rand der Terrasse stand und sagte:

»Entschuldigen Sie bitte, dass ich Ihre Unterhaltung störe. Ich habe geklingelt, aber Sie haben mich offensichtlich nicht gehört.«

Er sagte es ohne Ironie, doch Monas Wut entlud sich über ihn: »Was wollen Sie denn jetzt schon wieder?«

Er schaute sie etwas erstaunt an, dann erwiderte er gelassen: »Ich wollte Frau Bischoff fragen, warum sie mir verschwiegen hat, dass Paul Herzog ihretwegen seine Frau verlassen wollte.«

*

In dem Moment, als Lutz Becker auf der Landauerschen Terrasse seine Bombe platzen ließ, schlug Hans Grabmeier mit seiner Hand gegen die altmodische Gittertür, die die Landauersche Buchhandlung während der Schließungszeiten gegen Einbrecher und andere Eindringlinge schützen sollte. Er schlug wieder und wieder zu und trommelte schließlich mit seinen Fäusten so heftig dagegen, dass das Schild mit der Aufschrift *Mittagspause*, das innen an der Tür hing, wackelte. Doch niemand öffnete. Es machte Grabmeier rasend.

Wo war Landauer? Wo war dieser dreckige Kerl, der seine Nichte geschwängert hatte, der ihr Vertrauen ausgenutzt und seine Stellung als Arbeitgeber missbraucht hatte? Seit er die Wahrheit erfahren hatte, hatte Grabmeier nur ein Verlangen: dem Mann ins Gesicht zu schlagen, ihm den Hals umzudrehen, ihn mit bloßen Händen zu erwürgen. Der Polizist in ihm war in dem Moment verstummt, als ihm klar geworden war, dass Maike doch morgens in der Buchhandlung gewesen war, dass Becker doch von ihr gesprochen hatte, dass sie doch die Mitarbeiterin war, mit der Landauer ein Verhältnis hatte. Es war ihm gelungen, seine Beherrschung so lange zu wahren, bis er aus der Wohnung raus war. Doch dann hatte er sich ganz seiner Wut überlassen, die ihn direkt hierher geführt hatte. Und er wusste, wenn er Landauer nicht bald fand, dann würde er seine Aggressionen gegen jemand anderen richten, gegen den alten Mann zum Beispiel, der stehen geblieben war, um das Spektakel, das Grabmeier bot, zu betrachten.

»Gehen Sie weiter«, brüllte Grabmeier und schüchterte den Greis damit so ein, dass der der Aufforderung sofort nachkam.

Grabmeier wandte sich wieder der Tür zu. Er umklammerte die Gitterstäbe und begann zu rütteln. »Landauer!«, brüllte er.

»Unterstehen Sie sich, hier so einen Lärm zu machen, oder ich rufe die Polizei!«

Er fuhr herum. Eine weißhaarige Dame war auf der Treppe des benachbarten Ladens erschienen. »Ich bin die Polizei«, schrie er, »wo ist Landauer?«

Sie musterte ihn ungläubig. »Vermutlich beim Mittagessen, wie alle vernünftigen Menschen um diese Zeit. Und jetzt gehen Sie weg!«

»Wo?«

»Das werde ich Ihnen sicherlich nicht sagen. Fragen Sie doch einen Wachtmeister!«

Die Frau zog sich wieder zurück. Würde sie die Polizei rufen? Egal. Grabmeier gab der Gittertür einen Tritt. Dann wurde ihm klar, dass der Vorschlag der alten Dame gar nicht so dumm war, und er holte sein Handy hervor. Er würde die Kriminalpolizeiinspektion anrufen, er würde herausfinden, wo Landauer wohnte. Und dann würde er es diesem Dreckskerl zeigen, er würde ihm seinen dreckigen Schwanz abschneiden, damit dieser Mann nie wieder ...

Das Handy klingelte.

»Ja?«, blaffte er.

»Hans, ich bin's, Bruno. Hat dir noch niemand beigebracht, dass man sich bei der Polizei mit Rang, Namen und Dienststelle meldet?«

»Ich habe keine Zeit.«

»Na, das hört man gern. Erst rufst du mich an und machst mir die Hölle heiß, damit ich an meinem freien Tag Krankenbesuche für dich mache, und dann hast du keine Zeit, dir die Ergebnisse meiner mühseligen Recherchen anzuhören. Was treibst du denn? Verbrecher zu fangen, kann bei euch ja nicht so lange dauern, wenn sie sich alle so dämlich anstellen wie dieser Holger Landauer.«

Grabmeier war schon im Begriff gewesen aufzulegen. »Landauer? Was ist mit ihm? Weißt du, wo er ist?«

»Du stellst Fragen, natürlich nicht. Aber wo wir schon beim Thema sind: Ich weiß auch nicht, wo er am Abend des 20. April war. Nur, wo er nicht war, das weiß ich, wenn du verstehst, was ich meine.«

Grabmeier verstand es nicht, zumindest nicht sofort, doch er verstand, dass das, was Bruno zu sagen hatte, wichtig war. Er hörte zu. Und nachdem er zugehört hatte, verstand er alles. Er verstand sogar, dass es nicht nötig sein würde,

Holger Landauer irgendwelche Körperteile abzuschneiden, um zu verhindern, dass dieser jemals wieder ein unschuldiges Mädchen schwängerte.

*

»Ich nehme an, Sie werden mir nicht verraten, woher Sie es wissen«, stellte Johanna Bischoff fest. Sie saßen in der Küche, die zum Wohnzimmer hin offen war. Becker konnte durch die großen Glasfenster Dr. Frisse und Mona Landauer sehen, die auf der Terrasse Kuchen aßen. Er schüttelte den Kopf, denn sonst hätte er zugeben müssen, dass er geblufft hatte. Tanja Rupp hatte ihm zwar erzählt, dass Paul Herzog seine Frau am Tag vor seinem Unfall um die Scheidung gebeten hatte, weil er eine andere Frau liebte, aber sie hatte nicht gewusst, welche Frau er gemeint hatte. Genauso wenig, wie Christine Lenz es gewusst hatte. Becker hatte geraten und Johannas Reaktion zeigte ihm, dass er richtig geraten hatte.

»Frau Bischoff, ich hätte gern, dass Sie mir zur Abwechslung einmal die Wahrheit sagen.«

»Aber das habe ich.«

»Nein, das haben Sie nicht«, erwiderte er scharf. Wie er dieses Spiel hasste. Er überlegte, ob er sie nicht einfach mit auf das Revier nehmen sollte. Er war müde, er war hungrig, ihm war heiß. Und er ärgerte sich, dass er diese Frau jemals für eine vertrauenswürdige Zeugin gehalten hatte. »Sie haben wiederholt gelogen. Sie haben behauptet, Sie hätten Paul Herzog seit Jahren nicht gesehen. Sie haben behauptet, ihre Beziehung zu ihm sei lange vorbei. Sie haben behauptet, Sie hätten weder seine Frau gekannt noch ihren Namen. Glauben Sie wirklich, ich nehme Ihnen ab, Sie kannten den Namen der Frau nicht, von der Paul Herzog sich Ihretwegen scheiden lassen wollte?«

»Ich kannte ihn nicht.«

Becker hatte genug. »Ich glaube Ihnen kein Wort.« Er stand auf. »Frau Bischoff, wir werden dieses Gespräch auf der Kriminalpolizeiinspektion fortsetzen.«

»Warum nicht?«, erwiderte sie, sich ebenfalls erhebend. Er wunderte sich, wie gelassen sie klang. »Wenn Sie mich kurz entschuldigen würden?«

Sie verschwand durch die Küchentür in die Eingangshalle des Hauses, bevor Becker reagieren konnte. Was sollte das? Er würde ihr drei Minuten geben, wenn sie dann nicht wieder hier wäre ...

Sie kam zurück, bevor die zweite Minute angebrochen war. In der Hand hielt sie zwei kleine weiße Karten.

»Wir können gehen«, sagte sie.

»Was ist das?«

Sie schaute auf die Pappstücke in ihrer Hand. Sie sah auf einmal sehr traurig aus. »Das ist ein Brief. Er ist von Paul. Er schrieb ihn mir zwei Tage vor seinem Sturz.« Sie sah ihm direkt in die Augen. »Ich weiß nicht, wie Sie es herausgefunden haben, ich dachte, niemand wüsste es. Ich selbst habe es auf jeden Fall niemandem erzählt. Was hätte es genützt? Aber Sie haben recht: Paul wollte zu mir zurückkehren. Er kam zwei Tage vor seinem Sturz zu meiner Wohnung nach München. Ich war nicht da, deshalb hinterließ er mir dies.«

Sie streckte ihre Hand aus und Becker nahm die Karten. Es waren Visitenkarten. Auf der Vorderseite stand in goldener Prägung *Antiquitäten Herzog*, dazu die Adresse und Telefonnummer. Die Rückseite hatte jemand mit Kugelschreiber beschrieben. Er hatte auf der einen Karte angefangen und, als der Platz nicht reichte, auf der zweiten weitergeschrieben.

Laut las Becker den Text: »Johanna! Das Wichtigste zuerst: Ich liebe dich. Dich gehen zu lassen, war der größte Fehler meines Lebens. Ich habe es endlich erkannt, der Kindertraum ist ausgeträumt. Bitte gib uns eine Chance, an das anzuknüpfen, was vor drei Jahren zwischen uns war! Bitte ruf mich an! Paul.« Darunter stand das Datum.

Becker schaute zu Johanna hin. Eine Träne lief ihr die Wange hinab, doch sie wischte sie nicht weg.

»Ich habe Paul seit über drei Jahren nicht gesehen und nicht gesprochen. Ich wusste, dass er geheiratet hatte, aber ich wusste sonst nichts über seine Frau. Ich dachte, das Kapitel wäre abgeschlossen. Das Kapitel war für mich abgeschlossen – bis ich diese beiden Karten fand.«

»Heißt das, Sie haben ihn nicht angerufen?«, fragte er ungläubig.

»Doch, aber da war es schon zu spät.« Sie seufzte. »Wollen wir wirklich zur Polizeiinspektion fahren oder soll ich es Ihnen hier erzählen?«

Becker setzte sich, sie tat es ihm gleich. Dann fing sie an zu erzählen. Von ihrer Beziehung zu Paul Herzog, von dessen Kinderwunsch, den sie nicht teilte. Sie schien fast froh zu sein, mit ihm darüber sprechen zu können, obwohl Becker nicht verstand, wieso sie das Bedürfnis haben sollte, in der Vergangenheit zu schwelgen, noch dazu vor ihm. Oder wollte sie nur den Moment hinausschieben, da sie wieder über die Gegenwart sprechen musste? Beziehungsweise über die Vergangenheit, die erst etwas mehr als zwei Monate zurück lag?

Doch Becker ließ sie erzählen, denn ihre Geschichte faszinierte ihn. Er hatte noch nie eine Frau getroffen, die mit solcher Konsequenz einen Weg nicht beschritten hatte, zu dem sie alle drängten: das gesellschaftliche Umfeld, Freunde, der Partner, die Liebe. Und ihn überkam zum ersten Mal eine Ahnung, wie schwierig die Entscheidung, keine Kinder zu bekommen, auch heute noch für Frauen sein konnte. In einer Gesellschaft, die zwar als kinderfeindlich galt und in der die Geburtenrate so niedrig war wie in kaum einem anderen westlichen Industriestaat, in der es aber trotzdem einen immensen Druck auf Frauen gab, Kinder zu gebären. Von Seiten der Politik, die aus Angst vor Überalterung die Geburtenrate erhöhen wollte. Von Seiten der

Gesellschaft, die kinderlose Frauen immer noch als Bedrohung anzusehen schien. Von Seiten der Familien, insbesondere der Eltern, die Enkel einforderten, als hätten sie einen Anspruch darauf. Von Seiten von Freunden und Nachbarn und Wildfremden, die wissen wollten, wann denn endlich mit Nachwuchs zu rechnen sei.

»Nachdem Paul mich verlassen hatte, kam ich mir eine Zeitlang vor, als wäre ich auf einem fremden Planeten gelandet«, endete Johanna Bischoff schließlich. »Die meisten Menschen begegneten meinem Trennungsschmerz mit absolutem Unverständnis. Nicht, dass ich mit vielen Leuten darüber reden wollte, aber tatsächlich sprachen mich viele darauf an. Ich kam mir vor wie in einer Freakshow: ›Oh, seht alle her! Ein Mann mit Brüsten, eine Frau mit Bart, eine Frau, die keine Kinder will ...‹ Wissen Sie, welche Frage ich am häufigsten zu hören bekam?«

Natürlich wusste Becker es nicht, doch es interessierte ihn.

»Am häufigsten wurde ich gefragt: ›Warum hast du nicht einfach zugestimmt und ein Kind bekommen? Deine Hormone hätten schon dafür gesorgt, dass du es dann auch willst.‹ Eine Schwangerschaft als bewusstseinsverändernde Droge, können Sie sich das vorstellen?«

Sie schüttelte ungläubig den Kopf. Dann schenkte sie ihm ein bitteres Lächeln. »Aber das wollen Sie alles gar nicht wissen, nicht wahr? Sie wollen wissen, wie es kam, dass ich nichts von Christine wusste. Nun, die Antwort ist einfach: Ich wollte nichts wissen. Mona erzählte mir ein paar Monate nach meiner Trennung von Paul, dass er eine neue Freundin habe. Das tat sehr weh. Und noch mehr schmerzte es, als sie erzählte, die beiden würden heiraten. Ich bat sie, Paul und seine neue Frau nicht mehr zu erwähnen. Und daran haben sich Mona und Holger gehalten. Und andere gemeinsame Bekannte hatten Paul und ich nicht. Das heißt doch: Eva, Monas Schwester. Aber auch sie hat nie über Paul gesprochen, vermutlich hat Mona ihr einen Wink gegeben. Pauls

Nachricht kam daher wie aus heiterem Himmel.«

Sie streckte die Hand aus und berührte eine der beiden Karten, die zwischen ihnen auf dem Esstisch lagen.

»Und dann? Haben Sie ihn angerufen?«, fragte Becker.

»Ja, aber da war er schon ...«, sie stockte, bevor sie »tot« sagen konnte. »Er lag schon im Koma, was ich damals aber nicht wusste. Ich war auf einer Konferenz in Kalifornien gewesen. Deshalb war ich nicht zu Hause, als Paul kam. Und deshalb las ich die Karten erst ein paar Tage später. Zu spät.«

Eine weitere Träne rann unbeachtet ihre Wangen hinab. Es ließ sie verletzlich wirken und Becker unterdrückte den Impuls, sie wegzuwischen. Er sagte brüsk: »Wir werden das überprüfen. Und die Visitenkarten werde ich auch mitnehmen müssen. Sie hätten mir das alles viel früher erzählen müssen.«

»Hätte ich das? Sie haben nie danach gefragt. Wieso interessieren Sie sich überhaupt auf einmal dafür?«

»Weil wir uns für Herrn Herzogs Unfall interessieren. Falls es ein Unfall war.« Es war ein Versuchsballon, er wollte sehen, wie sie reagierte.

Prompt. »Es war ein Unfall. Und ich hätte es verhindern können. Wäre ich doch nur drei Tage eher nach Hause gekommen. Die Konferenz war sowieso für die Katz. Ein Haufen aufgeblasener Schwätzer, die meinen, nur weil sie in der Lage sind, bei einem Softwareprogramm einen Parameter einzustellen, wären sie große Forscher.« Sie ballte ihre Rechte, doch Becker hatte nicht den Eindruck, dass ihre Wut wirklich den anderen Konferenzteilnehmern galt.

»Hat Herzog nicht versucht, Sie anzurufen? Auf Ihrem Handy?«

»Ich habe vor einem Jahr meinen Provider gewechselt. Paul kannte die neue Nummer nicht.«

»Er hätte jemanden fragen können. Holger Landauer zum Beispiel, aber nein, mit dem hatte er sich ja gestritten ...«

Es war ein zweiter Versuchsballon und Becker musste tatsächlich leise Gewissensbisse unterdrücken, dass er Johannas melancholische Stimmung ausnutzte. Doch seine Zweifel schwanden sofort, als der Ballon zu fliegen begann.

»Das stimmt. Deshalb glaube ich ja mittlerweile, dass es ein Unfall war. Es war eigentlich nicht typisch für Paul, so viel zu trinken. Aber wenn er sich mit Holger verkracht hatte und wenn er allein in seinem Büro hockte und auf einen Anruf wartete, der niemals kam ... Verflucht, wieso bin ich nie im Land, wenn ich gebraucht werde?«

*

Johanna brachte Becker zur Tür und schaute ihm nach, bis er in sein Auto gestiegen war. Dann ging sie auf die Terrasse, an deren Rand Mona stand, in Gedanken scheinbar weit weg. Johanna stellte sich neben sie.

»Du hattest recht«, sagte sie. »Becker ist nett. Und verständnisvoll.«

Mona wandte sich zu ihr um. »Stimmt es, dass Paul ...?«

»Ja.«

»Das tut mir leid. Wieso hast du nie etwas gesagt?«

»Weil ich nicht wusste, was los war«, erwiderte Johanna. »Und weil ich zu stolz war.«

Sie hatte an dem Wochenende nach ihrer Rückkehr aus Kalifornien mehrmals versucht, Paul anzurufen und ihm schließlich eine Nachricht auf seiner Mailbox hinterlassen. Am Montag war sie für mehrere Wochen nach Indien geflogen. Natürlich hatte sie sich gewundert, dass er nie zurückrief, aber ihr war nie der Gedanke gekommen, dass ...

Johanna schüttelte sich. Dann fragte sie: »Warum hast du mir nicht eher von Pauls Unfall erzählt?«

Mona nahm ihre Hand und drückte sie fest. »Ich wollte es nicht am Telefon tun. Ich hatte vor, es dir an dem Abend zu erzählen, als du aus Indien zurück warst. Aber da hattest du gekündigt und warst sowieso schon in einer so seltsamen Stimmung. Außerdem saß Christine am Nebentisch. Es erschien mir nicht besonders passend, weil es ja schließlich um ihren Ehemann ging.«

»Du wusstest, dass sie neben uns saß?«

»Natürlich. Ich hatte mich mit ihr unterhalten, bevor du kamst. Aber da ich nicht annahm, dass du ihr vorgestellt werden wolltest ... Im Lauf des Gesprächs habe ich sie dann tatsächlich vergessen.«

Johanna nickte, es wäre ja auch egal gewesen. Es hätte nur einen Unterschied gemacht, wenn sie drei Tage eher nach Hause gekommen wäre. Denn dann hätte sie Paul noch rechtzeitig erreicht. Doch jetzt war keine Zeit für Schuldgefühle, Mona war wichtiger.

»Was war heute Nachmittag los?«, fragte sie daher.

Mona ließ ihre Hand sofort los. Für einen Moment dachte Johanna, die Freundin wollte ausweichen, doch dann antwortete sie: »Ich fand das, was du gesagt hast, nicht in Ordnung. Mir gefiel deine Meinung nicht.«

»Tja, das habe ich gemerkt. Aber wieso hast du versucht, sie mir zu verbieten? Das ist doch sonst nicht deine Art.«

»Weil es sonst nicht deine Art ist, derart uninformierte Meinungen zu vertreten.«

»Uninformiert?«, echote Johanna perplex.

»Uninformiert«, bekräftigte Mona. »Du bist mir heute vorgekommen wie Marie Antoinette, als sie dem französischen Volk vorschlug, Kuchen statt Brot zu essen. Marie Antoinette konnte sich nicht vorstellen, was Hunger ist, und du kannst dir nicht vorstellen, was es bedeutet, sich ein Kind zu wünschen und«, ihre Stimme begann zu zittern, »und es nicht zu bekommen. Du denkst, du könntest eine solche Frage rational angehen, aber das kannst du nicht.«

In Monas Augen schossen Tränen, die sie allerdings hastig wegblinzelte. Johanna betrachtete ihre Freundin erschüttert. Erschüttert, weil sie Mona noch nie hatte weinen sehen, und erschüttert, weil ihr plötzlich etwas klar wurde. Wie hatte sie nur so blind sein können? Sie hätte es viel eher sehen müssen, denn es erklärte so vieles: warum Christine Mona von ihrer Unfruchtbarkeit erzählt hatte, nicht jedoch Tanja; warum Mona Christine hatte helfen wollen; vielleicht sogar, warum Mona Becker ihre Bilder gezeigt hatte.

Aber du kannst es dir vorstellen, dachte sie, weil du es selbst durchgemacht hast. Doch sie sagte es nicht, weil sie wusste, dass sie kein Recht dazu hatte.

6

Lutz Becker legte mit einem Gefühl der Erleichterung den Telefonhörer wieder auf die Gabel, obwohl er nicht genau wusste, wieso er erleichtert sein sollte, dass Johanna Bischoffs Alibi bestätigt worden war. Sie war tatsächlich vom 16. bis 22. April in Kalifornien gewesen und schied somit als Verdächtige aus. Dennoch warf ihre Aussage ein ganz neues Licht auf Paul Herzogs Sturz.

Holger Landauer hatte ein Motiv. Der Buchhändler hatte sich mit Herzog gestritten, so viel hatte Johanna Bischoff bestätigt. Aber ihrer Geschichte zufolge hatte noch eine weitere Person ein Motiv, eine Person allerdings, die nach Klaus Fritz' Ermittlungen ausschied. Nicht, dass Becker gewillt war, diesen Ermittlungen blind zu vertrauen. Die Frage war allerdings, ob er sie heimlich überprüfen müsste oder ob Grabmeier sein Einverständnis dazu geben würde.

In diesem Moment wurde seine Bürotür aufgerissen und Hans Grabmeier kam hereingepflügt wie ein Stier in die Arena. Der Hauptkommissar wirkte energiegeladen wie selten. Er hatte mehrere Bögen Papier in der Hand und bellte schon los, bevor er die Tür wieder geschlossen hatte.

»Becker, Sie hatten recht, gute Arbeit! Es war Landauer. Er war an dem Abend nicht zu Hause. Sehen Sie selbst!«

Er hielt Becker die Papiere unter die Nase. Es war ein Fax von Hauptkommissar Bruno Rossmeisl, das Protokoll dessen Befragung von Frau Ilse Schlederer, Landauers Nachbarin und angeblich verhinderte Babysitterin.

»Sie hatten recht«, wiederholte Grabmeier. »Landauer hat an dem Tag zweimal mit Frau Schlederer telefoniert. Mittags, um ihr zu sagen, dass sie am Abend die Kinder nicht zu hüten bräuchte, und, hören Sie gut zu, noch einmal abends, gegen neun, um sie zu bitten, doch herüberzukommen. Dann ist er für mindestens eine Dreiviertelstunde weggegangen.

Da!« Sein dicker Zeigefinger deutete auf eine Stelle im Fax. Er zitterte vor Erregung.

Becker las. Ilse Schlederers Aussagen wie auch die Fragen von Bruno Rossmeisl waren wörtlich wiedergegeben:

I.S.: »Es ärgerte mich etwas. Ich meine, erst rief er an, um zu sagen, dass ich nicht kommen soll, worüber ich durchaus enttäuscht war, wissen Sie, denn es sind nette Jungs. Und dann, wie ich es mir zu Hause gemütlich gemacht hatte, vor dem Fernseher, es lief ein Krimi, wissen Sie, rief er noch einmal an und sagte, ich solle doch kommen. Ich überlegte wirklich abzulehnen. Wenn er etwas später angerufen hätte, wäre ich nicht dran gegangen, denn nach neun gehe ich nicht mehr ans Telefon. Aber er drängte mich so und so bin ich halt rüber. Sie haben dort auch einen größeren Fernseher und die Couch ist sehr bequem.«

B.R.: »Wissen Sie noch, wann er zurück kam?«

I.S.: »Nein, aber es war nach dreiviertel zehn, weil dann mein Krimi zu Ende war.«

B.R.: »Und Sie sind sicher, dass das, was Sie mir gerade geschildert haben, sich am Abend des 20. April ereignete?«

I.S.: »Ja natürlich. Wissen Sie, am nächsten Tag brach ich mir das Bein, es war ein Donnerstag, ich werde es nie vergessen ...«

Das war die letzte getippte Zeile. Darunter stand in einer krakeligen Handschrift: *Hans, ich erspare Dir die genaue Schilderung ihres Unfalls. Ich hoffe, Du kriegst Deinen Mann. Gruß, Bruno.*

Becker schaute zu Grabmeier auf und zum ersten Mal verspürte er so etwas wie Verbundenheit mit diesem Mann. Sie beide waren vom selben Jagdfieber gepackt. »Eine Dreiviertelstunde, in der Zeit hätte er zweimal zum *Herzog* gehen können«, murmelte er. Es passte, endlich passte alles zusammen. Aber ... »Wir brauchen einen Beweis, dass er dort war.«

»Finden Sie ihn!«

7

Das Abendessen war vorbei und Johanna ging in ihr Zimmer hinauf, das größere von zwei Gästezimmern der Landauers, um sich ein Aspirin zu holen. Sie hatte Kopfschmerzen, ob nun vom Wetterumschwung – die für den nächsten Tag angekündigten Gewitter hatten als Vorboten bereits Massen stickiger Luft geschickt – oder von der emotionalen Achterbahnfahrt der vergangenen Tage. Vermutlich Letzteres, dachte Johanna, obwohl sie zu ihrer eigenen Verwunderung zugeben musste, dass das Gespräch mit Oberkommissar Becker ihr gutgetan hatte. Und es hatte ihr gutgetan, endlich die Wahrheit sagen zu können, sonst wäre sie vermutlich an ihren Schuldgefühlen erstickt.

Johanna fand ein Aspirin in ihrer Handtasche, griff zu der Mineralwasserflasche, die neben dem Bett stand, und spülte es hinunter. Für einen Moment wünschte sie, sie könnte ihre Schuldgefühle genauso einfach mit einer Tablette wegspülen wie ihre Kopfschmerzen. Dabei waren diese Gefühle rational betrachtet unsinnig. Wenn einer die Verantwortung dafür trug, dass Paul zu viel getrunken hatte, dann er selbst. Nicht sie, nicht Holger, egal wie sehr sie beide ihn durch ihr Verhalten absichtlich oder unabsichtlich verletzt hatten. Aber seit wann ließen sich Gefühle von rationalen Überlegungen beeinflussen?

Johanna trank noch einen Schluck Mineralwasser und stellte die Flasche weg, als es klopfte. »Herein.« Als keine Reaktion erfolgte, ging sie, irritiert von so viel formaler Höflichkeit, zur Tür und öffnete. Im Türrahmen stand Holger.

»Oh.« Johanna wusste nicht, was sie von diesem Besuch halten sollte. Sie hatte Holger den ganzen Tag nicht gesehen, auch zum Abendessen war er – zu Monas Ärger – nicht aufgetaucht. Nach der emotionalen Begegnung mit Becker am Nachmittag hatte sie nicht die geringste Lust auf weitere Streitereien.

Doch Holger sagte: »Johanna, ich möchte dich um Entschuldigung bitten. Darf ich hereinkommen?«

»Bitte.« Sie trat ein Stück von der Tür zurück. »Setz dich doch.«

Sie selbst blieb unschlüssig neben ihrem Bett stehen, während Holger sich auf den einzigen Stuhl im Zimmer fallen ließ. Er beugte sich vor und stützte die Ellbogen auf die Oberschenkel. Seine Hände hingen schlaff zwischen seinen Knien. »Es tut mir leid, was ich gestern alles zu dir gesagt habe«, begann er. »Dass du verantwortungsscheu bist und ... ach, einfach alles. Meine Vorwürfe waren völlig idiotisch. Ich war wütend – nicht auf dich, sondern auf mich – und brauchte ein Ventil und da hat es dich getroffen, obwohl du nun wirklich die Letzte bist, die es verdient gehabt hätte. Kannst du mir verzeihen?«

»Natürlich«, erwiderte sie sofort, erleichtert, dass er den ersten Schritt machte. »Ich möchte dich auch um Entschuldigung bitten. Ich weiß, dass du Paul nie im Stich gelassen hättest.«

»Danke.«

Holger versuchte ein Lächeln, was ihm jedoch misslang. Johanna musterte ihn. Er sah tief erschöpft aus. Sie spürte, dass er noch nicht alles gesagt hatte, aber ihm schien die Kraft zu fehlen weiterzusprechen. Sie setzte sich auf ihr Bett.

»Möchtest du mir von deinem Streit mit Paul erzählen?«, fragte sie schließlich. »Das blaue Auge war doch von dir, nicht wahr?«

Er nickte, langsam und traurig. »Darf ich dich etwas fragen? Hast du der Polizei erzählt, dass Paul ein blaues Auge hatte?«

»Nein, wieso?«

»Und hast du sie auch nicht darauf aufmerksam gemacht, dass Paul und ich uns immer mittwochs getroffen haben?«

»Natürlich nicht. Wie kommst du darauf?«

»Dieser Becker war heute bei mir. Er hat danach gefragt.«

»Aber wieso interessiert sich die Polizei auf einmal für Pauls Unfall?«

»Becker hat angedeutet, dass er einen Zusammenhang sieht zwischen Pauls Unfall und Christines Tod. Und er scheint mich als Hauptverdächtigen ausgeguckt zu haben.«

Trotz der Hitze fröstelte Johanna plötzlich. Sie hatte ja selbst Zweifel gehabt, dass Pauls Sturz wirklich ein Unfall war, doch nachdem sie erfahren hatte, dass Paul nicht nur ihretwegen Kummer gehabt hatte, sondern sich auch mit Holger gestritten hatte, hatte sie die Unfalltheorie akzeptiert. Es war ihr nie eingefallen, dass ein Zusammenhang mit dem Mord an Christine bestehen könnte. Doch dann dachte sie an ihr Gespräch mit Becker. Er hatte tatsächlich Zweifel an der Unfalltheorie angedeutet, aber sie war in dem Moment nicht darauf eingegangen. Und Becker hatte noch etwas anderes angedeutet, dass er von Holgers Streit mit Paul wusste. Und sie hatte es bestätigt. Mist!

Sie erzählte Holger von ihrer Unterhaltung mit Becker.

»Paul wollte zu dir zurück?«, fragte Holger. Er klang erstaunt.

»Ja. Hat er dir nichts gesagt?«

Holger schüttelte den Kopf. Er wirkte verblüfft.

Johanna konzentrierte sich wieder auf den wichtigen Punkt. »Ich habe zu Becker nur gesagt, dass ich von eurem Streit wusste. Woher weiß er die anderen Sachen? Dass Paul ein blaues Auge hatte? Und dass ihr euch mittwochs getroffen habt?«

Holger zuckte nur mit den Achseln.

»Mist.« Johanna warf Holger einen Blick zu. »Willst du mir nicht doch sagen, worum es in dem Streit ging?«

Er schüttelte nur den Kopf. Dann sagte er: »Johanna, ich brauche deinen Rat.«

»Gerne, aber wenn du mir nicht erzählen möchtest, wie

soll ich dann ...«

»Darum geht es nicht. Der Streit mit Paul hatte nichts mit seinem Unfall zu tun. Das musst du mir glauben. Es geht um Folgendes: Becker hat mich gefragt, was ich an dem Abend des Unfalls gemacht habe. Ich habe ihm gesagt, dass ich zu Hause war. Aber das stimmt nicht. Ich war im *Herzog*.«

»Du warst dort? Bei Paul?« Johanna starrte Holger an. »Aber wieso hast du dann nicht ...« Sie war verwirrt, dann wurde sie wütend. »Aber wieso hast du dann nichts getan, verdammt? Wieso hast du Paul nicht gerettet? Wie konntest du ihn stockbetrunken allein lassen?« Sie merkte, wie ihre Stimme sich höher und höher schraubte, und versuchte, sich zu beruhigen, doch es gelang ihr nicht. »Scheiße, Holger, ich mache mir hier Gedanken und Gedanken und frage mich ...«

»Aber Johanna, so war es doch gar nicht.«

Sie sprang vom Bett auf. »Wie war es dann?«, schrie sie. »Wenn du dort warst und wusstest, dass Paul in einem solchen Zustand war, wenn du ihn trotzdem alleingelassen hast, dann ... dann ... dann hättest du ihn ja gleich die verdammte Treppe hinunterschubsen können!«

Holger sah sie erschrocken an. »Johanna, wie kannst du das bloß denken? Ich war es nicht, es war Christine.«

*

»Paul war zuletzt nicht glücklich«, erzählte Holger. »Nein, das ist ein Euphemismus, er war kreuzunglücklich. Und das Schlimmste war, es war seine eigene Schuld.«

»Aber wieso?«, fragte Johanna. »Er konnte doch nichts dafür, dass sie keine Kinder kriegten.«

»Das ist richtig. Aber er hätte Christine nicht heiraten dürfen. Er hat sie nie geliebt. Guck nicht so geschockt, Johanna. Es ist wahr. Paul fand Christine nett und sympathisch und sie schmeichelte nach eurer Trennung seinem Ego, aber aus den beiden wäre nie ein Paar geworden, wenn Christine ihm nicht mehr oder weniger beim ersten Treffen erzählt hätte, dass sie unbedingt Kinder wolle. Danach wollte Paul sich in sie verlieben. Er redete sich ein, er wäre in sie verliebt. Aber ich vermute, die Ehe hätte die ersten drei Monate nicht überstanden, wenn sie nicht ein gemeinsames Ziel gehabt hätten.«

»Das Wunschkind.«

»Genau.«

»Das nicht kam.«

Holger seufzte. Er lehnte sich auf dem Holzstuhl zurück und schaute zu Johanna hoch, die immer noch stand. »Ich weiß nicht, ob du dir vorstellen kannst, was ein Paar in Kinderwunschbehandlung durchmacht. Die physischen und psychischen Strapazen einer IVF sind immens – besonders für die Frau. Erst wochenlang Hormonbehandlungen zur Zyklusregulierung und Eizellenstimulation; dann Entnahme der Eizellen unter Vollnarkose; dann Befruchtung der Eizellen mit dem Sperma des Mannes; dann das Warten, wie viele Eizellen befruchtet wurden und ob es überhaupt geklappt hat; dann das Einsetzen der Eizellen in die Gebärmutter; dann das Warten, ob man schwanger ist; dann die Enttäuschung; dann tage- oder wochenlange Depressionen; und schließlich ein neuer Versuch und wieder Hormonbehandlungen und wieder ...«

Holger machte eine kurze Pause. Ein gequälter Ausdruck lag in seinen Augen. Er wirkte völlig erschöpft und Johanna fragte sich, ob er von eigenen Erfahrungen sprach.

»Paul und Christine begannen mit der Behandlung schon bald nach ihrer Hochzeit und die nächsten zwei Jahre drehten sich nur um dieses Thema. Paul vernachlässigte seinen Laden, Christine vernachlässigte ihre Schüler, gemeinsam vernachlässigten sie ihre Ehe. Paul hätte vermutlich auch mich vernachlässigt, aber das ließ ich nicht zu. Es waren zwei grässliche Jahre.«

Johanna hatte begonnen, im Zimmer auf und ab zu gehen.

»Haben die beiden nie überlegt, damit aufzuhören?«, fragte sie jetzt vom Fenster her.

»Nein, nie. Weißt du, es gibt Paare, die halten es viel länger durch, fünf Jahre, zehn, sogar fünfzehn. Bei Paul und Christine machte der Arzt dem Ganzen vergleichsweise früh ein Ende, aber bis dahin ... Seltsamerweise ertrug Christine die ganzen Enttäuschungen und Rückschläge viel besser als Paul, obwohl sie ja viel stärker betroffen war. Ihr Körper stand schließlich im Mittelpunkt der ganzen Tortur. Paul hingegen kam überhaupt nicht damit zurecht. Er hasste die ganze Situation: Sex nach Temperaturkurve, als sie es noch auf dem natürlichen Weg versuchten. Masturbation in einen Becher in einer Art Abstellkammer in der Praxis. Die ganzen Kosten und Mühen ... Und das alles, obwohl mit seinem Samen alles völlig in Ordnung war.«

Johanna konnte nicht an sich halten. »Der Ärmste«, warf sie sarkastisch ein. »Diese Einstellung war bestimmt sehr hilfreich, um den Druck auf Christine noch zu erhöhen.«

Holger schenkte ihr ein trauriges Lächeln. »Paul war in der Zeit nicht sehr fair. Nein, wieder ein Euphemismus, er war verdammt unfair. Er fühlte sich betrogen. Ich glaube, er hatte längst erkannt, dass er Christine nicht hätte heiraten dürfen. Er hatte einen hohen Preis dafür bezahlt, ein Kind zu bekommen, und jetzt blieb die Belohnung aus. Er fing an, Christine zu betrügen, und er fing an, mehr zu trinken, als gut für ihn war.«

»Und trotzdem wollte er mit den Versuchen nicht aufhören?«, fragte Johanna ungläubig.

»Er wollte vielleicht, aber er konnte nicht. Ich glaube, er war froh, als der Arzt schließlich ein Machtwort sprach.«

»Und was geschah dann?«

Holger fuhr sich mit der Hand durch die Haare. »Es kam zum Streit. Christine wollte unbedingt im Ausland nach einer Leihmutter suchen, aber Paul weigerte sich. Zum einen hätten sie es sich kaum leisten können. Sie hatten sich schon völlig für die Villa überschuldet, Pauls Laden lief seit einiger Zeit schlecht und die künstlichen Befruchtungen hatten eine Menge Geld gekostet. Zumal die Krankenkassen nicht wie gewöhnlich die Hälfte übernahmen, weil Paul schon über fünfzig war. Aber der Hauptgrund war, dass er eingesehen hatte, dass die ganze Ehe ein Fehler war. Er sagte es Christine an dem Abend des Unfalls.«

»Woher weißt du das?«

»Ich habe es gehört. Wie du gesagt hast, war der Unfalltag ein Mittwoch. Am Samstag zuvor ging ich mittags zu Paul rüber, in den *Herzog* meine ich, und da ...« Er stockte. »Ich kann es dir nicht sagen, Johanna, es betrifft noch jemand anderen. Aber Paul ... Es kam zum Streit zwischen uns. Wir prügelten uns. Danach haben wir uns ein paar Tage nicht gesehen, aber am Mittwochmorgen kam Paul zu mir, um sich zu entschuldigen. Ich wollte ihn gar nicht sprechen, ich war immer noch so wütend ...«

Johanna sah zu Holger hin, der mit den Tränen kämpfte. Sie unterdrückte den Impuls, zu ihm zu gehen und ihn tröstend in den Arm zu nehmen.

»Es ist meine Schuld, verdammt, wenn ich nicht so stur gewesen wäre, wenn ich seine Entschuldigung nicht abgelehnt hätte, wenn wir uns am Mittwochabend getroffen hätten ...«

»Was ist denn nun genau passiert?«

»Ich saß den ganzen Mittwochabend zu Hause und fühlte mich beschissen. Mona war nicht da, ich vermisste Paul. Schließlich beschloss ich, ihn zu besuchen. Erst ging ich zu ihm nach Hause und als er nicht dort war, suchte ich ihn in der Stadt, in der *Linde*, im *Bären* und im *Bräukeller*. Schließlich fiel mir ein, dass er morgens gesagt hatte, er würde im *Herzog* auf mich warten. Ich ging dorthin. Die Tür war offen und ich ging in den Laden hinein. Und dann hörte ich Paul und Christine. Sie waren oben, sie stritten. Er erklärte ihr gerade, dass ihre Ehe zu Ende sei und dass er keine Zukunft für sie sehe. Verdammt, Johanna, was hätte ich denn machen sollen? Die beiden sprachen gerade über ihre Scheidung, da konnte ich mich doch nicht einmischen. Ich wusste doch nicht, dass Christine ...« Er brach ab.

»Was hast du stattdessen gemacht?«

»Ich ging nach Hause. Und in der Nacht ... in der Nacht rief Christine an und ...« Er sprang auf und rannte aus dem Zimmer. Johanna, die ihm bis in den Flur folgte, hörte, wie er sich im Badezimmer übergab. Sie trat zurück ins Zimmer und riss das Fenster auf. Warme Luft strömte herein. Sie hatte das Gefühl zu ersticken. Nach einer Weile kam Holger zurück, schloss die Tür und stellte sich neben sie.

»Was soll ich denn jetzt machen?«, fragte er leise.

Johanna fand die Antwort nahe liegend. »Ich finde, du solltest Eva alles erzählen. Sie ist Strafverteidigerin, sie wird wissen, was zu tun ist.«

Zu ihrer Überraschung schüttelte Holger den Kopf. Dann strich er sich die Haare aus der Stirn. »Das kann ich nicht.«

»Aber wieso nicht? Eva ist diskret und außerdem, wenn du es ihr als Anwältin erzählst ...«

Wieder schüttelte Holger den Kopf. »Das ist es nicht. Natürlich vertraue ich Eva.«

»Was ist es dann?«

Er schwieg eine lange Zeit. Schließlich sagte er: »Mona wäre dagegen.«

»Mona? Aber warum?«

»Weil sie vor Monaten den Kontakt zu Eva abgebrochen hat.«

Freitag, 1. Juli
1

Die Sonne war noch nicht aufgegangen, doch Johanna stand bereits im Nachthemd in der Küche und kochte Kaffee. Sie hatte nicht schlafen können. Die trockene Hitze der letzten Tage hatte sich im Laufe der Nacht in eine drückende Schwüle verwandelt und Johanna hatte im Bett das Gefühl gehabt, dass die Luft mit jedem Atemzug, den sie tat, immer wärmer, schwerer und feuchter wurde, genauso wie ihre Depressionen immer tiefer und bedrückender wurden.

Johanna hatte Holger versprochen, Mona nicht auf ihr Zerwürfnis mit Eva anzusprechen, doch mittlerweile bereute sie dieses Versprechen zutiefst. Sie war ein ungeduldiger Mensch. Probleme waren ihrer Ansicht nach dazu da, frontal angegangen zu werden, nicht dazu, ignoriert, verschoben oder gar ausgesessen zu werden. Und sie betrachtete den Streit zwischen den Schwestern als ihr ureigenes Problem, denn die Zwillinge waren Teil ihrer Kindheit und Jugend. Ihre gemeinsamen Wurzeln reichten zurück in den Kindergarten, in eine Zeit, in der man erste Gewissheiten über das Leben lernte. Gewissheiten, ohne die das Leben unerträglich war: dass jeden Tag die Sonne aufgeht, dass auf Regen immer wieder Sonnenschein folgt, dass die schlimmste Schwüle irgendwann ein Ende hat und dass nichts die tiefe Bindung zwischen Mona und Eva zerstören kann.

»Eher tritt der Papst aus der katholischen Kirche aus, als dass die beiden jemand trennt«, hatte ihre Grundschullehrerin einmal entnervt ausgerufen, nachdem sie erfolglos versucht hatte, Mona und Eva im Unterricht auseinander zu setzen, weil sie der Meinung war, die beiden zusammen seien ein zu großer Unruheherd. Der Ausruf war rasch zum geflügelten Wort geworden. Lehrer stöhnten ihn, wenn eine der Schwestern – typischerweise Mona – etwas angestellt hatte und beide bereitwillig die Schuld auf sich nahmen, um der anderen eine Bestrafung zu ersparen. Ihr Vater fluchte ihn, als Eva sich weigerte, ohne Mona eine Klasse zu überspringen. Evas erster Freund knallte ihn ihr an den Kopf, als er Schluss machte, weil Mona ständig mit von der Partie war.

Und jetzt sollte das alles vorbei sein?

Der Kaffee war fertig und Johanna schenkte sich einen Becher ein. Sie nahm ihn mit auf die Terrasse, wo sie die schwüle Luft einatmete und beobachtete, wie sich der Morgenhimmel langsam rosa färbte. Wenn sie nur wüsste, was zwischen den Schwestern vorgefallen war. Es machte sie rasend, dass sie Holger versprochen hatte, nicht mit Mona zu reden. Sie wollte nicht akzeptieren, dass sie auf ihre Freundinnen so wenig einwirken konnte wie auf das Wetter.

Und dann wurde ihr klar, dass sie das nicht musste. Schließlich hatte sie nicht versprochen, nicht mit Eva zu reden.

*

Es war schon Nachmittag, als Johanna ihren Wagen wegen des Parkplatzmangels drei Seitenstraßen von Evas Kanzlei entfernt abstellte. Sie hatte morgens mit Gertrude im *Herzog* die Abrechnungen für den Juni gemacht, weil sie es der alten Dame versprochen hatte. Die Arbeit hatte sie abgelenkt und während sie jetzt am Empfang der Kanzlei auf die alte Freundin wartete, fühlte Johanna sich besser. Eva würde ihr gleich sagen, was dem Streit mit Mona zugrunde lag, und gemeinsam würden sie eine Lösung finden.

»Johanna, so eine Überraschung!«

Eva eilte auf sie zu und schloss sie in die Arme. Es war keine dieser flüchtigen Umarmungen mit Luftküsschen auf beide Wangen, bei der beide Parteien versuchen, Dauer und Umfang des Körperkontaktes zu minimieren, sondern eine überaus herzliche Angelegenheit. Johanna drückte die andere fest. Sie hatte Eva seit einem Dreivierteljahr nicht gesehen und deren offensichtliche Freude tat ihr gut. Wie jedes Mal, wenn sie Eva traf, fragte sie sich, warum sie wieder einmal so viel Zeit hatte verstreichen lassen.

»Das ist wirklich schön«, sagte Eva schließlich. »Ich konnte es kaum glauben, als meine Sekretärin mir eine Frau Bischoff meldete.« Sie schob Johanna ein Stück von sich weg. »Du siehst gut aus, gar nicht mehr so blass wie früher.«

»Du siehst auch gut aus«, erwiderte Johanna. Doch es war eine Lüge, denn der Anblick der Freundin hatte sie regelrecht erschreckt: Eva war deutlich dünner als vor neun Monaten und selbst ihr sorgfältiges Make-up und die roten Brillenränder konnten die dunklen Ringe unter ihren Augen nicht verdecken.

Eva schien das selbst zu wissen, denn sie sah Johanna prüfend an. Dann wandte sie sich an die Sekretärin: »Anja, wie viel Zeit habe ich?«

Die Sekretärin warf einen Blick in einen Wochenplaner. »Circa eine Stunde, um vier Uhr kommt die Bewerberin für die Praktikantenstelle.«

»Oh gut. Johanna hast du so viel Zeit? Ja? Dann zweimal Kaffee, Anja, und keine Störungen, bitte.«

Eva zog Johanna mit sich in ihr Büro. »Also, jetzt erzähl mal, was dich hergeführt hat«, sagte sie wenige Minuten später, nachdem sie sich in der Konferenzecke niedergelassen hatten, wo die Sekretärin im Eiltempo Kaffee und Kekse platziert hatte. »Spontane Besuche sind so gar nicht deine Art. Und warum sitzt du nicht in deinem Büro?«

Erst als Eva die Frage stellte, fiel Johanna ein, dass diese gar nichts von ihrer Kündigung wusste. Und zum ersten Mal seit Tagen dachte sie wieder an *S&W Consult*. Es war kein Wunder, dass Eva ausgerechnet danach fragte, denn

Johannas Beruf war es, von dem sie bei früheren Treffen meistens erzählt hatte. Aus Mangel an interessanten privaten Informationen.

»Ich habe gekündigt«, sagte Johanna und erzählte knapp, was zu ihrem Entschluss geführt hatte.

Eva hörte gespannt zu, während sie Kaffee trank und Kekse futterte. Sie ernährte sich seit Jahren fast ausschließlich von Geschäftsessen, Besprechungskeksen und Stress. Und bis vor kurzem schien ihr diese Diät ausgezeichnet bekommen zu sein. »Bist du deshalb hier?«, fragte sie schließlich. »Brauchst du einen juristischen Rat, was die Kündigung betrifft?«

»Nein, nein, das ist alles problemlos über die Bühne gegangen. Wenn man mal davon absieht, dass Rainer erst drohte, einen Nervenzusammenbruch zu erleiden, und dann der Meinung war, jetzt, wo er nicht mehr mein Boss sei, könnten wir doch mal zusammen ausgehen. Er kenne da ein hübsches kleines Landhotel ...«

Eva nahm noch einen Keks und kaute mit Genuss. »Rainer, ist das nicht dieser große Blonde mit den grünen Augen? Du hast ihn mir einmal vorgestellt, ich fand ihn sehr charmant. Aber ich nehme an, du hast trotzdem abgelehnt?«

»Natürlich. Ich habe gekündigt, um dem Wahnsinn noch einmal von der Schippe zu springen, nicht um mich mit ihm ins Bett zu legen.«

Eva lachte. Es klang genauso wie Monas Lachen, warm und voll. »Und was hast du jetzt vor? Ich muss sagen, ich finde es mutig, einfach zu kündigen, ohne zu wissen, was danach kommt. Keine Angst vor der Zukunft?«

Johanna dachte an den Nachmittag, der mittlerweile zwei Wochen her war, als sie über den Alten Südfriedhof gegangen war, erfüllt von Panik und Angst vor der Leere. »Ich hätte welche, wenn ich Zeit hätte, über die Zukunft nachzudenken«, gab sie zu. »Ich mache seit Montag Urlaub bei Mona.«

Johanna hatte immer geglaubt, dass Strafverteidiger gute Schauspieler sein müssten – um Empörung angesichts eines angeblich viel zu harten Urteils heucheln oder um Ungläubigkeit auch dann glaubhaft vorspielen zu können, wenn die Gegenpartei hieb- und stichfeste Beweise vorlegte. Doch Evas Reaktion bewies, dass diese Theorie nicht zutraf. Sie bemühte sich zwar sehr, ihr Lächeln beizubehalten, doch es wirkte völlig verkrampft und ihre Stimme klang unnatürlich schrill, als sie behauptete: »Ach ja, Mona erwähnte es am Telefon. Und wie gefällt dir das ruhige Leben im idyllischen Ammerbach?«

Mitgefühl stieg in Johanna auf, gepaart mit Irritation. »Bitte, Eva, erspar uns beiden die Heuchelei. Ich weiß, dass ihr seit Monaten kein Wort mehr miteinander gesprochen habt.«

Das gequälte Lächeln gefror, verschwand dann ganz und machte einem bekümmerten Ausdruck Platz. »Dann weißt du es also. Hat Mona es dir gesagt?«

»Nein, Holger. Mona versucht genau wie du, mir gegenüber den Anschein von Normalität aufrechtzuerhalten.«

»Und hat Holger dir auch erzählt, warum ...?«

»Nein, ich hoffe, dass du es mir sagen wirst.«

»Oh.« Eva stand abrupt auf und ging ans Fenster. Geistesabwesend begann sie, mit der Kordel der Jalousie zu spielen. Rasselnd schoben sich die Lamellen nach oben und gaben den Blick auf den grauen Himmel frei. Das Gewitter hatte sich immer noch nicht entladen, doch in dem klimatisierten Büro spürten sie die Schwüle nicht.

»Das kann ich nicht«, sagte Eva schließlich.

»Heißt das, du willst nicht?«

»Nein, ich kann nicht.«

»Das glaube ich dir nicht«, entfuhr es Johanna.

Eva lachte kurz, doch es klang nicht erheitert. »Warum willst du es denn überhaupt wissen?«

»Warum?« Seltsame Frage. »Um zu helfen natürlich. Um

dazu beizutragen, dass ihr euch wieder versöhnt. Meine Güte, Eva, das ist doch kein Zustand. Ihr beide seid Schwestern, Zwillinge, ihr wart bis vor kurzem die besten Freundinnen, die man sich denken kann. Ich kann es doch nicht mit ansehen, dass ihr leidet ...« Sie brach ab, als sie Evas bitteres Lächeln sah.

»Mona leidet nicht. Sie hat bekommen, was sie wollte. Sie hat die Trennung veranlasst.«

»Aber ...«

Doch Eva unterbrach sie. »Sei mal ehrlich, Johanna. Du wohnst jetzt seit vier Tagen bei ihr und hast erst gestern oder vielleicht heute früh herausgefunden, dass Mona und ich keinen Kontakt mehr haben. Hattest du in diesen Tagen jemals das Gefühl, dass Mona besonders unglücklich ist?«

»Woher weißt du, dass Holger es mir erst gestern gesagt hat?«

»Sonst wärst du viel eher hier aufgetaucht. Also?«

Johanna ließ in Gedanken die vergangenen vier Tage Revue passieren, suchte nach Anzeichen von Unruhe oder gar Trauer, die Mona gezeigt haben könnte, doch sie fand keine – bis auf Monas hitzige Reaktion am gestrigen Nachmittag. Im Gegenteil, sie hatte sich mehrfach gewundert, wie gelassen und gut gelaunt die Freundin angesichts der mehrfachen Tragödien war, in die sie alle verstrickt waren. Von sich aus sprach sie nie über Paul oder Christine, sondern beschäftigte sich meist mit Jan und Leo und der bevorstehenden Geburt.

Johanna schaute zu Eva hinüber, die sie aufmerksam beobachtete. »Ich weiß es nicht«, gab sie schließlich zu, »aber ich sehe, dass du leidest, Eva, und das kann ich nicht akzeptieren.«

Eva ließ die Kordel los und die Jalousie fiel ratternd nach unten. »Nun, das wirst du wohl müssen – genau wie ich.«

2

Als Johanna nach Ammerbach zurückkam und ihren Wagen vor der Landauerschen Doppelgarage parkte, war sie unsagbar frustriert. Sie hatte fest damit gerechnet, dass sie, wenn schon nicht mit einer Lösung des Streits zwischen den Schwestern, so doch zumindest mit einer tieferen Erkenntnis über dessen Hintergründe aus München zurückkehren würde, doch sie hatte fast nichts erfahren. Und das, was sie erfahren hatte, hatte sie in erster Linie verwirrt.

Johanna war überzeugt gewesen, dass die Entfremdung zwischen Eva und Mona ein unfreiwilliger Akt gewesen war. Sie hätte nie gedacht, dass die Funkstille Absicht war, dass – so hatte Eva es ihr erzählt – Mona jedes Mal, wenn ihre Schwester anrief, den Hörer auflegte. Dass sie von ihr den Schlüssel für ihr Haus zurückgefordert hatte. Dass sie sogar ihrem Mann verboten hatte, mit seiner Schwägerin zu sprechen.

Johanna hatte während der ganzen Rückfahrt überlegt, was Eva getan haben könnte, das die Beziehung zu Mona zerstört hatte, doch ohne Erfolg. Einerseits musste es etwas Gravierendes sein, denn Mona gehörte nicht zu den Frauen, die eine kleine Kränkung zu einer Kriegserklärung aufbliesen. Andererseits war Johanna überzeugt, dass Eva Mona nie absichtlich verletzen oder dass sie etwas tun würde, was ihrer Schwester schadete. Und das musste Mona doch wissen!

Frustriert strich sich Johanna eine feuchte blonde Strähne aus der Stirn. Gott, war das schwül. Wenn das verdammte Gewitter nicht bald käme, würde sie noch verrückt – und wenn nicht von der Hitze, dann von ihren Grübeleien. Aber damit war jetzt Schluss, dachte sie. Sie würde mit Mona sprechen. Jetzt sofort, Holgers Bedenken hin oder her. Sie konnte nicht in dieses Haus gehen und ihrer Freundin gegenüber so tun, als wüsste sie von nichts.

Entschlossen stieg Johanna aus dem Cabrio und sperrte die Haustür auf. Doch einige Minuten später stand sie wieder davor. Mona und die Kinder waren nicht da. Enttäuscht überlegte Johanna, wo die drei sein mochten. Sie konnte sich nicht daran erinnern, dass Mona etwas über Pläne für den Nachmittag gesagt hatte, doch das bedeutete nichts. Mona hatte in Ammerbach viele Freundinnen, meist ebenfalls Mütter mit Kindern, die sie oft spontan einluden. Oder sie machte mit den Jungs einen Spaziergang. Johanna beschloss, dass Letzteres auch ihr guttun würde. Der Gedanke, allein im Haus auf Mona zu warten, war ihr unerträglich, außerdem sehnte sie sich nach Bewegung.

Am Garten der Landauers schlängelte sich ein kleiner Bach vorbei, die Ammer, der von einem Trampelpfad begleitet wurde. Johanna legte ein flottes Tempo vor, während sie diesem Weg an Wiesen und Feldern entlang folgte. Sie hoffte, ihrer Frustration enteilen zu können, und sie hoffte, im Wald, der am Ende des Weges wartete, würde es etwas kühler sein.

Letzteres war der Fall. Als Johanna auf den schmalen Kiesweg trat, der durch den lichten Laubwald führte, spürte sie, wie die Temperatur um einige Grad sank. Sie schritt rasch aus, doch sie konnte ihre Gedanken nicht stoppen, die einander im Kreis jagten wie galoppierende Mustangs.

Irgendwann wurde aus dem Laubwald Mischwald und der Weg verbreiterte sich zu einer Lichtung. Waldarbeiter hatten Bäume gefällt und die Stämme am Wegrand aufgeschichtet. Fünf Pfade trafen sich hier an einem Schilderbaum: *zum Hügelgrab, zur Marienkapelle, zur Weiherkette* ... Johanna schlug die Richtung zur Weiherkette ein, da sie fand, dass der Name romantisch klang. Zehn Minuten später stieß sie tatsächlich auf ein winziges Gewässer. Sie folgte einem Trampelpfad ein Stück darum herum und ließ sich dann auf einer Bank nieder, die einen idyllischen Blick bot, der ihr vage bekannt vorkam. Sie fragte sich, ob sie schon einmal hier gewesen war. Der Weiher lag mitten im Wald. Bäume und Unterholz drängten sich auf der gegenüberliegenden Seite bis an das Ufer und spiegelten sich in der dunklen, stillen Oberfläche. An einem Ende hing ein Holzsteg über dem Weiher, am anderen lag ein umgestürzter Baum im Wasser.

Johanna schloss für einen Moment die Augen. Sie war, von ihren unerfreulichen Gedanken gescheucht, regelrecht durch den Wald gehetzt und merkte erst jetzt, wie schnell ihr Puls ging, während ihr Herz das Blut in hohem Tempo durch ihren Körper pumpte. Keine Kondition, sie hatte es ja gewusst. Verfluchte Schreibtischarbeit, war das Letzte, was sie dachte, bevor sie zwei schlaflosen Nächten Tribut zollte und einnickte.

*

Donnergrollen und ein Gefühl von Dringlichkeit weckten Johanna. Wie lange sie gedöst hatte, wusste sie nicht, doch ihr Unterbewusstsein hatte die Pause genutzt, um die Prioritäten ihrer Überlegungen zu verschieben, und ihr erster Gedanke galt Holger. Verdammt, sie hatte Holger völlig vergessen! Sie hatte vergessen, dass die Polizei ihn verdächtigte, in Pauls Unfall verwickelt gewesen zu sein! Und sie hatte vergessen, Eva für ihn um Rat zu fragen!

Schlagartig wurde Johanna ganz wach. Sie musste Eva anrufen, sofort. Sie riss die Augen auf und wollte zu ihrem Handy greifen, doch sie erstarrte mitten in der Bewegung. Für einen Moment saß sie stocksteif da, unfähig zu akzeptieren, was sie sah. Sie klappte ihre Lider wieder zu und wieder auf, blinzelte mehrmals, doch es änderte sich nichts. Um sie herum herrschte Finsternis.

Einen Augenblick fühlte Johanna sich völlig desorientiert. Hatte sie wirklich so lange auf der Bank gesessen und geschlafen, bis die Dunkelheit hereingebrochen war? Wie spät war es? Sie trug keine Armbanduhr, deshalb wollte sie einen Blick auf ihr Handy werfen, doch ihre Hosentasche war leer und ihr fiel ein, dass das Handy in ihrer Handtasche steckte und dass sie diese auf Monas Küchentisch hatte liegen lassen. Johanna spürte, wie ein Schauer ihren Rücken hinabrann. War sie wirklich mitten in der Nacht mitten im Wald und noch dazu mutterseelenallein?

Jetzt nur nicht in Panik geraten, dachte sie, während sie aufstand. Sie schaute sich um, auf den Weiher vor ihr und auf die Bäume hinter ihr. Ihre Augen gewöhnten sich schnell an die Düsternis und sie erkannte erleichtert, dass es keineswegs so dunkel war, wie sie zunächst gedacht hatte. Sie erkannte ebenfalls, dass es nicht Nacht war, sondern dass der Himmel sich mit schwarzen Wolken bedeckt hatte, und sie registrierte zum ersten Mal bewusst das näher kommende Donnergrollen.

Das Gewitter, dachte sie und spürte, wie ihr flau im Magen wurde. Bitte nicht jetzt, bitte nicht hier! Bitte erst, wenn sie aus dem Wald heraus war! Doch im nächsten Augenblick blitzte es. Mit unwillkürlich angehaltenem Atem zählte Johanna die Sekunden. Bei acht ließ ein Donnerschlag sie zusammenfahren. Ein weiterer Blitz zuckte über den Weiher und den toten Baum hinweg, und für einen Moment hatte Johanna den Eindruck, als winkten die Äste des Baumes ihr zu wie die Arme eines Ertrinkenden. Die Assoziation jagte einen neuen Schauer ihren Rücken hinab und so schnell sie es bei den Lichtverhältnissen wagte, eilte sie den Trampelpfad am Rand des Weihers entlang. In der Düsternis war es schwierig. Der Weg war uneben und schmal und fiel nach rechts steil zum Weiher hin ab. Damit sie nicht aus Versehen ins Wasser rutschte, hielt Johanna sich möglichst nah an den Bäumen, doch dort lauerten Wurzeln wie Kraken auf dem Boden und einmal wäre sie fast gestürzt.

Sie war froh, als sie das Ende des kleinen Teiches erreichte. Hier traten die Bäume ein Stück zurück, sodass es etwas lichter war, und Johanna konnte mehr erkennen. Ihre Augen suchten den Waldsaum nach dem Weg ab, den sie auf dem Hinweg genommen hatte, doch zu ihrem Entsetzen fand sie nicht nur einen, sondern drei – und sie konnte sich beim besten Willen nicht erinnern, welcher der Richtige war.

Das auch noch! Johanna spürte, wie das flaue Gefühl in ihrem Magen stärker wurde. Sie versuchte, den Druck in ihrer Magengegend zu ignorieren und sich zu konzentrieren. Sie hatte bei Mona einmal eine Wanderkarte der Umgebung studiert und wusste, dass sich der Wald weit nach Westen ausdehnte. Wenn sie den falschen Weg erwischte, dann konnte es ihr passieren, dass sie stundenlang zwischen den Bäumen umherirrte.

Ein Rascheln in ihrem Rücken ließ Johanna herumfahren. Was war das? Ein Tier? Sie konnte nichts entdecken, doch dann spürte sie, dass es nicht mehr so drückend war und dass ein frischer Wind aufgekommen war. Johanna fröstelte, als er auf ihre nackten, verschwitzten Arme traf. Sie musste sich schnell für einen der Wege entscheiden. Sie vermutete, dass Ammerbach gar nicht weit von ihr im Südosten lag, aber wo war Südosten?

Denk nach, befahl sie sich, woran erkennt man bei diesen Verhältnissen die Himmelsrichtungen? Doch ihr Gehirn funktionierte nicht richtig. Das Geräusch des Windes, der an Ästen und Büschen rüttelte, das ständige Rascheln und Knacken machte sie nervös. War da wirklich nichts im Busch? Was, wenn sie hier nicht allein war? Wenn ...?

Sie kam nicht dazu, den Gedanken zu Ende zu denken, denn in diesem Moment fuhr ein Blitz über den Weiher, als wollte er ihn in Brand stecken. In dessen Licht sah Johanna den Holzsteg direkt vor sich und plötzlich wurde ihr klar, warum ihr der Weiher so bekannt vorgekommen war, wo sie den Steg aus genau diesem Blickwinkel schon einmal gesehen hatte: auf einem Zeitungsfoto in der Lokalzeitung, das einen Bericht über Christines Ermordung illustriert hatte.

Gewissheit leuchtete auf wie ein zweiter Blitz: Dies war der Weiher, in dem Christines Leiche gefunden worden war!

Das Entsetzen überfiel Johanna völlig unvorbereitet. Mit eiserner Faust schlug es ihr in den Magen, trieb sie ein paar Schritte rückwärts. Sie schnappte nach Luft, doch ihre Kehle war wie zugeschnürt. Krampfhaft schluckend starrte sie auf den Weiher. Warum hatte sie das nicht eher bemerkt? Warum war sie nicht gleich wieder verschwunden? Sie machte noch einen Schritt rückwärts und prallte gegen etwas Hartes. Sie stieß einen gellenden Schrei aus. Panisch sprang sie nach vorne, drehte sich um und erkannte, wogegen sie gestoßen war.

»Nur ein Baum«, versuchte sie, sich laut zu beruhigen. Doch sie konnte nicht verhindern, dass ihre Stimme genauso zitterte wie ihre Knie und dass eine innere Stimme ihre äußere übertönte: »Mach, dass du wegkommst, oder möchtest du die Zweite sein, die an diesem Ort stirbt?« Und wie von selbst steuerten ihre Beine auf den mittleren der Wege zu.

Johanna musste ihren ganzen Mut zusammennehmen, um ihre Füße, die plötzlich einen eigenen Willen zu haben schienen, zu stoppen. Es wäre unvernünftig, den nächstbesten Weg zu nehmen, sie musste nachdenken, musste sich für den Richtigen entscheiden. Doch dann hörte sie wieder ein Geräusch hinter sich, das Knacken eines Zweiges, als sei jemand daraufgetreten, und eine Welle der Panik überflutete sie und spülte alle Vernunft fort: Johanna rannte los.

Sie jagte den Weg entlang, den ihre Füße instinktiv ausgewählt hatten. Bald merkte sie, dass ihre Beine eine schlechte Wahl getroffen hatten, denn der Weg war uneben und schmal und wurde immer schmäler. Es war so düster hier unter den Bäumen, dass Johanna nur wenige Meter weit sehen konnte, doch es war ihr egal. Sie rannte durch einen dunklen Tunnel aus Ästen, Laub und Tannenzweigen, über Wurzeln und abgebrochene Äste. Es donnerte jetzt fast ununterbrochen und die lauten Schläge zusammen mit dem Rauschen des immer stärker werdenden Windes verstärkten ihre Desorientierung.

Kurz darauf wurde der Weg wieder breiter und lichter. Johanna war es mittlerweile egal, in welche Richtung sie lief, sie wollte nur weg, fort von diesem Weiher – bis zu dem Moment, als es wieder donnerte und wieder blitzte. Denn in diesem Blitz erkannte Johanna die Umrisse eines Mannes, der mitten auf dem Weg stand. Er war etwa zwanzig Meter entfernt. Johanna warf sich voller Panik herum wie ein scheuendes Pferd und rannte zurück in die Richtung, aus der sie gekommen war. Doch im nächsten Moment blieb ihr rechter Fuß an einer Baumwurzel hängen. Im Fallen stieß sie einen gellenden Schrei aus.

*

Johanna schlug im selben Moment auf dem Waldboden auf, als die ersten Regentropfen fielen. Doch sie spürte sie nicht, spürte auch nicht den Schmerz und das Blut an den Händen, deren Haut sie beim Sturz aufgeschürft hatte. Stattdessen stemmte sie sich mit den Armen hoch und versuchte, gleich wieder loszusprinten, doch zu ihrem Entsetzen riss etwas an ihrem rechten Bein. So laut sie konnte, schrie Johanna um Hilfe, während sie panisch strampelte, bis sie erkannte, dass ihre Sandale sich in der Baumwurzel verfangen hatte. Mit zitternden Händen und fieberhafter Eile versuchte sie, den Riemen zu lösen. Dabei schaute sie immer wieder angstvoll den Weg zurück. Als sie ihren Fuß endlich befreit hatte, zuckte ein letzter Blitz über den dunklen Himmel und sie erkannte, dass sie vor einem Baumstamm davon gelaufen war, der in Mannshöhe abgesägt worden war.

Erleichterung schwappte über Johanna hinweg, doch sie traute sich nicht, kurz zu verschnaufen. Hastig schlüpfte sie wieder in ihre Sandale und lief dann in der ursprünglichen

Richtung weiter. Dabei konnte sie noch weniger sehen als zuvor, denn der Regen hatte mittlerweile mit aller Macht eingesetzt. Äste peitschten ihr ins Gesicht, Zweige rissen an ihren nassen Haaren, Regenwasser durchtränkte ihre Kleidung, strömte über ihre Haut, doch Johanna spürte es kaum. Während sie rannte, lauschte sie auf Schritte, die ihr folgten, auf irgendwelche Anzeichen, dass sie nicht allein im Wald war. Doch sie vernahm nur ihren hechelnden Atem, das Prasseln des Regens und das schmatzende Geräusch, das ihre Sandalen auf dem matschigen Pfad verursachten.

Johanna hatte das Gefühl, bereits seit einer Ewigkeit durch den Wald zu irren, obwohl es nur wenige Minuten gewesen sein konnten, als sie plötzlich Motorenlärm hörte. Für einen Moment fragte sie sich entsetzt und desorientiert, ob sie auf diesem schmalen Pfad wirklich von einem Auto verfolgt werden konnte, doch dann sah sie Lichter durch den Regenvorhang blitzen und erkannte, dass wenige Meter vor ihr eine Straße verlief.

Die Kraft verließ Johanna schlagartig, als sie bemerkte, dass sie gerettet war, dass sie den richtigen Weg eingeschlagen hatte. Keuchend blieb sie stehen, mit einer Hand an einen Baum gestützt. Ihre Lunge brannte, ihre Seiten stachen. Dann ging sie die letzten Meter auf die Straße zu. Sie konnte schon die Straßenlaternen durch die Bäume schimmern sehen, die Licht und Sicherheit ausstrahlten, konnte erkennen, dass ihr eigener Pfad auf einen Bürgersteig zuführte, der neben der Straße verlief, und sie wollte gerade auf diesen einbiegen, als sie mit einer breiten Gestalt zusammenprallte, die aus dem Nichts aufzutauchen schien. Johanna zuckte instinktiv zurück, doch zu spät. Sie wurde von einer starken Hand gepackt und herumgerissen.

*

Eva Schwarz stand am Fenster ihres Büros und starrte in den Regen hinaus. Sie konnte sich nicht erinnern, je ein solches Gewitter erlebt zu haben. Es hatte derart geblitzt und gedonnert, dass ihr sogar in ihrem Büro mulmig geworden war, obwohl dessen ultramoderne Einrichtung aus Stahl und Leder normalerweise den Eindruck vermittelte, dass Naturgewalten einer längst vergangenen Epoche angehörten. Und jetzt schwappten Regenschwälle gegen die Fenster, als würde ein Riese Kübel voller Putzwasser ausleeren.

Vielleicht war es ja so, dachte Eva. Gewittern wurde doch eine reinigende Kraft nachgesagt. Nun, dann konnte sie nur hoffen, dass auch ihr Leben gründlich durchgeputzt würde. Es hatte es nötig!

Sie wandte sich von dem Naturschauspiel ab, setzte sich an ihren Schreibtisch und schaltete eine Lampe ein. Es war erst halb sieben an einem Sommernachmittag, doch die Wolken und der Regen verschluckten alles Tageslicht. Eva griff zu einer Akte, da klingelte das Telefon. Sie hob ab, doch bevor sie noch etwas sagen konnte, hörte sie schon die aufgeregte Stimme am anderen Ende der Leitung. Mit wachsender Unruhe hörte sie zu.

»Natürlich«, sagt sie schließlich. »Ich komme sofort.«

*

»Es tut mir leid«, wiederholte Johanna.

»Keine Ursache. Sie sind halt erschrocken«, erwiderte Dr. Euphemia Frisse.

Sie hat wirklich eine tiefe Stimme, dachte Johanna, und dann diese Figur. Kein Wunder, dass ich sie für einen Mann gehalten habe. »Ich hätte Sie nicht treten dürfen.«

»Nun, ich nehme es nicht persönlich. Ich denke, der Tritt galt nicht mir, oder?«

Euphemia musterte Johanna. Sie standen dicht beieinander unter Euphemias Schirm. Der Regen trommelte unaufhörlich auf die Bespannung, floss an den Rändern hinunter und schirmte sie beide wie ein Vorhang von der Umgebung, dem Wald und der Straße, auf der nur selten ein Auto vorbeikam, ab. Sie standen auf dem Bürgersteig wenige Meter von dem Pfad entfernt, auf dem Johanna aus dem Wald geflüchtet und an dessen Ende sie mit Euphemia zusammengeprallt war.

»Natürlich nicht.«

»Galt er überhaupt jemand Bestimmtem?«

Johanna strich sich eine nasse Haarsträhne aus der Stirn. »Ehrlich gesagt, ich weiß es nicht. Sehen Sie, ich war am Weiher, an dem, in dem Christines Leiche gefunden wurde. Doch das hatte ich vergessen und als es mir wieder einfiel, wurde ich von dem Gewitter überrascht und ...« Sie brach ab. Wie sollte sie ausgerechnet dieser ruhigen, vernünftigen, überlegen wirkenden Frau erklären, warum sie in Panik ausgebrochen war? Euphemia hätte vermutlich auch auf der Titanic die Ruhe bewahrt. »Ich dachte, ich hätte etwas gehört«, endete sie lahm.

»Etwas gehört?« Euphemia Frisse schaute zum Anfang des Pfades hin. »Vielleicht sollten wir einmal nachsehen?«

»Auf keinen Fall«, entfuhr es Johanna. »Ich meine, ich bin sicher, dass ich es mir nur eingebildet habe.« Und das stimmte auch, zu mindestens 90 Prozent. Dennoch war sie nicht bereit, noch einmal in den Wald zurückzugehen. Das Gefühl der Gefahr und Panik war zu intensiv gewesen, als dass sie es so schnell abgeschüttelt hätte.

Euphemia Frisse betrachtete sie aufmerksam. »Nun, in dem Fall lohnt es sich wohl tatsächlich nicht. Dann kommen Sie mal mit. Ich wohne ganz in der Nähe, ich fahre Sie nach Hause.«

Sie wandte sich zum Gehen und Johanna folgte ihr, ohne auch nur der Form halber zu protestieren. Zu dankbar war sie über das Angebot. »Ich bin wirklich froh, dass ich Sie getroffen habe.«

»Ich war gerade auf dem Heimweg vom Waldfriedhof«,

erwiderte Euphemia.

Das überraschte Johanna. »Sie waren an Christines Grab?«

»Nein, am Grab meines Mannes und meines Sohnes. Ich gehe jeden Tag dorthin.«

Euphemia blickte starr geradeaus, als sie das sagte, ihre Stimme klang gepresst. Johanna dachte an das, was Holger ihr erzählt hatte. Der Tod von Euphemias Sohn musste vier Jahre zurückliegen, der ihres Mannes fast sieben, doch Johanna hatte nicht den Eindruck, dass die Wunden schon verheilt waren.

Schweigend legten sie die letzten Meter zurück, bis sie zu einem kleinen Haus kamen, das sich am Waldrand unter die Bäume duckte. Am Straßenrand davor parkte ein älterer Opel Kombi. Gegenüber auf der anderen Straßenseite lag ein großer Gebäudekomplex, den Johanna – soweit sie ihn bei dem Regen erkennen konnte – für eine Schule hielt.

Sie war unendlich froh, als sie endlich in der Geborgenheit des trockenen Wagens saß. Von einem Moment auf den anderen wurde sie so müde, dass sie vermutlich eingeschlafen wäre, hätte die Fahrt länger gedauert. Doch schon nach wenigen Minuten parkte Euphemia ihren Kombi hinter Johannas Cabrio, dessen Verdeck sie zu schließen vergessen hatte und das jetzt eher einer vollen Badewanne glich. In diesem Moment war es ihr egal. Die beiden Frauen stiegen aus und gingen zum Eingang. Johanna suchte in ihrer Hosentasche nach dem Schlüssel, den Mona ihr überlassen hatte. Doch da wurde die Haustür schon aufgerissen und Mona erschien.

»Mein Gott, Johanna, da bist du ja. Wo warst du denn? Holger ist verhaftet worden.«

3

Vernehmungsraum 2 lag im Keller der Kriminalpolizeiinspektion. Jemand hatte anhand der Baupläne einmal nachgewiesen, dass hier der Punkt des Gebäudes war, der am weitesten von einem Fenster oder einer Tür ins Freie entfernt war. Becker, der seit einer halben Stunde in dem Raum saß, glaubte es sofort, denn die Luft schmeckte derart abgestanden, dass sie vermutlich Tage, wenn nicht Wochen gebraucht hatte, bis sie durch Gänge und Flure hierher vorgedrungen war. Von der frischen, klaren Luft, die nach dem Gewitter draußen herrschte, war hier nichts zu spüren.

Sie waren zu viert. Grabmeier saß neben Becker und strahlte eine geradezu unheimliche Mischung aus Aggressivität und Zufriedenheit aus. Die Aggressivität richtete sich gegen Holger Landauer, der ihm gegenübersaß, die Zufriedenheit schien dem Hauptkommissar selbst zu gelten. Landauer wirkte unsicher und schuldbewusst und schaute immer wieder Hilfe suchend zu seiner Rechtsanwältin hin, die neben ihm saß. Im Gegensatz zu ihrem Klienten trug Eva Schwarz eine professionelle Gelassenheit zur Schau, doch Becker vermutete, dass auch sie sich angesichts der Situation, in der ihr Schwager sich befand und in die er sich mit geradezu masochistischem Eifer immer tiefer hineinritt, Sorgen machte. Zumindest hätte sie allen Grund dafür gehabt.

Es war geradezu lächerlich einfach gewesen, Landauers Handlungen am Abend des 20. April nachzuvollziehen. Am Marktplatz von Ammerbach gab es außer der Buchhandlung, dem *Herzog*, einer Apotheke und einer Bank auch zwei Wirtshäuser, den *Bräukeller* und den *Bären*. Becker hatte als erstes das Personal des *Bären* befragt und sofort einen Volltreffer gelandet: Am Abend des Unfalls hatte eine der Kellnerinnen – »Nennen Sie mich Rosi!« – mit zwei Gästen draußen vor der Tür gestanden und geraucht, als Landauer vorbeigekommen war und gefragt hatte, ob sie Paul Herzog gesehen hätte. Die Kellnerin, die die beiden Freunde gut kannte, da beide Stammgäste im *Bären* waren, hatte die Frage verneint. Daraufhin war Landauer in den *Bräukeller* gegangen, um sich auch dort nach Herzog zu erkundigen.

»Aber natürlich war der nicht dort«, erklärte Rosi.

»Wieso natürlich?«, fragte Becker.

»Weil er fand, dass der Wein dort wie Katzenpisse schmeckte. Das hat er mir mal erzählt.« Sie kicherte. »Holger kam nach einer Minute wieder raus und ging zum *Herzog* hinüber.«

»Zum Antiquitätengeschäft? Ging er hinein?«, fragte Becker, von Erregung gepackt.

Rosi nickte.

»Aber wie konnte er das? Hatte er einen Schlüssel? Oder hat ihm jemand geöffnet?«

Sie überlegte, dann schüttelte sie den Kopf. »Ich glaube nicht, die Tür muss offen gewesen sein.«

»Sind Sie sicher?«, fragte Becker, dem das unglaubwürdig erschien. »Wie konnten Sie das überhaupt sehen? Es war doch längst dunkel.«

»Aber direkt vor dem *Herzog* steht eine Straßenlaterne, ich bin sicher, dass Holger hineingegangen ist.«

»Und wissen Sie, wann er wieder herauskam?«

Doch das wusste Rosi leider nicht, da sie und ihre beiden Raucherkollegen just in dem Moment wieder in den *Bären* gegangen waren.

Schwieriger fiel es Becker zu beweisen, dass Landauer Paul Herzog das blaue Auge verpasst hatte. Doch schließlich gab Gertrude Aiwanger zu, dass sie am Samstag vor dem Unfall nachmittags noch einmal in den Laden gegangen war, weil sie morgens ihre Geldbörse dort vergessen hatte. In der Tür war sie fast von Holger Landauer umgerannt worden, und nachdem dieser verschwunden war, war Paul Herzog die

Treppe hinuntergekommen. Sowohl ihm als auch Landauer war deutlich anzusehen gewesen, dass sie sich gerade geprügelt hatten.

»Warum haben Sie das der Polizei nicht viel früher erzählt?«, fragte Becker Gertrude Aiwanger.

»Weil sie nicht danach gefragt hat.«

»Und ist Ihnen nie der Gedanke gekommen, dass es einen Zusammenhang zwischen diesem Streit und Herzogs Treppensturz wenige Tage später geben könnte?«

»Selbstverständlich gibt es den. Paul saß allein in seinem Büro, weil er sich mit Herrn Landauer gestritten hatte. Hätte er das nicht getan, wären die beiden gemeinsam im *Bären* gewesen. Und wenn Sie derart einfache Zusammenhänge nicht begreifen, dann wundert es mich nicht, dass Christines Mörder immer noch frei herumläuft.«

Doch Becker war überzeugt, dass der Mörder genau das nicht tat. Im Gegenteil, er saß ihm in diesem Moment im Vernehmungsraum schräg gegenüber und war dabei, sich durch die fantastische Geschichte, die er erzählte, sein eigenes Grab zu schaufeln.

*

»Sie geben also zu«, sagte Grabmeier gerade, »dass Sie am Abend des 20. April gegen halb zehn abends im Antiquitätenladen von Paul Herzog waren.«

Holger Landauer fuhr sich mit der Hand durch die Haare. Er nickte.

»Und Sie behaupten, dass Sie den Laden nach etwa einer Minute wieder verließen, weil Sie aus dem Arbeitszimmer von Paul Herzog, das über dem Laden liegt, Stimmen hörten. Zwei Personen stritten sich.«

»Ja.«

»Und diese zwei Personen waren Paul Herzog und seine Ehefrau. Woher wissen Sie eigentlich, dass es die beiden waren? Haben Sie sie gesehen?«

»Nein, das habe ich Ihnen doch schon erklärt. Ich habe ihre Stimmen erkannt. Sie stritten sich, weil Paul sich scheiden lassen wollte.«

»Woraufhin Sie mit bemerkenswertem Takt sofort wieder verschwanden.«

Grabmeiers Stimme troff vor Sarkasmus und Ungläubigkeit und einen Moment sah es so aus, als wollte Holger Landauer sich auf ihn stürzen. Eva Schwarz hielt ihren Klienten zurück, indem sie eine Hand auf seinen Arm legte. Sie sagte:

»Hauptkommissar Grabmeier, wenn Sie meinen Mandanten nur hergebeten haben, um ihn immer wieder dieselben Fragen beantworten zu lassen, dann, denke ich, sollten wir diese Farce besser sofort beenden. Herr Landauer hat Ihnen bereits mehrfach geschildert, was am Abend des 20. April vorgefallen ist.«

Becker mischte sich ein. »Und er hat uns dabei schon mehrfach angelogen. Er hat gelogen, als er sagte, er sei am Abend des 20. April zu Hause gewesen. Er hat gelogen, als er erst behauptete, sich nicht mit Herrn Herzog gestritten zu haben, und dann, dass der Streit nur eine kleine Meinungsverschiedenheit gewesen sei. Woher sollen wir wissen, dass er jetzt nicht wieder lügt?«

»Ich lüge nicht.«

»Nun, wir könnten Ihnen das eher glauben, wenn Sie uns mitteilen würden, worum es in dem Streit mit Herrn Herzog ging.«

Landauer schüttelte den Kopf. »Wie oft soll ich Ihnen noch sagen, dass der Streit nichts mit dem Unfall zu tun hatte? Es ist doch egal, worum es ging. Ich habe bereits zugegeben, dass ich an dem Abend im *Herzog* war, aber ich habe Paul nichts angetan. Ich habe ihn gar nicht gesehen. Wenn ihn jemand die verdammte Truppe runtergeschubst hat, dann war es Christine. Sie war dort, ich habe die beiden gehört!«

»Ach ja, das sagen Sie. Leider gibt es dafür keine Zeugen.«

»Aber sie war dort! Sie stritten wegen der verdammten Scheidung. Paul sagte: ›Es gibt keine Zukunft für uns beide. Es gibt kein Uns, kein Wir. Das hat es nie gegeben.‹«

»Und was sagte Frau Lenz?«

»Ich weiß es nicht mehr genau. Sie war kaum zu verstehen, ich glaube, sie weinte. Aber ich vermute, sie fragte Paul nach dem Grund für seinen Entschluss, denn als Nächstes sagte er: ›Weil ich eine andere liebe.‹ Und das war das letzte Mal, dass ich seine Stimme gehört habe.«

Landauer schluchzte, dann schlug er seine Hände vors Gesicht. Becker war sicher, dass der Kummer echt war, auch wenn er dem Buchhändler sonst kein Wort glaubte.

Eva Schwarz ergriff das Wort. »Ich denke, das reicht jetzt, meine Herren. Sie sehen doch, wie belastend diese Befragung für meinen Mandanten ist.«

Becker ignorierte sie. »Und warum haben Sie das der Polizei nicht schon vor Monaten erzählt?«, fragte er. »Wollen Sie etwa behaupten, Sie seien nie auf den Gedanken gekommen, es könnte einen Zusammenhang geben zwischen diesem Streit und der Tatsache, dass Herr Herzog wenige Minuten später die Treppe hinunterstürzte?«

Die Anwältin mischte sich sofort wieder ein: »Woher wissen Sie, dass es wenige Minuten später war?«

»Der Notruf von Frau Lenz ging um 21:48 Uhr ein. Herr Landauer?«

Der nahm die Hände vom Gesicht. »Nein, ich bin nicht auf diesen Gedanken gekommen. Ich dachte, Paul hätte das Gleichgewicht verloren, weil er betrunken war ...«

»Er hätte es noch leichter verloren, wenn jemand ihn geschubst hätte.«

»Er war zwei Köpfe größer als Christine.«

»Ja, aber betrunken. Und wenn er am oberen Treppenabsatz stand und nicht damit rechnete, angegriffen zu werden, hätte ein Kind ihn schubsen können.«

Holger starrte ihn an. »Oh Gott, wollen Sie damit sagen, Christine hätte es absichtlich getan?«

»Nein, das möchte ich nicht sagen. Denn ich glaube nicht, dass Frau Lenz überhaupt dort war. Herr Landauer, ich kaufe Ihnen Ihren schäbigen kleinen Versuch, die Schuld auf eine Tote zu wälzen, nicht ab.«

Es war eine absichtliche Provokation und Eva Schwarz reagierte sofort. »Das geht zu weit«, sagte sie scharf. »Ich denke, wir werden diese sogenannte Vernehmung jetzt beenden. Mein Mandant hat Ihnen alles gesagt, was er weiß. Er hat in vorbildlicher Weise mit Ihnen kooperiert. Er hat zugegeben, dass er sich mit Herrn Herzog gestritten hat und dass er an dem Abend, als Herr Herzog den tragischen Unfall erlitt, dort war. Er hat Ihnen mitgeteilt, was er hörte, und es wäre nun vielleicht an Ihnen, diese Aussage zu überprüfen. Wenn es Zeugen gibt, die gesehen haben, wie Herr Landauer gegen halb zehn das Antiquitätengeschäft seines Freundes betrat, dann werden Sie sicherlich auch einige finden, die gesehen haben, dass Frau Lenz dies tat.«

»Das wird nicht nötig sein.« Grabmeier, der die letzten paar Minuten geschwiegen, das Gespräch jedoch aufmerksam verfolgt hatte, hatte gesprochen. »Wir haben einen Zeugen, einen Taxifahrer, der gesehen hat, wie Christine Lenz den *Herzog* betrat. Um genau 21:46 Uhr.«

Eva Schwarz kniff leicht die Augen zusammen, Becker konnte förmlich sehen, wie ihr Gehirn zu rotieren begann. »Nun, das heißt nicht, dass sie nicht eine Viertelstunde vorher ebenfalls da gewesen sein kann.«

»Da irren Sie sich. Denn sehen Sie, Frau Schwarz, der Taxifahrer war nicht zufällig auf dem Marktplatz von Ammerbach. Er hatte Christine Lenz dorthin gefahren, nachdem er sie um exakt zwei Minuten nach halb zehn bei ihrer Freundin, einer Frau Tanja Rupp, etwa acht Kilometer von

Ammerbach entfernt abgeholt hatte. Ich versichere Ihnen, Frau Schwarz, dass Christine Lenz an dem Abend unmöglich vor 21:46 Uhr im *Herzog* gewesen sein kann. Und zwei Minuten später rief sie den Notarzt.«

*

»Ich glaube nicht, dass Landauer es absichtlich getan hat«, sagte Becker zu Grabmeier.

Sie waren auf dem Weg in die Kantine, um einen Kaffee zu trinken und sich für die zweite Runde der Vernehmung zu stärken. Nachdem Landauers Geschichte wie eine Seifenblase zerplatzt war, hatte Eva Schwarz darauf bestanden, allein mit ihrem Klienten zu reden.

Grabmeier schüttelte den Kopf, als könnte er so viel Naivität nicht fassen. »Natürlich hat er es absichtlich getan. Sonst hätte er es längst zugegeben, anstatt uns einen Haufen Lügen aufzutischen. Und sonst hätte er es auch nicht so eilig gehabt, die Maschinen abstellen zu lassen, an denen Herzog hängt. Landauer will sichergehen, dass sein Freund nicht mehr aufwachen und ihn eines Mordversuchs beschuldigen kann. Wenn es wirklich ein Versehen gewesen wäre, würde Landauer sich an die Hoffnung klammern, dass sein Freund wieder gesund wird.« Er schnaubte. »Und es war auf jeden Fall Absicht, als Landauer die Lenz tötete.«

»Es wird schwer sein, das zu beweisen. Landauer sagt, er habe in seiner Buchhandlung Abrechnungen gemacht, als Christine Lenz starb. Und bis jetzt haben wir niemanden gefunden, der ihn woanders gesehen hat.«

»Aber wir werden jemanden finden, jetzt, wo wir wissen, wonach wir suchen müssen. Es die einzig sinnvolle Erklärung für den Tod der Lenz. Sie kam kurz nach Landauer zum *Herzog*. Ich gehe jede Wette ein, dass sie ihn gesehen, sich aber nichts dabei gedacht hat. Und dann erwähnte sie es, als sie im Krankenhaus mit Landauer wegen der Maschinen stritt, und der handelte einen Tag später. Es ist ja wohl kaum ein Zufall, dass sowohl Herzog als auch seine Frau starben, kurz nachdem sie sich mit Landauer gestritten hatten.«

Becker nickte zustimmend. Es war plausibel. »Ich bin gespannt, was er uns gleich erzählen wird. Aber wenn er klug ist, behauptet er ... Was ist das?«

Sie waren während ihres Gesprächs im Erdgeschoss angekommen und hörten jetzt Schreie, die aus der Richtung des Eingangs zu ihnen drangen. »Lassen Sie mich zu ihm!«, schrie eine spitze, schrille Frauenstimme.

Becker und Grabmeier rannten los.

*

»Es ist ein Komplott«, sagte Holger. »Ein abgekartetes Spiel. Christine war dort, der Taxifahrer und die Freundin lügen.«

Eva betrachtete Holger, der unruhig in dem kleinen Raum hin und her lief, und fragte sich zum ersten Mal, ob sie ihm glauben konnte. Obwohl sie es gewohnt war, den Worten ihrer Mandanten zu misstrauen, hatte sie keine Sekunde an Holgers Ehrlichkeit gezweifelt, bis Grabmeier ihn in Widersprüche verwickelt hatte. Denn sie war es nicht gewohnt, Holger zu misstrauen, der nicht nur ihr Schwager, sondern seit Jahren ein enger Freund und noch viel mehr für sie war.

»Ich halte das für sehr unwahrscheinlich«, entgegnete sie. »Es mag sein, dass Christines Freundin für sie gelogen hätte, aber welchen Grund hätte der Taxifahrer dafür gehabt? Außerdem pflegt die Polizei solche Zeugenaussagen genau zu überprüfen.«

»Dann lügt eben die Polizei. Dieser Grabmeier hasst mich, das war offensichtlich.«

Eva nickte, auch ihr war die Abneigung des Hauptkommissars nicht entgangen. Allerdings wunderte sie sich über Holgers Naivität. Glaubte er wirklich, die Polizei mochte Zeugen, die logen, sobald sie den Mund aufmachten? Und

Holger schien genau das getan zu haben.

»Holger, was ist wirklich passiert?«

Er hielt in seiner Wanderung inne und fuhr sich mit der Hand durch die Haare, die schon in alle Richtungen abstanden. »Das habe ich doch erzählt. Verdammt, Eva, glaubst du mir etwa auch nicht?«

»Nein, das tue ich nicht.« Die Worte waren heraus, bevor Eva überhaupt darüber nachdenken konnte, doch sie wusste, auch noch so langes Überlegen hätte keine andere Antwort ergeben. Die Enttäuschung überfiel sie ganz unerwartet. Trotz allem, was geschehen war, hatte sie immer an Holger geglaubt. Obwohl sie wütend gewesen war, dass er sich Mona gegenüber nicht besser für sie eingesetzt hatte, hatte sie ihm immer wieder vertraut, wenn er versicherte, er habe sein Möglichstes getan. Denn Eva hatte oft genug am eigenen Leib gespürt, dass es fast unmöglich war, sich Monas starkem Willen nicht zu beugen. Aber vielleicht war das ein Fehler gewesen? Vielleicht hatte Holger sie schon öfter belogen, nicht erst jetzt?

»Eva«, sagt er mit flehender Stimme. Er stand ihr gegenüber auf der anderen Seite des Tisches und sie sah, dass er grau im Gesicht geworden war – so grau wie die Wände in diesem hässlichen Raum. »Ich habe Paul nichts angetan.«

»Dann sag mir, was passiert ist.«

»Das habe ich. Ich ging in den verdammten Laden und hörte, wie Paul sagte: ›Es gibt keine Zukunft für uns beide. Es gibt kein Uns, kein Wir. Das hat es nie gegeben.‹ Die Antwort konnte ich, wie gesagt, kaum verstehen, aber es muss Christine gewesen sein, zu wem hätte Paul sonst so etwas ... Oh mein Gott«, flüsterte er plötzlich und Eva sah, dass er noch grauer wurde. Er schwankte.

Sie sprang besorgt auf. »Holger, was ist?«

»Mein Gott, es war Maike.«

*

Becker erreichte den Eingang der Kriminalpolizeiinspektion knapp vor Grabmeier, denn der übergewichtige Hauptkommissar hatte bereits nach wenigen Metern zu keuchen begonnen. Nach dem lauten Geschrei hatte Becker einen regelrechten Tumult erwartet, doch es waren nur zwei Personen dort: Der diensthabende Beamte und eine junge Frau mit langen blonden Haaren, die Becker sofort erkannte: Es war Landauers Mitarbeiterin aus der Buchhandlung.

Sie schrie auf den jungen, sichtlich überforderten Polizeimeister ein, der sie an den Handgelenken festhielt und zu beruhigen versuchte, was ihm offensichtlich nicht gelang. Als Grabmeier und Becker in seinem Blickfeld auftauchten, ließ seine Aufmerksamkeit kurz nach. Die Blonde nutzte das, um sich von ihm loszureißen, und bevor Becker sie noch packen konnte, stürzte sie sich auf Grabmeier, der wie zu einem Monument erstarrt da stand. Sie riss die Arme hoch und trommelte gegen seine Brust, während sie schrie:

»Du musst Holger freilassen, Onkel Hans, er hat nichts getan. Ich habe Paul getötet. Das Baby ist von ihm.«

4

»Ich wollte ihn nicht schubsen, ehrlich nicht. Ich wollte nur nicht, dass er geht, deshalb habe ich ihn am Arm gepackt. Damit er nicht geht, damit er sich zu mir umdreht. Aber dann ... dann hat er das Gleichgewicht verloren und ...«

Der Rest ging in Maikes Schluchzen unter. Es war das einzige Geräusch im Raum, außer dem nervtötenden Ticktack der Micky-Maus-Uhr. Sie saßen in Grabmeiers Büro: Becker, Grabmeier, Maike und Anna Busch. Grabmeier hatte darauf bestanden, dass eine weibliche Beamtin bei der Befragung anwesend war. Er hatte auch darauf bestanden, dass sie einen Rechtsanwalt für Maike riefen, aber das hatte diese abgelehnt.

Anna, die Maike so dicht gegenübersaß, dass ihre Knie sich fast berührten, stellte die Fragen, und sie tat dies mit einer Behutsamkeit, die Becker an ihr noch nie beobachtet hatte. Grabmeier saß neben Maike. Er wirkte zutiefst erschüttert, aber auch bereit, seine Nichte gegen die ganze Welt zu verteidigen. Aus Mangel an weiteren Sitzgelegenheiten hatte Becker hinter dem Schreibtisch des Hauptkommissars Platz genommen.

»Sie hatten also eine Liebesbeziehung zu Paul Herzog«, sagte Anna. »Dauerte diese Beziehung lange?«

Maike senkte den Kopf. »Nein«, flüsterte sie und fügte fast unhörbar hinzu: »Nur einmal.«

Becker sah, dass Grabmeier zusammenzuckte, doch der Hauptkommissar sagte nichts.

»Wollen Sie uns erzählen, wie es dazu kam?«, fragte Anna sanft. »Wie Sie Herrn Herzog kennengelernt haben zum Beispiel?«

Maike nickte gehorsam. »Das war in der Buchhandlung. Ich arbeite seit einem Jahr bei Holger, das ist Holger Landauer, in der Buchhandlung. Immer samstags. Holger und

Paul sind Freunde und deshalb war Paul oft dort. Er kam fast jeden Samstagmittag vorbei, sobald er seinen Laden zugesperrt hatte, und so lernte ich ihn kennen. Ich habe ihn sofort gemocht, weil er mich immer wie eine Erwachsene behandelt hat, nicht wie einen Teenager, weißt du?« Bei diesen Worten wandte sie sich ihrem Onkel zu, der mit versteinerter Miene neben ihr saß. Dann erzählte sie weiter.

Wie klug Herzog gewesen war – »Mit ihm konnte ich über alles reden. Er interessierte sich für ganz andere Dinge als die Jungs in meinem Alter.« Wie lustig Herzog gewesen war – »Ich hatte deshalb immer gedacht, er sei jünger als Holger, obwohl er schon graue Haare hat.« Wie sie sich schließlich näher kennengelernt hatten: Es war kurz nach Maikes 18. Geburtstag gewesen. Holger Landauer hatte ihr ein Buch über die Geschichte der Philosophie geschenkt. Herzog war dabei gewesen und hatte das Geschenk mit den Worten kritisiert, dass es ein lausiges, oberflächliches Machwerk sei. Er hatte ein anderes Buch für Maike ausgesucht und sie eingeladen, bei ihm vorbeizuschauen, sobald sie es gelesen hatte. »Von da an habe ich ihn oft in seinem Laden besucht und mit ihm über Philosophie geredet. Er hatte Philosophie studiert, bevor er das Antiquitätengeschäft übernahm, weißt du?«

Obwohl Anna die Fragen stellte, sprach Maike immer wieder ihren Onkel direkt an, dessen Gesicht sich zunehmend verfinsterte. Auch Becker hörte mit wachsendem Ärger zu. Wie leicht es für Paul Herzog gewesen sein musste, das Mädchen zu beeindrucken. Der 52-jährige, gut aussehende, eloquente Intellektuelle mit Frauenerfahrung und die naive, 18-jährige Abiturientin. Sein Ärger wurde auch dadurch nicht gemildert, dass aus Maikes Erzahlung deutlich wurde, dass sie die treibende Kraft gewesen war, dass sie sich in den älteren Mann verliebt hatte, dass durch ihre häufigen Besuche in dessen Geschäft ihre Beziehung immer vertraulicher geworden war und sie beide schließlich auf das Sofa in

Herzogs Arbeitszimmer geführt hatte.

»Sie haben mit ihm geschlafen«, stellte Anna fest.

»Ja.«

»Wussten Sie, dass er verheiratet war?«

»Ja. Er hatte mir von seiner Frau erzählt, dass er unglücklich mit ihr war, dass sie keine Kinder bekommen konnte und ... Aber ich dachte, dass er mich liebt, dass ich etwas Besonderes für ihn war, nicht nur eine Affäre ... oder nur ein One-Night-...«

Sie brach mitten im Wort in Tränen aus. Grabmeier streckte zögernd seine Rechte aus und strich ihr beruhigend über das Haar. Becker hätte nie gedacht, dass der Mann zu einer so zarten Geste fähig war. Anna zog ein Taschentuch hervor und reichte es Maike. Nach einer Weile beruhigte sich das Mädchen ein wenig. Sie schnäuzte sich.

»Und wann haben Sie erfahren, dass für Herrn Herzog Ihre Beziehung nicht so eine tiefe Bedeutung hatte wie für Sie?«, fragte Anna schließlich.

»An dem Abend, an dem er«, Maike schluckte, »an dem er die Treppe hinunterfiel. Am 20. April. Sehen Sie, wir hatten am Freitag zuvor miteinander geschlafen. Am Samstagvormittag arbeitete ich bei Holger, musste aber direkt danach zur S-Bahn, weil ich das Wochenende mit einer Freundin in München verbringen wollte. Paul und ich hatten nichts verabredet, aber natürlich dachte ich, dass er mich anrufen würde, ich hatte ihm extra meine Handynummer gegeben. Aber ...«

»Aber das tat er nicht?«

»Nein. Ich konnte mir das gar nicht erklären. Ich hatte das ganze Wochenende an ihn gedacht. Ich hatte ihm sogar in München ein Geschenk gekauft ...«

Wieder stockte sie. Becker erinnerte sich, dass auch er seiner ersten Freundin am zweiten Tag ihrer »Beziehung« etwas geschenkt hatte. Und am vierten und am sechsten. Er hätte vermutlich sein ganzes Taschengeld für sie ausgegeben, wenn sie nicht nach genau einer Woche und vier Stunden mit ihm Schluss gemacht und sein 15-jähriges Herz gebrochen hätte.

»Ich hatte Pauls Handynummer nicht, deshalb ging ich am Montag und Dienstag zu seinem Laden«, fuhr Maike fort. »aber da sah ich immer nur die alte Frau Aiwanger und ich traute mich nicht hinein.«

»Wie kam es dann zu dem Treffen am Mittwochabend?«

»Ich hatte Mittwochnachmittag keine Zeit, zum *Herzog* zu gehen, aber ich wusste, dass Paul sich mittwochabends immer mit Holger traf. Deshalb ging ich in den *Bären* und dann in den *Bräukeller* und schließlich zum *Herzog*. Eigentlich dachte ich nicht, dass er dort sein würde, aber ich wollte nichts unversucht lassen. Als ich klingelte, kam er tatsächlich die Treppe herunter. Ich wollte ihn zur Begrüßung küssen, aber er ... er war so kalt und abweisend. Und er war betrunken. Wir gingen hoch in sein Arbeitszimmer und da sagte er mir ...«

Sie brach wieder in Tränen aus und es dauerte eine Weile, bis sie fortfahren konnte. »Er sagte, dass unsere Beziehung vorbei sei, dass es eigentlich nie eine Beziehung gewesen sei. Ich konnte es nicht glauben. Ich wollte es nicht glauben. Ich ... ich ... ich weiß gar nicht mehr, was ich alles gesagt habe. Paul sagte, dass es ihm leid tue, dass er einen Riesenfehler gemacht habe und dass er eine andere liebe. Ich wollte das nicht glauben, wir hatten doch schließlich miteinander geschlafen und ... Ich glaubte zuerst, er redete so, weil er betrunken war, und ich sagte das auch. Daraufhin trank er noch mehr und noch schneller und schließlich nahm ich ihm die Flasche weg und lief ins Bad, um den Whiskey wegzuschütten. Da wurde er wütend und schrie, dass er von mir und allen Frauen die Nase voll habe und dass ich gehen solle. Aber ich ging nicht. Deshalb wollte er gehen und er ging zur Treppe und ... ich wollte doch nur, dass er nicht geht ... ich dachte irgendwie, solange er nicht geht, habe ich noch eine Chance ... deshalb wollte ich ihn aufhalten, aber ... ich weiß nicht, wie es passiert ist ... und dann fiel er und fiel ... es schien eine Ewigkeit zu dauern. Ich rannte die Treppe hinunter und da lag er und bewegte sich nicht. Ich dachte, er wäre tot.«

»Haben Sie deshalb nicht den Notarzt gerufen?«

»Nein. Ich hätte es getan, ich wollte es tun. Aber in dem Moment hörte ich jemanden an der Tür und ich geriet in Panik und rannte die Treppe wieder hinauf. Die Tür wurde geöffnet, weil Paul vergessen hatte, sie hinter mir wieder abzuschließen, und dann hörte ich, wie eine Frau nach dem Notarzt telefonierte. Sie klang hysterisch. Und sie sagte am Telefon, dass sie ihren Mann gefunden habe. Es war Pauls Frau, da konnte ich doch nicht ... Ich blieb dann oben und lauschte. Ich hörte ein Martinshorn und dann viele Stimmen, es müssen wohl die Sanitäter gewesen sein. Irgendwann kam jemand die Treppe rauf, da versteckte ich mich im Badezimmer. Ich bin erst gegangen, als alle weg waren.«

»Und wie konnten Sie den Laden verlassen?«, fragte Becker, obwohl er die Antwort bereits kannte. »Christine Lenz hatte doch die Ladentür abgeschlossen.«

»Ich ging durch die Hintertür raus. Der Schlüssel steckte.«

Eine lange Zeit herrschte Schweigen. Maike saß verweint und zerzaust auf ihrem Stuhl. Sie ähnelte eher einem kleinen Mädchen als einer jungen Frau, die eine Affäre mit einem vierunddreißig Jahre älteren Mann gehabt hatte. Grabmeier saß neben ihr, seine Hand lag still auf ihrem Rücken. Anna beobachtete die beiden, ein besorgter Ausdruck lag auf ihrem Gesicht.

Schließlich wandte Maike sich ihrem Onkel zu. »Es tut mir so leid, Onkel Hans«, sagte sie. »Aber du verstehst mich jetzt doch, oder? Du verstehst doch, dass ich das Baby bekommen muss, damit Paul in ihm weiterleben kann?«

5

»Es tut mir leid, dass ich an dir gezweifelt habe«, sagte Eva.

Sie saßen in ihrem Auto auf dem Parkplatz der Kriminalpolizeiinspektion. Der Regen hatte aufgehört. Es war schon dunkel, denn auch nach Maikes Geständnis hatte man Holger erst gehen lassen, nachdem er ihre Aussage so weit wie möglich bestätigt hatte.

»Hast du wirklich geglaubt, ich hätte Paul etwas antun können?«, fragte Holger.

»Nicht absichtlich, das nie. Aber im Streit? Immerhin hast du ihm ein blaues Auge verpasst. Wegen des Mädchens, nehme ich an. Wie hast du es eigentlich herausgefunden? Hat Paul es dir erzählt?«

»Nein. Ich habe es zufällig mitbekommen. Maike machte gegenüber einer Freundin, die in den Laden kam, eine Andeutung. Ich wusste schon lange, dass sie in Paul verliebt war. Es war nicht zu übersehen. Und es war genauso wenig zu übersehen, dass es mehr war als eine kindliche Schwärmerei. Maike nimmt alles sehr ernst. Sie gehört zu den Menschen, die sehr intensiv fühlen und daher leicht zu verletzen sind. Als ich hörte, dass Paul mit diesen Gefühlen spielte, bin ich ausgerastet.«

Eva nickte nachdenklich. Das konnte sie verstehen. Ein Mädchen, vaterlos noch dazu, das bei Holger arbeitete. Ähnlich war es auch bei Michael Herzog gewesen. »Es sieht Paul gar nicht ähnlich, eine Affäre mit einem jungen Mädchen anzufangen. Ich weiß, er hat es immer ziemlich bunt getrieben, aber ich hatte immer den Eindruck, dass er ein ausgeprägtes Gefühl für Fairness hat.«

Holger seufzte. »Er kam nicht damit zurecht, dass Christine nicht schwanger wurde. Obwohl mit seinem Sperma alles in Ordnung war, fühlte er sich in gewisser Weise impotent. Ich möchte sein Verhalten Maike gegenüber nicht entschuldigen, aber Paul war zuletzt sexuell so frustriert, dass er in dieser Hinsicht nicht mehr ganz zurechnungsfähig war.«

»Hm.« Mehr sagte Eva nicht.

»Ich weiß. Es ist kein schönes Argument. Es klingt so nach: Wir Männer sind halt hormongesteuert und damit müsst ihr Frauen euch abfinden. Wir können nicht anders.« Holger seufzte wieder. »Aber ich fühle mich auch schuldig. Ich bin sicher, Paul hätte nicht mit Maike geschlafen, wenn er gewusst hätte, wie ernst es ihr war. Ich hätte es ihm sagen müssen. Gott, ich wünschte, Paul hätte viel eher erkannt, dass er Johanna noch liebt.«

»Hätte sie ihn denn wieder zurückgenommen?«

»Ich weiß es nicht. Ich glaube, sie weiß es selbst nicht. Aber du kannst sie ja nachher fragen.«

Eva schüttelte den Kopf. »Nein, Holger. Ich bringe dich gern nach Hause, aber ich werde nicht mit reinkommen. Mona will mich nicht sehen, und ich bin nicht sicher, ob ich sie sehen will.«

»Aber du willst die Kinder treffen.«

Eva starrte vor sich durch die noch nasse Windschutzscheibe. Eine Laterne beleuchtete die parkenden Wagen, Regentropfen glitzerten in ihrem Schein. Der nasse Asphalt glänzte. Wollte sie das? Und wenn sie es wollte, was sagte dann ihr Verstand dazu?

»Keine Widerrede, Eva. Ich habe Mona angerufen und uns angekündigt.«

»Was hat sie dazu gesagt?«

»Ich habe ihr gar keine Gelegenheit gegeben, etwas zu sagen. Ich habe aufgelegt. Aber erstens soll sie froh sein, dass du mich vor dem Gefängnis bewahrt hast, und zweitens muss jetzt endlich Schluss sein mit dem Misstrauen. Wenn schon nicht euch beiden, dann den Jungs zuliebe.«

*

Johanna war oben und sah nach den Kindern. Zuerst schaute sie bei Leo rein. Der Junge lag auf dem Rücken. Er hatte sich von der Bettdecke freigestrampelt und alle Viere von sich gestreckt. Er sah aus wie ein jubelnder Champion, auf seinem Gesicht lag ein Ausdruck tiefer Zufriedenheit.

Leise schloss Johanna die Tür und ging in Jans Zimmer. Auch hier war alles in Ordnung, wie nicht anders zu erwarten gewesen war. Aber Johanna hatte in den letzten Tagen so viele Gewissheiten verloren, dass sie das Gefühl hatte, sich auf nichts mehr verlassen zu können. Eine Weile betrachtete sie den schlafenden Jungen. Der Anblick hatte etwas Tröstliches. Jan wirkte selbst im Schlaf nachdenklich. Seine kleine Stirn war gerunzelt, als dächte er über ein wichtiges wissenschaftliches Problem nach.

Das Geräusch eines näher kommenden Wagens drang durch das offene Kinderzimmerfenster und riss Johanna aus ihrer Versunkenheit. Sie warf einen Blick auf ihre Uhr: halb elf. Eine Autotür wurde knallend zugeschlagen, dann fuhr der Wagen davon. Johanna verließ den Raum und schloss die Tür hinter sich, als sie hörte, wie jemand die Treppe heraufkam und halblaut »Mona?« rief. Sie eilte Holger entgegen und schloss ihn in die Arme.

»Holger, gut, dass du wieder da bist, wir haben uns solche Sorgen gemacht. Hat sich alles geklärt?«

Er drückte sie kurz. »Ja. Ich erzähle es dir später. Wo ist Mona?«

»Auf der Terrasse, sie wollte noch etwas Luft schnappen nach deinem Anruf.«

Sie gingen gemeinsam die Treppe hinunter und ins Wohnzimmer. Hier brannte nur eine Leselampe in der Ecke, in der Johanna, Mona und Euphemia gesessen und auf Nachricht gewartet hatten. Im Vorbeigehen schaltete Johanna die Deckenlampe an. Das Wohnzimmer wurde schlagartig in grelles Licht getaucht. Ein helles Viereck ergoss sich durch die offene Glastür auf die Terrasse, beschien den Mosaiktisch mit den Korbstühlen, auf denen noch einzelne Regentropfen glitzerten, beleuchtete ein paar Spielzeugautos, die die Jungs auf den Steinplatten vergessen hatten, und fiel schließlich auf Mona, die reglos am Ende der Terrasse lag.

Samstag, 2. Juli

1

»Ich möchte, dass ab sofort Sie die Ermittlungen im Mordfall Lenz leiten«, sagte Herbert Schulz.

Becker, der dem Kommissariatsleiter gegenübersaß, nickte. Er hatte damit gerechnet, als Schulz ihn hatte rufen lassen, aber er verspürte kein Triumphgefühl, obwohl er in den vergangenen zwei Wochen oft überzeugt gewesen war, dass Hauptkommissar Grabmeier eine Belastung für die Ermittlungen darstellte.

»Hans Grabmeier braucht jetzt seine ganze Kraft für seine Nichte«, fuhr Schulz fort. »Und außerdem ...« Er machte eine Pause und sah Becker erwartungsvoll an, so als hoffte er, dieser würde den Satz beenden.

Becker tat es nicht. Er hatte bereits gehört, dass Schulz unangenehme Dinge gern so lange wie möglich ignorierte. Offensichtlich sprach er sie auch nicht gern aus. »Und außerdem?«

Schulz verzog sein Gesicht wie jemand, der am liebsten im letzten Moment vom Behandlungsstuhl beim Zahnarzt springen würde. »Können wir ausschließen, dass Maike Niedermayr in den Mordfall Lenz verwickelt ist?«, fragte er schließlich.

»Nein.«

Jetzt schnitt Schulz eine Grimasse, als hätte der Zahnarzt den Bohrer angesetzt. »Sind Sie sicher?«

»Ja.«

»Das hatte ich befürchtet.« Dann ergab Schulz sich in sein Schicksal. »Also gut, erklären Sie mir, warum Maike Christine Lenz getötet haben könnte.«

Becker unterdrückte ein Gähnen. Er war erst weit nach

Mitternacht ins Bett gekommen, denn erst hatten sie Maike bis spät abends vernommen und dann hatte er noch mit Anna über die Konsequenzen diskutiert, die Maikes Geständnis für die Ermittlungen im Mordfall Lenz hatte.

»Es gibt mindestens zwei denkbare Szenarien. Das erste ist, dass Christine Lenz mehr über den Unfall wusste, als sie uns gesagt hat, und dass Maike sie deswegen tötete. Allerdings habe ich – anders als dies bei Landauer der Fall war – Schwierigkeiten, mir die Details eines solchen Szenarios vorzustellen. Eine andere Möglichkeit ist, dass die beiden sich zufällig trafen, als die Lenz aus München zurückkam. Maike kannte Frau Lenz vom Sehen, weil sie Lehrerin an ihrer Schule war, auch wenn sie nie bei ihr Unterricht hatte. Was ist, wenn Maike Frau Lenz von der Schwangerschaft erzählt hat?«

»Warum hätte sie das tun sollen?«

»Weil sie für sich und das Baby Geld braucht. Da Herzog der Vater des Kindes ist, hätte dieses Anspruch auf Unterhaltszahlungen, solange Herzog noch im Koma liegt, und ein Anrecht auf einen gewissen Anteil dessen Vermögens, sobald die Maschinen abgestellt werden. Nicht, dass es da viel zu erben gibt, aber das muss Maike ja nicht gewusst haben. Und jetzt stellen Sie sich einmal vor, welche Wirkung es ausgerechnet an dem Abend auf Christine Lenz gehabt hätte, wenn eine andere Frau ihr erzählt hätte, sie erwarte ein Baby von ihrem Mann.« Becker machte eine Pause, um Schulz die Möglichkeit zu geben, es sich tatsächlich vorzustellen. »Ich bin sicher, es wäre zu einem heftigen Streit gekommen. Und im Verlaufe dieses Streits ...« Er zuckte beredt mit den Achseln.

»Aber Maike Niedermayr ist noch ein halbes Kind. Sie hätte niemals die Leiche in dem Weiher verstecken können.«

»Das würde ich nicht sagen. Christine Lenz wog unter fünfzig Kilo. Maike ist zwar sehr schlank, aber durchtrainiert. Außerdem ist es natürlich möglich, dass sie Hilfe hatte.« Er sagte nicht, an wen er dachte, doch er sah an Schulz' Gesichtsausdruck, dass es diesem auch so klar war.

»Das kann ich nicht glauben. Glauben Sie das etwa?«

Sein Chef klang so grimmig, dass Becker die Frage vermutlich auch dann nicht bejaht hätte, wenn er sich tatsächlich hätte vorstellen können, dass Hans Grabmeier seiner Nichte bei der Beseitigung der Leiche geholfen hatte. Doch das konnte er nicht, aus zwei Gründen: Zum einen war er sicher, dass Grabmeiers Überzeugung echt gewesen war, Euphemia Frisse habe Christine Lenz getötet. Und zum anderen war er sicher, dass Grabmeier von den Ereignissen am gestrigen Abend genauso überrumpelt worden war wie er selbst. Aber natürlich schloss das nicht aus, dass Maike die alleinige Täterin war oder dass eine Freundin ihr geholfen hatte.

»Glauben Sie, dass Maike es getan hat?«, fragte Schulz.

Becker zuckte die Achseln. »Ich weiß es nicht.« Und das störte ihn. Bei den meisten Mordfällen, bei denen der Mörder aus dem persönlichen Umfeld des Opfers stammte, entwickelte man schnell ein Gefühl, wer als Täter infrage kam. Doch in diesem Fall ...

»Aber da Sie es für möglich halten, gehe ich davon aus, dass Maike für den Abend kein Alibi hat. Richtig?«

»Nun, das stimmt nicht ganz. Sie hat ein Alibi, allerdings ...«

Becker dachte an die Vernehmung, die weniger als zwölf Stunden zurück lag. Er selbst hatte Maike Niedermayr die Frage gestellt, wo sie zur Tatzeit gewesen sei, und er hatte sofort erkannt, dass es ein Fehler war, als Hans Grabmeier wie aus der Pistole geschossen geantwortet hatte: »Bei mir.« Dann hatte der Hauptkommissar sich Maike zugewandt: »Du warst den ganzen Abend bei mir, nicht wahr?« Und er hatte seine Nichte so lange beschwörend angesehen, bis diese endlich genickt hatte. Es war keine überzeugende Vorstellung gewesen.

Becker erzählte Schulz davon. »Oh Gott«, stöhnte der. »Und sonst hat niemand ein Motiv? Was ist mit dem Buchhändler? Könnte er die Lenz aus Rache getötet haben? Schließlich dachte er, sie wäre für den Unfall seines besten Freundes verantwortlich. Er hat doch kein Alibi, oder?«

»Das ist richtig. Er behauptet, er habe bis neun allein in der Buchhandlung gearbeitet. Aber ob das stimmt oder ob er im Dobel spazieren ging und zufällig Christine Lenz traf oder ob er gezielt zur S-Bahn ging, um ihr aufzulauern ... Alles ist möglich.«

Und Letzteres war sogar wahrscheinlich. Becker musste immer wieder daran denken, dass nach dem bisherigen Ermittlungsstand nur vier Leute gewusst hatten, dass Christine Lenz in den Stunden vor ihrem Tod in München gewesen war: Johanna Bischoff, Bodo Groß und die beiden Rezeptionistinnen aus Kochs Praxis. Der Obdachlose und die Rezeptionistinnen schienen keinen Bezug zu jemandem in Ammerbach zu haben. Aber in Johanna Bischoffs Fall war das anders. Sie konnte Holger Landauer angerufen und ihm von ihrer Begegnung mit Christine Lenz erzählt haben. Und sie konnte Christine Lenz selbst nach Ammerbach gefolgt sein. Denn wenn Landauer Johanna Bischoff von seinem Verdacht erzählt hatte und wenn sie Herzog immer noch liebte, dann hätte sie selbst ein Motiv gehabt, Christine Lenz zu töten. Wenn Johanna Herzog noch liebte ...

In diesem Moment war die Andeutung eines Klopfens zu hören und Sekundenbruchteile später wurde die Tür aufgerissen. Anna Busch steckte ihren Kopf durch den Spalt: »Es sieht so aus, als hätte unser Mörder erneut zugeschlagen.«

2

»Ich denke, du solltest nach Hause gehen, Holger, etwas schlafen, etwas essen und den Jungs Hallo sagen. Ich bleibe so lange hier und rufe dich an, sobald sie wach wird.« Johanna hatte leise gesprochen, um die schlafende Patientin nicht zu wecken. Als Holger, der neben ihr an Monas Krankenbett saß, nicht reagierte, beugte sie sich etwas vor und fasste ihn an der Schulter. »Holger, ich glaube, du solltest ...«

Er unterbrach sie. »Ich habe dich gehört, Johanna, und es ist lieb von dir. Aber ich möchte lieber bleiben. Ich bin mir sicher, den Jungs geht es gut bei Frau Laurent.« Er legte kurz seine Hand auf die ihre und drückte sie, schaute Johanna jedoch nicht an. Seine Augen ruhten unverwandt auf seiner Frau.

Johanna folgte seinem Blick. Mona lag still unter der weißen Decke und schlief. Ihr Atem ging ruhig und gleichmäßig. Auf ihrem Gesicht lag zwar ein etwas gequälter Ausdruck, aber ihre Haut hob sich sonnengebräunt und gesund aussehend von dem Weiß ihres Verbandes ab, der wie eine Badekappe um ihren Kopf lag und die Platzwunde bedeckte, die die Ärzte noch am Vorabend genäht hatten. Außerdem hatten sie eine Gehirnerschütterung diagnostiziert. Doch ansonsten war weder Mona etwas geschehen noch den Babys, die immer noch sicher in ihrem Bauch ruhten, über dem sich die weiße Bettdecke wölbte wie eine Schneekugel.

»Wenn du nicht nach Hause willst, dann geh wenigstens in der Cafeteria frühstücken.«

»Ich habe keinen Hunger.«

Johanna konnte das verstehen. Krankenhäuser und insbesondere dieses Doppelzimmer mit den hässlichen buttergelb gestrichenen Wänden, dem Geruch nach Desinfektionsmittel und dem permanenten Stöhnen, das aus dem zweiten Bett drang, in dem eine ältere Frau schlief, verdarben einem unweigerlich den Appetit. Abgesehen davon, dass Essen im Moment wirklich nicht besonders wichtig war.

Ich rede daher wie eine verdammte Idiotin, dachte Johanna und unterdrückte den Impuls, Holger weitere unnütze Ratschläge zu geben. Aber sie hatte Angst vor der Stille, vor den Gedanken, die sich dann einstellten. Sollte sie sie mit Holger teilen? Besser nicht. Als sie Mona gestern Abend auf der Terrasse gefunden hatten, war er regelrecht durchgedreht. Und er hatte sich noch längst nicht erholt.

»Wie können sie nur so sicher sein, dass sie nicht bewusstlos ist?« Holgers Stimme klang brüchig. »Sonst schläft sie viel unruhiger.«

»Sie ist nicht bewusstlos«, versuchte Johanna ihn zu beruhigen. »Sie war doch schon einmal kurz wach.« Doch ihre eigenen unausgesprochenen Ängste ließen sie hinzufügen: »Hat sie eigentlich irgendetwas Besonderes gesagt?«

»Sie hat nach den Babys gefragt. Dann ist sie wieder bewusstlos geworden.«

»Eingeschlafen«, korrigierte Johanna ihn sanft. »Wirklich, Holger, sie schläft. Ich bin mir sicher, du könntest sie jederzeit wecken, wenn du wolltest. Aber die Ärztin hat gesagt, Schlafen sei das Beste für sie. Mach dir keine Sorgen, Mona ist stark wie ein Ochse.«

Holger erwiderte leise, aber heftig: »Nein, das ist sie nicht. Wir denken das immer, weil sie so gut und gesund aussieht und sich nie beschwert. Aber sie bekommt in ein paar Wochen Zwillinge! Und ich habe mich in letzter Zeit nicht ausreichend um sie gekümmert. Ich war in Gedanken immer bei Paul oder Maike oder Eva. Ich hätte sehen müssen, dass es ihr nicht gut geht, dass ein Zusammenbruch bevorsteht. Und dann habe ich auch noch angerufen und verlangt, dass sie sich mit Eva auseinandersetzt. Das war einfach zu viel.«

Er ließ den Kopf hängen, eine Strähne fiel in sein Gesicht.

Johanna strich sie ihm aus der Stirn. Sie fragte sich, ob Holger recht haben konnte. War Mona tatsächlich aus Erschöpfung zusammengebrochen und mit dem Kopf auf die Terrasse geschlagen und hatte sich auf diese Weise verletzt? Möglicherweise, doch Johanna hatte Zweifel. Soweit sie wusste, hatte ihre Freundin in ihrem ganzen Leben noch nie Kreislaufprobleme gehabt. Und hatte sie nicht in einer der vielen Broschüren, die bei Mona herumlagen, gelesen, dass Kreislaufbeschwerden bei Schwangeren in der Regel in den ersten drei Monaten auftraten? Aber was war die Alternative? Konnte sie sich wirklich vorstellen, dass ... Johanna wagte kaum, den Gedanken zu Ende zu denken, und sie beschloss, dass jetzt nicht der richtige Zeitpunkt war, es mit Holger zu besprechen.

Sie erhob sich. »Ich hole dir einen Kaffee.« Sie ging zur Tür und öffnete sie. Draußen stand ein uniformierter Polizist.

*

Dr. Katja Busch-Lachner hatte die gleichen Bambiaugen wie ihre Schwester, doch dort begann und endete die Ähnlichkeit zwischen den beiden. Während Anna kurze, schwarz gefärbte Haare hatte, besaß die Ärztin eine üppige, rotblonde Mähne, und während man bei Annas zierlicher Figur tatsächlich an ein Reh denken konnte, erinnerte ihre fast zwei Köpfe größere Schwester Becker eher an eine Giraffe. Alles an ihr schien überlang und überdünn zu sein: Beine, Arme, Finger. Um ihren Hals hätte sie jeder stolze Schwan beneidet – und um ihre Forschheit jede graue Maus.

»Ich wusste, dass auf Anna Verlass ist«, sagte sie zur Begrüßung, während sie Beckers Hand mit eisernem Griff zerquetschte. »Ich sagte ihr, sie solle mir etwas Leckeres, Knackiges mitbringen und siehe da ...«

Sie grinste ihn anzüglich an, ließ dann seine Rechte los und riss das Stanniolpapier von der Tafel Nussschokolade, die ihre Schwester für sie am Krankenhauskiosk gekauft hatte. Sie biss krachend hinein, als haute sie ihre Zähne in ein Steak. Becker hatte das Gefühl, vom bloßen Zusehen ein Kilo zuzunehmen.

Er beschloss, die zweideutige Bemerkung zu ignorieren, und sagte: »Ich bin froh, dass Sie Ihre Schwester heute Morgen angerufen haben. Vielleicht erzählen Sie mir noch einmal, wie es dazu kam?«

Dr. Busch-Lachner biss erneut in ihre Schokolade. Das Tempo, in dem sie aß, erinnerte Becker an Dr. Koch. Es musste wohl stimmen, dass Mediziner im Dauerstress waren, wenn sie jede noch so kleine Pause zum Essen nutzten. Und offensichtlich ernährten sie sich auch nicht gesünder als der Durchschnitt der Bevölkerung.

»Warum nicht«, beantwortete sie seine Frage. »Auch wenn ich es Anna schon erzählt habe. Aber sie warnte mich bereits davor, dass die Polizei alles immer zweimal hören will. Mindestens. Aber Ihnen würde ich es auch fünfmal erzählen.«

Wieder ein anzügliches Grinsen, dann begann Katja Busch-Lachner ihren Bericht, der zu Beckers Erleichterung kurz und knapp ausfiel und keine weiteren Zweideutigkeiten enthielt. Nicht, dass er im Allgemeinen etwas gegen einen verbalerotischen Schlagabtausch gehabt hätte, aber heute hatte er es eilig. Wenn es stimmte, was die Ärztin vermutete, dass nämlich Mona Landauer Opfer eines Überfalls geworden war, dann durften sie keine Zeit verlieren.

Dr. Busch-Lachners Dienst hatte um sieben Uhr angefangen. Gegen acht hatte sie mit der Visite begonnen und eine halbe Stunde später war sie bei Mona Landauer im Zimmer gewesen, die in der Nacht eingeliefert worden war, nachdem ihr Mann sie bewusstlos mit stark blutender Kopfwunde auf der Terrasse liegend aufgefunden hatte.

»Ich erkannte den Namen sofort«, erzählte die Ärztin. »Anna hat mir ein bisschen von ihrem Fall erzählt und ich habe mal eine Ausstellung von Frau Landauers Bildern in der Ammerbacher Bibliothek besucht, daher ist der Name hängen geblieben.«

»Und da haben Sie gleich die Polizei gerufen, weil eine Patientin von Ihnen eine Zeugin in einem Mordfall ist?«

Sie schüttelte ihre Mähne. »Natürlich nicht. Aber vermutlich hat es mich besonders aufmerksam gemacht. Normalerweise hätte ich mich nicht besonders für den Fall interessiert. Eine Frau stürzt, haut sich den Hinterkopf an, holt sich eine Platzwunde und eine Gehirnerschütterung. Erstere nähen wir, Letztere kurieren wir durch Bettruhe. Ein paar Tage später wird sie entlassen. Nichts Aufregendes!

Aber in Anbetracht der Tatsache, dass die Frau hochschwanger ist, wollte ich sichergehen, dass sie nicht bei nächster Gelegenheit wieder umkippt, und habe mir ihren Mann geschnappt. Dabei erzählte der, dass Mona Landauer auf der Seite lag, als er sie fand. Das erschien mir merkwürdig.«

»Wieso?«

»Weil ihre Wunde am Hinterkopf ist, hier oben.« Sie deutete auf eine Stelle an ihrem eigenen Kopf. »Wenn sie sich tatsächlich beim Sturz verletzt hat, hätte ich erwartet, dass sie auf dem Rücken gelegen hätte. Und ich hätte erwartet, dass die Wunde weiter unten gewesen wäre, hier etwa.« Sie deutete auf eine weitere Stelle.

»Wenn ich das richtig verstehe, haben Sie mit Frau Landauer noch nicht über den Unfall gesprochen.«

»Das stimmt. Sie schlief, als ich zur Visite da war, und ich ließ sie schlafen, weil es das Beste für sie ist. Aber die Schwester sagt, dass Frau Landauer nachts mal wach war. Nur für ein paar Minuten, und in denen wollte sie wissen, ob die Babys okay sind. Sie erwartet Zwillinge, aber das wissen Sie vermutlich.«

»Ich werde mit Mona Landauer reden müssen.«

»Gern, sobald sie wach ist und ich mich überzeugt habe, dass sie fit genug ist. Was sie vermutlich sein wird – im

Gegensatz zu ihrem Mann, der echt beschissen aussieht. Falls Sie ihn befragen, tun Sie mir einen Gefallen und bestehen Sie darauf, es in der Cafeteria zu tun. Der Kaffee dort schmeckt zwar wie Krähenkacke, aber die Sahne-Schoko-Schnitte hat so viele Kalorien, dass er damit bis zum Weltuntergang durchhalten könnte.«

*

»Nun, ein Geheimnis wäre zumindest gelüftet«, sagte Becker, während er die Tür zu Dr. Busch-Lachners Zimmer hinter sich schloss. »Nämlich woher du wusstest, dass Müllers Frau mit einem Krankenpfleger durchbrennen wollte. Deine Schwester hat es dir erzählt, oder?«

Anna grinste. »Verrate es bloß nicht den anderen, es könnte meinem Nimbus der Allwissenheit schaden. Obwohl der gerade schon ein paar Kratzer bekommen hat. Ich wusste nicht, dass Mona Landauer Zwillinge erwartet.«

»Nicht? Ich bin sicher, ich habe erwähnt, dass sie schwanger ist.«

»Das schon, aber nicht, dass sie die Welt mit gleich zwei neuen Nervensägen beglücken will. Du weißt, was das bedeutet?«

»Dass sie den doppelten Stress haben wird?«

»Das auch. Aber Mehrlingsschwangerschaften deuten oft auf eine künstliche Befruchtung oder zumindest auf eine hormonelle Stimulation der Eierstöcke hin. In der Natur kommen sie eher selten vor.«

»Aber ist es nicht so, dass die Veranlagung, Mehrlinge zu bekommen, erblich ist? Frau Landauer ist selbst ein Zwilling.«

»Das stimmt wohl, aber trotzdem ... Es würde einiges erklären, meinst du nicht? Zum Beispiel, warum Mona Ansprechpartnerin Nummer Eins für Christines Probleme war und nicht Tanja Rupp.«

Becker nickte. Anna hatte recht. Es war gut möglich, dass Mona Landauer auch Kinderwunschpatientin gewesen war.

Sie hatten den Lift erreicht und Becker drückte den Knopf. »Ich möchte, dass du dir die Jungs von der Spurensicherung schnappst und sofort nach Ammerbach fährst. Sucht Landauers Terrasse und Garten ab, ob ihr einen Hinweis auf den Angreifer findet. Ich vermute, du wirst Johanna Bischoff dort treffen. Befrage sie, was sie über den gestrigen Abend weiß. Ich selbst werde mal nachsehen, ob Frau Landauer ordentlich bewacht wird, und mir dann ihren Ehemann vorknöpfen.«

Anna nickte und trat in den Aufzug. Bevor sich die Türen schlossen, sagte sie: »Du bist ein guter Boss.«

Becker war überrascht, aber auch misstrauisch. »Wie kommst du jetzt darauf?«

»Ganz einfach. Du weist mir Aufgaben zu, bei denen ich rauchen kann. Ein längerer Krankenhausaufenthalt wäre mein sicherer Tod.«

Die Türen schlossen sich vor ihrem breiten Grinsen. Becker ging zu Mona Landauers Zimmer. Dort traf er zu seiner Überraschung nicht nur den Polizeibeamten, den er zu Frau Landauers Bewachung abgestellt hatte, und ihren Mann, sondern auch Johanna Bischoff, die neben Landauer am Krankenbett saß.

3

Mona erwachte von Stimmengewirr. Das heißt, genau genommen erwachte sie nicht, sondern änderte nur ihren Bewusstseinszustand ein wenig. Sie war schon eine ganze Weile halb wach gewesen, hatte jedoch ihre Augen geschlossen gehalten, weil sie sich erst zurechtfinden wollte, bevor sie sich neuen Eindrücken aussetzte. Sie hatte schon genügend verwirrende Empfindungen zu verarbeiten gehabt.

Da war zum Beispiel ein schwaches, aber stetiges Hämmern. Es war das Erste, was sie wahrgenommen hatte, als der Tiefschlaf in die Aufwachphase überging. Ein nervendes Klopfen, das sie eher als Druck denn als Geräusch empfand. Handwerker, dachte sie, obwohl sie nicht wusste, wieso Handwerker im Haus sein sollten. Das Nächste, das sie gespürt hatte, war ein vages Gefühl des Unwohlseins. Außerdem ein Gefühl von Kälte und das irritierte sie. Sie spürte doch genau, dass sie unter einer Bettdecke lag. Die Decke fühlte sich seltsam schwer an, nicht so wie ihre eigene leichte Daunendecke.

Und jetzt also Stimmen. Leise, aber eindringliche Stimmen. Zwei männliche und eine weibliche. Holgers und ... Johannas? Und dann noch eine weitere Stimme, eine fremde. Was machte ein fremder Mann in ihrem Schlafzimmer? Der Mann sprach eindringlich. Jetzt antwortete Holger, er klang verärgert. Jetzt sagte Johanna etwas, dann hörte Mona das Schließen einer Tür und schließlich herrschte Stille. Bis auf das Hämmern natürlich. Es war wirklich unangenehm, so dröhnend. Ob sie jetzt allein war?

Mona öffnete die Augen, doch zunächst nur für einen kurzen Moment, denn was sie sah – eine weiß getünchte Decke und eine hässliche Deckenlampe – verwirrte sie. Doch die Verwirrung dauerte nicht lange, dann wurde ihr klar, dass sie nicht zu Hause war, sondern ... im Krankenhaus. Die

Erkenntnis kam plötzlich, von irgendwoher. Aber wieso war sie im Krankenhaus? Hatte sie die Zwillinge bekommen? Nein, daran würde sie sich erinnern. Sie fühlte sich ganz anders als nach den Geburten von Jan und Leo. Trotzdem ... Sie tastete mit ihren Händen über ihren Bauch. Es schien sich nichts verändert zu haben. Aber warum war sie dann hier?

»Mona, bist du wach?«

Die Stimme kam von links und Mona drehte ihren Kopf dorthin, doch im nächsten Moment zuckte ein Blitz durch ihren Schädel. Sie stöhnte. Nein, dachte sie, ich bin nicht wach. Zumindest will ich es nicht sein. Dann schlief sie wieder ein.

*

Becker nahm Holger Landauer zur Vernehmung tatsächlich mit in die um diese Zeit fast leere Krankenhaus-Cafeteria, allerdings nicht, weil es die Ärztin so gewünscht hatte, sondern weil er ihn getrennt von Johanna Bischoff befragen wollte.

Es war ausgesprochen schwierig gewesen, Landauer zum Mitkommen zu überreden, da dieser unbedingt bei seiner Frau bleiben wollte. Erst nachdem Johanna Bischoff ihm versprochen hatte, ihn sofort zu holen, sollte Mona aufwachen, hatte er seinen Widerstand aufgegeben. Doch er aß nichts und saß die ganze Zeit auf der vorderen Kante seines Stuhls, als wollte er jeden Moment aufspringen und zurücklaufen. Und als Becker ihm von der Möglichkeit berichtete, seine Frau sei nicht zusammengebrochen, sondern niedergeschlagen worden, sprang er tatsächlich auf.

»Das kann nicht sein, das ist absurd.«

Becker hatte Mühe, ihn dazu zu bewegen, sich wieder zu setzen und alles zu erzählen, was er über den vorangegangenen Abend wusste. Viel war das nicht. Nachdem sie die

Kriminalpolizeiinspektion verlassen hatten, hatte Eva Schwarz ihren Schwager nach Hause gefahren, wo sie ihn gegen halb elf Uhr abends abgesetzt hatte. Landauer hatte die Haustür aufgeschlossen, kurz im Erdgeschoss nach seiner Frau geschaut und war dann in den ersten Stock gegangen. Dort hatte er Johanna getroffen, die ihn informierte, dass Mona im Garten sei. Gemeinsam waren sie wieder hinuntergegangen und hatten Mona auf der Terrasse liegend gefunden. Sie war bewusstlos und blutete am Hinterkopf.

»Johanna rief sofort einen Rettungswagen«, beendete Landauer seinen Bericht. »Dann holte sie Handtücher, um die Blutung zu stillen. Gott sei Dank war sie da. Sie war wie ein Fels in der Brandung. Ich selbst ...« Ihm versagte die Stimme.

»Können Sie mir beschreiben, wie Ihre Frau auf dem Boden lag? Ihre genaue Haltung?«

Landauer tat es. Seine Beschreibung entsprach der, die Dr. Busch-Lachner gegeben hatte. Auch Becker erschien es unwahrscheinlich, dass Mona nach einem Sturz auf den Hinterkopf von allein in eine solche Position gerollt war, doch er war in diesen Dingen kein Experte und würde es mit einem Gerichtsmediziner besprechen müssen.

Nachdem Landauer geendet hatte, lehnte er sich zum ersten Mal auf seinem Stuhl zurück und sah Becker aus vor Müdigkeit und Tränen geröteten Augen an.

»Haben Sie irgendetwas gehört, als Sie die Haustür aufschlossen?«, fragte Becker.

»Was hätte ich hören sollen?«

»Nun, Geräusche von der Terrasse, Schritte zum Beispiel.«

Landauer schüttelte den Kopf, sodass ihm eine wirre Haarsträhne ins Gesicht fiel. Becker hätte schwören können, dass sie grauer war als am Tag zuvor.

»Und als Sie Ihre Frau fanden, hörten Sie da vielleicht Schritte, die sich entfernten? Oder etwas Ähnliches?«

»Nein. Hören Sie, Ihr Gerede von einem Überfall ist

absurd. Niemand, der Mona kennt, hätte ihr etwas Derartiges antun können. Und den Babys! Mona ist zusammengebrochen, weil das alles zu viel für sie war, Pauls Unfall, Christines Tod, ... Und dann war ich gestern den ganzen Abend bei Ihnen und wurde verhört, verdammt! Was glauben Sie, wie sich das auf eine Hochschwangere auswirkt?«

Becker verzichtete darauf, Landauer darauf hinzuweisen, dass er nur deswegen verhaftet worden war, weil er die Polizei vorher wochenlang belogen hatte. Der Mann tat ihm leid. Er sah so gequält aus, als hätte er einen Trip in die Hölle hinter sich. »Nun, es ist möglich, dass Ihre Frau zusammengebrochen ist. Aber es ist auch möglich, dass sie niedergeschlagen wurde, und für den Fall brauche ich möglichst schnell Informationen. Und solange Ihre Frau schläft und mir diese nicht geben kann, muss ich mich an Sie wenden.« Er machte eine kurze Pause, um seinen Worten mehr Wirkung zu verleihen. »Wenn Ihre Frau niedergeschlagen wurde, dann gehe ich fürs Erste davon aus, dass es derselbe Täter war, der auch Christine Lenz getötet hat.«

»Aber wieso?«

»Der nächstliegende Grund ist, dass der Täter glaubt, dass Ihre Frau etwas über ihn weiß. Etwas, von dem er nicht möchte, dass wir es erfahren. Herr Landauer, Ihre Frau kannte Christine Lenz gut und Sie kennen Ihre Frau gut: Kann es sein, dass sie uns irgendetwas verheimlicht?« Becker dachte an Annas Verdacht, dass Mona möglicherweise ebenfalls mit ärztlicher Nachhilfe schwanger geworden war. »Kann es sein, dass sie mehr über Frau Lenz' Leihmutterpläne weiß, als sie zugibt?«

»Nein«, widersprach der andere sofort. »Warum sollte sie?«

»Das weiß ich nicht. Aber bevor Sie die Idee zurückweisen, denken Sie bitte einmal einen Augenblick darüber nach.«

Landauer tat es oder er tat zumindest so.

Becker beobachtete ihn. Er fragte sich, ob es verdächtig war, dass sein Gegenüber so vehement bestritt, Mona könnte überfallen worden sein. Vermutlich nicht. Vermutlich war es ein Schutzreflex. Denn wenn Landauer zugab, dass seine Frau bedroht war, würde er sich damit auseinandersetzen müssen. Und dazu fehlte ihm ganz offensichtlich die Kraft.

Schließlich schüttelte Landauer den Kopf und erhob sich. »War das alles? Ich muss zurück zu meiner Frau.«

Becker blieb sitzen. »Eine Frage noch: Sie sagten, Ihre Schwägerin habe Sie nach Hause gefahren. Wissen Sie, was sie danach getan hat?«

»Sie fuhr direkt nach Hause, sie war müde. War es das jetzt?«

»Für den Moment ja. Würden Sie bitte Frau Bischoff zu mir schicken?«

*

Als Mona das nächste Mal die Augen aufschlug, fühlte sie sich zumindest geistig viel besser. Ihr Kopf hämmerte zwar immer noch, doch diesmal war ihr sofort klar, dass es keine Handwerker waren, sondern Kopfschmerzen. Nur woher die Schmerzen kamen, hätte sie nicht sagen können.

»Mona, du bist wach.«

Aus Erfahrung klug geworden, bewegte sie diesmal nur die Augen in die Richtung des Sprechers. Es war Holger, und er sah sie mit einem solch liebevollen Ausdruck an, dass sie sich gleich noch besser fühlte. Doch dann sah sie die Besorgnis in seinem Blick. »Die Babys – geht es ihnen gut? Was ist mit meinen Mädchen?«

»Es geht ihnen gut. Mach dir keine Sorgen. Es geht ihnen hervorragend. Die Ärzte haben ein Ultraschall gemacht.«

»Oh gut.« Mona hatte den Kopf bei ihrer Frage minimal angehoben, doch jetzt ließ sie ihn wieder zurück in die Kissen sinken. Sie wollte nach Holgers Hand tasten, stellte fest, dass diese auf ihrer lag, und fühlte sich getröstet. Sie lächelte Holger an und langsam, sehr langsam hoben sich auch seine Mundwinkel und die tiefen Sorgenfalten auf seiner Stirn glätteten sich. Für eine Weile lag Mona ganz still und genoss Holgers Nähe. Doch das Gefühl der Geborgenheit war nur oberflächlich. Irgendwoher aus ihrem Unterbewusstsein kamen störende Signale und in ihrem Kopf schien ein Kampf zu toben.

»Warum bin ich hier?«, fragte sie schließlich.

»Du bist gestürzt. Kannst du dich nicht erinnern?«

»Nein.« Fast hätte sie den Kopf geschüttelt, doch sie besann sich gerade noch rechtzeitig eines Besseren.

»Ich habe dich auf der Terrasse gefunden. Du lagst auf dem Boden. Du hast dir den Hinterkopf angeschlagen.«

Das erklärte die Kopfschmerzen. Aber wieso war sie gestürzt? Sie fragte Holger danach.

»Ich weiß es nicht. Die Ärzte wissen es auch nicht. Vermutlich eine kleine Kreislaufschwäche. Wegen der Schwangerschaft.«

Mona versuchte, darüber nachzudenken, was schwierig war, denn in ihrem Kopf pochte es wild. »Aber ...«

Doch Holger unterbrach. »Pst! Denk jetzt nicht darüber nach. Die Ärztin hat gesagt, du sollst dich ausruhen.«

Ausruhen – das klang gut. Mona schloss für ein paar Minuten die Augen, doch ihr Unterbewusstsein machte keine Pause. Und auch ihr bewusstes Denken wollte wissen, was genau passiert war. »Wann bin ich gestürzt?«

»Gestern Abend, ich habe dich gefunden, als ich von der Polizei ...«

Er brach ab, doch das Wort Polizei hatte bei Mona eine Erinnerung ausgelöst. Ja, Holger war bei der Polizei gewesen. Den ganzen Abend. Sie hatte sich Sorgen gemacht. Dann hatte er angerufen und ... Sie erstarrte. Das Gefühl des Trostes und der Geborgenheit verschwand schlagartig. »Du wolltest Eva mitbringen«, sagte sie anklagend.

»Bitte, lass uns jetzt nicht darüber reden.«

»Du wolltest Eva mitbringen«, wiederholte sie. »Wie konntest du?« Sie versuchte, ihre Hand wegzuziehen, doch Holger hielt sie fest.

»Bitte, Mona, reg dich jetzt nicht auf. Es tut mir leid, es war ein Fehler.«

Doch Mona regte sich auf. Sie fühlte sich verraten. Genauso verraten wie gestern am Telefon. Jetzt erinnerte sie sich: Holger hatte angerufen und gesagt, dass er Eva mit nach Hause bringen würde, und dann hatte er aufgelegt, bevor sie etwas erwidern konnte, und dann war sie hinausgegangen auf die Terrasse. Sie hatte nicht gewollt, dass Johanna und Mia etwas merkten. Und auf der Terrasse ... Sie versuchte, sich zu erinnern, was auf der Terrasse geschehen war, doch je mehr sie sich konzentrierte, desto stärker schmerzte ihr Kopf. Aber es war da, direkt unter der Oberfläche ihrer Gedanken, sie wusste es. Sie musste sich nur konzentrieren.

Und plötzlich kam die Erinnerung zurück. Sie war auf der Terrasse gewesen. Sie hatte ein Geräusch gehört. Sie hatte Schritte gehört. Sie hatte sich umdrehen wollen und dann ...

»Ich bin nicht gestürzt«, stieß sie hervor, »jemand hat mich niedergeschlagen.« Und im nächsten Augenblick wurde ihr klar, wer der Jemand gewesen war. Ihr Kopf explodierte, als sie ihn abrupt zu Holger drehte, doch sie ignorierte den Schmerz. »Wo ist Jan? Wer ist bei den Jungs?«

*

Johanna hatte Angst. Es war nicht die scharfe, spitze Panik, die sie am Vortag durch den Wald getrieben hatte, sondern eine dumpfe, brütende Furcht, die sie lähmte. Seit sie Mona am vergangenen Abend gefunden hatten, hatte diese Furcht versucht, sie zu beherrschen. Solange sie nicht sicher gewusst hatte, dass Mona überfallen worden war, war es

Johanna gelungen, die Angst auf Abstand zu halten, doch in dem Moment, als der uniformierte Polizist ins Krankenzimmer gekommen war, hatte die Furcht zugeschlagen. Seither fühlte sie sich wie gelähmt. Selbst wenn sie gewusst hätte, was zu tun war, hätte sie es vor lauter Angst vermutlich nicht tun können.

»Sie müssen ihn finden«, sagte sie daher zu Becker, der ihr in einer Ecke der Cafeteria gegenübersaß, und erschrak selbst darüber, wie flehentlich ihre Stimme klang. »Sie müssen diesen Wahnsinnigen fangen, bevor noch jemand zu Schaden kommt.«

»Wir tun, was wir können, Frau Bischoff, aber dazu brauchen wir Ihre Hilfe. Ich muss alles wissen, was Sie mir sagen können, und wenn ich alles sage, dann meine ich diesmal alles.«

Er sah sie ernst an, sein Blick warb um Vertrauen. Bei ihrer ersten Begegnung hatte Johanna das Gefühl gehabt, dass sie dem Oberkommissar tatsächlich vertrauen konnte, dass ihre Gedanken und Gefühle bei ihm gut aufgehoben waren. Doch dieser Eindruck war kurz darauf zerstört worden, weil sie glaubte, er spielte ein Spiel mit ihr. Hatte sie sich geirrt? Sie war sich fast sicher, aber selbst wenn sie es nicht gewesen wäre: Sie wusste, dass sie sich Misstrauen nicht mehr leisten konnten. Sie brauchten die Hilfe der Polizei.

»Fragen Sie!«

»Zuerst möchte ich, dass Sie mir erzählen, wie Sie den gestrigen Abend verbracht haben. Waren Sie mit Frau Landauer zusammen?«

»Ja, mit Mona und Euphemia. Das ist Euphemia Frisse, eine Freundin von Mona.«

»Wie kam es, dass Dr. Frisse dort war?«

»Das war so. Ich war spazieren gegangen und ...« Sie stockte, als sie daran dachte, wie der Spaziergang geendet hatte.

Becker deutete ihr Zögern falsch. »Frau Bischoff, bitte!«

»Oh, ich will gar nichts verschweigen, es ist nur ... Ich glaube, es ist nicht wichtig für den Fall.« Sie brach ab, als sie seinen Blick sah, und sagte: »Ich erinnere mich, Sie wollen entscheiden, ob es wichtig ist oder nicht. Also gut, es ist Folgendes passiert ...«

So knapp wie möglich erzählte Johanna Becker von ihrem Erlebnis im Wald. Sie bemühte sich, sachlich zu bleiben, doch wenn sie seinen mitfühlenden Blick richtig deutete, gelang ihr das nicht besonders gut. »Ich weiß jetzt«, sagte sie hastig, denn sie wollte Hilfe, kein Mitleid, »dass ich mir nur eingebildet habe, dass jemand im Wald war. Ich war wohl einfach etwas überdreht nach den Ereignissen der letzten Tage und Wochen«, endete sie lahm, wobei sie hoffte, Becker möge sie nicht für eine überspannte hysterische Kuh halten.

Der Oberkommissar schien nichts dergleichen zu tun. Er nickte nur ernst und sagte: »Was geschah, nachdem Dr. Frisse Sie im Auto mitgenommen hatte? Wie kam es, dass sie den ganzen Abend bei Frau Landauer blieb?«

»Als wir bei ihr ankamen, war Mona ganz aufgeregt, weil Sie Holger verhaftet hatten. Eine Mitarbeiterin der Buchhandlung hatte angerufen und es ihr gesagt.«

Johanna nahm einen Schluck von dem grässlichen Kaffee, der vor ihr stand und den sie bisher nicht angerührt hatte. Wie weit weg das alles schon war. Holger hatte ihr erzählt, was in der Kriminalpolizeiinspektion geschehen war und wie es wirklich zu Pauls Sturz gekommen war, aber sie hatte noch keine Zeit gefunden, darüber nachzudenken, geschweige denn, die Ereignisse zu bewerten und zu verarbeiten. Sie würde es irgendwann tun.

»Wie gesagt, Mona war aufgeregt. Sie wollte unbedingt etwas unternehmen. Deshalb beschloss Euphemia, zu bleiben und auf die Kinder zu achten. Ich fuhr mit Mona zur Kriminalpolizeiinspektion.«

Und dort hatten sie erfahren, dass Holger von Eva vertreten wurde. Es war ein Schock für Mona gewesen, das war nicht zu übersehen, obwohl Mona auch in dieser Situation versucht hatte, ihre geänderten Gefühle ihrer Schwester gegenüber vor Johanna zu verbergen. Doch all dies erzählte Johanna Becker nicht. Es wäre illoyal gegenüber ihren Freunden gewesen. Stattdessen sagte sie: »Nachdem wir uns davon überzeugt hatten, dass wir in dem Moment nichts für Holger unternehmen konnten, fuhren wir wieder nach Hause. Euphemia hatte die Kinder ins Bett gebracht. Wir saßen den ganzen Abend gemeinsam im Wohnzimmer und warteten.«

»Und ist Ihnen da irgendetwas Besonderes aufgefallen?«, fragte Becker. »Haben Sie zum Beispiel ein Geräusch auf der Terrasse gehört oder vielleicht eine Bewegung gesehen? War die Terrassentür eigentlich offen oder geschlossen?«

»Offen. Aber ich habe nichts gehört und nichts gesehen.«

»Und Sie können sich an nichts erinnern, was uns irgendwie weiterhelfen könnte? Gab es Telefonanrufe?«

»Nein, das heißt doch. Einen. Es war Michael Herzog. Er versprach Mona, noch einmal zur Kriminalpolizeiinspektion zu fahren und zu versuchen, mehr über Holgers Verhaftung herauszufinden. Es gelang ihm genauso wenig wie uns, deshalb kam er bei uns vorbei. Er bot an zu bleiben, doch Mona lehnte ab.«

»Wann war das?«

»Gegen viertel vor zehn. Etwa zwanzig Minuten später rief Holger an, um zu sagen, dass er nach Hause komme. Wir waren natürlich sehr erleichtert. Euphemia ist kurz darauf gegangen.«

Johanna konnte Becker nicht in die Augen sehen, als sie das sagte. Dabei war es keine Lüge, nur eine kleine Auslassung. Mona war erleichtert gewesen, als Holger anrief, doch die Erleichterung war kurz danach in Unmut umgeschlagen. Johanna hatte das nicht verstehen können, doch mittlerweile wusste sie, dass Holger zu Mona gesagt hatte, er bringe Eva mit – was er dann allerdings doch nicht getan hatte.

»Was geschah dann?«

»Mona brachte Euphemia zur Tür. Sie sagte, sie wolle noch etwas frische Luft schnappen. Ich ging nach oben.«

Becker ließ sie mehrfach wiederholen, was sich in den nächsten Minuten abgespielt hatte. Schließlich fasste er es noch einmal zusammen.

»Nachdem Dr. Frisse sich verabschiedet hatte, gingen Sie also ins Bad, wo sie ein paar Minuten blieben, dann in Leos Zimmer, wo sie ebenfalls ein paar Minuten blieben, dann in das andere Kinderzimmer, das zur Straße hinaus geht. Sie hörten ein Auto halten, eine Wagentür schlagen und kurz darauf verließen Sie das Kinderzimmer. Direkt danach kam Holger Landauer die Treppe herauf. Richtig?«

Johanna nickte. »Und ich war wirklich nur noch kurz bei Jan, nachdem ich die Autotür gehört hatte.« Sie sah den Zweifel in seinen Augen. »Hören Sie, Herr Becker, ich weiß, warum Sie so darauf herumhacken, aber Sie können nicht wirklich glauben, dass Holger Mona das angetan hat. Niemand, der sie kennt, hätte ihr das antun können.«

Doch sie wusste schon, während sie es sagte, dass er ihr nicht glauben würde. Und das Schlimme war, das sie ahnte, dass er recht hatte, als er erwiderte: »Frau Bischoff, ich weiß nicht, wer Ihre Freundin niedergeschlagen hat, aber alles spricht dafür, dass es in der Tat jemand war, der sie kannte.«

*

»Aber Mona, das ist blanker Unsinn. Eva würde dir nie etwas antun, nie!«, wiederholte Holger zum dritten Mal.

Mona sagte nichts. Die ersten zwei Male hatte sie noch geantwortet, aber genauso gut hätte sie ihre Argumente der Wand unterbreiten können. Stattdessen versuchte sie, sich aufzusetzen, doch als sie ihren Kopf hob, schoss wieder ein Blitz durch ihren Schädel, der sie niedersinken ließ. Oh Gott, dabei musste sie aufstehen. Sie musste nach Hause!

Holger fuhr in beschwichtigendem Ton fort: »Das glaubst du nur, weil du durch den Schlag auf den Kopf noch benommen bist ...«

»Unfug«, presste Mona zwischen zusammengebissenen Zähnen hervor. Vor lauter Kopfschmerzen war ihr übel. Aber abgesehen davon hatte sie nie klarer gesehen als jetzt. Der Schock über die Erkenntnis, dass ihre eigene Schwester sie niedergeschlagen hatte, hatte sie aus ihrer Benommenheit gerissen. »Und was heißt hier glauben? Du hast mich doch selbst gefunden. Und wenn du jetzt wieder behauptest, ich sei zusammengebrochen und habe mir eine Beule geholt, als ich auf die Terrasse gefallen bin, dann fange ich an zu schreien!«

Bei den letzten Worten schraubte sich ihre Stimme so hoch, dass zum Schreien tatsächlich nicht viel fehlte. Vorsicht, dachte Mona, Vorsicht, sonst stehe ich wieder als hysterisch da! Doch sie konnte nichts dagegen tun, dass ihre Emotionen sie in großen Wellen überrollten: Wut, Angst, Panik. Der Schock hatte längst nachgelassen, vermutlich, weil er nicht mit Überraschung gepaart gewesen war. Denn Mona hatte tief in ihrem Inneren schon immer gewusst, wozu ihre Zwillingsschwester fähig war.

»Aber Mona, so abwegig ist das doch gar nicht«, erwiderte Holger. »Du bist hochschwanger.«

Sein beschwichtigender Tonfall regte sie nur noch mehr auf. Mona versuchte ihn zu ignorieren, denn wenn sie sich aufregte, wurden ihre Kopfschmerzen schlimmer, und das konnte sie sich nicht leisten. Sie atmete möglichst gleichmäßig, um die Wellen von Übelkeit, die über sie hinwegschwappten, unter Kontrolle zu bringen.

»Außerdem ist es unmöglich«, fuhr er fort. »Eva ist mit dem Auto weggefahren. Ich habe ihr hinterhergeschaut, bevor ich ins Haus gegangen bin.«

»Holger, stell dich nicht dumm. Sie wird das Auto um die

nächste Ecke geparkt haben und zurückgekommen sein.«

»Dazu hätte die Zeit niemals gereicht. Ich habe dich unten gesucht, Mona. Dann bin ich die Treppe rauf und habe Johanna auf dem Absatz getroffen. Dann sind wir zusammen wieder runtergegangen. Es kann nur zwei Minuten gedauert haben.«

»Das kannst du gar nicht wissen oder hast du vielleicht auf die Uhr geschaut?«

Sie wartete die Antwort gar nicht ab, es hatte ja doch keinen Zweck. Und sie hatte keine Zeit. Sie musste nach Hause, musste zu ihren Jungs, musste zu Jan. Stöhnend rollte sie sich auf ihre rechte Seite und stützte den Ellbogen auf. Ihr Kopf dröhnte, sie fühlte, wie ihr der Schweiß ausbrach, aber sie musste aufstehen. Sie versuchte, sich abzustützen, doch in dem Moment, als sie tatsächlich aufrecht saß, wurde ihr schwarz vor Augen. Dann spürte sie, wie sich Holgers Arme um sie legten.

Zu ihrem eigenen Entsetzen fing Mona an zu weinen. Gott, sie fühlte sich so elend und hilflos. Aber sie durfte jetzt keine Schwäche zeigen. Sie durfte hier nicht sitzen bleiben, sie musste nach Hause! Sie versuchte, sich aus Holgers Armen zu befreien, doch sie schaffte es nicht. Panik ergriff sie, als ihr klar wurde, dass sie hier nicht wegkam und dass es ihr nicht gelingen würde, ihren Mann von der Notwendigkeit zu überzeugen, ihr zu helfen.

Denn Holger hatte sich immer geweigert zu glauben, dass von Eva eine Gefahr ausging. »Das bildest du dir ein, das würde sie nie tun, denk mal daran, wie tief wir in ihrer Schuld stehen.« Wie ein Mantra hatte er ihr das vorgebetet und dabei übersehen, dass genau die Tatsache, dass sie beide in Evas Schuld standen, der Grund für alles war. Aber Mona kannte Eva besser als jeder andere Mensch. Und sie wusste viel besser als ihr Mann, wozu Frauen fähig waren.

Sie merkte, dass Holger mit ihr sprach. In sanftem Ton, als nähme er sie nicht für voll. »Mona, du irrst dich. Warum hätte Eva dich niederschlagen sollen?«

Sie verlor die Beherrschung. »Das weißt du ganz genau. Sie will die Kinder!«, kreischte sie.

»Aber das ist doch unlogisch. Wenn dir etwas passiert wäre, dann wäre auch den Babys etwas passiert.«

Holger bemühte sich sichtlich, sachlich zu sein, und das machte Mona noch wütender, weil sie wusste, dass dies eine Angelegenheit war, die mit rationalen Argumenten nicht zu erklären war. Weil Eva in dieser Sache nicht rational war. Aber natürlich würde Holger das bestreiten, wie er es immer tat, und sämtliche Irrationalität ihr in die Schuhe schieben.

»Sie will nicht die Babys, sie will Jan! Wann kapierst du es endlich? Sie versucht, mir Jan wegzunehmen. Erst hat sie versucht, ihn mir zu entfremden, und jetzt ... Was glaubst du denn, warum sie mir ihre Unfruchtbarkeit verheimlicht hat? Und deshalb muss ich nach Hause, verdammt! Um meinen Sohn zu schützen. Weil du nicht dazu bereit bist!«

»Das stimmt nicht. Aber ich weiß, dass er nicht in Gefahr ist. Mein Platz ist hier, bei dir.«

Mona konnte nicht glauben, wie naiv ihr Mann war. Er musste doch wissen, wie weit Frauen gingen, um ein Kind zu bekommen. Hatte er immer noch nicht verstanden, dass es Frauen gab, die ohne Kinder nicht leben konnten? Die ohne Kinder verdorrten, verkümmerten, verdursteten. Dass es Frauen gab, die logen und betrogen und Gesetze brachen, um Kinder zu bekommen. Dass es Frauen gab, die bereit waren, für diesen Wunsch alles aufzugeben. Sie selbst wäre damals bereit gewesen, Holger zu verlassen, als sie die endgültige Diagnose bekamen. Wenn er sich geweigert hätte, den einzigen Weg mitzugehen, auf dem sie Kinder bekommen konnten. Und Mona wusste, Eva wäre ebenfalls bereit, ihr ganzes bisheriges Leben aufzugeben, um Jan zu bekommen. Nur, dass das nicht nötig wäre, wenn sie, Mona, gestern Abend gestorben wäre.

»Fahr nach Hause und beschütze Jan. Wenn du das tust,

lege ich mich wieder hin.«

Er wollte nicht, das sah sie ihm deutlich an, obwohl ihr so schwindelig war und ihr Kopf so schmerzte, dass sie kaum einen klaren Gedanken fassen konnte.

Und dann kam tief aus ihrem Inneren und doch wie aus heiterem Himmel noch ein anderer Schmerz hinzu, fuhr durch ihren Leib und ließ sie alles andere vergessen: Die Wehen hatten eingesetzt.

4

Lutz Becker steckte sein Handy weg und schloss für einen Moment die Augen. Er saß auf einer Bank vor dem Krankenhaus mit Blick auf einen Parkplatz. Doch es war nicht der Anblick der Autos, den er vermeiden wollte. Er wollte nachdenken, doch er kam nicht weit.

»Hey Lutz, wenn du im Dienst schlafen willst, dann tu das doch bitte in deinem Büro, damit es der Öffentlichkeit nicht so auffällt.«

Becker öffnete die Augen. »Anna, tu mir einen Gefallen und sage mir, dass dein Grinsen nicht allein der Freude an meinem Anblick geschuldet ist, sondern der Tatsache, dass du gute Nachrichten bringst. Habt ihr etwas gefunden?«

»Nein, tut mir leid, Lutz, oder soll ich jetzt Boss sagen? Die Spurensicherung hat bis jetzt nichts gefunden – oder besser gesagt, sie hat zu viel gefunden. Der Rasen neben Landauers Terrasse sieht aus, als hätte sich dort eine Herde Nilpferde gewälzt. Ich weiß nicht, was diese Sanitäter tun, wenn sie Menschen retten. Man sollte meinen, sie hätten sich darauf beschränkt, der guten Mona den Kopf zu verbinden und sie auf die Trage zu laden und dann ab die Post. Aber tatsächlich sieht es aus, als hätten sie ein paar Freudentänze aufgeführt, weil sie endlich mal wieder mit Blaulicht durch die Straßen rasen durften.« Sie schüttelte empört den Kopf. Dann stellte sie ihren Rucksack neben Becker auf die Bank und kramte eine zerdrückte Packung Zigaretten aus ihrer Gesäßtasche. »Und wie war es hier?«

Becker überlegte. »Interessant.«

»Interessant? Was soll das heißen? Hast du schon mit der Landauer gesprochen?«

»Hm.«

»Hm? Hast du oder hast du nicht?«

»Sie hat mit mir gesprochen.«

»Aber du hast nicht geantwortet? Klingt tatsächlich interessant. Was hat sie denn gesagt?«

»Dass sie niedergeschlagen wurde.«

Anna war gerade dabei gewesen, sich eine Zigarette anzuzünden, doch jetzt nahm sie sie wieder aus dem Mund. »Na, das ist doch wunderbar. Was machst du für ein Gesicht? Ich hatte schon befürchtet, sie könnte sich nicht erinnern und wir müssten raten, ob es Fremdeinwirkung war oder nicht. Aber so wissen wir nicht nur, dass wir nicht den ganzen Vormittag unsere Zeit verschwendet haben, sondern wir wissen auch mehr über den Mörder von Christine. Es muss jemand aus Mona Landauers Umfeld sein – vorausgesetzt, er ist derjenige, der ihr die Beule verpasst hat ...«

Becker schnitt den Redefluss seiner Kollegin ab. »Davon würde ich nicht ausgehen. Frau Landauer behauptet, ihre Schwester habe sie niedergeschlagen.«

Für einen Moment sah Anna so verdutzt aus, als hätte sie selbst einen Schlag vor den Kopf bekommen. Becker konnte es ihr nachfühlen. »Eva Schwarz? Die Rechtsanwältin?«, fragte sie schließlich. »Aber wieso?«

»Das hat Frau Landauer mir nicht verraten.«

»Und du hast nicht nachgefragt?«, fragte Anna ungläubig.

»Keine Chance. Sie wurde gerade in den Kreißsaal geschoben.«

Becker erzählte kurz, was sich zugetragen hatte: Er war mit Johanna Bischoff aus der Cafeteria zurückgekommen, als die Tür zu Mona Landauers Krankenzimmer aufgerissen und die Patientin in ihrem Bett hindurchgeschoben wurde. Sie wurde begleitet von einer Ärztin, zwei Krankenschwestern und ihrem Mann, der so weiß aussah wie die Kissen, auf denen Mona Landauers bandagierter Kopf ruhte. Die Frau stöhnte ununterbrochen, doch in dem Moment, als sie an ihm vorbeigeschoben wurde, erhaschte er einen Blick auf ihr Gesicht. Sie erwiderte seinen Blick und presste hervor: »Es war Eva. Meine Schwester hat mich niedergeschlagen.«

Dann war sie davon gerollt worden.

Anna hatte während seines Berichts endlich ihre Zigarette angezündet. »Okay«, sagte sie nach ihrem ersten tiefen Zug, »gib mir drei Minuten, um dieses Ding zu rauchen, dann können wir fahren. Weißt du, wo Eva Schwarz wohnt?«

Becker erhob sich. »Ich weiß vor allem, wo die Polizeikantine ist.«

Sie sah ihn verblüfft an. »Du willst erst etwas essen? Jetzt? Na, du bist ja entspannt. Sollten wir nicht lieber so bald wie möglich mit Eva Schwarz sprechen?«

»Das tun wir anschließend. Ich habe bereits veranlasst, dass zwei Beamte sie abholen und zum Revier bringen. Aber zu deiner Information: Ich bin nicht entspannt – im Gegenteil. Deswegen habe ich auch kein romantisches Dinner im Sinn, sondern ein Arbeitsessen, bei dem ich dir genau erklären werde, warum Eva Schwarz die Einzige ist, die Mona Landauer garantiert nicht niedergeschlagen haben kann.«

*

Fünf Stunden später stand Lutz Becker am offenen Fenster des Besprechungsraums und sah Eva Schwarz nach, die in diesem Moment in ein Taxi stieg, das vor dem Portal der Kriminalpolizeiinspektion wartete. Die Rechtsanwältin hatte es abgelehnt, sich nach ihrer Vernehmung von der Polizei nach Hause oder zum nächsten Bahnhof fahren zu lassen. Becker fragte sich, welche Geheimnisse sie mit auf ihren Weg nach München nahm.

Sie hatten von Eva Schwarz nichts Neues erfahren. Die Nachricht, dass ihre Schwester sie verdächtigte, sie niedergeschlagen zu haben, hatte sie zwar sichtlich geschockt, doch Beckers Hoffnung, sie würde in diesem Zustand verraten, warum ihre Schwester sie verdächtigte, hatte sich nicht erfüllt. Eva Schwarz hatte bereitwillig erzählt, was sie am vorangegangenen Abend getan hatte, aber sie hatte sich geweigert, mehr über ihre Beziehung zu ihre Zwillingsschwester zu sagen, als dass diese in letzter Zeit nicht gut gewesen war – eine Erkenntnis, zu der die Polizei mittlerweile selbst gelangt war.

Nach Frau Schwarz' Aussage hatte sie Holger Landauer am vergangenen Abend von der Kriminalpolizeiinspektion nach Hause gefahren und gegen halb elf Uhr dort abgesetzt. Nachdem er ausgestiegen war, hatte sie das Autoradio eingeschaltet und war fortgefahren. Just in dem Moment hatten die 22:30-Uhr-Nachrichten begonnen. Diese Aussage wurde nicht nur von Holger Landauer gestützt, der dem Wagen seiner Schwägerin nachgesehen hatte, sondern auch von Johanna Bischoff, die den Wagen gehört und auf die Uhr geschaut hatte.

Und Johanna Bischoffs Anruf war bei der Notrufzentrale um 22:34 Uhr eingegangen. In den vier Minuten hätte Eva Schwarz es niemals geschafft, den Wagen außer Sichtweite zu parken, zum Haus zurückzueilen, ihre Schwester zu suchen und zu überfallen und wieder zu verschwinden, bevor ihr Schwager mit Frau Bischoff auf der Terrasse auftauchte.

Das Taxi fuhr los und gleichzeitig sagte Anna, die neben Becker getreten war: »Da fährt sie hin, unsere Hauptverdächtige. Und? Wem gebührt jetzt ihr Platz? Der ehrenwerten, hochmoralischen Dr. Frisse? Oder der schönen, unterkühlten Johanna Bischoff?«

»So unterkühlt kam sie mir heute nicht vor«, antwortete Becker. »Sie wirkte ausgesprochen niedergeschlagen.«

»Nun, vermutlich nicht so niedergeschlagen wie Frau Landauer«, meinte Anna trocken. »Und die Frage ist, wieso? Weil ihre Freundin angegriffen wurde oder weil sie den Angriff überlebt hat?«

Becker dachte an sein Gespräch mit Johanna Bischoff vom Vormittag. Konnte es wirklich sein, dass sie ihm etwas vorgespielt hatte? Er glaubte es nicht oder vielleicht wollte er es auch nur nicht glauben. Sie hatte zweifellos die beste

Möglichkeit von allen gehabt, ihre Freundin niederzuschlagen. Bis auf die Kinder, die oben schliefen, war sie mit Mona Landauer allein im Haus gewesen.

Aber natürlich hätte es auch Euphemia Frisse getan haben können. Mona Landauer hatte beim Abschied erwähnt, dass sie noch etwas frische Luft schnappen wolle, die Theologin hätte also gewusst, wo sie ihr Opfer finden konnte. Sie hätte mit ihrem Wagen davonfahren, diesen ein paar Meter weiter parken und dann zurückschleichen können. Am Haus entlang führte ein mit Platten belegter und zur Straße durch Büsche abgeschirmter Weg. Dr. Frisse hätte am Ende dieses Weges hinter der Hausecke warten können, bis Mona Landauer auf der Terrasse ihr den Rücken zuwandte, und dann ...

Und genauso gut hätte es Michael Herzog getan haben können oder irgendjemand von außen. Aber Becker war überzeugt, dass der Täter jemand war, der Mona Landauer nahe stand – vorausgesetzt natürlich, sie war tatsächlich überfallen worden. Denn eins an der Geschichte war seltsam: Wenn wirklich jemand versucht hatte, Mona Landauer zu erschlagen, warum hatte der Jemand nur einmal zugeschlagen? Er musste doch gewusst haben, dass er beim ersten Mal nicht richtig getroffen hatte, dass sein Opfer nur bewusstlos, nicht jedoch tot war. War der Angreifer gestört worden und geflohen? Hatten sich nach dem ersten Schlag Skrupel gemeldet? Oder hatte er sein Opfer von vornherein nur bewusstlos schlagen, es jedoch nicht töten wollen? Letzteres würde erklären, warum bereits der erste Schlag so leicht gewesen war. Doch wozu hätte jemand Mona Landauer bewusstlos schlagen sollen? Um einen Überfall vorzutäuschen? Oder als Warnung, damit sie nicht verriet, was sie wusste? Möglich wäre es, denn dass Mona Landauer mehr wusste, als sie bisher zugegeben hatte, davon war Becker überzeugt. Doch er hatte keine Ahnung, was dieses Mehr sein konnte, und solange Mona Landauer im Kreißsaal lag, hatte er auch keine Möglichkeit, sie danach zu fragen.

Sonntag, 3. Juli

1

Helena und Louisa Landauer kamen am Sonntag kurz nach Mitternacht per Kaiserschnitt auf die Welt. Kurz vor Ende des Tages fuhr ein Taxi an dem Schild *Privatparkplatz – nur für Patienten der Praxis Dres Kuhn, Kühner, Koch* vorbei, bog ein paar Meter weiter links in eine stille Seitenstraße ein und hielt schließlich vor dem ersten Hauseingang auf der rechten Seite. Clarissa Schumann saß auf dem Rücksitz, doch selbst hier konnte sie die Erleichterung des Fahrers spüren, dessen Freude darüber, dass er den nörgelnden Gast neben sich nun endlich los wurde, der auf der Fahrt vom Flughafen hierher sicherlich drei Dutzend Mal die Sätze »Es ist eine Schande!«, »Ich werde mich beschweren!« und »Ich werde eine Entschädigung verlangen!« von sich gegeben hatte. Clarissa verspürte einen Anflug von Neid.

Während Hans-Peter bezahlte, stieg sie aus und ging zum Kofferraum des Mercedes. Kurz darauf gesellten sich die Männer zu ihr, der Fahrer mit beleidigter Miene (oje, hatte Hans-Peter wieder einmal das Trinkgeld *vergessen*?), ihr Ehemann meckernd. »47,10 Euro, sind Sie sicher, dass Ihr Taxameter stimmt? Und ich hoffe, mit der Quittung hat alles seine Richtigkeit. Ich werde sie natürlich bei unserem Reiseveranstalter einreichen und mein Geld zurückverlangen. Gestern hätte Hans-Jörg uns ja abholen können, aber heute ...«

Clarissa hörte nicht mehr zu. Sie nahm die kleine Reisetasche, deren Gewicht sie gerade noch tragen konnte, schenkte dem Taxifahrer ein entschuldigendes Lächeln und ging voraus zu dem Haus, in dem ihre geräumige Vierzimmerwohnung lag. Zumindest hatte Clarissa sie bis zur

Pensionierung ihres Mannes für geräumig gehalten.

Im Schein der Laterne, die direkt vor der Haustür stand, wartete sie auf Hans-Peter, der immer noch mit dem Fahrer debattierte. Am Laternenpfahl hingen Zettel in verschiedenen Größen und Farben. Er diente als eine Art Schwarzes Brett für das Viertel. Die Leute pappten ihre Mietgesuche daran, boten Klavierunterricht an oder betrieben Imagepflege in göttlicher, sozialer oder privater Mission. Clarissa kannte die meisten der Anzeigen auswendig. In letzter Zeit unternahm sie täglich länger werdende Spaziergänge und wenn sie in diese Straße zurückkehrte, suchte sie meist nach Gründen, noch nicht nach oben gehen zu müssen. Doch heute hing eine neue Annonce dabei: *Die Kriminalpolizei bittet um Mithilfe ...*

Neugierig begann Clarissa zu lesen. Sie betrachtete das Foto, während sie nebenbei registrierte, dass sich ihr Mann mit dem großen Urlaubskoffer zu ihr gesellte.

»Unverschämtes Pack, diese Taxifahrer. Der Mann war doch tatsächlich der Meinung, ich sollte meinen Koffer selbst aus dem Wagen heben. Diese Leute haben keinen Respekt.«

»Aber wenigstens hat er nicht gestreikt wie die Fluglotsen«, murmelte Clarissa abwesend. Diese Augen, dieses zarte Gesicht. Sie war sich fast sicher. Und dann die Beschreibung: ein Meter zweiundsechzig, zierlich. Es passte alles, sogar die Kleidung.

Hans-Peter quengelte. »Clarissa, Clarissa! Kommst du endlich? Wie kannst du dort nur so nutzlos herumstehen, während ich mich mit dem Koffer abplagen muss?«

Sie riss sich von der Anzeige los und lächelte ihren Mann an. »Nutzlos? Nun, wenn du meinst.« Die Polizei wurde sicherlich anderer Ansicht sein!

Montag, 4. Juli

1

Johanna besuchte Mona und ihre Zwillinge am Montagvormittag. Obwohl Helena und Louisa Landauer drei Wochen zu früh geboren waren, ging es ihnen sehr gut, und dass sie noch einige Tage im Brutkasten liegen sollten, war eine reine Vorsichtsmaßnahme. Mona war zugleich euphorisch und völlig erschöpft, doch sie bestand darauf, Johanna mit zur Intensivstation zu nehmen, wo sie sich je eine Viertelstunde neben Helena und Louisa setzte, ihre Arme durch die entsprechenden Klappen in den Brutkästen steckte und die winzigen, verkabelten Körper streichelte. Nach einer halben Stunde überredete Johanna sie, in ihr Bett zurückzukehren.

»Ich habe das Gefühl, ich müsste vor lauter Liebe und Glück platzen«, murmelte Mona, während sie zu ihrem Zimmer gingen, verfolgt von dem übergewichtigen Polizeibeamten, der zu Monas Schutz abgestellt worden war und sich wieder vor ihrer Tür postieren wollte.

Johanna, die ihren Arm um die Freundin gelegt hatte, drückte sie. Im Krankenzimmer angelangt, schloss sie die Tür vor der Nase des Polizisten und half ihrer Freundin ins Bett. Mona ließ sich mit einem Seufzer in die Kissen zurücksinken.

»Soll ich gehen?«

»Nein, bleib. Eigentlich fühle ich mich ganz fit, nur diese Tabletten machen mich müde. Erzähl mir, wie es den Jungs geht. Vermissen sie mich? Holger will sie heute Nachmittag mitbringen. Ich hoffe, sie dürfen ihre Schwestern schon sehen.«

Johanna lächelte. Es war typisch Mona, die Schuld an ihrer Erschöpfung auf die Tabletten zu schieben, die sie nur akzeptiert hatte, weil sie ihre Babys sowieso noch nicht stillen konnte. Sie begann zu erzählen, doch nach zwei Sätzen war Mona schon eingeschlafen.

Johanna lehnte sich in dem Sessel zurück und schaute sich im Zimmer um. Es war freundlicher als das, in dem Mona bis zur Geburt gelegen hatte. Blumen standen in Vasen, ein Teddy und ein rosa Stoffhase saßen auf dem zweiten leeren Bett und auf dem Nachttisch lag ein Stapel Zeitschriften. Johanna genoss die friedliche Stimmung. Das Wochenende war unwirklich wie ein schlechter Traum gewesen und hatte ihre Gefühle einem Wechselbad unterzogen. Erst der Schock über Monas Verletzung, dann die Sorge, dass die Wehen zu früh eingesetzt hatten, und schließlich die Mitteilung, dass Mona Eva verdächtigte, sie niedergeschlagen zu haben. Holger hatte es Johanna am Sonntag erzählt, als er aus dem Krankenhaus gekommen war. Er war während der Geburt und danach bei seiner Frau und seinen neugeborenen Töchtern gewesen. Johanna hatte derweil auf Jan und Leo aufgepasst. Die Kinder waren ungewöhnlich quengelig gewesen, und Johanna hatte sich anstrengen müssen, sie bei Laune zu halten und dabei ihre eigenen Ängste zu verbergen.

Entsprechend müde fühlte Johanna sich jetzt und sie beschloss, in der Cafeteria einen Cappuccino zu trinken. Sie griff nach ihrer Handtasche, verließ das Zimmer, ging den Flur entlang und am Aufzug vorbei. Erst als sie schon fast bei der Glastür zum Treppenhaus war, fiel ihr auf, dass sie den Polizisten gar nicht gesehen hatte. Ein nervöses Kribbeln breitete sich in ihrem Magen aus. Wieso wurde Mona nicht mehr bewacht? Johanna drehte sich um und eilte zurück, doch in diesem Moment wurde die Tür des Besucher-WCs, das direkt gegenüber von Monas Zimmer lag, geöffnet und der Beamte trat heraus. Als er sie sah, fragte er erschrocken: »Alles in Ordnung?«

Johanna nickte und wollte gerade hinzufügen, dass dies allerdings nicht dem Beamten zu verdanken sei, als eine mollige Krankenschwester mit einer Tasse in der Hand den Gang entlangkam.

»Ah Bert, da sind Sie«, sagte sie zu dem ausgesprochen erfreut dreinblickenden Polizisten. »Ihr Kaffee, wie gewünscht.«

Johanna ging kopfschüttelnd zur Cafeteria. Doch die kurze Episode hatte sie so beunruhigt, dass sie sich den Cappuccino in einem Pappbecher geben ließ und damit auf die Entbindungsstation zurückkehrte.

Mona schlief immer noch, als sie das Zimmer betrat. Johanna setzte sich wieder in den Sessel und trank ihren Cappuccino. Doch die friedliche Stimmung war verflogen, sie fühlte sich unruhig und nervös. Sie griff nach einem Frauenmagazin, blätterte es durch, fand jedoch keinen Artikel, der sie interessierte. Sie sah sich nach weiterer Lektüre um, nahm ein Taschenbuch in die Hand und legte es wieder beiseite, als es sich als Krimi entpuppte. Die Ereignisse der letzten Tage hatten ihren Bedarf an Verbrechen gedeckt. Unter dem Krimi lagen die Babypässe. Neugierig klappte Johanna die dünnen, rosafarbenen Heftchen auf und las die handschriftlichen Eintragungen der Krankenschwester. Helena hatte bei der Geburt 2150 g gewogen, war 42 cm groß, hatte Blutgruppe A. Louisa war etwas kleiner und leichter, sie hatte Blutgruppe 0. Das bedeutete, dass die beiden zweieiig waren, wie Mona und Eva.

Traurig dachte Johanna an Eva. Eigentlich sollte diese jetzt auch hier sein. Ob Holger ihr schon von der Geburt erzählt hatte? Vermutlich nicht. Wann hätte er die Zeit dazu finden sollen? Er war auch heute schon hier gewesen, jetzt aber für einige Stunden in die Buchhandlung gefahren.

Johanna beschloss, Eva anzurufen. Dazu musste sie rausgehen, denn auf der Station herrschte Handyverbot. Sie legte die Babypässe weg und erhob sich. Sie war schon an der Tür, als ihr etwas einfiel, und sie blieb abrupt stehen, die Hand auf der Klinke. Das konnte nicht stimmen, oder? Sie musste sich verlesen haben! Hastig ging sie zurück zum Bett, griff erneut nach Louisas Pass und schlug ihn auf. Doch hier stand es, in blauer Tinte auf rosa Papier: Blutgruppe 0.

Und Johanna wusste genau, was das zu bedeuten hatte.

*

Eine halbe Stunde, nachdem Johanna die Klinik verlassen hatte, taten dies auch Oberkommissar Lutz Becker und Kommissarin Anna Busch.

»Ärzte!«, fluchte Becker und gab der Drehtür am Ausgang einen so heftigen Schubs, dass er sich beeilen musste, um nicht von der nachfolgenden Glaswand eingeholt zu werden. Anna, die im Sektor vor ihm dabei war, sich eine Zigarette anzuzünden, hatte weniger Glück.

»Hey!«

Becker konnte ihr empörtes Schimpfen hören, als sie plötzlich unsanft nach vorne geworfen wurde und mehr oder weniger ins Freie purzelte.

»Das Ding ist kein Karussell«, murrte sie, als er neben sie trat. Sie zündete ihre Zigarette an, inhalierte tief und blies ihm dann den Rauch ins Gesicht.

»Und ich bin kein Räucheraal.« Er wedelte mit der Hand. »Schade eigentlich, sonst könnte ich mich auf Mona Landauers Essenstablett zusammenkringeln und so am Krankenhauspersonal vorbeischmuggeln.«

»Gute Idee. Du müsstest deine Fragen allerdings loswerden, bevor sie dich verschlingt. Zum Auto?«

»Wohin sonst?«

Sie liefen nebeneinander her. Anna rauchte. Zwischen zwei Zügen sagte sie: »Ich frage mich, ob Mona Landauer wirklich so erschöpft ist, wie Dr. Paulsen behauptet. Ich meine, ein Schlag auf den Hinterkopf und die Entbindung von Zwillingen innerhalb von nicht einmal dreißig Stunden sind bestimmt kein Wellnessurlaub, aber dass er noch nicht einmal ein kurzes Gespräch zulassen wollte ...« Ihre Bemerkung bezog sich auf den Oberarzt der Entbindungsstation, der ihnen vor wenigen Minuten in scharfem Ton untersagt hatte, mit Mona Landauer zu sprechen. »Meinst du, er wollte sich nur wichtigmachen?«

Becker zuckte die Achseln. Er hatte sich diese Frage auch schon gestellt, denn immerhin stand Mona Landauer nach Aussage des sie bewachenden Polizeibeamten regelmäßig auf, um zur Intensivstation zu gehen. Und falls die Antwort Ja lautete, dann – das wusste er – trug er selbst die Schuld an der Vergeblichkeit ihres Besuchs. Seiner Erfahrung nach waren die meisten Ärzte freundlich und entgegenkommend, solange man sie uneingeschränkt als Halbgötter akzeptierte, die nach Gutdünken Gaben – wie zum Beispiel Ratschläge, Medikamente oder auch den Zugang zu Patienten – verteilen oder verwehren durften. Doch in seiner Hast hatte Becker den zuständigen Arzt nicht um die Erlaubnis gebeten, mit Mona Landauer sprechen zu dürfen, sondern sie verlangt – und prompt war ihm die halbgöttliche Gnade verwehrt und stattdessen ein 24-stündiger Aufschub auferlegt geworden.

Dabei war das Gespräch mit Mona Landauer höchst wichtig. Becker und seine Mitarbeiter hatten den ganzen gestrigen Sonntag weiterermittelt, jedoch nichts Neues herausgefunden. Die Haus-zu-Haus-Befragung in der Straße, in der die Landauers wohnten, hatte nichts ergeben. Niemand hatte Mona Landauers Angreifer oder sonst etwas Verdächtiges bemerkt. Sie hatten noch einmal Euphemia Frisse und Michael Herzog befragt, doch auch dadurch keine neuen Erkenntnisse gewonnen.

Daher mussten sie noch einmal dringend mit Mona Landauer sprechen. Becker war überzeugt, dass diese den Schlüssel zur Lösung des Falles in der Hand hielt und dass sie mehr wusste, als sie der Polizei gegenüber zugegeben hatte. Der Gedanke, noch einmal mindestens vierundzwanzig Stunden auf diese Information warten zu müssen, machte ihn fast verrückt. Zudem machte er sich Sorgen um Mona Landauer. Diese wollte die Gefahr, in der sie schwebte, offensichtlich nicht wahrhaben und hatte sich verbeten, dass die Polizei bestimmte, wer sie besuchen durfte.

Am Auto angelangt schaltete Becker sein Handy wieder ein, das er wegen der Krankenhausvorschriften abgestellt hatte. Prompt klingelte es. Nobby, der sich am Morgen wieder gesund gemeldet hatte, war dran und berichtete, dass eine weitere Zeugin Christine Lenz in München in der Nähe der Praxis gesehen hatte – im Gespräch mit Dr. Koch.

*

Johanna musste dreimal klingeln, ehe Eva ihr die Tür öffnete. Monas Schwester sah elend aus. Obwohl es schon mittags war, trug sie noch einen Morgenmantel und kein Make-up.

»Du bist es«, sagte sie anstelle einer Begrüßung. »Ich dachte schon, es sei die Polizei, weil Mona noch ein paar neue Anschuldigungen gegen mich eingefallen sind. Du weißt, dass sie der Polizei erzählt hat, ich habe sie niedergeschlagen?«

Johanna nickte. »Es tut mir sehr leid. Und ich versichere dir, dass weder Holger noch ich glauben, dass du je in der Lage wärst, so etwas zu tun.«

Sie konnte sehen, dass ihre Worte kein Trost waren. Doch Eva trat einen Schritt zurück. »Möchtest du hereinkommen? Ich habe mich heute krankgemeldet.«

Johanna wusste das bereits, man hatte es ihr in der Kanzlei gesagt. Sie folgte Eva in die helle, modern eingerichtete Wohnung. Im Wohnzimmer roch es nach Zigarettenrauch.

»Entschuldige den Gestank«, sagte Eva, während sie eins der großen Fenster aufriss, die auf den Englischen Garten hinausgingen.

»Ich dachte, du hättest aufgehört.«

»Das dachte ich auch.« Eva ließ sich auf eine breite, weiße Ledercouch sinken, auf einem niedrigen Glastisch davor stand ein halbvoller Aschenbecher. Daneben lagen Evas Brille und ein paar zerknüllte Papiertaschentücher. Es sah aus, als hätte Eva seit Stunden hier gesessen, geraucht und geweint. »Ich habe mir aus lauter Trotz wieder eine Packung Zigaretten gekauft, ich hatte schließlich damals aufgehört, als Mona schwanger war, ihr und den Kindern zuliebe. Ich wollte, ich hätte es nicht getan. Irgendwie scheinen die Dinger nicht mehr zu wirken. Sagt man nicht immer, eine einzige Zigarette könne einen Rückfall auslösen? Ich habe die halbe Packung geraucht, ohne dass sich auch nur ein Hauch von Trost oder Beruhigung eingestellt hätte.« Sie seufzte. »Aber ich bin eine lausige Gastgeberin. Setz dich doch. Möchtest du etwas trinken?«

Johanna setzte sich in einen zur Couch passenden Sessel. »Ich bin nicht gekommen, um etwas zu trinken.«

»Das dachte ich mir fast. Warum dann?«

»Ich wollte dir sagen, dass Mona gestern die Zwillinge geboren hat, Helena und Louisa.«

»Oh mein Gott. Das war zu früh, nicht wahr? Geht es ihnen gut?«

»Ja, du musst dir keine Sorgen um deine Nichten machen.« Johanna studierte Evas Gesicht, das noch blasser geworden war. »Oder soll ich lieber sagen: um deine Töchter?«

2

Drei Viertelstunden nach Nobbys Anruf klingelten Becker und Anna an der Tür der Familie Schumann und nach noch einmal drei Minuten saßen sie auf einer geblümten Couch in deren Wohnzimmer. Vor ihnen auf einem niedrigen Eichenholztisch standen Tassen mit Kaffee und ein Teller mit Gebäck bereit. Clarissa Schumann schien wild entschlossen, das meiste aus diesem Besuch zu machen, der ihr offensichtlich Vergnügen bereitete. Im Gegensatz zu ihrem Gatten, Hans-Peter Schumann, dessen Abneigung der Polizei gegenüber so ausgeprägt war, dass Becker sich zunächst fragte, ob der Mann etwas auf dem Kerbholz hatte. Doch ihm wurde bald klar, dass Schumanns ablehnende Haltung sich auf alles erstreckte und wohl eher eine Lebenseinstellung als eine momentane Gefühlsregung war.

»Sie haben also Christine Lenz am Abend des 17. Juni gesehen«, sagte Becker. »Würden Sie uns erzählen, wann genau das war und wie es dazu kam?«

»Gern.« Clarissa Schumann, eine gut erhaltene Mittsechzigerin, strahlte ihn an wie eine Künstlerin, die gebeten wurde, eine Kostprobe ihres Könnens zu geben. »Obwohl ich leider nicht genau weiß, wann es war. Irgendwann zwischen sieben und halb acht. Ich wollte gerade meinen Abendspaziergang beginnen. Wir essen immer schon um sechs zu Abend. Danach räume ich die Küche auf und dann gehe ich los.«

»Sind Sie allein spazieren gegangen?«

Frau Schumann nickte.

Ihr Mann warf ein: »Ich habe keine Zeit, spazieren zu gehen. Ich hatte Wichtigeres zu tun.«

Seine Frau schenkte ihm ein strahlendes Lächeln: »Richtig, Liebling. Du hast dich vor den Fernseher gesetzt.«

Wie auf Kommando schauten alle in die Ecke des Zimmers, in der ein riesiger Flachbildschirm stand. Er wirkte wie ein Fremdkörper in dem mit altmodischen Eichenmöbeln bestückten Raum. Einer der Schumanns hatte eine Vorliebe für Blumen. Neben der geblümten Couch gab es mit geblümtem Stoff bezogene Stühle, geblümte Vorhänge, Aquarelle von Sonnenblumen und Tulpen und schließlich eine Unmenge Topfpflanzen. In der Luft lag ein schwacher Duft nach Rosen, vermutlich aus einer Spraydose.

»Also, ich wollte gerade meinen Spaziergang beginnen«, fuhr Clarissa Schumann fort, »und stand unten vor der Haustür, als ich Frau Lenz sah. Sie kam von links. Es war bestimmt die Frau von dem Foto, ich habe sie ziemlich genau angeschaut, weil sie sich so«, sie suchte nach einem geeigneten Wort, »auffällig benommen hat. Außerdem gefiel mir ihr Kleid. Es war weiß mit hellroten Blumen. Dazu trug sie eine weiße Strickjacke, genau wie es in der Beschreibung steht. Leider stand Weiß ihr nicht, sie war zu blass, aber das hat ihr wohl nie jemand gesagt.« Für einen Moment wirkte sie traurig. »Also, sie kam von links, wie gesagt, und sie ging auf der anderen Straßenseite. Aber als sie etwa auf meiner Höhe war, rief sie plötzlich ›Dr. Koch, Dr. Koch‹ und fing an zu laufen. Und da merkte ich, dass Dr. Koch gerade aus dem Nebeneingang der Praxis getreten war. Frau Lenz lief auf ihn zu und ...«

»Einen kleinen Augenblick«, unterbrach Becker. »Sie reden von Dr. Felix Koch, von der Praxis Kuhn, Kühner, Koch auf der anderen Straßenseite? Kennen Sie ihn?«

»Nur vom Sehen.«

»Aber Sie sind sicher, dass er es war?«

»Oh ja. Ich habe ihn mal im Fernsehen gesehen. Bei einer Diskussion über Familienpolitik und Familienplanung. Er sagte, dass die Gesetze in Deutschland zur künstlichen Befruchtung zu streng seien.«

»Ein Haufen Schwachsinn ist das, wenn Sie mich fragen«, warf Hans-Peter Schumann ein, obwohl niemand auch nur im Traum daran gedacht hätte, das zu tun. »Die Frauen sind selbst schuld. Erst nehmen sie jahrelang die Pille und dann, wenn sie über vierzig sind ...«

»Gewiss, doch das ist nicht unser Thema«, fuhr Becker dem Mann in die Parade. Er hatte im Allgemeinen nichts dagegen, Zeugen ein wenig abschweifen zu lassen, denn je mehr sie aus sich herausgingen, desto mehr Informationen bekam er. Doch erstens war er nicht an der Aussage von Hans-Peter Schumann interessiert, sondern an der seiner Frau, und zweitens fand er den Mann viel zu unsympathisch, als dass er ihm während des Gesprächs ein Forum für seine Tiraden bieten wollte. »Also, Frau Schumann, ich hatte Sie unterbrochen, bitte fahren Sie fort. Christine Lenz rief ›Dr. Koch‹. Was geschah dann?«

Sie schaute ihn an, als wüsste sie genau, was er dachte. »Sie lief auf ihn zu. Schon von weitem rief sie: ›Ich muss mit Ihnen sprechen‹ oder etwas Ähnliches. Ich konnte sehen, dass sie sehr aufgeregt war. Als sie bei Dr. Koch war, fasste sie ihn am Arm und redete auf ihn ein.«

»Und wo waren Sie währenddessen?«

»Oh, ich war vor unserer Haustür stehen geblieben. Wissen Sie, ich las die Anzeigen an der Straßenlaterne.« Sie lächelte ihn verschmitzt an.

Becker konnte nicht anders als zurückzulächeln. »Konnten Sie verstehen, was die beiden sagten?«

»Leider nein. Doch ich hatte den Eindruck, Frau Lenz wollte den Doktor von irgendetwas überzeugen, während er nicht glücklich über die Begegnung schien. Und dann gingen sie zusammen in die Praxis.«

»Durch den Nebeneingang? Und sahen Sie die beiden wieder herauskommen?«

Anna hatte die Frage gestellt. Sie beugte sich leicht vor und Becker spürte die Spannung in ihr wie ein Echo seiner eigenen Gefühle.

»Nein. Ich ging dann weiter.« Clarissa Schumann überlegte einen Augenblick. Dann öffneten sich ihre Augen weit.

»Glauben Sie, dass er sie in der Praxis getötet hat?«

Ihre Stimme klang eher interessiert als geschockt. Und als Becker den Kopf schüttelte, schien es ihm, als huschte ein Hauch von Enttäuschung über ihr Gesicht. »Christine Lenz wurde in einem kleinen Dorf dreißig Kilometer von hier entfernt getötet. Wir haben keinen Anhaltspunkt zu glauben, dass Dr. Koch in die Tat verwickelt ist.«

Zumindest nicht in die Ausführung, fügte er in Gedanken hinzu. Aber wenn stimmte, was diese kleine Frau ihm gerade erzählt hatte – und Becker zweifelte nicht daran –, dann würde der Arzt sich eine verdammt gute Erklärung einfallen lassen müssen, warum er ihnen nicht früher von seiner Begegnung mit Christine Lenz berichtet hatte.

Becker spürte, wie das Kribbeln in seinem Magen stärker wurde, das nach Nobbys Anruf eingesetzt hatte. Er war sicher, dass diese Information sie weiterbringen würde. Er erhob sich. »Vielen Dank, Frau Schumann, Sie haben uns sehr geholfen. Vielleicht könnten Sie uns noch genau zeigen, wo Sie standen und wo Frau Lenz und Dr. Koch waren?«

Er trat an das breite Fenster, das zur Straße hinaus ging, und betrachtete das rosa gestrichene Eckhaus der Praxis, das direkt gegenüberlag. Babyrosa, Absicht oder Zufall? Clarissa Schumann stellte sich zu ihm und öffnete das Fenster weit. Straßenlärm brandete zu ihnen hoch, obwohl die Schumanns in einer Seitenstraße wohnten. Doch diese mündete ein paar Meter weiter links in die breitere Straße, in der der Haupteingang zu Kochs Praxis lag.

»Ich stand direkt hier unten«, sagte Frau Schumann und beugte sich aus dem Fenster. »Und die beiden standen dort drüben.« Sie zeigte mit dem Finger auf einen schmalen Hauseingang, etwa zehn Meter von der Laterne entfernt.

»Ich wusste nicht, dass die Praxis noch einen Nebeneingang hat«, murmelte Becker mehr zu sich selbst, doch Frau Schumann erwiderte:

»Ich glaube, heute benutzen sie ihn kaum noch, aber früher

war er natürlich wichtig, wegen der Anonymität.«

»Sie meinen die Anonymität der Kinderwunschpaare?« Er fragte sich, wozu eine solche Maßnahme dienen sollte.

Die Frau neben ihm schüttelte den Kopf. »Nein, nein. Die der Samenspender. Sie sollten den zukünftigen Eltern ihrer Kinder nicht an der Rezeption begegnen. Früher, als man ... nun ja, Sie wissen schon, was ich meine ... noch nicht einfrieren konnte.«

Nach dieser interessanten Information verabschiedeten sie sich.

»Das mit dem Nebeneingang hätten wir wissen müssen«, sagte Anna, als sie hinaus in den warmen Sommermittag traten und zur Praxis hinübergingen.

»Meinst du? Ich glaube nicht, dass es einen Unterschied gemacht hätte.«

»Ich verstehe nur nicht, wieso Koch aus dem Seiteneingang kam. Die Rezeptionistinnen behaupteten doch, er habe die Praxis durch den Haupteingang verlassen.«

»Tja, entweder haben sie gelogen oder Koch ist noch einmal durch den Seiteneingang zurückgekommen. Wie auch immer: Wir werden es bald wissen.«

Während dieses Wortwechsels hatten sie die Praxis durch den Haupteingang betreten und Becker wandte sich jetzt an die Rezeptionistin. Es war Lena Suboric. »Guten Tag, Kriminalpolizei, wie Sie ja wissen. Wir müssen mit Dr. Koch sprechen. Ist er da?«

»Ja, in seinem Sprechzimmer, aber er hat ...«

»Vielen Dank. Wir kennen den Weg.«

Becker ging schnell den Gang entlang. Anna folgte ihm und er hörte, wie auch Lena Suboric auf ihren Stöckelschuhen hinterherklapperte. »Aber Sie können doch nicht ...«

In dem Moment ging die Tür zu Kochs Sprechzimmer auf und ein Paar trat heraus. Die Frau hatte verweinte Augen. Becker machte einen Schritt zur Seite, um sie vorbeizulassen, dann betraten er und Anna den Raum. Anna schloss die Tür vor der Nase der zeternden Rezeptionistin.

Dr. Koch, der hinter seinem Schreibtisch stand, hatte das Manöver mit gerunzelter Stirn beobachtet. Jetzt klappte er den Mund auf, doch Becker kann ihm zuvor: »Sie haben zwei Möglichkeiten. Entweder Sie nehmen sich hier und jetzt Zeit für ein Gespräch mit uns, in dessen Verlauf Sie uns haarklein über Ihre Begegnung mit Christine Lenz am Abend ihres Todes berichten. Oder wir nehmen Sie mit zum Revier.«

*

Sie hatten eine lange Zeit geschwiegen. Eva hatte eine weitere Zigarette angezündet, sie jedoch nach drei Zügen wieder ausgedrückt.

»Woher weißt du es?«, fragte sie schließlich. »Ich kann nicht glauben, dass Holger es dir gesagt hat, oder gar Mona.«

»Das haben sie auch nicht«, erwiderte Johanna. »Ich habe heute Morgen zufällig einen Blick in die Babypässe geworfen. Louisa hat Blutgruppe 0. Erst dachte ich mir nichts dabei, aber dann fiel mir ein, dass wir unser Blut mal im Biounterricht getestet haben und dass Mona Blutgruppe AA hat. Sie müsste einem Kind also das Antigen A vererben und könnte nur Kinder der Blutgruppe AA, A0 oder AB haben. Aber ich erinnerte mich, dass du Blutgruppe A0 hast. Sie sind alle vier von dir, nicht wahr?«

Eva nickte langsam. »Ja. Jan, Leo, Helena, Louisa. Als Mona mit Jan schwanger wurde, sagte sie, sie würde das Kind Eva nennen, wenn es ein Mädchen werden würde. Nun, sie hat es sich anscheinend anders überlegt. Möchtest du wissen, wie es dazu kam?«

Johanna nickte. Insbesondere wollte sie wissen, wie es zu dem Zerwürfnis zwischen den Zwillingen gekommen war und wie Mona ihre Schwester bei der Polizei hatte anzeigen können, nachdem diese ihr ein solches Geschenk gemacht hatte.

Doch Eva ließ sich Zeit. Sie nahm sich eine weitere Zigarette aus der Packung, zündete sie jedoch nicht an, sondern rollte sie zwischen ihren Fingerspitzen hin und her. Dann sagte sie überraschend: »Erinnerst du dich noch an unseren ersten Zelturlaub? Es war an deinem 16. Geburtstag, ein Wochenende am Chiemsee.« Johanna nickte. »Und erinnerst du dich noch an das Gespräch, das wir am zweiten Abend führten? Wir waren schon nicht mehr ganz nüchtern. Wir unterhielten uns über unsere Zukunftspläne.«

Johanna erinnerte sich gut. Sie hatten zwei Flaschen Rotwein gekauft und eine Packung Zigaretten, obwohl keine von ihnen je geraucht hatte. Sie hatten unbedingt die Abwesenheit ihrer Eltern ausnutzen wollen. Der Abend gehörte zu ihren wertvollsten Erinnerungen mit den Zwillingen, auch wenn ihnen am nächsten Tag speiübel gewesen war.

»Du sagtest damals, du wollest eine Software entwickeln, die die Welt revolutionieren würde«, fuhr Eva fort.

»Und du wolltest Anwältin für Menschenrechte bei der UNO werden«, ergänzte Johanna. »Und Mona sagte, sie wolle Mutter werden.«

Eva nickte traurig. »Und erinnerst du dich noch, wie wir sie auslachten, weil sie ein so banales Ziel verfolgte? Wir sagten, sie solle ihre Talente nicht vergeuden, sie solle lieber Schriftstellerin oder Malerin werden und Literatur- und Kunstpreise einheimsen. Kinder könne sie nebenbei haben. Doch Mona beharrte darauf, Mutter zu werden.« Sie seufzte. »Damals hätte wohl keine von uns gedacht, dass sie sich das schwerste Ziel gesteckt hatte.«

Denn das, so erzählte Eva, fand Mona erst zwölf Jahre später heraus. Sie hatte mit fünfundzwanzig Jahren Holger geheiratet und als sie mit siebenundzwanzig immer noch nicht schwanger war, fragte sie ihren Gynäkologen um Rat, der sie zunächst vertröstete – sie war ja noch jung –, ein Jahr später aber doch zu einem Spezialisten schickte. Dieser untersuchte beide Partner gründlich und stellte schließlich fest, dass Monas Eierstöcke kaum noch Eizellen produzierten. Er gab ihr zur Stimulation Hormone, doch die halfen nicht, und die Eierstöcke stellten ihre Produktion bald ganz ein.

»Die Ärzte nannten es vorzeitige Wechseljahre«, erzählte Eva, »doch für Mona war es eher wie ein vorzeitiger Tod.«

»Wechseljahre? Ende zwanzig?«

Eva nickte. »Es kommt häufiger vor, als man meinen sollte.«

»Oh«, murmelte Johanna betroffen. »Ich habe nie etwas geahnt.«

»Nein, du warst damals viel im Ausland. Und Mona wollte nicht, dass es jemand außer Holger und mir erfuhr. Sie fühlte sich wie eine Versagerin. Sie fühlte sich gedemütigt und von ihrem Körper verraten. Es war grausam.« Eva wischte sich eine Träne aus dem Auge, dann griff sie zu der Wolldecke, die neben ihr auf der Sofalehne lag, faltete sie auseinander und hüllte sich darin ein, obwohl es im Zimmer warm war. »Ich ließ mich heimlich untersuchen und als mein Frauenarzt bestätigte, dass meine Eierstöcke einwandfrei funktionierten, sagte ich Mona, sie könne meine Eizellen haben.«

»Einfach so? Hattest du keine Zweifel?«

»Nein. Nie. Ich war einfach froh, Mona aus ihrer Hölle herausholen zu können. Und es war eine Hölle, glaub mir. Meine einzige Bedingung war, dass wir es den Kindern eines Tages sagen würden, weil ich fand, sie hätten ein Recht darauf, es zu erfahren. Der Einzige, der Zweifel hatte, war Holger, aber ...« Eva seufzte. Sie starrte auf die Zigarette in ihrer Hand und schaute schließlich zu Johanna hinüber. »Mona drohte, ihn zu verlassen, da willigte er ein.«

Johanna schwieg entsetzt.

»Wir ließen es in England machen«, fuhr Eva fort, »in einer Klinik, in der Monas Spezialist selbst einige Jahre gearbeitet hatte. Dr. Koch, so hieß der Spezialist, half uns dabei. Er führte die Voruntersuchungen in Deutschland durch und betreute mich während der Hormonbehandlung. Ich hätte lieber einen anderen Arzt gehabt, denn Koch war mir unsympathisch. Er führte sich auf wie Gott und Mona unterstützte ihn auch noch in dieser Einstellung, da sie ihn förmlich anbetete. Na ja, vielleicht kann man das verstehen, schließlich besaßen er und seine Kollegen die Macht, ihr zu Nachwuchs zu verhelfen ... Die Ärzte in England waren zunächst skeptisch. Sie bevorzugen Eizellspenderinnen, die schon eigene Kinder haben, doch sie führten den Eingriff durch. Ein Jahr später wurde Jan geboren. Für Mona war es ein Wunder.«

Eva schwieg und Johanna dachte an ihren ersten Besuch bei Mona nach Jans Geburt. Es war eine geradezu unnatürliche Idylle gewesen. Sie hatte sich gefühlt wie bei der sprichwörtlichen Bilderbuchfamilie: strahlende, glückliche Eltern, die durchwachte Nächte und Windelwechseln lächelnd wegsteckten, ein friedliches, fröhliches Kind, eine glückliche Tante. Als hätte Eva ihre Gedanken gelesen, sagte sie leise:

»Wir waren alle glücklich. Wie heißt es? ›Das Geheimnis des Glücks liegt nicht im Besitz, sondern im Geben. Wer andere glücklich macht, wird glücklich.‹ So ging es mir – zumindest eine Zeitlang. Irgendwann wollte Mona dann noch mehr Kinder. Von der IVF in England waren noch Kryos übrig, die sie sich dort einsetzen ließ, aber sie wurde nicht schwanger. Sie drängte mich, noch weitere Eizellen zu spenden. Ich wollte nicht, aus zwei Gründen: Zum einen hatte ich Angst vor einer weiteren Hormonbehandlung. Die erste hatte ich sehr schlecht vertragen. Ich hatte starke Schmerzen und musste wochenlang krankgeschrieben werden. Doch das Schlimmste waren die Depressionen.«

Eva griff zum Feuerzeug. Johanna konnte sehen, dass ihre Hand zitterte, als sie versuchte, die Zigarette anzuzünden, die sie die ganze Zeit nervös zwischen den Fingern hin und her gerollt hatte. Die Zigarette war schon ganz krumm. Schließlich glühte das Zigarettenende und Eva tat ein paar tiefe Züge.

»Weißt du, Johanna«, sagte sie dann, »ich habe mich immer für einen ausgeglichenen, umgänglichen Menschen gehalten. Mir ist klar, dass ich einen Haufen Fehler habe, aber im Großen und Ganzen mag ich mich so, wie ich bin. Aber während der Zeit, in der ich die Hormonspritzen bekam, war das zum ersten Mal anders. Ich war launisch, ich war nervös, ich war gereizt, ich schnauzte beim kleinsten Anlass andere Leute an und verhielt mich die meiste Zeit einfach unerträglich und irrational. In dieser Zeit verabscheute ich mich geradezu. Ich war mir so fremd, als wäre ich in den Körper und in die Persönlichkeit einer anderen geschlüpft. Und mir grauste davor, das noch einmal durchzumachen.« Sie nahm einen tiefen Zug von ihrer Zigarette. »Der andere Grund war, dass meine Beziehung zu Mona sich verändert hatte. Wir waren einander nicht mehr so vertraut wie früher.«

»Woher kam das?«

Eva tippte etwas Asche von ihrer Zigarette. »Eifersucht. Aber das wusste ich damals nicht. Damals wusste ich nur, dass die schwindende Vertrautheit mir zu schaffen machte, und ich hatte Angst, weitere Kinder könnten dieses Gefühl verstärken.«

»Warum hast du dann doch zugestimmt?«

»Weil ich mir sagte, dass meine Befürchtungen lächerlich seien. Dass es völlig natürlich war, dass Mona als Mutter weniger Zeit für mich hatte. Dass ich nicht so egoistisch sein solle. Und außerdem wünschte ich mir Geschwister für Jan ... Die zweite Hormonbehandlung war noch schlimmer als die erste. Schmerzen, Depressionen, das ganze Programm. Zum Glück ließen die Symptome nach, nachdem die Spritzen nicht mehr gegeben wurden. Na ja, die meisten Symptome. Ich hatte seitdem immer wieder Zysten an den

Eierstöcken.« Eva erschauerte, dann drückte sie energisch ihre Zigarette aus. »Trotzdem: Ich habe es nie bereut. Leo ist ein wunderbarer kleiner Kerl, und ich bin mir sicher, Helena und Louisa werden sich zu wundervollen Mädchen entwickeln.«

Sie lächelte, zum ersten Mal, seit Johanna hier war. Dann huschte ein Schatten der Besorgnis über ihr Gesicht. »Und den beiden geht es wirklich gut?«

Johanna beruhigte sie. »Sehr gut. Sie sind drei Wochen zu früh geboren und liegen noch für ein paar Tage im Brutkasten. Aber die Ärzte sagen, es sei reine Routine. Sie entwickeln sich prächtig.«

»Gut.«

Johanna wartete eine Weile, doch als Eva schwieg, fragte sie: »Wie kam es denn jetzt zu dem Zerwürfnis zwischen euch? Du sagtest vorhin, Mona sei eifersüchtig gewesen? Mir kommt das sehr unwahrscheinlich vor.«

»Das ist genau der Grund, weshalb ich es selbst lange nicht gemerkt habe. Mona wirkt immer so stark, so selbstbewusst, man kann sie sich gar nicht schwach vorstellen oder gar eifersüchtig. Die Kinder vergöttern sie, Holger vergöttert sie. Sie ist die letzte Frau, die Grund zur Eifersucht hat. Aber die Zeit, in der sie vergeblich versuchte, ein Kind bekommen, hat sie geprägt. Sie hat ihr Versagen damals nie überwunden. Sie schafft es bis heute nicht zu akzeptieren, dass die Tatsache, dass ausgerechnet sie vorzeitige Wechseljahre bekam, einfach eine ungerechte Laune der Natur war. In ihrem Inneren nagen noch immer Zweifel an ihrer Eignung zur Mutterschaft.«

Eva betrachtete sinnend den übervollen Aschenbecher. »Weißt du, warum Holger gegen die Eizellspende war? Er sagte: ›Man kann der Natur nicht einfach ein Schnippchen schlagen, irgendwann schlägt sie zurück.‹ Er hatte immer die Befürchtung, die Natur würde dafür sorgen, dass ich unter Muttergefühlen für Jan leiden und meine Entscheidung im

Nachhinein bereuen würde. Das geschah nie. Doch die Natur sorgte dafür, dass Jan mir viel ähnlicher ist als Mona. Und darunter leidet sie.«

»Aber es geht doch nicht darum, wem ein Kind am ähnlichsten ist. Kinder sind eigenständige Persönlichkeiten«, entgegnete Johanna.

»Natürlich. Und Mona würde dir auch zustimmen, in der Theorie und wenn Jan ihr leibliches Kind wäre. Sie hatte nie Zweifel daran, dass er ihr Sohn ist, aber sie hatte und hat Angst, dass er eines Tages Zweifel bekommt, dass sie seine Mutter ist.«

3

»Ich hatte das Manuskript zu meiner Rede vergessen«, sagte Dr. Koch. Die hochmütige Arroganz, die Anna bei ihrer ersten Begegnung mit ihm so geärgert hatte, war aus seiner Stimme verschwunden. »Deshalb bin ich noch mal zurück in die Praxis gegangen. Durch den Seiteneingang.«

»Warum?«, fragte Becker, obwohl er eine Ahnung hatte, wie die Antwort lauten würde.

Der Arzt zögerte kurz, doch dann gab er zu: »Ich wollte nicht, dass die Mädchen merkten, dass ich etwas vergessen hatte. Deshalb verließ ich das Gebäude auch wieder durch den Seitenausgang. Und in dem Moment traf ich Frau Lenz.« Erneut zögerte er, dann ergänzte er: »Sie wollte die Kryos.«

Damit hatte Becker nicht gerechnet. »Sie meinen, sie wollte ihre befruchteten, tiefgefrorenen Eizellen mitnehmen?«

Dr. Koch schüttelte den Kopf. »Nicht direkt mitnehmen, das wäre gar nicht möglich gewesen. Aber sie wollte, dass ich ihr verspreche, sie nicht zu vernichten, sondern ihr zu helfen, sie ins Ausland zu bringen. Irgendwohin, wo sie nach Herzogs Tod nicht vernichtet würden. Es war absurd. Frau Lenz war völlig hysterisch.« Er betrachtete seine Hände, die auf der Schreibtischplatte lagen. »Die Geschichte, die Sie beim letzten Mal erzählt haben, stimmt. Frau Lenz hatte tatsächlich eine andere Frau gebeten, als Leihmutter zu fungieren. Sie kam zu mir, weil die andere Frau abgelehnt hatte, ihr zu helfen. So wie natürlich auch ich ablehnen musste, ihr zu helfen. Frau Lenz tat mir sehr leid, aber ich konnte nichts machen.«

»Warum nicht?« Anna hatte die Frage gestellt.

»Warum nicht?«, echote Dr. Koch. »Weil es verboten gewesen wäre, darum nicht. Das habe ich Ihnen doch bereits beim letzten Mal erklärt.«

»Tja, das haben Sie«, erwiderte Anna. »Aber Sie haben auch schon oft erklärt – im Fernsehen, im Radio, in Talkshows –, dass Sie von den deutschen Verboten nicht allzu viel halten. Und da fragen wir uns natürlich: Beachten Sie die Verbote, die sie so gering schätzen?«

»Es mag Sie erstaunen, aber das tue ich, da ich meine Approbation nicht verlieren möchte. Und das wäre die Konsequenz, während die Patientin straffrei ausginge.«

»Ach tatsächlich? Und wieso waren Sie dann bereit, Christine Lenz' Kryos einer Leihmutter einzusetzen?«

Dr. Koch runzelte die Stirn. »Ich war nicht dazu bereit.«

»Warum hat Frau Lenz es dann gedacht?«

»Wie kommen Sie darauf, dass sie das getan hat?«

»Oh, ich schließe es aus dem, was Sie erzählt haben.« Anna beugte sich vor und lächelte breit. »Sehen Sie, Dr. Koch, Christine Lenz hätte kaum eine Leihmutter gesucht, wenn sie nicht eine Möglichkeit gesehen hätte, diese mit ihren Kryos zusammenzubringen. Das heißt: Wenn Sie nicht bereit waren, die Kryos einer Leihmutter einzusetzen, dann müssen Sie bereit gewesen sein, sie Frau Lenz auszuhändigen. Und wenn Sie nicht bereit waren, Frau Lenz die Kryos auszuhändigen, dann müssen Sie bereit gewesen sein, sie einer Leihmutter einzusetzen. Also, wir können Ihnen nur eins glauben. Was soll's sein? Suchen Sie sich eins aus.«

Der Arzt schüttelte den Kopf. »Das ist absurd.« Doch seine langen, feingliedrigen Finger begannen, nervös auf die Schreibtischplatte zu trommeln. »Hören Sie«, er wandte sich an Becker, »ich sehe ja jetzt ein, dass es ein Fehler war, dass ich Ihnen nicht letzte Woche schon erzählt habe, dass ich Frau Lenz noch getroffen habe, und ich entschuldige mich. Aber jetzt sage ich die Wahrheit: Ich hatte keine Ahnung von Frau Lenz' absurden Plänen. Wenn ich sie gekannt hätte, hätte ich versucht, sie ihr auszureden. Sie kam an dem Abend zu mir, weil sie verzweifelt war und nicht mehr weiterwusste. Ich habe versucht, sie zu trösten, und ihr angeboten, ein anderes Mal mit ihr zu sprechen. Mehr konnte ich nicht tun. Mehr habe ich nicht getan.«

Glaubt der Mann wirklich, ich nehme ihm das eher ab als Anna?, fragte sich Becker. Doch er hatte nichts dagegen, für einen Moment den netten Bullen zu spielen. »Und was geschah dann?«

Dr. Kochs Finger trommelten langsamer. »Es gelang mir, Frau Lenz ein wenig zu beruhigen. Dann fuhr ich zu dem Vortrag, genau, wie ich es Ihnen beim letzten Mal erzählt habe. Was Frau Lenz tat, weiß ich nicht.«

»Und es hat sie nicht interessiert? Ist es üblich, dass Sie hysterische Patientinnen einfach sich selbst überlassen?«

Dr. Koch hatte sich wieder etwas gefangen. »Sie war nicht mehr hysterisch«, erklärte er bestimmt. »Und natürlich ließ ich sie auch nicht einfach in meinem Sprechzimmer sitzen. Sie ging mit mir durch den Nebeneingang raus. Aber während ich nach rechts zum Parkplatz ging, ging sie in die entgegengesetzte Richtung.«

»Zur U-Bahn?«

»Ich weiß es nicht. Es ist möglich.«

»Und wie lange sprachen Sie mit ihr?«

Dr. Koch hob seine hageren Schultern. »Nicht lange. Vielleicht fünfzehn Minuten.«

»Ah ja. Und was war das Ergebnis Ihres Gesprächs?«

»Ergebnis?«

»Ja. Machten Sie mit Frau Lenz einen neuen Termin aus? Verabredeten Sie, am nächsten Tag mit ihr zu telefonieren? Gaben Sie ihr den Rat, sich wegen der Kryos mit einem Anwalt in Verbindung zu setzen?«

Dr. Koch zögerte. Becker war sicher, dass der andere überlegte, ob er lügen sollte. Er entschied sich dafür. »Wir verabredeten, dass sie in der nächsten Woche noch einmal anrufen würde.«

»Ah ja.« Etwas, das man nicht überprüfen konnte. Becker

wartete einen Moment, bis sein Gegenüber sich etwas entspannte. Dann sagte er: »Dr. Koch, ich glaube Ihnen kein Wort. Wenn Ihr Gespräch mit Frau Lenz wirklich so harmlos verlaufen wäre, wie Sie es gerade geschildert haben, dann hätten Sie uns schon bei unserem letzten Besuch davon erzählt.«

»Aber ich habe Ihnen doch gesagt, dass ich Angst vor negativer Publicity hatte. Ich musste doch an meine Kollegen und Mitarbeiter denken.«

»Und warum haben Sie das dann nicht getan? Wenn Sie uns das alles sofort erzählt hätten, hätten Sie uns eine Menge Zeit erspart und wir wären Ihnen gewiss so dankbar gewesen, dass wir die größtmögliche Diskretion geübt hätten. Aber so wie die Dinge jetzt liegen ... Ich sehe die Schlagzeilen schon vor mir: *Bekannter Reproduktionsmediziner verhindert Aufklärung eines Mordes an Patientin.* Oder wie wäre es damit: *Letzte Tat des Mordopfers: Sie versuchte ihren Arzt zu illegaler Behandlung zu überreden.*« Becker machte eine kurze Pause, sah, wie Kochs Finger wieder zu trommeln begannen, und fuhr fort: »Die Zeitungen werden sich überschlagen mit Spekulationen, warum Christine Lenz glaubte, dass Sie bereit waren, ihr zu helfen.«

»Aber ich war nicht bereit, ihr zu helfen.«

»Aber Frau Lenz hat gedacht, dass Sie das tun würden. Sie war überzeugt, Sie würden ihr die Kryos aushändigen, genauso wie sie vorher geglaubt hatte, Sie würden ihr zuliebe die Kryos einer Leihmutter einsetzen. Ich frage mich, warum?«

Dr. Koch wich Beckers Blick aus. Er schaute auf seine Hände, schien erst jetzt das Trommeln seiner Finger zu bemerken, und legte die Hände außer Sichtweite in seinen Schoß. »Ich weiß es nicht.«

»Das glaube ich Ihnen nicht.«

Der Arzt schwieg.

»Hat sie Sie erpresst?«

»Natürlich nicht«, brauste er auf.

»Wusste sie, dass Sie bereits öfter die Grenzen des hierzulande medizinisch Erlaubten überschritten haben?«

Anna hatte die Frage gestellt und Koch warf ihr einen wütenden Blick zu. »Nein! Und bevor Sie weitere absurde Behauptungen aufstellen, möchte ich Sie gerne daran erinnern, dass ich ein Alibi habe. Ich bin direkt nach dem Gespräch mit Frau Lenz zu dem Abendessen gefahren. Professor Schick hat das bestätigt. Ich kann sie nicht getötet haben.« Diese Tatsache schien seinem Selbstbewusstsein neue Nahrung zu geben und er wiederholte noch einmal: »Ich kann sie nicht getötet haben.«

Leider, dachte Becker. »Das behaupten wir auch gar nicht. Aber sehen Sie, Dr. Koch, Sie sind der Letzte, der Frau Lenz in München gesehen hat, und eine der Fragen, die wir uns in diesem Fall stellen, ist folgende: Wer kann gewusst haben, mit welcher S-Bahn sie zurückfahren wollte? Nun, Sie hätten sich das leicht ausrechnen können.«

»Na und? Ich habe sie nicht getötet!«

»Aber Sie haben vielleicht ihren Mörder angerufen und über ihre ungefähre Rückkehrzeit informiert.«

»Das habe ich nicht getan. Wie können Sie so etwas behaupten?« Doch der Arzt wirkte unsicher.

»Nun, in dem Fall wird die Überprüfung Ihrer Telefonverbindungen vermutlich ohne Ergebnis bleiben.«

Es war ein Schuss ins Dunkle, doch er traf unverhofft ins Schwarze. Die hagere Gestalt des Arztes schien zu schrumpeln, sodass Becker einen Moment das Gefühl hatte, er säße einem Skelett gegenüber.

»Ich verlange einen Anwalt.«

»Gern. Rufen Sie einen an und sagen Sie ihm, er soll uns auf dem Polizeirevier treffen.«

*

Eva hatte sich eine weitere Zigarette angezündet und begonnen, im Zimmer auf und ab zu laufen. Jetzt stand sie am offenen Fenster. Draußen hatte die Sonne ihren Höhepunkt erreicht, doch Eva sah aus, als sei sie zu ewiger Kälte verdammt.

Johanna beobachtete sie von ihrem Sessel aus. Eva tat ihr unendlich leid und sie nahm sich vor, alles in ihrer Macht Stehende zu tun, um die Zwillingsschwestern zu versöhnen. Doch dazu musste sie erst erfahren, was genau sich zwischen den beiden abgespielt hatte. »Du sagtest vorhin, dass Mona Angst hat, dass Jan eines Tages infrage stellt, dass sie seine Mutter ist«, sagte sie daher.

Eva nickte. »Das stimmt. Sie hat Zweifel, große sogar. Und ich habe diese Zweifel unwissentlich geschürt. Weil ich nicht wusste, dass Mona sie hegte. Sie ist viel erfolgreicher als ich darin, ihre Gefühle zu verbergen.«

»Und wie hast du es dann doch gemerkt?«

»Es war vor einem Jahr.« Eva nahm einen tiefen Zug von ihrer Zigarette und blies den Rauch zum Fenster hinaus. »Jan war ein paar Tage bei mir zu Besuch. Es war so etwas wie eine Tradition, obwohl Mona – wie Holger mir später erzählte – versucht hatte, den Besuch zu verhindern, denn sie war schon damals misstrauisch. Jan war unglücklich, denn er hatte gerade eine Brille bekommen, genau wie ich selbst in dem Alter. Ich hatte damals lesen gelernt und ich dachte, wenn er das auch würde, könnte er sich vielleicht über die Brille freuen, die ihm das ermöglichte. Also brachte ich ihm das Lesen bei. Es war kinderleicht. Ich dachte mir nichts Schlimmes dabei.«

Geistesabwesend tippte Eva etwas Asche in den Topf einer Orchidee auf der Fensterbank. »Ich brachte Jan am Sonntagabend nach Ammerbach zurück. Am nächsten Morgen stand Mona in meinem Büro. Sie tobte. Sie warf mir vor, um jeden Preis die Ähnlichkeit zwischen Jan und mir betonen zu wollen. Ich war völlig überrascht. Ich hatte bis dahin nie bemerkt, dass Mona die wachsende Ähnlichkeit Sorgen machte. Ich versicherte ihr, dass sie sich irrte. Doch sie glaubte mir nicht.«

Eva begann, wieder durch den Raum zu wandern. »In der Folge wurde unsere Beziehung schlechter. Mona fing an, meinen Umgang mit den Jungs zu kontrollieren. Dann wurde Jan zur Grundschule angemeldet. Wir hatten damals ausgemacht, dass wir den Kindern von der Eizellspende erzählen würden, bevor sie in die Schule kämen, da sämtliche Ratgeber sagen, je früher man es tue, desto leichter könnten die Kinder es akzeptieren. Ich brachte das Thema aufs Tapet, aber Mona weigerte sich. Nicht nur, es Jan jetzt zu sagen, sondern es ihm überhaupt jemals zu sagen. Es kam zu einem weiteren Streit.«

Eva trat zum Tisch und drückte ihre Zigarette aus. Doch statt sich zu setzen, lehnte sie sich an die Rückenlehne des Sofas und spielte mit dem Gürtel ihres Morgenrocks. »Dieser zweite Streit mit Mona war schrecklich. Ich verlor zum ersten Mal in meinem Leben die Beherrschung ihr gegenüber. Die Dinge, die wir uns an den Kopf warfen ... Ich beharrte darauf, Jan wie geplant von der Eizellspende zu erzählen, weil ich überzeugt bin, dass es besser für ihn ist. Mona behauptete, ich wolle ihr Jan wegnehmen, ich wolle ihn ihr entfremden und es ihm nur deshalb sagen. Die ganze Angst, die sich in den letzten Jahren in ihr aufgestaut hatte, brach auf einen Schlag durch. Aber ich glaube, wir hätten noch einmal die Kurve kriegt, wir hätten es geschafft, uns wieder zu versöhnen, wenn nicht ...«

Tränen quollen aus Evas Augen. Sie holte ein zerknülltes Papiertaschentuch aus der Tasche ihres Morgenrocks und schnäuzte sich. »An irgendeinem Punkt schrie Mona, es seien ihre Kinder und wenn ich glaube, alles besser zu wissen, dann solle ich mir selbst welche anschaffen. Und ich machte den Fehler, ihr zu sagen, dass ich das nicht mehr könne.« Sie knetete nervös ihre Hände. »Mir wurden letztes

Jahr wegen der extremen Zystenbildung die Eierstöcke entfernt.«

»Oh Gott, das tut mir leid«, sagte Johanna entsetzt. »War es eine Folge der Hormonbehandlung?«

Eva zuckte die Achseln. »Wer weiß das schon? Aber es muss dir nicht leidtun, Johanna. Natürlich ist es nicht schön, aber ich brauche sie nicht. Ich wollte nie Kinder und ich will auch jetzt keine. Aber Mona glaubt mir das nicht. Sie denkt, ich sei jetzt in ihrer Situation. Und weil sie damals bereit gewesen wäre, alles für Kinder zu tun, meint sie, ich würde genauso handeln. Sie hat sich in den Kopf gesetzt, dass ich ihr Jan wegnehmen will.«

»Aber das ist völlig irrational!«

Eva nickte traurig. »Mütter sind in Bezug auf ihre Kinder nicht rational. Es wäre auch unnatürlich.« Sie griff nach einer weiteren Zigarette, zündete sie an, rauchte eine lange Zeit schweigend.

»Aber eins verstehe ich nicht«, sagte Johanna. »Wieso hast du denn bei den Zwillingen noch mal zugestimmt, wenn du bei Leo schon Zweifel hattest?«

Eva schwieg eine lange Zeit, doch schließlich sagte sie: »Ich habe nicht zugestimmt. Von der zweiten IVF in England waren noch Kryos übrig. Mona ließ sie sich einsetzen, ohne mich zu informieren. Nach britischem Gesetz gehörten sie ihr und Holger. Und Holger hatte sie erzählt, ich sei einverstanden.«

»Aber wie konnte sie das tun?«

»Für manche Frauen ist das Kinderkriegen wie eine Sucht. Ich glaube, Mona wollte damit demonstrieren, dass es ihre Kinder waren – ihre Kinder, ihre Kryos – und dass ich keinerlei Rechte hatte.«

Eva schluchzte auf. Tränen rannen über ihre Wangen. Johanna ging zu ihr und nahm sie in die Arme. Eine Weile standen sie so beieinander. Dann murmelte Eva: »Ich vermisse Mona. Es tut weh, was sie mir alles unterstellt, was sie von mir denkt.« Sie machte eine vage Handbewegung. »Aber ich liebe sie. Sie ist meine Schwester, mein Zwilling, ein Teil von mir. Ich vermisse auch Holger und Leo und Jan, aber am meisten vermisse ich Mona.«

»Ich werde euch wieder versöhnen«, sagte Johanna. Sie hatte keine Ahnung, wie sie das anstellen würde, aber sie würde es schaffen. Sie löste sich von Eva und griff nach ihrer Handtasche, die sie neben dem Sessel abgestellt hatte. Eva begleitete sie durch den Flur hinaus.

»Ich wollte, du könntest es. Holger hat es versucht, aber es endete jedes Mal im Streit zwischen Mona und ihm. Und ist dir klar, Johanna, dass Mona vielleicht auch eure Freundschaft beendet? Sie betrachtet jeden als Gefahr für ihr Familienleben, der von der Eizellspende weiß. Sie hat es Holger immer verübelt, dass er Paul davon erzählt hat, aber der arme Kerl brauchte halt auch jemanden zum Reden.«

»Wusste Christine davon?«

»Ich glaube nicht. Obwohl es natürlich möglich ist, dass Mona ihr eine abgespeckte Version der Wahrheit erzählt hat. Für die meisten Kinderwunschpatientinnen ist Geheimhaltung oberstes Gebot. Sie erzählen so lange Lügen und Ausreden, bis sie sie selbst glauben. Und wer könnte es ihnen verdenken?«

Sie hatten mittlerweile die Wohnungstür erreicht. Eva lehnte sich an die Garderobe. »Obwohl viele Paare von Unfruchtbarkeit betroffen sind, ist es ein gesellschaftliches Tabuthema. Als Mona von Jan entbunden wurde, teilte sie zum Beispiel das Zimmer mit einer Frau, die verwitwet war. Sie erzählte mir eine lange, rührende Geschichte von ihrem letzten Urlaub mit ihrem Mann, dass dieser kurz darauf gestorben und sie absolut verzweifelt über seinen Tod gewesen sei, bis sie feststellte, dass sie schwanger war, dass sie von der Urlaubsreise auch ein positives Andenken mit nach Hause gebracht hatte. Sie brachte die Geschichte wirklich überzeugend rüber und ich wäre vermutlich in Tränen der

Rührung ausgebrochen, wenn ich nicht dieselbe Frau neun Monate zuvor bei Dr. Koch gesehen hätte.«

Eva schüttelte den Kopf. »Danke, dass du gekommen bist. Und danke, dass du mir helfen willst.« Sie umarmte Johanna und Johanna drückte sie fest. »Aber egal, was geschieht, lass uns in Zukunft öfter treffen, ja?«

Johanna nickte. Wenn sie aus dieser verdammten Sache eines gelernt hatte, dann, dass Freunde nichts nützten, wenn man sie nie sah.

4

Lutz Becker stand am Fenster der Zentrale der SOKO *Weiherleiche* und starrte hinaus auf den Parkplatz, als könnte er so die Ankunft von Dr. Kochs Anwalt beschleunigen. Die Warterei machte ihn ganz kribbelig, aber es gab nichts, was er in diesem Moment hätte tun können. Dr. Koch saß unten in einem der Vernehmungszimmer, von einem Polizisten bewacht. Zwei Polizeibeamte recherchierten, um möglichst viel über den Arzt herauszufinden. Ein weiterer versuchte, eine richterliche Genehmigung zu bekommen, damit sie Kochs Handy und sein Telefon in der Praxis überprüfen konnten. Alles, was in diesem Moment getan werden konnte, wurde getan. Dennoch hatte Becker das Gefühl, dass es zu wenig war. Dass Eile geboten war. Dass Gefahr drohte.

Er war überzeugt, dass Koch mehr wusste, als er bisher zugegeben hatte. Genauso, wie Mona Landauer mehr wusste, als sie bisher gesagt hatte. Felix Koch und Mona Landauer – der Gynäkologe und die Frau, die vielleicht einmal Kinderwunschpatientin gewesen war. Zufall? Becker glaubte es nicht. Hatte Anna nicht gesagt, Dr. Hauser schicke alle seine Patienten zu Dr. Koch? Becker war überzeugt, dass Mona Landauer Patientin bei Dr. Koch gewesen war. Aber was folgte daraus?

Koch hatte einen Anwalt verlangt, als Becker sagte, sie würden seine Telefonverbindungen überprüfen. Wen hatte der Arzt angerufen, nachdem Christine Lenz seine Praxis verlassen hatte? Denn sie musste die Praxis verlassen haben: Sie war dreißig Kilometer von der Praxis entfernt getötet worden und zwar nicht von Koch!

Becker drehte sich vom Fenster weg. Der Raum brummte förmlich vor Geschäftigkeit. Er sah, wie Anna den Telefonhörer auflegte, aufstand und zu ihm kam.

»Das war der Gerichtsmediziner, der den Überfall auf

Mona Landauer überprüft hat. Ich hatte ihn gebeten, sich möglichst bald zu melden, auch wenn es nur ein Vorabbericht ist. Was ich jetzt sage, ist seine vorläufige Einschätzung, aber er klang nicht so, als wolle er sie noch ändern: Nachdem er mit den Krankenhausärzten gesprochen und Mona Landauers Unterlagen angeschaut hat, glaubt er nicht, dass ihr Angreifer versucht hat, sie zu töten. Er sagt, der Schlag sei viel zu leicht gewesen.«

»Ist er sicher?«

»So sicher er sein kann, ohne sie selbst zu untersuchen.«

Becker nickte. Er wusste, dass Dr. Paulsen auch dem Gerichtsmediziner untersagt hatte, Mona Landauer zu sehen. Jetzt fragte er sich zum ersten Mal, ob dies vielleicht auf Wunsch der Patientin geschehen war.

»Der Gerichtsmediziner glaubt auch nicht, dass Mona Landauer gestürzt ist«, fuhr Anna fort. »Weil sie nur die eine Verletzung hat. Er meint, entweder habe sie den Schlag auf den Kopf bekommen, als sie schon lag, oder jemand habe sie nach dem Schlag aufgefangen und hingelegt.«

»Ist er sicher?«, wiederholte Becker, bevor er sich stoppen konnte.

Anna grinste. »Siehe oben.« Doch dann fügte sie nachdenklich hinzu: »Es ergibt keinen Sinn. Wer haut einer Frau erst auf den Schädel, um sie dann vorsichtig hinzulegen? Glaubst du, der Überfall war nur vorgetäuscht?«

»Ich weiß es nicht. Ich weiß nur eins: Ich will mit Mona Landauer sprechen, sofort. Wir fahren noch einmal ins Krankenhaus.«

Becker griff nach seinem Jackett. Doch da sah er, wie der Beamte, den er beauftragt hatte, Kochs Telefonate zu überprüfen, ihm hektisch zuwinkte. Er ging zu dessen Schreibtisch hinüber. Der Mann grinste breit.

»Ich hab's.«

*

Johanna hatte die Kinder vergessen. Sie saß schon in ihrem Wagen, als ihr Handy klingelte. Holger wollte wissen, wo zum Teufel sie sei, der Kindergarten habe angerufen und er selbst könne nicht aus der Buchhandlung weg, weil er auf eine Lieferung warte.

Johanna fluchte, versprach, in einer Dreiviertelstunde in Ammerbach zu sein, und fuhr los. Es irritierte sie. Lieber wäre sie gleich zu Mona ins Krankenhaus gefahren. Schließlich drängte die Zeit. Mona war in Gefahr, umso mehr, als sie es selbst nicht einsehen wollte. Solange sie überzeugt war, dass Eva sie angegriffen hatte, war sie nicht bereit, auch nur darüber nachzudenken, wieso Christines Mörder versucht hatte, auch sie zu töten.

Was wusste Mona? Über diese Frage dachte Johanna während der Fahrt nach Ammerbach nach. Es musste etwas mit Christine zu tun haben. Konnte es etwas sein, das Christine ihr erzählt hatte? War Christine getötet worden, weil sie etwas wusste? Und wusste Mona, was dieses Etwas war? Oder vermutete der Mörder das nur?

Johanna fuhr nach Ammerbach hinein und hielt an einer Ampel. Es war dieselbe Ampel, an der sie vor einer Woche gehalten hatte, als sie am Kiosk die Zeitung mit Christines Foto entdeckt hatte. Damals war sie erschüttert gewesen, weil sie glaubte, am Rande in einen Mordfall verwickelt zu sein. Und jetzt steckten sie alle mittendrin. Weil Mona etwas wusste, weil Mona ein Geheimnis kannte, das Geheimnis eines Mörders.

Aber halt, das ergab keinen Sinn. Wenn Mona etwas wusste, dann hätte sie das sicherlich längst gesagt, oder? Es sei denn, sie hielt das Etwas für irrelevant. Es sei denn, sie wollte das Etwas nicht preisgeben. Es sei denn, Mona wollte den Mörder schützen. Aber das war natürlich Unsinn, das würde Mona nie tun.

»Bist du dir da sicher?«, flüsterte eine Stimme in Johannas Kopf.

Sie kannte die Stimme. Es war die Stimme ihrer uneingestandenen Ängste, die Stimme des Misstrauens, die sie im Wald in eine solche Panik versetzt hatte. Sie würde nicht noch einmal auf sie hören.

»Natürlich bin ich sicher«, sagte sie laut.

Aber war sie das? Konnte sie das wirklich sein? Hatte sie nicht heute erst erfahren, dass sie bisher ein ganz falsches Bild von Mona gehabt hatte?

Die Ampel sprang auf Grün. Johanna haute mit der flachen Hand aufs Lenkrad, dann fuhr sie wieder an. Nein! Sie würde nicht anfangen, an Mona zu zweifeln. Was war nur los mit ihr? Woher kam plötzlich dieses Misstrauen? Wieso unterstellte sie einer Freundin, die sie ihr ganzes Leben gekannt hatte, nicht die zu sein, die sie zu sein vorgab? Nur, weil sie ihr nicht alles über sich erzählt hatte? Weil sie nicht bereit gewesen war, ihr Innerstes nach außen zu kehren? Sie war doch selbst nicht bereit, das zu tun. Jeder Mensch hatte Geheimnisse – und das Recht darauf. Und es war normal, dass Frauen nicht über ihre Kinderwunschbehandlung sprachen. Eva hatte ihr erzählt, wie sehr die betroffenen Frauen sich bemühten, ihr Geheimnis zu bewahren. Die Frau zum Beispiel, die mit Mona im Krankenhaus gelegen hatte ...

Johanna hielt vor dem Kindergarten, zog die Handbremse an und löste ihren Sicherheitsgurt. Dann jedoch hielt sie inne. Der letzte Gedanke hatte etwas in ihr ausgelöst, eine Idee, den Beginn einer Erkenntnis.

Statt auszusteigen, griff sie zu ihrem Handy.

*

Das Telefon klingelte, doch Eva ging nicht dran. Es gab nur eine Person, über deren Anruf sie sich gefreut hätte, und diese Person lag dreißig Kilometer entfernt in einem Krankenbett und wünschte, sie, Eva, säße im Gefängnis.

Das Läuten verstummte, der Anrufbeantworter sprang an

und sie hörte Johannas Stimme: »Eva, bist du da? Bitte, geh ran. Es ist wichtig, es geht um Christines Mörder, um Monas Angreifer ...«

Mit einem Satz sprang Eva vom Sofa und riss förmlich den Hörer von der Basisstation. »Johanna?«

»Mein Gott, Eva, gut, dass du da bist.« Johanna klang atemlos. »Ich muss dich etwas fragen. Es geht um etwas, das du heute erzählt hast, über die Frau, die mit Mona das Zimmer teilte, als Jan geboren wurde. Erinnerst du dich? Du sagtest, du habest sie bei Dr. Koch gesehen. Erinnerst du dich?«

»Ja, was ist mit ihr?«

»Weißt du, warum sie dort war? Ich meine, heute Morgen deutetest du an, dass sie zur Behandlung dort war.«

»Das stimmt.«

»Aber woher weißt du das?«

»Warum sonst sollte sie dort gewesen sein?«, fragte Eva irritiert. »Johanna, was ist los? Du sagtest ...«

Doch Johanna unterbrach sie. Eva konnte ihre Aufregung selbst durch die Telefonleitung spüren. »Bitte, Eva, ich erkläre es dir später. Woher wusstest du, dass die Frau zur Behandlung bei Dr. Koch war? Sie könnte doch einfach nur so in der Praxis gewesen sein, um eine Freundin zu begleiten zum Beispiel oder um sich über Reproduktionsmedizin zu informieren.«

Eva überlegte. Mit dem schnurlosen Hörer in der Hand trat sie ans Fenster und schaute hinaus, doch sie sah nicht die grünen Wiesen des Englischen Garten vor sich, sondern den pastellfarbenen Eingangsbereich in Dr. Kochs Praxis. Eine große, breitschultrige Frau stand an der Rezeption. Eva konnte nur ihren Rücken sehen, da sie und Mona diskret im Hintergrund warteten. Mona war freudig erregt, ihr selbst war übel wegen der Hormonbehandlung. Sie litt an Schmerzen. Dr. Koch sollte sie heute noch einmal untersuchen und ihre Hormonwerte kontrollieren. Am nächsten Tag würde sie dann mit Holger und Mona nach England fliegen. Dort würden ihr die Eizellen entnommen, mit Holgers Samen befruchtet und schließlich Mona eingepflanzt werden. Eva betete, dass es auf Anhieb klappte, denn ein zweites Mal würde sie die Prozedur nicht durchstehen. Die große Frau am Tresen hatte ihre Anmeldeformalitäten erledigt und trat einen Schritt beiseite. Doch bevor Mona und Eva vorrücken konnten, kam Dr. Koch den Gang entlang. Als er die Frau sah, blieb er abrupt stehen.

»Mia, was tun Sie denn hier? Ich habe versucht, Sie zu erreichen. Es tut mir so leid.«

»Ich habe heute meinen Transfertermin.«

Sie hatte sich zu Koch umgedreht, sodass Eva ihr Profil sehen konnte. Der Arzt und die Frau sahen sich schier eine Ewigkeit lang in die Augen und die Blicke schienen mehr zu vermitteln als Worte.

Schließlich sagte Koch: »Natürlich, wie dumm von mir. Kommen Sie mit.« Er nahm die Frau am Arm und führte sie davon.

»Sie war zum Embryotransfer dort.« Eva erzählte Johanna, woran sie sich erinnerte.

»Der Arzt kannte sie? Er nannte sie Mia?«

»Ja. Wieso?«

Doch Eva erhielt keine Antwort. Johanna schien nachzudenken. Schließlich sagte sie: »Ich verstehe nicht, wieso der Arzt gezögert hat. Und was tat ihm leid? Du sagst, er schien erstaunt, sie zu sehen? Weißt du, wieso?«

»Nein. Johanna, warum ist das so wichtig?«, wiederholte Eva mit Nachdruck.

Diesmal antwortete Johanna. »Weil die Frau eine bekannte katholische Theologin und also qua Amt eine Gegnerin künstlicher Befruchtung ist. Aber ich verstehe nicht, wieso ... Oh mein Gott. Wann war das, Eva? Wann war dieser Termin?«

Johanna stieß die Frage regelrecht hervor und Eva

entfernte unwillkürlich den Hörer etwas von ihrem Ohr. »Es war ein Freitag, das weiß ich noch. Lass mich mal nachdenken ... Neun Monate vor Jans Geburtstag ... September, es muss der 17. September 2004 gewesen sein. Warum ist das wichtig?«

Doch Johanna hatte schon aufgelegt.

*

Becker las den Eintrag auf der Liste mit den Telefonanrufen dreimal durch. Erst dann glaubte er, dass das, was dort stand, den Tatsachen entsprach: Dr. Koch hatte am 17. Juni, um 19:28 Uhr, von seinem Handy aus einen Festnetzanschluss in Ammerbach angerufen. Das Gespräch hatte genau 5 Minuten und 28 Sekunden gedauert. Der Festnetzanschluss gehörte Dr. Euphemia Frisse.

5

Euphemia Frisse stieg aus ihrem Wagen und ging mit schnellen Schritten auf das Krankenhaus zu. Sie hatte lange gezögert, das zu tun, was sie jetzt vorhatte, und nun wollte sie es schnell hinter sich bringen. Im Foyer sah sie einige Bekannte, ignorierte jedoch deren grüßende Gesten. Sie ignorierte ebenfalls die Aufzüge, denn sie wollte nicht mehr warten. Sie eilte die Treppen hinauf und durch die Glastür der Entbindungsstation, doch als sie den Polizisten sah, blieb sie abrupt stehen. Natürlich, Mona wurde bewacht. Wieso hatte sie nicht daran gedacht?

Euphemia zog sich ein Stück zurück, während sie sich fragte, was sie jetzt tun sollte. Einfach wieder gehen? Das konnte sie Felix nicht antun. Einfach in Monas Zimmer marschieren? Aber wie würde der Polizist reagieren? Würde er sie vorbeilassen? Euphemia konnte es sich nicht vorstellen. Bestimmt hatte Mona ihm Anweisungen gegeben. Schließlich musste sie wissen, wer sie niedergeschlagen hatte, – auch wenn Euphemia sich nicht erklären konnte, warum sie es nicht der Polizei gesagt hatte. Aus Freundschaft? Aus schlechtem Gewissen?

Euphemia hatte erst spät erkannt, dass Mona diejenige gewesen sein musste, die Christine von ihrem Geheimnis erzählt hatte. Bis dahin hatte sie eine der Praxismitarbeiterinnen verdächtigt. Aber als Mona vor vier Tagen zu ihr sagte: »Als ob du nicht alles für die Geburt von Joseph getan hättest«, da hatte sie Euphemia einen Denkanstoß gegeben und eine Kette von Erinnerungen ausgelöst, die Euphemia schließlich bis zurück zu dem Tag geführt hatte, an dem sie zum letzten Mal in Felix' Praxis gegangen war. Und sie hatte sich daran erinnert, dass dort an der Rezeption noch andere Frauen gewartet hatten, darunter Mona und ihre Schwester.

Seltsamerweise war das Erste, das Euphemia bei dieser

Erkenntnis empfand, Enttäuschung. Enttäuschung darüber, dass Mona sie verraten hatte. Ausgerechnet die Frau, die sie immer für ihre einzige Freundin gehalten hatte. Erst später kam zur Enttäuschung Entsetzen hinzu, als ihr klar wurde, dass ihr Geheimnis nun auch nach Christines Tod nicht sicher war. Aber trotzdem hätte sie nie hinter der Hausecke auf Mona gelauert, wenn diese sie nicht verraten hätte.

Der Polizist trat am anderen Ende des Ganges von einem Fuß auf den anderen. Streng genommen wusste Euphemia nicht, dass er Monas Zimmer bewachte, aber es war unwahrscheinlich, dass mehr als eine Patientin dieser Station unter Polizeischutz stand. Euphemia spürte, wie sie immer nervöser wurde. Dabei war sie selten nervös. Und niemals war sie so nervös gewesen wie an jenem letzten Tag in Felix' Praxis. Während sie damals an der Rezeption wartete, hatte sie die ganze Zeit stumm gebetet. Sie hatte gebetet, dass Felix ihren Termin nicht gestrichen hatte, dass er das Auftauen der Kryos nicht gestoppt oder diese gar bereits vernichtet hatte, dass er die Zeitungen nicht gelesen und daher nicht erfahren hatte, dass Jakob sechs Tage zuvor gestorben war.

Und Gott hatte ihre Gebete erhört, so hatte sie es zumindest damals interpretiert. Zwar hatte Felix die Zeitung gelesen, zwar hatte er von Jakobs Tod gewusst, aber er hatte schlicht vergessen, den Termin abzusagen und die Kryos zu vernichten. Und er hatte ihr trotzdem geholfen. Euphemia wusste bis heute nicht, wieso. Jakob zuliebe, mit dem er befreundet gewesen war? Oder hatte er sich einfach nicht die Gelegenheit entgehen lassen wollen, den deutschen Gesetzen, die er so sehr verabscheute, ein Schnippchen zu schlagen? Egal. Felix hatte ihr geholfen, und deswegen musste sie jetzt zu Mona!

Doch wie sollte sie an dem Polizisten vorbeikommen? Der Mann schien ebenfalls nervös zu sein, er zappelte regelrecht. Und plötzlich machte er drei Schritte vorwärts, riss eine Monas Zimmer gegenüberliegende Tür auf und verschwand in dem dahinterliegenden Raum.

Euphemia eilte los.

*

Mona schwebte zwischen Wachen und Schlafen auf einer Wolke von Schmerzmitteln und anderen Tabletten. Es war ein seltsam gefühlloser Zwischenzustand, der sie vage irritierte, den sie aber ansonsten als angenehm empfand. Die Ereignisse der letzten Tage und das ständige Auf und Ab ihrer Gefühle waren für den Moment vergessen. Nur gelegentlich spülte ein vages Glücksgefühl über sie hinweg, wie das Echo der Euphorie, die sie nach der Geburt der Zwillinge empfunden hatte. Dieselbe Euphorie, die sie auch bei Leos Geburt empfunden hatte und natürlich bei Jan. Bei ihm am meisten, denn es war ihre erste Geburt gewesen, bei der sie endlich bewiesen hatte, dass sie das war, woran sie selbst so sehr gezweifelt hatte: eine Frau und Mutter.

Ein leises Geräusch wie vom Öffnen oder Schließen einer Tür versuchte, Mona aus ihren Träumen zu reißen, doch sie ignorierte es. Was kümmerte sie die Außenwelt? Vermutlich war es eine Krankenschwester, denn eine Bettnachbarin hatte sie nicht. Damals bei Jan war das anders gewesen. Da hatte sie ihr Zimmer und auch ihre Gedanken und Gefühle mit Mia geteilt. Und dieser Austausch hatte ihre Erfahrung noch intensiviert. Niemals war sie einer anderen Frau so nahe gekommen – außer natürlich Eva.

Aber an Eva wollte sie nicht denken. Eva, die sie bedrohte. Eva, die ihre Babys in Gefahr gebracht hatte. Eva, die ihr Jan wegnehmen wollte.

Eva, die ihr fehlte!

Der letzte Gedanke tauchte ganz plötzlich auf. Selbst in ihrem entrückten Zustand versuchte Mona sofort, ihn zu unterdrücken. Doch es gelang ihr nicht. Stattdessen schlich sich noch ein anderer Gedanke ungebeten hinzu. Der

Gedanke an Holger und Johanna, die ihr versichert hatten, dass Eva sie nicht niedergeschlagen haben konnte, die ihr versichert hatten, dass auch die Polizei dieser Meinung war.

Ein weiteres Geräusch im Zimmer versuchte, Mona an die Oberfläche ihres Bewusstseins zu ziehen. Nein, dachte sie, ich will nicht! Sie bemühte sich, wieder auf ihre Wolke der Euphorie zurückzukehren, doch sie schaffte es nicht. Die Glücksgefühle waren endgültig abgeebbt, hatten nichts hinterlassen als eine Leere, die sich langsam in ihr ausbreitete. Eine Leere, die sie zu verschlingen drohte. Schon hatte sie sie an der Hand gepackt und zog und zog und rief nach ihr. Sie rief mit tiefer Stimme, mit Mias Stimme.

Mona öffnete die Augen. Auf dem Besucherstuhl neben ihrem Bett saß Euphemia.

*

Johanna starrte ihr Handy an, das sie nach dem Anruf bei Eva noch immer in der Hand hielt. Euphemia Frisse – es musste so sein.

Die Frau hatte eine künstliche Befruchtung vornehmen lassen, obwohl die katholische Kirche, deren Vertreterin sie in gewisser Weise war, dies ausdrücklich verbot. Ja, mehr als das, sie hatte sich einen Embryo einsetzen lassen, als ihr Mann schon tot war. Denn Jakob Frisse war am dritten Jahrestag der Anschläge von 11. September gestorben, so hatte Holger es erzählt, und der Embryotransfer hatte nach Evas Aussage am 17. September stattgefunden. Sechs Tage nach dem Tod ihres Ehemannes war Euphemia, statt um ihn zu trauern, zu ihrem Arzt gegangen und ... Johanna rann ein Schauer den Rücken hinab angesichts von so viel Kaltblütigkeit. Und Mona musste es gewusst haben. Und sie musste es Christine erzählt haben, die daraufhin angenommen hatte, Dr. Koch würde auch ihr helfen. Es passte alles zusammen.

Die Frage war nur: Hatte Euphemia gewusst, dass Mona

und Christine ihr Geheimnis kannten? Falls die Antwort Ja lautete, dann hatte sie ein Motiv, die beiden zu töten. Denn wenn ihr Geheimnis herauskäme, wäre dies das Ende ihrer Karriere, das Ende ihrer öffentlichen Auftritte, ihrer Teilnahme an Diskussionsrunden, ihres Erscheinens im Fernsehen. Die katholische Kirche würde sich von ihr distanzieren, ihr die Lehrerlaubnis entziehen und ihr sicherlich nicht den Lehrstuhl anbieten, von dem Mona gesprochen hatte. Johanna griff zu ihrem Handy und tippte die Nummer der Polizeistation, doch im letzten Moment legte sie auf.

Und was, wenn die Antwort Nein lautete? Dann würde sie mit dem Anruf grundlos eine Frau zerstören, die ihr nie etwas getan hatte.

Johanna zögerte.

*

Mona blinzelte ein paarmal, bemüht, in die reale Welt zurückzukehren. »Mia, wie schön, dass du da bist.« Sie war erleichtert, die Freundin zu sehen. Sie würde die Leere und den Gedanken an Eva vertreiben.

»Wie geht es dir?«

»Gut, danke.«

»Wirklich? Du siehst blass aus. Was macht der Kopf?«

Mona griff sich an ihren Kopf, der immer noch bandagiert war. Sie hätte nicht sagen können, was ihr Kopf machte. Tat er weh? Eigentlich nicht, er fühlte sich eher so an, als säße er ein paar Meter weiter auf den Schultern einer anderen.

»Wie geht es den Babys?«, fragte Mia. »Holger sagt, gut, aber ich habe mir Sorgen gemacht.«

»Wie lieb von dir, aber das war unnötig. Es geht ihnen sehr gut.«

»Ich bin froh.« Mia klang erleichtert. »Mona, ich bin gekommen, um dich um Verzeihung zu bitten.«

»Um Verzeihung? Warum denn das?«

»Weil ich dich niedergeschlagen habe.«

»Was?«

»Es ist wahr, Mona. Ich habe dich niedergeschlagen. Es tut mir sehr leid.«

Es war, als hätte jemand Monas Sinne in Watte gepackt. Sie hörte die einzelnen Worte, doch ein Zusammenhang wollte sich nicht einstellen. »Du hast mich niedergeschlagen?«

»Ja, es tut mir leid. Ich wollte es nicht, das musst du mir glauben. Das heißt, ich hatte es zunächst vor, aber dann konnte ich es doch nicht.«

»Du hast mich niedergeschlagen?«

»So wiederhole es doch nicht immer. Ja, aber ich wollte es nicht. Ich wollte gerade gehen, weil mir klar geworden war, dass ich dir nie etwas antun könnte und schon gar nicht den Babys. Und da drehtest du dich um und dann ... Ich musste doch verhindern, dass du mich siehst. Wie hätte ich dir denn erklären sollen, wieso ich dort stand und wieso ich einen Stein in der Hand hielt? Du hättest sofort gewusst, warum ich gekommen war. Aber ich habe dich nur leicht betäubt und dich dann vorsichtig auf die Terrasse gelegt.«

»Du hast mich niedergeschlagen!« Diesmal war es keine Frage, sondern eine Feststellung. Monas Kopf schmerzte mit einem Mal zum Zerspringen, ihr Gehirn funktionierte so träge, als hätte sie es in Honig getaucht, doch langsam drang die Wahrheit durch.

»Verzeihst du mir?«

»Nein.« Diesmal musste Mona nicht überlegen. »Du bist verrückt, du hast meine Kinder gefährdet. Ich werde ...«

Sie brach ab und streckte ihre linke Hand aus, um den Knopf für die Stationsschwester zu drücken, doch Mia war schneller. Sie ergriff blitzschnell ihre Hände und hielt sie fest.

*

Euphemia Frisse? Lutz Becker starrte auf die Liste mit den Anrufen. Dann starrte er Anna und Nobby an, die hinzugekommen waren. »Aber wieso?«

Die anderen schienen genauso ratlos wie er.

»Das sollten wir die beiden am besten selbst fragen«, sagte Nobby schließlich.

Becker nickte. Natürlich. Und plötzlich überkam ihn wieder das Gefühl von Dringlichkeit, das er schon vorhin verspürt hatte. »Nobby, schnapp dir einen Beamten und bring Dr. Frisse hierher.« Er sah auf seine Uhr, es war fast drei. »Versuch es bei ihr zu Hause, dann ruft mich sofort an.«

Nobby verschwand.

»Anna, ruf du den Polizisten an, der Mona Landauer bewacht. Euphemia Frisse darf auf keinen Fall zu ihr gelassen werden. Und dann ...«

In dem Moment hastete ein Polizeibeamter herbei. »Eine Frau Bischoff für Sie. Am Telefon. Sie sagt, es sei dringend.«

*

Es war, als hätten Mia und Mona sich eine Ewigkeit angestarrt, doch es konnte nur einen Moment gedauert haben. Als Mia ihre Hand ergriff, hatte Mona instinktiv versucht, sich loszureißen, doch sie war zu schwach.

»Bitte, Mona, bleib ruhig. Ich tu dir doch nichts.«

»Wie kannst du das sagen?« Mona versuchte zu schreien, aber die Worte kamen nur krächzend heraus. »Du hast mich niederschlagen, du hast das Leben meiner Babys gefährdet!« Als sie das sagte, spürte sie eine tiefe Dankbarkeit, dass ihre Töchter außer Gefahr waren. »Lass meine Hände los!«

Doch das tat Mia nicht. »Dann holst du die Schwestern. Bitte, hör mir zu, ich brauche deine Hilfe!«

»Meine Hilfe? Du musst verrückt sein.« Und plötzlich wurde Mona klar, dass genau dies tatsächlich der Fall sein musste. Oh Gott, wie ging man mit einer Verrückten um? Hieß es nicht immer, man solle auf sie eingehen? Vielleicht war es eine gute Idee, bestimmt würde bald sowieso eine Krankenschwester auftauchen. »Wieso brauchst du meine Hilfe?«, fragte sie.

»Es geht um Dr. Koch.«

*

Polizeihauptmeister Bert Maier trank den letzten Schluck vom fünften Kaffee des Tages, stellte dann die Tasse unter seinen Stuhl und warf einen Blick auf die Uhr: immer noch eine Stunde bis zur Ablösung. Er stöhnte selbstmitleidig. Gott, der Job, Mona Landauer zu bewachen, war wirklich zu öde!

Die einzige Ablenkung war ein gelegentlicher Schwatz mit den Krankenschwestern. Sie hatten nette Schwestern hier, das musste man sagen, nette und hübsche. Besonders diese Domenica gefiel ihm. Nicht nur ihre Kurven – üppig, so wie er sie mochte –, sondern ihr ganzes Wesen. Sie hatte so etwas Mütterliches an sich. Jedes Mal, wenn er andeutete, wie einschläfernd dieser Bewacherjob war und wie trocken die Krankenhausluft, brachte sie ihm prompt einen Kaffee und blieb zu einem kleinen Schwatz bei ihm stehen. Das Blöde war nur, dass er Kaffee in diesen Mengen nicht besonders gut vertrug. Na ja, er schon, aber seine Blase nicht. Zum Glück war das Patienten-WC genau gegenüber. Doch vielleicht sollte er sich trotzdem einen anderen Aufhänger überlegen, um Domenica anzusprechen?

Bert gähnte. Die Luft war wirklich stickig. Nur im Nacken verspürte er plötzlich einen Luftzug, als hätte jemand die Tür hinter ihm geöffnet. Wollte die Landauer wieder zur Intensivstation rüber? Er drehte seinen Kopf, doch in dem Moment spürte er einen Schlag und dann spürte er nichts mehr.

*

Becker legte den Telefonhörer im selben Moment auf, als Anna zurückkam. Sie sah besorgt aus. »Ich kann Bert Maier nicht erreichen.«

Becker spürte, wie sich sein Magen zusammenkrampfte, als die Besorgnis von Anna auf ihn übersprang. »Fahr sofort ins Krankenhaus. Frau Bischoff hat gerade bestätigt, dass Frau Frisse ein Motiv hatte, sowohl Christine Lenz als auch Mona Landauer zu töten.«

»Aber ich dachte, der Angriff auf die Landauer ...«

Er unterbrach sie. »Das ist mir scheißegal. Nimm einen Beamten und fahr sofort los!«

*

Euphemia warf einen prüfenden Blick auf den Polizeibeamten, der gleichmäßig atmete. Vielleicht war der Schlag übertrieben gewesen, aber sie brauchte noch etwas Zeit. Sie musste die Dinge, die sie begonnen hatte, auf ihre Weise zu Ende bringen.

*

Johanna überfuhr eine rote Ampel. Das Gefühl drohender Gefahr hatte sich von Becker auf sie übertragen und sie brauste im Rekordtempo zum Krankenhaus. Dort angekommen, sprang sie aus dem Wagen, rannte zum Eingangsportal, drückte mit aller Kraft gegen die Drehtür, damit diese beschleunigte, rannte durchs Foyer, raste am Aufzug vorbei und die Treppe hoch, eilte zur Entbindungsstation und kam doch zu spät.

Das wurde ihr schlagartig klar, als sie den Menschenauflauf vor Monas Zimmer sah. Mittelpunkt der Traube war der Polizist, der Monas Zimmer morgens bewacht hatte. Er saß auf einem Stuhl neben der offenen Zimmertür. Eine mollige Krankenschwester hielt mit der Linken einen Eisbeutel auf seinen Kopf, mit der Rechten hielt sie seine Hand. Sie funkelte wütend einen hageren Mann an, der seinerseits auf den Polizisten einschrie. Daneben gestikulierte eine zierliche, schwarzhaarige Frau in Jeans und Turnschuhen auf zwei Ärzte in weißen Kitteln ein. Zwei weitere Krankenschwestern rangen am Rand der Szene ihre Hände.

Johanna rannte auf die kleine Menschentraube zu und hindurch. Doch bevor sie einen Blick in Monas Zimmer werfen konnte, wurde sie gepackt. Der Hagere, der den Polizisten angeschrien hatte, hielt sie fest.

»Was soll das?«, kreischte Johanna. »Lassen Sie mich los. Ich bin eine Freundin von Mona Landauer.«

Die dunkelhaarige Frau wandte sich von den Ärzten ab. »Anna Busch, Kriminalpolizei. Weisen Sie sich aus«, forderte sie in barschem Ton.

»Bitte? Jetzt ist nicht die Zeit ...«

Mit einem schnellen Griff entriss die Frau ihr die Handtasche, holte ihre Brieftasche hervor und warf einen Blick in ihren Führerschein. »Das geht in Ordnung«, sagte sie dann zu ihrem Begleiter, der Johanna losließ.

»Was zum Teufel sollte das?«, schrie Johanna. »Sagen Sie endlich, was mit Mona ist.«

Anna Busch biss sich auf die Lippen. Dann sagte sie: »Wir wissen es nicht. Frau Landauer ist verschwunden.«

*

»Mona Landauer ist verschwunden?« Becker spürte, wie ihm der Schweiß ausbrach. »Seid ihr sicher, dass sie nicht einfach in einer Patientendusche umgekippt ist? Oder ihre Babys auf der Intensivstation besucht?«

Annas Stimme am anderen Ende der Leitung klang seltsam verzerrt. »Absolut, wir haben alles abgesucht. Sie ist nicht auf der Station. Wir fürchten, dass die Frisse sie mitgenommen hat.«

Fast wäre Becker der Hörer aus der schweißnassen Hand gerutscht. Er atmete einmal tief durch, dann sagte er: »Okay, wir machen es wie folgt: Ihr sucht das ganze Krankenhaus ab, ich schicke euch noch Verstärkung. Dann löse ich hier eine Großfahndung aus.«

*

Pfarrer Eckhard Blechschmitt war dreiundneunzig Jahre alt und wünschte sich jeden Abend, in der Nacht zu seinem Gott heimkehren zu dürfen. Seit sieben Jahren saß er im Rollstuhl, seit drei Jahren war er fast blind und bekam für seine Gelenkschmerzen Morphium. Seit zwei Jahren hatte er Schwierigkeiten, zwischen Vergangenheit und Gegenwart zu unterscheiden.

Heute lebte in der Vergangenheit, deshalb wusste er nicht, wer die Frau mit der hässlichen Stimme war, die in diesem Moment die Tür zu seinem Arbeitszimmer öffnete und verkündete: »Besuch für Sie!«

Doch er wusste sofort, wer die Besucherin war, die auf ihn zu trat, auch wenn er sie nur verschwommen sah. Denn diese kannte er bereits seit fast fünfzig Jahren, kannte sie ihr ganzes Leben, sein halbes Leben. »Euphemia«, krächzte er erfreut.

Er streckte eine zitternde Hand aus, doch sie ergriff sie nicht. Stattdessen kniete sie neben ihm nieder. Er spürte es mehr, als dass er es sah. Sie beugte ihr Haupt.

»Vater, ich möchte beichten, denn ich habe gesündigt.«

*

Eva war in ihrem Schlafzimmer und zog sich mit fieberhafter Eile an. Sie hatte gedacht, nichts könne sie heute aus ihrer Apathie reißen, doch vor wenigen Minuten hatte Johanna angerufen und ihr mitgeteilt, dass Mona vermisst wurde. Ohne sich auch nur gewaschen zu haben, war Eva in ihr Schlafzimmer gestürzt, wo sie jetzt die Klamotten überstreifte, die ihr als erstes zwischen die Finger kamen. Sie war gerade dabei, ihre Bluse zuzuknöpfen, als es an der Tür klingelte.

Ihre Finger erstarrten. Das konnte nur eins bedeuten: schlechte Nachrichten! Bei guten Nachrichten hätte Johanna sie sofort angerufen! Nur schlechte Nachrichten wurden persönlich überbracht!

Eva schaffte es nicht, die Knöpfe zu schließen. Mit offener Bluse und kraftlosen Schritten ging sie durch den Flur zu ihrer Wohnungstür. Sie musste ihren ganzen Mut zusammennehmen, um zu öffnen.

Draußen stand Mona im Morgenmantel.

Sie war kreidebleich.

»Eva, es tut mir leid, ich habe mich geirrt.« Dann kippte sie ihrer Schwester in die Arme.

*

Lutz Becker stand wieder am Fenster der SOKO-Zentrale und schaute hinaus, als ein Taxi vorfuhr. Als der Fahrgast ausstieg, glaubte er erst, seinen Augen nicht trauen zu können. Doch dann eilte er los, quer durch den Raum, den Gang entlang, durchs Treppenhaus und erreichte das Foyer im selben Moment, als Euphemia Frisse durch die Glastür trat. Ohne Zögern kam sie auf ihn zu.

»Oberkommissar Becker, ich bin gekommen, um ein Geständnis abzulegen.«

Donnerstag, 7. Juli

1

Drei Tage später saß Becker an seinem Schreibtisch und tippte den Abschlussbericht im Mordfall Christine Lenz. Es war eine Tätigkeit, die notwendig war und die er dennoch hasste. Die Euphorie, die die Lösung des Falls zunächst in ihm ausgelöst hatte, war längst abgeebbt. Sie hatten in den vergangenen Tagen Euphemia Frisse mehrfach verhört, hatten weitere Zeugen befragt, bis sie schließlich alle Puzzleteile eingesammelt hatten. Jetzt fühlte er sich ausgebrannt und leer. Das Gefühl überraschte ihn nicht, denn es ging ihm nach jedem Fall so.

Es klopfte und gleichzeitig wurde die Tür geöffnet. Becker, der mit Anna rechnete, sagte ohne seinen Blick vom Bildschirm abzuwenden: »Setz dich, ich bin gleich fertig.«

»Danke«, erwiderte die Stimme von Hauptkommissar Hans Grabmeier. Und als Becker verlegen aufschaute, fügte er hinzu. »Lassen Sie sich nicht stören.«

Während Grabmeier auf dem Besucherstuhl Platz nahm, tippte Becker schnell den letzten Absatz. Dann speicherte er die Datei ab und wandte sich an seinen Besucher. Er hatte Grabmeier seit Maikes Vernehmung nicht mehr gesehen und war verwundert über die Veränderung des älteren Kollegen. Hans Grabmeier sah braun gebrannt und erholt aus – und ausgesprochen selbstzufrieden.

»Hallo, ich dachte, Sie seien noch im Urlaub.«

»Bin ich auch, aber da nirgendwo steht, dass man in seinen Ferien die Dienststelle meiden muss, dachte ich, ich komme mal vorbei, um Ihnen zu gratulieren. Gute Arbeit, die Sie da geleistet haben. Sehr gute Arbeit.«

»Oh danke!«, erwiderte Becker überrascht.

»Haben Sie Lust, mir zu erzählen, wie alles geendet hat?«, fuhr Grabmeier fort. »Schulz hat mir zwar am Telefon einiges berichtet, aber mich würden die Details interessieren.«

»Ich habe gerade den Abschlussbericht getippt.«

Grabmeier wedelte mit einer seiner großen Pranken. »Mir wäre es lieber, Sie erzählten mir alles. Nicht nur die Fakten, sondern auch Ihre Eindrücke.«

»Natürlich.« Becker überlegte kurz, um seine Gedanken zu ordnen, dann begann er, von der Vernehmung Euphemia Frisses zu berichten. Es war eher ein Gespräch gewesen, fast ein vertraulicher Dialog, obwohl außer ihm und der geständigen Täterin auch noch Anna Busch und ein laufendes Aufnahmegerät im Vernehmungsraum anwesend gewesen waren. Auf einen Anwalt hatte die Theologin verzichtet.

*

»Sie wollte mich erpressen.« Euphemia Frisses Stimme war fest, wenn auch leiser als sonst. »Sie sagte, sie würde mein Geheimnis für sich behalten, wenn ich Felix, Dr. Koch, dazu brächte, ihr zu helfen. Er sollte entweder die Kryos ins Ausland schaffen oder sie hier einer Leihmutter einsetzen.«

»Wusste Frau Lenz, dass Sie Dr. Koch auch privat kannten? Dass er ein enger Freund Ihres Mannes gewesen war?«

»Nein, aber sie glaubte, dass ich ihn beeinflussen könnte. Dass ich mehr Einfluss auf ihn hätte als das deutsche Embryonenschutzgesetz und die deutschen Ärzterichtlinien. Sie dachte wirklich, ich könnte und würde ihn dazu überreden, den Verlust seiner Approbation und eine Haftstrafe zu riskieren.« Euphemia Frisse schüttelte abfällig den Kopf. »Es war eine absurde Idee.«

»Warum?«, fragte Becker.

Sie sah ihn überrascht an. »Weil ich Dr. Koch achte und schätze. Ich verdanke ihm meinen Sohn. Ich hätte nie versucht, ihn zu etwas zu überreden, was ihm nur schaden könnte.«

»Nie? Sie haben es doch schon einmal getan, damals, als Sie ihn baten, Ihnen nach dem Tod ihres Ehemannes einen Embryo einzupflanzen.«

Sie antwortete schon, während Becker noch sprach. »Felix wusste damals nicht, dass Jakob gestorben war. Ich habe es ihm erst später erzählt.« Sie schaute ihm genau in die Augen, als sie das sagte, schien dort seinen Zweifel zu lesen und fuhr rasch fort. »Sehen Sie, es war der dritte Transfertermin und der war lange geplant, als mein Mann erfuhr, dass er geschäftlich in die USA fliegen musste. Er war bei den beiden ersten Embryotransfers dabei gewesen, aber das ist natürlich nicht verpflichtend. Es genügte, dass er vor seinem Abflug alle Papiere unterzeichnete. Dr. Koch und alle anderen Mitarbeiter der Praxis handelten in gutem Glauben.«

Es war eine glänzende Vorstellung, die Theologin wirkte absolut natürlich und überzeugend. Becker glaubte ihr trotzdem nicht, doch da der Punkt für den Tod Christine Lenz' irrelevant war, ignorierte er ihn für den Moment. »Kommen wir zum Abend des 17. Juni zurück. Sie sagten, Frau Lenz wollte Sie erpressen. Was geschah dann?«

»Ich sagte ihr, dass ich ihre Forderung unmöglich erfüllen könne. Wir stritten uns. Sie sagte, dann würde sie der ganzen Welt von meinem Geheimnis erzählen. Ich bat sie, es nicht zu tun, doch ...« Euphemia senkte ihren Blick und betrachtete das goldene Kreuz, das sie in ihrer Hand hielt. Es war der Anhänger ihrer Kette, die sie an einem frühen Punkt der Vernehmung vom Hals gelöst hatte und seitdem durch ihre Finger gleiten ließ, als betete sie einen Rosenkranz. »Christine schien ihre Macht zu genießen.«

Das glaubte Becker sofort. Alle hatten bestätigt, dass Christine Lenz unter ihrer Kollegin gelitten hatte. »Sie hat ihr das Leben zur Hölle gemacht«, hatte Tanja Rupp es ausgedrückt. »Wenn jemand Euphemia ermordet hätte, dann hätten Sie an Verdächtigen keinen Mangel gehabt«, hatte der

Mathematiklehrer gesagt. Niemals hätte Christine Lenz die Chance verstreichen lassen, die Demütigungen ihrer Kollegin mit gleicher Münze heimzuzahlen.

»Ich glaube, wir standen beide unter Schock«, fuhr Euphemia Frisse fort. »Christine hatte an diesem Tag das Todesurteil für ihren Kinderwunsch gehört und ich ... Ich hatte so lange gedacht, mein Geheimnis sei sicher, ich pflegte selbst nicht mehr daran zu denken. Und dann tauchte sie auf und wollte mir alles nehmen.« Plötzlich wurde die Theologin wütend, ihre Hand mit dem goldenen Kreuz ballte sich zur Faust. »Sie wollte mich demütigen, mich der Lächerlichkeit preisgeben. Welches Recht hatte sie dazu?«

»Haben Sie sie deshalb getötet, weil Sie glaubten, Sie hätten das Recht dazu?«, warf Anna ein.

»Nein, natürlich nicht. Niemand außer Gott hat das Recht, Leben zu nehmen – oder zu geben.« Es war eine seltsame Aussage angesichts der Situation. »Der Streit eskalierte. Ich flehte Christine an, mich nicht zu verraten, aber sie lachte nur. Sie war wie von Sinnen. Dieses Lachen ... Es klang so höhnisch. Ich schrie, sie solle aufhören, aber sie lachte immer weiter. Ich griff nach ihr und schüttelte sie, doch sie riss sich los. Dabei stürzte sie über einen Stein, doch die ganze Zeit lachte sie weiter. Sie lag auf dem Boden und lachte und lachte und lachte. Da griff ich nach dem Stein und bereitete dem Lachen ein Ende.«

*

»Also hat sie es nicht geplant?«, fragte Grabmeier, als Becker seinen Bericht beendet hatte.

»Dr. Frisse bemüht sich zumindest sehr, es so darzustellen. Anna ist jedoch überzeugt, dass sie schon mit Mordgedanken zur S-Bahn ging.«

Grabmeier grinste. »Das glaube ich sofort. Und wovon sind Sie überzeugt?«

Becker warf einen Blick auf seinen Monitor. Die bunt leuchtenden Schlangen seines Bildschirmschoners bewegten sich kreuz und quer über den schwarzen Hintergrund. Wenn zwei mit den Köpfen aufeinanderstießen, explodierten sie in einem Funkenregen. Wenn sie sich knapp verfehlten, geschah ihnen nichts. Was hätte Euphemia Frisse an dem Abend getan, wenn sie Christine Lenz verfehlt hätte oder wenn diese nicht gestürzt wäre oder wenn diese nicht gelacht hätte oder wenn ...? Und hatte Euphemia Frisse ihre Kollegin wirklich getötet, weil diese ihr Geheimnis verraten wollte? Oder doch eher, weil sie nicht ertragen konnte, damit konfrontiert zu werden, dass ihr Leben eine Lüge war?

»Ich glaube nicht«, antwortete er schließlich, »dass Frau Frisse genaue Pläne hatte. Ich glaube, dass sie in Panik war, nachdem Dr. Koch sie angerufen und ihr gesagt hatte, dass Christine Lenz ihr Geheimnis kannte. Sie rechnete sich aus, mit welcher S-Bahn ihre Kollegin zurückkommen würde, und erwartete sie an der Station. Christine war die Einzige, die ausstieg. Die Frisse folgte ihr auf dem Fußweg in den Dobel, sprach sie an. Es kam zum Streit ...« Becker zuckte die Achseln.

»Wieso hat Dr. Koch die Frisse überhaupt angerufen? Wollte er sie warnen, dass die Lenz ihr Geheimnis kannte? Standen die beiden sich so nahe?«

»Überhaupt nicht. Sie hatten sich seit der Beerdigung von Jakob Frisse nicht mehr gesehen. Dr. Koch rief bei Dr. Frisse an, um sich zu beschweren. Er dachte, sie hätte ihm die Lenz auf den Hals gehetzt.«

Nachdem die Polizei ihn mit ihrem Wissen konfrontiert hatte, hatte der Arzt schließlich zugegeben, was sich in seiner Praxis genau abgespielt hatte. Dass Christine Lenz ihn gebeten hatte, ihr zu helfen. Dass sie hysterisch geworden war, als er sich weigerte. Dass sie ihn bedrängt hatte, weil er doch schließlich schon einmal einer Frau nach dem Tod ihres Mannes geholfen hatte. Dass er seinerseits die Nerven verloren und sie schließlich mehr oder weniger hinausgeworfen hatte. Dass er auf dem Weg zu seinem Abendessen wutentbrannt Euphemia Frisse angerufen hatte, die aus allen Wolken gefallen war, als sie erfuhr, dass Christine Lenz ihr Geheimnis kannte.

»Glauben Sie, er hat gewusst, dass die Frisse die Lenz getötet hat?«, fragte Grabmeier.

»Ich bin sicher, dass er es zumindest geahnt hat. Deshalb hat er uns angelogen, als wir das erste Mal bei ihm waren. Er wollte verhindern, dass seine Praxis in den Skandal hineingezogen wird. Und natürlich wollte er auch nicht, dass wir erfuhren, dass er gegen das Embryonenschutzgesetz und die Ärzterichtlinien verstoßen hat, als er Euphemia Frisse vor sieben Jahren noch nach dem Tod ihres Mannes Embryos einsetzte. Vermutlich würde zwar heute kein Hahn mehr danach krähen – zumal das Embryonenschutzgesetz in den letzten Jahren wiederholt durch Gerichtsurteile aufgeweicht worden ist –, aber damals galt das als illegal. Deshalb behauptet Dr. Koch sicherheitshalber, dass er bei dem Transfer damals nicht wusste, dass Jakob Frisse sechs Tage zuvor gestorben war. Frau Frisse behauptet dasselbe und hat, wenn ich mich nicht sehr irre, auch Mona Landauer dazu angestiftet.«

»Was hat die denn damit zu tun?«

»Sie war an dem Tag ebenfalls in Kochs Praxis, zusammen mit ihrer Schwester. Aber im Gegensatz zu Frau Schwarz behauptet Frau Landauer, Koch sei keineswegs überrascht gewesen, als die Frisse zum Embryotransfer kam. Ich vermute übrigens, dass das der Grund ist, warum die Frisse bei der Landauer im Krankenhaus war: Sie hat sie gebeten, in der Geschichte zu Kochs Gunsten auszusagen. Was Frau Landauer prompt getan hat.«

»Weil sie selbst mal Patientin von Dr. Koch war?«

»Ich vermute, ja.«

Grabmeier schüttelte den Kopf. »Verstehe einer die

Frauen«, brummte er. »Wenn die Landauer so darauf erpicht ist, den Doktor zu schützen, wieso hat sie dann sein Geheimnis der Lenz verraten?«

Das hatte Becker sich auch gefragt und es war eine der ersten Fragen, die er Mona Landauer gestellt hatte, als Dr. Paulsen am Dienstag endlich ein Gespräch erlaubt hatte.

*

»Ich hatte Mitleid mit ihr«, antwortete Mona Landauer. Sie saß in ihrem Bett im Krankenzimmer, sah aber trotz des Kopfverbandes recht munter aus. »Die vier Kryos, die noch in Dr. Kochs Praxis lagerten, waren schließlich ihre letzte Chance auf Kinder. Sie konnte sie nicht einfach aufgeben.«

»Wieso?«, fragte Becker.

»Na, weil sie sich ein Kind wünschte«, erwiderte Mona Landauer gereizt.

»Aber wieso waren die Kryos ihre letzte Chance? Sie war doch erst vierzig. Sie hätte doch nach dem Tod ihres Mannes erneut heiraten können.« Es war eine Frage, die Becker sich während des Falles oft gestellt hatte, doch er hätte sie vielleicht lieber nicht Mona Landauer gestellt, denn diese sah ihn voller Verachtung an.

»Ihr Männer seid doch alle gleich«, erwiderte sie mit beißender Schärfe in der Stimme. »Ihr denkt immer, nur weil ihr selbst noch als Greise Kinder zeugen könnt, würden wir Frauen es auch können. Dabei erreichen wir den Höhepunkt unserer Fruchtbarkeit mit Mitte zwanzig. Von da an geht es bergab. Erst vierzig!« Sie ballte ihre Hand zur Faust und schlug auf ihre Bettdecke. »Außerdem hatte sie vier potenzielle Babys, die Kryos. Sollte sie vielleicht zusehen, wie die einfach vernichtet wurden?«

»Was genau haben Sie ihr denn nun erzählt?«, fragte Becker.

»Nicht viel. Nur, dass sie nicht verzweifeln solle, dass

Dr. Koch schon einmal einer Frau einen Embryo eingesetzt habe, obwohl deren Ehemann tot war. Ich dachte, er würde Christine vielleicht helfen. Und warum auch nicht? Die deutschen Gesetze sind einfach lächerlich! Man wird ja quasi gezwungen, sie zu übertreten – nicht, dass Dr. Koch das getan hätte«, fügte sie hastig hinzu. »Wie schon gesagt, er wusste nicht, dass Mias Mann tot war.«

Becker schüttelte den Kopf über diese offenkundige Lüge. Wenn Mona Landauer wirklich geglaubt hätte, Koch habe nicht gewusst, was er tat, hätte sie keinen Grund gehabt anzunehmen, dass er Christine Lenz helfen würde. Doch er verfolgte den Punkt nicht weiter. »Wieso haben Sie mir das alles nicht viel eher erzählt? Fanden Sie es wirklich nicht erwähnenswert, dass Frau Lenz getötet wurde, nachdem Sie ihr das Geheimnis Dr. Frisses verraten hatten?«

»Wieso sollte ich? Ich habe Christine nie gesagt, dass es um Mia ging.« Sie sah ihn aus ihren dunklen Augen an. »Wenn Sie glauben, ich hätte Mia verraten, dann haben Sie immer noch nichts verstanden!«

*

»Aber woher wusste die Lenz es dann?«, fragte Grabmeier.

»Von Dr. Koch. Er erwähnte den Namen der Frisse, als Christine Lenz ihn mit ihrem Wissen überrumpelte. Ihm war nicht klar, dass die Lenz zunächst gar nicht wusste, um welche Frau es sich handelte.« Becker betrachtete Grabmeier. »Das erklärt übrigens auch, wieso die Lenz sich mittags überhaupt auf den Streit mit der Frisse einließ. Hätte sie da schon ihr Geheimnis gekannt, hätte sie auf die Vorwürfe der Kollegin sicherlich anders reagiert.« Er konnte sich nicht verkneifen hinzuzufügen: »In dem Streit mittags ging es nur um den Lärm in Frau Lenz' Klassenzimmer. Wie Dr. Frisse immer gesagt hat. Aber trotzdem war natürlich Ihr Instinkt richtig.«

»Meinen Sie?« Grabmeier schüttelte den Kopf. »Mein Instinkt hat in diesem Fall versagt, in mehrfacher Hinsicht. Ich wäre nie darauf gekommen, dass die Frisse eine künstliche Befruchtung hat vornehmen lassen. Wie konnte sie annehmen, niemand würde je davon erfahren? Wieso hat sie überhaupt deswegen ihre Karriere riskiert?«

Becker hatte sich und Euphemia Frisse dieselbe Frage gestellt. Nicht, weil sie für die Ermittlungen relevant war, sondern weil er sich für die Antwort interessierte. Die Theologin hatte nichts dagegen gehabt zu antworten, im Gegenteil – sie schien froh zu sein, endlich über diese Zeit sprechen zu können.

*

»Ich wünschte mir immer schon ein Kind, mein ganzes Leben«, erzählte sie, und als sie das sagte, huschte zum ersten und einzigen Mal während der Vernehmung ein Lächeln über ihr bleiches Gesicht, das in dem künstlichen Licht des fensterlosen Vernehmungsraums noch fahler wirkte. Ihre Hände hatte sie gefaltet, sie lagen ruhig auf der Tischplatte. »Allerdings hatte ich früh akzeptiert, dass ich vermutlich nie eines haben würde, denn es ging mir wie so vielen Frauen: Mir fehlte der passende Partner. Doch dann lernte ich meinen Mann kennen und mein Wunsch rückte in greifbare Nähe – so dachte ich zumindest. Aber ... es klappte nicht.«

Sie brach ab und schwieg, sodass ihre letzten drei Worte nachhallten. Sie schienen durch den Raum zu schweben wie ein Duft, füllten ihn aus, veränderten seine Atmosphäre. Es klappte nicht, dachte Becker. Drei harmlose kleine Worte, genauso harmlos wie die Worte »ich«, »liebe« und »dich«, doch wenn man sie aneinanderreihte, dann bekamen sie die Macht, Schicksale zu verändern.

Becker wartete darauf, dass Frau Frisse weitersprechen

würde. Als sie es nicht tat, sagte er: »Und als es nicht klappte, gingen Sie zu Dr. Koch. Hatten Sie keine Skrupel?«

»Weil die katholische Kirche künstliche Befruchtung ablehnt, meinen Sie? Aber darum ging es zunächst gar nicht. Es ging zunächst nur darum, die Ursache unserer Unfruchtbarkeit zu ergründen. Wir hofften, dass Felix sie beseitigen können werde, aber ... Es ging nicht.« Es war eine Variation ihrer früheren Aussage. Es klappte nicht, es ging nicht.

»Und da entschlossen Sie sich zu einer künstlichen Befruchtung.«

»Es war meine einzige Chance auf ein eigenes Kind«, sagte sie einfach. Sie zwinkerte mehrfach, als wollte sie Tränen zurückhalten. Dann schaute sie Becker direkt in die Augen. »Der medizinische Fortschritt kann eine schreckliche Sache sein, Herr Becker. Wenn Felix gesagt hätte, dass mein Mann und ich aus einem bestimmten medizinischen Grund keine Kinder bekommen könnten, dann hätte ich das akzeptiert. Aber ... Die Versuchung war zu groß. Es war eine Wahl zwischen Kind und Karriere, zwischen meinem Herz und meinem Gewissen, zwischen meinem sehnlichsten Wunsch und der Erkenntnis, dass auch ein noch so sehnlicher Wunsch nicht die Produktion eines Kindes rechtfertigt, zwischen dem Götzen der Technik und des Fortschrittes und Gott. Und doch zögerte ich nicht.«

»Warum auch?«, fragte Anna sarkastisch. »Sie wählten beides, Kind und Karriere.«

Euphemia Frisse wandte sich erstaunt der Kommissarin zu, als hätte sie deren Anwesenheit vergessen. »Nein, ich wählte Joseph. Ich hatte nie vor, nach seiner Geburt weiterhin öffentlich aufzutreten.«

»Was hatten Sie vor? Sich öffentlich zu ihrer künstlichen Befruchtung zu bekennen und zu versuchen, ein Umdenken in Kirchenkreisen zu erreichen? Sie haben nichts dergleichen getan.«

»Weil mein Sohn behindert war. Weil mein Ehemann

gestorben war. Weil ich mich allein um Joseph kümmern musste. Weil ich dazu Geld und Unterstützung brauchte. Was denken Sie denn, wo ich diese Unterstützung gefunden hätte, wenn nicht in meiner Gemeinde?«

Dr. Frisse musterte Anna abfällig, doch die gab nicht so schnell klein bei. »Was war nach dem Tod Ihres Sohnes? Soviel ich weiß, sind Sie nur wenige Wochen danach wieder öffentlich aufgetreten. Warum haben Sie sich da nicht aufs Lehrersein beschränkt?«

Euphemia Frisse zögerte. Sie griff nach dem goldenen Kreuz ihrer Kette. Das schien ihr Kraft zu geben. Leise antwortete sie: »Weil ich dachte, es sei Gottes Wille. Und weil mir nach Josephs Tod nichts anderes geblieben war.«

*

Als Becker seinen Bericht beendet hatte, schüttelte Grabmeier den Kopf. »Frauen, ich werde sie nie verstehen. Vielleicht ganz gut, dass ich nie geheiratet habe.«

Apropos, dachte Becker. »Wie geht es Ihrer Nichte?«

Grabmeier grinste breit. »Gut! Sie hat jetzt einen Anwalt. Er ist sicher, dass der Staatsanwalt das Verfahren gegen Maike bald einstellen wird und sie dann im Herbst ihr Jurastudium aufnehmen kann.«

»Oh, das freut mich«, erwiderte Becker und er meinte es so. Er war überzeugt, dass Paul Herzogs Sturz ein tragischer Unfall gewesen und Maike durch ebendiesen Unfall schon genug bestraft war. »Und was ist mit dem Baby? Oder hat Maike sich doch entschlossen ...?«

Der Hauptkommissar grinste jetzt wie der Weihnachtsmann zur Bescherung. »Sie ist doch nicht schwanger«, platzte er heraus. »Es war eine Scheinschwangerschaft. Sie war gestern das erste Mal beim Frauenarzt. Der hat es diagnostiziert. Fragen Sie mich nicht nach den Details. Der Stress war schuld. Sie wissen schon, der Stress, nachdem

Maike ... Deshalb blieb ihre Regel aus und deshalb war ihr ständig schlecht. Daraus hat sie geschlossen, dass sie schwanger ist. Sie hat nie einen Test gemacht. Auch das werde ich nie verstehen.« Grabmeier schüttelte den Kopf. Dann erhob er sich. »Also, Becker, noch einmal herzlichen Glückwunsch. Zu Ihrer Arbeit und zu Ihrem Instinkt. Er war viel besser als meiner.«

»Meinen Sie?«

»Natürlich. Sie haben von Anfang an Frau Bischoff vertraut, obwohl alles gegen ihre Geschichte sprach. Da fällt mir noch eine letzte Frage ein: Wieso haben wir in der Villa keine Papiere über die Kinderwunschbehandlung der Lenz gefunden?«

»Frau Frisse hat sie vernichtet. Das war nicht weiter schwierig, sie hatte den Hausschlüssel der Lenz in der Handtasche gefunden. Sie wollte verhindern, dass wir von der Verbindung zwischen der Lenz und Dr. Koch erfahren. Nachdem Koch bestätigt hatte, dass Christine Lenz seine Patientin gewesen war, hätten wir sofort erkennen müssen, dass das Fehlen der Unterlagen für den Fall relevant war.«

Grabmeier zuckte mit den Achseln. »Hätten, hätten ... Ich habe noch nie erlebt, dass ein Fall optimal gelöst wurde – was immer das heißen soll. Bei jeder Ermittlung kommt es zu Fehlern, Nachlässigkeiten. Das liegt in der menschlichen Natur. Der Fall ist gelöst. Das ist die Hauptsache. Sie haben ihn gelöst!«

»Das war wohl eher Frau Bischoff. Sie hat die entscheidende Information beigesteuert.«

»Weil sie die Information hatte. Schließlich kannte sie die Betroffenen viel besser als Sie. Aber Sie haben ihr offensichtlich so viel Vertrauen eingeflößt, dass sie die Information an Sie weitergegeben hat. Mir hätte sie es kaum gesagt.«

Montag, 11. Juli

1

Johanna legte ihren Kulturbeutel in die Reisetasche und zog den Reißverschluss zu. Sie sah sich noch einmal im Zimmer um, ob sie auch nichts vergessen hatte, und entdeckte tatsächlich einen Seidenschal, der hinter dem Spiegel auf der Kommode lag. Erstaunt betrachtete sie das bunt gemusterte Tuch. Sie konnte sich nicht erinnern, es überhaupt getragen zu haben. Sie griff danach, wobei ihr Blick aus dem Fenster und in den Garten fiel, wo Jan und Leo wie an ihrem ersten Tag hier im Planschbecken spielten. Allerdings hatten sie heute Gesellschaft: ihre Tante Eva. Mona lag wenige Meter entfernt im Schatten auf einer Liege und stillte eine ihrer Töchter. Die andere schlief in einem Kinderwagen neben ihr. Als Johanna die friedliche Szene sah, spürte sie, wie ihr plötzlich die Tränen kamen, und sie drückte den Schal gegen ihre Augen.

»Wenn du jetzt schon Abschiedstränen vergießt, dann würde ich vorschlagen, du bleibst einfach noch eine Weile.«

Johanna drehte sich um. »Keine Abschiedstränen, nur Tränen der Rührung.« Sie nickte zum Fenster hin.

Holger trat neben sie und betrachtete ebenfalls die Idylle, die in diesem Moment durch einen lauten Protestschrei gestört wurde, weil Leo sich von hinten angeschlichen und seinen Bruder durch einen gezielten Stoß kopfüber ins Planschbecken befördert hatte.

»Ich verstehe, was du meinst«, erwiderte Holger und fügte dann leise hinzu: »Ich bin ein reicher Mann – immer noch, obwohl ich wohl nie aufhören werde, mir zu wünschen, mein Glück mit Paul teilen zu können.«

Johanna nahm seine Hand und drückte sie. »Ich werde ihn

auch vermissen. Ich glaube, wir hätten gute Freunde werden können.«

»Aber nicht wieder ein Paar? Ich dachte ...«

»Das habe ich auch immer gedacht. Aber es hätte nicht funktioniert.«

Und seltsamerweise war ihr das in dem Moment klar geworden, als sie aus Kalifornien zurückgekommen war und Pauls Visitenkarten gefunden hatte. Aber sie hätte Paul trotzdem gern wiedergesehen, als Freund, und sie trauerte um die verpasste Gelegenheit. Und nun war es endgültig vorbei, denn Michael hatte vor einigen Tagen die lebenserhaltenden Maschinen abstellen lassen. Am Freitag war Paul beerdigt worden.

Johanna fiel etwas ein. »Wirst du dich um Gertrude kümmern? Ich fürchte, sie wird einsam sein, wenn Michael den Laden verkauft.«

»Ich habe sie für nächsten Sonntag zum Mittagessen eingeladen. Und außerdem wollte ich sie fragen, ob sie nicht gelegentlich in der Buchhandlung aushelfen will.«

»Das ist eine tolle Idee.« Wie typisch für Holger. »Aber brauchst du denn so viel Personal?«

»Oh, ich denke, es wird bald eine Stelle frei werden. Wenn die Staatsanwaltschaft das Verfahren einstellt, will Maikes Onkel mit ihr einen langen Urlaub machen. Und danach wird sie studieren.«

Johanna umarmte Holger. »Du bist ein toller Mann.«

»Das finde ich auch«, sagte Mona von der Tür her. »Aber du darfst ihn trotzdem nicht mitnehmen. Das Abschiedskomitee steht bereit.«

Holger und Johanna lösten sich voneinander. Er griff nach ihrem Gepäck, Johanna hängte sich die Handtasche über die Schulter und grinste Mona an. »Ich glaube, ich sehe dich seit Tagen zum ersten Mal ohne einen Säugling im Arm.«

Mona schüttelte ihren vom Verband befreiten Kopf. »Damit ich dich in den Arm nehmen kann, natürlich. Oder ist das seit neuestem Holgers Privileg? Aber ich sehe, du hast den Schal gefunden. Heißt das, du kommst nicht wieder?« Und auf Johannas fragenden Blick hin fügte sie erklärend hinzu: »An Orten, an die man zurückkommen möchte, vergisst man immer etwas. Heißt es nicht so? Ich habe Jan extra beauftragt, etwas aus deiner Tasche zu stibitzen und im Zimmer zu verstecken.«

»Na, wenn das so ist.« Sorgfältig drapierte Johanna den Seidenschal über den Spiegel. Dann folgte sie ihren Freunden die Treppe hinunter.

*

Zwanzig Minuten, viele Umarmungen und feuchte Küsse von Jan und Leo später fuhr Johanna die hügelige und kurvige Landstraße entlang, die von Ammerbach nach München führte. Meinem neuen Leben entgegen, dachte sie plötzlich, und Freude und Aufregung ließen zu gleichen Teilen ihr Herz schneller klopfen, als sie an ihren neuen Job dachte.

Johanna würde an die Universität zurückkehren und ihre Habilitation nachholen. Sie hatte in der letzten Woche einige Male mit ihrem ehemaligen Professor telefoniert und er hatte ihr zum 1. August eine Stelle als wissenschaftliche Angestellte angeboten, die Johanna begeistert angenommen hatte. Sie hatten zwar noch nicht alle Details ihrer zukünftigen Tätigkeit geklärt, aber Johanna würde Teil einer kleinen Forschungsgruppe sein. Sie würde ein kleines Softwareprojekt leiten und endlich wieder selbst programmieren können. Sie würde viel weniger verdienen als bei *S&W Consult*, würde dafür aber mehr Freizeit haben, um sich den Dingen und Personen widmen zu können, die sie in den letzten Jahren vernachlässigt hatte: Mona und Eva, Holger und den Kindern, Gertrude, der sie versprochen hatte, mit ihr einmal auf Antiquitätenjagd zu gehen, und nicht zuletzt sich selbst.

Die Unsicherheit, die Johanna noch vor ein paar Wochen gequält hatte, war größtenteils verflogen. Nicht, weil sie jetzt genau wusste, wohin die Reise ihres Lebens gehen sollte, sondern weil sie durch die Ereignisse in Ammerbach gelernt hatte, wie abrupt diese Reise enden konnte. Sie hatte die nächste Etappe festgelegt und im Moment genügte ihr das. In Zukunft wollte sie ihr Leben bewusster genießen, statt auf der Überholspur daran vorbeizubrausen. Allerdings hätte sie nichts dagegen gehabt, diesen Genuss mit jemandem zu teilen. Zum Beispiel mit einem Reisebegleiter, der neben der Fähigkeit, gut zuhören und sich anscheinend mühelos in sie hineinversetzen zu können, auch einen ausgesprochen knackigen Po besaß.

Und deshalb hatte sie nicht den direkten Weg nach München gewählt, sondern den Umweg über die Kreisstadt. Und deshalb bog sie jetzt von der Staatsstraße ab, parkte ihren Audi auf dem Parkplatz der Polizeiinspektion und ging mit schnellen Schritten auf das Gebäude zu.

Es hatte viel von einem Déjà-vu. Am Empfang saß derselbe Polizeibeamte, der schon vor zwei Wochen dort gesessen hatte, und er beauftragte denselben zweiten Beamten, sie in den ersten Stock zu begleiten. Auch das Büro, in das sie geführt wurde, war – bis auf die fehlende Mickey-Maus-Uhr – genauso eingerichtet wie das, in dem sie von Grabmeier und Becker vernommen worden war. Doch zwei Dinge waren anders: Zum einen war Lutz Becker allein in seinem Büro, zum anderen war Johanna diesmal nervös. Sehr nervös. Und die Nervosität wurde noch größer, als Lutz Becker, der bei ihrem Eintreten aufgesprungen war, auf sie zu kam und ihre Hand ergriff. Es war das erste Mal, dass sie sich die Hand gaben, und Johanna fand, dass sich seine durchaus gut anfühlte.

»Frau Bischoff, was für eine nette Überraschung. Was kann ich für Sie tun? Wollen Sie sich nicht setzen?«

Das wäre vermutlich eine gute Idee gewesen, denn

Johanna hatte auf einmal weiche Knie, doch sie schüttelte den Kopf. »Nein, vielen Dank, es geht ganz schnell.« Zumindest standen die Chancen gut, dass es schnell gehen würde. Dann nämlich, wenn ihr Plan schiefging. Und dann wollte sie möglichst fix wieder verschwinden. »Ich habe nur eine kurze Frage, das heißt, eigentlich zwei.«

»Na dann ...«

Becker ließ ihre Hand los, blieb jedoch dicht vor ihr stehen. So dicht, dass Johanna seine Lachfältchen zählen konnte. Mona hatte wirklich Recht, dachte sie. Der Mann *war* sexy. Und sie selbst war im Begriff, sich zur Idiotin zu machen. Aber wenn man die ausgelatschten Pfade des eigenen Lebens verlassen und etwas Neues entdecken wollte, musste man das wohl riskieren. Also holte sie einmal tief Luft und sagte:

»Ich wollte Sie fragen, ob Sie Kinder wollen.«

»Ob ich ...?«

Einen Moment sah Becker völlig verblüfft aus, und Johanna spürte, wie sie knallrot wurde. Verlegen machte sie einen Schritt rückwärts, bereit, aus dem Zimmer zu flüchten. Doch Beckers Verblüffung wich schnell einem breiten Grinsen.

Er weiß, was kommt, dachte Johanna. »Also?«

Er machte einen Schritt vorwärts, so dass er wieder dicht vor ihr stand und sah ihr direkt in die Augen. »Nein, ich will keine.«

»In dem Fall: Würden Sie mal mit mir ausgehen?«

Danksagung

Von der ersten Idee bis zu diesem Buch war es ein langer Weg mit vielen Hindernissen, unergiebigen Abzweigungen und Sackgassen. Dass ich auf diesem Weg nicht allein war und nicht endgültig gestrauchelt bin, verdanke ich in erster Linie meinem Lebensgefährten, Burkhard Schmitt: Burkhard, du warst immer und in allem für mich da. Dieses Buch und ich haben dir mehr zu verdanken, als ich hier aufzählen kann. Deshalb ist es dir gewidmet.

Der Zweite, bei dem ich mich bedanken möchte, ist mein alter Freund Frank Jelen: Frank, danke für dein unermüdliches Korrekturlesen, für dein Lob, für deine stets konstruktive Kritik, besonders aber dafür, dass du meine Zweifel aushältst, ohne selbst ins Zweifeln zu kommen.

Noch viele weitere Menschen haben mir auf meinem Weg geholfen, als Korrekturleser, als Feedbackgeber, als Mutmacher. Ich danke meinen Eltern, Josef und Dorothee Johann, meinen Geschwistern Norbert, Andrea, Michael und Christian, meiner Tante Maria Weßling, Simone Schnadt, Gudrun Rossmeisl und Thomas Feilkas. Besonders danken möchte ich auch der Schriftstellerin Renata Petry für viele wertvolle Tipps und Malte Bresser für Hilfe bei der Covergestaltung.

Ich bin weder Reproduktionsmedizinerin noch Kriminalbeamtin. Deshalb brauchte ich für dieses Buch fachliche Hilfe. Ein großes Dankeschön geht daher an Polizeihauptkommissar Markus Völkl, dem ich Löcher in den Bauch fragen durfte und der so nett war, das Manuskript Korrektur zu lesen. Für Letzteres danke ich auch der Gynäkologin Dr. Isolde Gröll de Rivera. Außerdem dafür, dass sie mich vor einem groben Schnitzer bewahrt hat. Zum Thema Reproduktionsmedizin gibt es zahlreiche Bücher. Besonders hilfreich fand ich Martin Spiewaks »Wie weit gehen wir für ein Kind? Im Labyrinth der Fortpflanzungsmedizin«, das ich allen interessierten Lesern nur empfehlen kann.

Und schließlich danke ich Ihnen, lieber Leser, liebe Leserin, dass Sie – hoffentlich ohne eine Seite zu überspringen – bis hierher gelesen haben. Auch über Ihr Feedback würde ich mich sehr freuen – und natürlich über eine Weiterempfehlung, falls Ihnen der Roman gefallen hat. Sie erreichen mich unter *www.petrajohann.de*. Dort kann man das Buch auch problemlos bestellen.

Schlussbemerkung: Ammerbach ist ein fiktiver Ort, doch wer gewisse Ähnlichkeiten zwischen Ammerbach und dem hübschen Städtchen Grafing bei München zu entdecken glaubt, der hat nicht unrecht: Grafing und Umgebung dienten tatsächlich als Anregung für meine Phantasie. Die Personen und die Handlung in diesem Roman sind jedoch frei erfunden.

Petra Johann, April 2011

www.petrajohann.de